Th. Siefarth

Handbuch Recht für die Altenpflege
Für Ausbildung und Praxis

Thorsten Siefarth

Handbuch Recht für die Altenpflege

Für Ausbildung und Praxis

ELSEVIER
URBAN & FISCHER

URBAN & FISCHER München

Zuschriften an:
Elsevier GmbH, Urban & Fischer Verlag, Hackerbrücke 6, 80335 München
E-Mail: pflege@elsevier.

Wichtiger Hinweis für den Benutzer
Die Erkenntnisse in der Pflege und Medizin unterliegen laufendem Wandel durch Forschung und klinische Erfahrungen. Herausgeber und Autoren dieses Werkes haben große Sorgfalt darauf verwendet, dass die in diesem Werk gemachten therapeutischen Angaben (insbesondere hinsichtlich Indikation, Dosierung und unerwünschter Wirkungen) dem derzeitigen Wissensstand entsprechen. Das entbindet den Nutzer dieses Werkes aber nicht von der Verpflichtung, anhand weiterer schriftlicher Informationsquellen zu überprüfen, ob die dort gemachten Angaben von denen in diesem Werk abweichen und seine Verordnung in eigener Verantwortung zu treffen.
Für die Vollständigkeit und Auswahl der aufgeführten Medikamente übernimmt der Verlag keine Gewähr.
Geschützte Warennamen (Warenzeichen) werden in der Regel besonders kenntlich gemacht (®). Aus dem Fehlen eines solchen Hinweises kann jedoch nicht automatisch geschlossen werden, dass es sich um einen freien Warennamen handelt.

Bibliografische Information der Deutschen Nationalbibliothek
Die Deutsche Nationalbibliothek verzeichnet diese Publikation in der Deutschen Nationalbibliografie; detaillierte bibliografische Daten sind im Internet über http://www.d-nb.de/ abrufbar.

1. Auflage 2015

Der Urban & Fischer Verlag ist ein Imprint der Elsevier GmbH.

15 16 17 18 19 5 4 3 2 1

Um den Textfluss nicht zu stören, wurde bei Patienten und Berufsbezeichnungen die grammatikalisch maskuline Form gewählt. Selbstverständlich sind in diesen Fällen immer Frauen und Männer gemeint.

Planung: Regina Papadopoulos, München
Projektmanagement: Stefanie Schröder, München
Redaktion: Doris Tiu, Bonn
Herstellung: Marion Kraus und Stefanie Schröder, München
Satz: abavo GmbH, Buchloe/Deutschland; TnQ, Chennai/Indien
Druck und Bindung: Drukarnia Dimograf, Bielsko-Biała/Polen
Zeichnungen: Martha Kosthorst, Borken
Umschlaggestaltung: SpieszDesign, Neu-Ulm
Titelfotografie: Hände © Colourbox/Figuren © SpieszDesign

ISBN Print 978-3-437-28475-5
ISBN e-Book 978-3-437-29570-6

Aktuelle Informationen finden Sie im Internet unter **www.elsevier.de** und **www.elsevier.com.**

Vorwort

Liebe Leserin, lieber Leser,

ich bin mir sicher, dass Sie während Ihrer Ausbildung – oder auch als gestandene Altenpflegekraft – immer wieder einmal vor der Frage stehen: Wie ist das eigentlich rechtlich geregelt? Zum Beispiel: Darf ich Medikamente „nach Bedarf" geben? Welche (ärztlichen) Maßnahmen darf ich übernehmen? Welches Haftungsrisiko besteht dabei? Wann brauchen wir einen gerichtlichen Beschluss für freiheitsentziehende Maßnahmen? Welche Leistungen muss die Pflegekasse für Pflegebedürftige übernehmen?

Auf all diese Fragen will Ihnen dieses Buch Antworten geben. Und zwar für möglichst viele Situationen, die Ihnen in Ihrer pflegerischen Praxis begegnen. Noch dazu unter Berücksichtigung der aktuellen Gesetzeslage und Rechtsprechung. Wichtig war mir dabei, gänzlich auf Juristendeutsch zu verzichten. In diesem Buch geht es anschaulich, klar und verständlich zu.

Ist die Rechtslage dann jeweils deutlich geworden, so schließt sich meist noch eine zweite Frage an: Was bedeutet das für mich, wie muss ich mich jetzt verhalten?

Nicht von ungefähr ist dieses Buch entlang der Lernfeldmethode angelegt. Deren Ziel ist es nämlich unter anderem, sich nicht nur theoretisches Wissen anzueignen, sondern dieses auch praktisch umsetzen zu können. Aus diesem Grund dürfen Sie von diesem Buch erwarten, dass es nicht nur die Frage nach den rechtlichen Vorgaben klärt. Mein großes Anliegen ist es, Ihnen auch zu zeigen, wie Sie das gewonnen Wissen umsetzen. Das merken Sie nicht zuletzt auch daran, dass die folgenden Seiten mit vielen Beispielen aus der pflegerischen Praxis, inkl. vieler Handlungsvorschläge, gespickt sind.

Übrigens bietet die Lernfeldmethode gerade den Altenpflegeschülerinnen und -schülern unter Ihnen einen besonderen Vorteil: Weil sich auch die Prüfungen an dieser Methode orientieren, erleichtert Ihnen dieses Buch die passgenaue Vorbereitung darauf enorm!

Und noch eins: Ich habe viel von meiner fast 20-jährigen Erfahrung als Dozent für das Pflegerecht in dieses Werk einfließen lassen. Aber auch ich lerne von Tag zu Tag weiter. Deswegen möchte ich Sie bitten, mit mir Kontakt aufzunehmen, wenn Sie Anregungen und auch Kritik zu diesem Buch haben. Sie können mich dazu unter siefarth@ra-siefarth.de erreichen. Vielen Dank schon jetzt für Ihr Feedback.

Ich wünsche Ihnen viele Einsichten beim Lesen dieses Buches – und eine erfolgreiche praktische Umsetzung!

München, November 2014
Thorsten Siefarth

Abkürzungen

AG	Amtsgericht
AGG	Allgemeines Gleichbehandlungsgesetz
AltPflAPrV	Altenpflege-Ausbildungs- und Prüfungsverordnung
AltPflG	Altenpflegegesetz
AMG	Arzneimittelgesetz
AMVV	Arzneimittelverschreibungsverordnung
ApoG	Apothekengesetz
ArbMedVV	Verordnung zur arbeitsmedizinischen Vorsorge
ArbSchG	Arbeitsschutzgesetz
ArbStättV	Arbeitsstättenverordnung
ArbZG	Arbeitszeitgesetz
ASiG	Gesetz über Betriebsärzte, Sicherheitsingenieure und andere Fachkräfte für Arbeitssicherheit
AStR	Arbeitsstättenregeln
AVR	Arbeitsvertragsrichtlinie
Az.	Aktenzeichen
BAFöG	Bundesausbildungsförderungsgesetz
BAGSO	Bundesarbeitsgemeinschaft der Senioren-Organisationen
BBiG	Berufsbildungsgesetz
BDSG	Bundesdatenschutzgesetz
BEEG	Bundeselterngeld- und Erziehungszeitgesetz
BetrVG	Betriebsverfassungsgesetz
BfArM	Bundesinstitut für Arzneimittel und Medizinprodukte
BGB	Bürgerliches Gesetzbuch
BGG	Berufsgenossenschaftliche Grundsätze
BGH	Bundesgerichtshof
BGI	Berufsgenossenschaftliche Informationen
BGR	Berufsgenossenschaftliche Regeln
BGV	Berufsgenossenschaftliche Vorschrift
BGW	Berufsgenossenschaft für Gesundheitsdienst und Wohlfahrtspflege
BIBB	Bundesinstitut für Berufsbildung
BildschArbV	Verordnung über Sicherheit und Gesundheitsschutz bei der Arbeit an Bildschirmgeräten
BiostoffV	Biostoffverordnung
BO	Berufsordnung
BtMG	Betäubungsmittelgesetz
BtMVV	Betäubungsmittelverschreibungsverordnung
BUrlG	Bundesurlaubsgesetz
BVerwG	Bundesverwaltungsgericht
BWahlG	Bundeswahlgesetz
BWahlO	Bundeswahlordnung
CE	Communauté Européenne, Europäische Gemeinschaft
DIMDI	Deutsches Institut für Medizinische Dokumentation und Information
DIN	Deutsches Institut für Normung
DNQP	Deutsche Netzwerk für Qualitätssicherung in der Pflege
eaB	Erheblicher allgemeiner Betreuungsbedarf
EFQM	European Foundation for Quality Management
EGMR	Europäischer Gerichtshof für Menschenrechte
EMRK	Europäische Menschenrechtskommission
EntgFG	Entgeltfortzahlungsgesetz
EStG	Einkommensteuergesetz
EUV	Verträge über die Europäische Union
FamFG	Gesetz über das Verfahren in Familiensachen und in den Angelegenheiten der freiwilligen Gerichtsbarkeit
FEM	Freiheitsentziehende Maßnahmen
GefStoffV	Verordnung zum Schutz vor Gefahrstoffen
GEMA	Gesellschaft für musikalische Aufführungs- und mechanische Vervielfältigungsrechte
GG	Grundgesetz
GKV	Gesetzliche Krankenversicherung
GPV	Gesetzliche Pflegeversicherung
GS	Geprüfte Sicherheit
GUV	Gesetzliche Unfallversicherung
HGB	Handelsgesetzbuch
IfSG	Infektionsschutzgesetz
IGeL	Individuelle Gesundheitsleistungen
JArbSchG	Jugendarbeitsschutzgesetz
JArbSchUV	Jugendarbeitsschutzuntersuchungsverordnung
JGG	Jugendgerichtsgesetz
KindArbSchV	Kinderarbeitsschutzverordnung
KRINKO	Kommission für Krankenhaushygiene und Infektionsprävention
KSchG	Kündigungsschutzgesetz
KunstUrhG	Gesetz betreffend das Urheberrecht an Werken der bildenden Künste und der Photographie
LärmVibrationsArbSchV	Verordnung zum Schutz der Beschäftigten vor Gefährdungen durch Lärm und Vibrationen
LasthandhabV	Lastenhandhabungsverordnung
LFGB	Lebensmittel-, Bedarfsgegenstände- und Futtermittelgesetzbuch
LG	Landgericht
LMHV	Lebensmittelhygiene-Verordnung

MDK	Medizinischer Dienst der Krankenversicherung
MDS	Medizinischer Dienst des Spitzenverbandes Bund der Krankenkassen
MPBetreibVO	Medizinprodukte-Betreiberverordnung
MPG	Medizinproduktegesetz
MPGVwV	Medizinprodukte-Durchführungsvorschrift
MPSV	Medizinprodukte-Sicherheitsplanverordnung
MPVerschrV	Medizinprodukte-Verschreibungsverordnung
MRSA	Methicillin-resistente Staphylococcus aureus
MTK	Messtechnische Kontrolle
MuG	Maßstäbe und Grundsätze zur Sicherung und Weiterentwicklung der Pflegequalität
MuSchArbV	Mutterschutzarbeitsverordnung
MuSchG	Mutterschutzgesetz
NachwG	Gesetz über den Nachweis der für ein Arbeitsverhältnis geltenden wesentlichen Bedingungen
OWiG	Ordnungswidrigkeitengesetz
PACS	Picture archiving and communication system, Bildablage- und Kommunikationssystem
PDL	Pflegedienstleitung
PEG	Perkutane endoskopische Gastrostomie
PflArbbV	Pflegearbeitsbedingungenverordnung
ProdSG	Produktsicherheitsgesetz
PSA-BV	Verordnung über Sicherheit und Gesundheitsschutz bei der Benutzung persönlicher Schutzausrüstungen bei der Arbeit
PTVA	Pflege-Transparenzvereinbarung ambulant
PTVS	Pflege-Transparenzvereinbarung stationär
QPR	Qualitätsprüfungsrichtlinien
RKI	Robert Koch-Institut
RöV	Verordnung über den Schutz vor Schäden durch Röntgenstrahlen
SAPV	Spezialisierte ambulante Palliativversorgung
SG	Sozialgericht
SGB	Sozialgesetzbuch
SGG	Sozialgerichtsgesetz
StGB	Strafgesetzbuch
STK	Sicherheitstechnische Kontrolle
StPO	Strafprozessordnung
StrlSchV	Strahlenschutzverordnung
TPG	Transplantationsgesetz
TRBA	Technische Regeln für biologische Arbeitsstoffe
TRBS	Technische Regeln für Betriebssicherheit
TVG	Tarifvertragsgesetz
TVöD	Tarifvertrag für den öffentlichen Dienst
TzBfG	Teilzeit- und Befristungsgesetz
UrhG	Urheberrechtsgesetz
UVV	Unfallverhütungsvorschriften
VDE	Verband der Elektrotechnik
VDI	Verein Deutscher Ingenieure
VG	Verwaltungsgericht
VwGO	Verwaltungsgerichtsordnung
WBVG	Wohn- und Betreuungsvertragsgesetz
ZPO	Zivilprozessordnung

Abbildungsnachweis

Alle Zeichnungen von Martha Kosthorst, Borken. Urheber der Schmuckfotos zu Beginn der Kapitel:

Kapitel 0	Colourbox.com / Michael Jay
Kapitel 1	Colourbox.com
Kapitel 2, 4	Colourbox.com / Petra D
Kapitel 3	Colourbox.com / Pressmaster

Inhaltsverzeichnis

KAPITEL

0 Einführung

Die zehn Gebote sind deswegen so kurz und logisch, weil sie ohne Mitwirkung von Juristen zustande gekommen sind.

Charles de Gaulle (1890–1970)

Nicht nur Juristen sind schuld daran, dass sich heutzutage kaum noch etwas in zehn Geboten zusammenfassen lässt. In den letzten Jahrtausenden ist das Leben dann doch etwas komplexer geworden. Und da kann es sehr beruhigend sein, wenn die eine oder andere Rechtsquelle munter sprudelt. Denn das schafft Sicherheit.

Dabei ist es mitunter nicht einfach, überhaupt erst einmal die passende Rechtsquelle zu finden, geschweige denn, sie richtig zu lesen und anwenden zu können. Und wenn man dann doch so weit ist: Wie bekommt man dann sein Recht?

Um all diese Themen geht es in diesem ersten Kapitel. Auch werden hier etliche Begriffe einmal grundlegend geklärt. Dazu gehört z. B. auch die so wichtige Einwilligungsfähigkeit. Solange sie von der Rechtsordnung anerkannt wird, kann der Pflegebedürftige selbstbestimmt leben und wirksame Entscheidungen treffen. Für den Pflegebedürftigen, aber auch für die Pflege, eine ganz entscheidende Frage.

0.1 Nicht alles ist Recht – Recht ist nicht alles

Fallbeispiel

Sonja will helfen

Herr Reiter möchte in eine Pflegeeinrichtung umziehen. Er hat jedoch kaum einen Menschen mehr, der ihm dabei helfen könnte. Glücklicherweise kennt er Pflegekraft Sonja. Sie arbeitet in dem Heim, in das er umziehen will. Also fragt er Sonja, ob sie ihm bei dem Umzug behilflich sein könne. Gerne willigt sie ein. Doch dann sagt Sonja einen Tag vor dem Umzug telefonisch ab. Herr Reiter ist wie vor den Kopf gestoßen. Glücklicherweise gelingt es ihm noch, auf die Schnelle einen Ersatz für Sonja zu bekommen. Allerdings fragt er sich schon, ob er Sonja die Kosten dafür aufbrummen kann. Immerhin hat sie ihn, noch dazu ohne plausible Erklärung, im Regen stehen lassen. Muss Sonja für die Ersatzkraft tatsächlich zahlen?

Was ist Recht?

In dem soeben geschilderten Fall kann man sich ernsthaft fragen: Handelt es sich bei der Hilfsbereitschaft von Sonja überhaupt um etwas, dem man mit den Kategorien des Rechts beikommen kann? Hat sich Sonja nicht eher auf eine bloße **Gefälligkeit** eingelassen, die zwar gewissen gesellschaftlichen, jedenfalls aber keinen rechtlichen Regeln unterfällt? Das provoziert dann zwangsläufig die nächsten Frage: Was unterscheidet gesellschaftliche von rechtlichen Regeln? **Was ist eigentlich „Recht“?**

Definition

▮▮ Recht

Mit Recht sind alle Verhaltensvorschriften gemeint, die dem gedeihlichen Zusammenleben der Menschen untereinander dienen. Bei diesen Vorschriften kann es sich um Gebote oder Verbote handeln. Verstöße haben meist staatlichen Zwang zur Folge. ▮▮

Ziel des Rechts: gedeihliches menschliches Zusammenleben

Auch im Bereich des Pflegerechts geht es um das **gedeihliche menschliche Zusammenleben.** Ein gutes Beispiel ist das Arbeitsrecht. Es schafft einen Ausgleich zwischen den Interessen der beschäftigten Pflegekräfte und der Arbeitgeber. Oder das Haftungsrecht: Es motiviert den Pflegebereich dazu, seine Arbeit zum Wohle des Pflegebedürftigen zu verrichten. Ziel also auch hier: das gedeihliche menschliche Zusammenleben.

Im Fallbeispiel: Sonja hatte Herrn Reiter mit seinem Umzug einfach sitzen lassen. Kann Herr Reiter sie belangen? Entscheidend ist: Durfte Herr Reiter davon ausgehen, dass sich Sonja mit ihrer Zusage rechtlich binden wollte? Wohl nicht, denn es handelt sich hier um eine sogenannte **„reine Gefälligkeit des täglichen Lebens".** Zwar dienen auch gesellschaftliche Gepflogenheiten, ebenso wie das Recht, einem gedeihlichen menschlichen Zusammenleben. Wenn man solche Regeln aber verletzt, dann wird man nicht mit staatlichem Zwang konfrontiert, allenfalls mit gesellschaftlicher Missachtung. Also: Schadensersatz kann Herr Reiter von Sonja nicht fordern.

Doch Vorsicht: Gefälligkeitsverhältnisse können durchaus einmal rechtlich bindend sein. Hilft Sonja Herrn Reiter z. B. „rein freundschaftlich" beim Ausfüllen eines behördlichen Antrags, dann muss sie bei Fehlern dafür geradestehen – wenn sich Herr Reiter auf die Kompetenz von Sonja verlassen hat. Man spricht hier von einem **Gefälligkeitsverhältnis.** Noch weiter geht die rechtliche Bindung, wenn Sonja (oder die Heimleitung) aus Gefälligkeit einige Wertgegenstände für Herrn Reiter verwahrt. In diesem Fall liegt ein **Gefälligkeitsvertrag** vor. Er begründet Leistungspflichten und eine vertragliche Haftung! Zum Beispiel muss Schadensersatz geleistet werden, wenn die verwahrten Gegenstände verloren gehen.

Wurden bisher Recht und gesellschaftliche Gepflogenheiten („Sitte") betrachtet, so kommt beim folgenden Beispiel auch noch die Moral ins Spiel.

Fallbeispiel

„Ich habe nichts gesehen"

Pflegekraft Andreas hat genau gesehen, wie ein Kollege aus Versehen mit einem Rollwagen über die am Boden liegende Brille eines Pflegebedürftigen gefahren ist. Die Heimleiterin untersucht den Vorfall. Sie befragt unter anderem auch Andreas. Um den Kollegen zu schützen, lügt Andreas jedoch und gibt zu Protokoll: „Ich habe nichts gesehen!"

Tab. 0.1 Abgrenzung: Recht – Sitte – Moral.

	Recht	Sitte	Moral
Ziel	gedeihliches Zusammenleben		Verwirklichung des Guten
Sanktion bei Verstoß	staatlicher Zwang	gesellschaftliche Missachtung	keine (allenfalls Gewissensnöte)

Recht und Moral

Belügt ein Vertragspartner den anderen, hier der Arbeitnehmer den Arbeitgeber, so hat dies nicht unbedingt rechtliche Konsequenzen (anders allerdings, wenn man z. B. beim Vertragsschluss arglistig täuscht, § 123 BGB). Das Verhalten ist zwar möglicherweise moralisch bedenklich, nicht aber illegal. Im Strafprozess hat der Angeklagte sogar ein Recht zur Lüge.

Zu unterscheiden ist das Recht also von der **Moral** (➤ Tab. 0.1). Zunächst ist das relativ einfach: Das Recht will vor allem das gedeihliche Zusammenleben der Menschen, die Moral hingegen will **das Gute verwirklichen.** Dabei kann sie sich auf das Gewissen des Einzelnen, eine bestimmte Religion bzw. Weltanschauung oder auf die „Sozialmoral" beziehen. Ein weiterer Unterschied kommt hinzu: Bei moralischen Verstößen drohen allenfalls **Gewissensbisse,** bei rechtlichem Regelbruch hingegen strafrechtliche Sanktionen.

Im Fallbeispiel: Rechtlich kann man Andreas nicht beikommen. Womöglich könnte sein Verhalten eine Frage der Sitte (also von gesellschaftlichen Gepflogenheiten) sein. Ganz sicher ist die Moral berührt: Darf man lügen? Kann es ehrbare Motive geben? Sind Notlügen zulässig? Je nachdem, wie diese Fragen beantwortet werden, wird Andreas mit seinem Gewissen zu kämpfen haben – oder nicht. Rechtliche Konsequenzen aber hat es für ihn nicht, wenn er stillhält.

Recht, Sitte und Sittlichkeit sind allerdings nicht glasklar voneinander abgegrenzt. Die Begriffe überschneiden sich und beeinflussen einander. So verweisen manche (Rechts-)Normen auf die Sittlichkeit bzw. auf sittliche Übereinkommen. *Beispiel:* Eine Pflegekraft hat sich einer Körperverletzung schuldig gemacht. Verschweigt der Arbeitgeber dies nun in dem von ihm erstellten Zeugnis, so kann ein geschädigter Dritter – der neue Arbeitgeber – nach § 826 BGB („*sitten*widrige vorsätzliche Schädigung") Schadensersatz verlangen. Oder: Eine veränderte „Sozialmoral" ist in der Lage, Gesetzesänderungen herbeizuführen. Noch im Jahr 1957 entschied das Bundesverfassungsgericht: Gleichgeschlechtliche Beziehungen verstoßen gegen das Sittengesetz. Doch die moralische Einstellung in der Bevölkerung hat sich geändert, und so wurde die Strafbarkeit von Homosexualität (§ 175 StGB) gestrichen – wenn auch erst 1994.

0.2 Daher kommt das Recht

Das Recht will also ein gedeihliches menschliches Zusammenleben und droht bei Verstößen mit staatlichem Zwang. Was derart mächtig daherkommt, braucht aber eine ausreichende Legitimation. Diese bezieht das Recht in einem

Abb. 0.1 Rechtsquellen.

Staat wie dem unsrigen daraus, dass es von demokratisch gewählten Vertretern „gesetzt" wird.

Legislative und Exekutive können Recht setzen
- Gesetze
- Verordnungen
- Satzungen

An erster Stelle stehen die Parlamente (im Bund und in den Bundesländern). Sie sind der Gesetzgeber **(Legislative),** sie erlassen die Gesetze. Aber auch Regierungen bzw. Ministerien **(Exekutive)** können Recht setzen. Man nennt derartige Akte Verordnungen. Das Parlament ist daran *nicht* beteiligt! Deswegen ist dies auch nur unter strengen Voraussetzungen möglich, insbesondere muss der Gesetzgeber die Exekutive ausdrücklich zum Erlass von Verordnungen ermächtigen (Art. 80 GG). Wichtig: Verordnungen stellen nicht nur Empfehlungen dar. Sie sind genauso wie Gesetze allgemeinverbindlich! (➤ Abb. 0.1)

Es geht sogar noch weiter: Gesetzgebungskompetenz hat die Legislative nicht nur an die Exekutive übertragen, sondern sogar an nichtstaatliche Verbände. Diese dürfen dann ihr eigenes Recht erlassen. Man nennt diese Rechtsakte Satzung. Voraussetzungen und Grenzen sind ähnlich streng wie bei den Rechtsverordnungen. *Beispiele:* Landesärztekammern (Körperschaft des öffentlichen Rechts) dürfen sich auf einer Vollversammlung eine Satzung geben. Einen ähnlichen Status hätte eine – zurzeit noch nicht existierende – Pflegekammer. Auch Kranken- und Pflegekassen sind Körperschaften des öffentlichen Rechts, die sich (über eine Satzung) selbst verwalten dürfen.

Gewohnheitsrecht: Bruch im Rechtssystem

Neben dem „gesetzten Recht" gibt es noch das Gewohnheitsrecht. Dieses ist an sich ein Bruch in unserem Rechtssystem. Denn: Normgeber ist eigentlich der Gesetzgeber. Trotzdem wird Gewohnheitsrecht allgemein akzeptiert (➤ Abb. 0.1). Immerhin entsteht es nicht „von jetzt auf gleich", sondern durch langjährige, von der Rechtsüberzeugung der Beteiligten getragene Übung. Wegen der weitgehenden Verrechtlichung unseres Lebens ist das Gewohnheitsrecht jedoch nur von untergeordneter Bedeutung. Vielfach ist es mittlerweile durch Gesetzesrecht abgelöst.

Richterrecht hat mitunter faktisch ähnliche Wirkung wie Gesetze

Schließlich dient noch das Richterrecht als Rechtsquelle (➤ Abb. 0.1). Das ist noch problematischer als das Gewohnheitsrecht. Denn: Richter dürfen kein Recht schaffen, sie haben Recht zu sprechen. Dennoch gelten gerichtliche Entscheidungen mitunter faktisch als eine Rechtsquelle. Das liegt u. a. daran, dass es Gesetzeslücken gibt, die (gezwungenermaßen) von der **Judikative** (behutsam) geschlossen werden müssen. Und noch etwas hat eine gewisse normative Kraft: Urteile der Obergerichte sind zwar nicht bindend für die unteren Instanzen (so durchaus aber in anderen Rechtsordnungen), dennoch halten sich die Untergerichte sehr häufig an die obergerichtliche Rechtsprechung.

0.3 So entstehen Gesetze

Gesetzgebungskompetenz: Aufteilung zwischen Bund und Ländern
Beispiel Heimgesetz

Die wichtigsten der soeben erläuterten Rechtsquellen sind sicherlich die Gesetze. Doch wie entstehen sie? Das soll am Beispiel des Heimgesetzes näher erläutert werden.

Bis in die 1960er-Jahre hinein war der Betrieb von Pflegeeinrichtungen nicht erlaubnispflichtig, Kontrollen gab es ebenfalls nicht. Nachdem eine Reihe von Missständen bekannt wurde, wollte man gesetzgeberisch handeln. Doch wer war dazu berufen? In Art. 70 ff. GG steht, wie die Gesetzgebungskompetenz zwischen dem Bund und den Bundesländern aufgeteilt ist:

- Ausschließliche Gesetzgebungskompetenz des Bundes
- Rahmengesetzgebung des Bundes
- Konkurrierende Gesetzgebungskompetenz (Bundesländer dürfen nur dann handeln, wenn der Bund es nicht tut)
- Ausschließliche Gesetzgebungskompetenz der Länder

Die Regelung des Heimbetriebs unterfiel als Frage der „öffentlichen Fürsorge" sowie des „Rechts der Wirtschaft" der **konkurrierenden Gesetzgebung** des Bundes. In diesem Bereich hatte der Bund bereits eine Regelung getroffen, nämlich die Gewerbeordnung. Die passte auch auf Pflegeeinrichtungen. Also: Die Länder konnten nichts tun. Immerhin hatte der Bund den Ländern durch eine Änderung in der Gewerbeordnung 1967 die Befugnis gegeben, Mindestanforderungen für gewerbliche Altenheime, Altenwohnheime und Pflegeheime bestimmen zu dürfen. Die Länder machten von dieser Befugnis auch reichlich Gebrauch. Allein, es reichte nicht aus, um die Missstände wirksam zu bekämpfen. So rief man nach einem eigenen Gesetz auf Bundesebene.

0.3.1 Von der Gesetzesinitiative bis zum Inkrafttreten

Gesetzesinitiative leitet Gesetzgebungsverfahren ein

Die Initiative ging von Hessen aus. Die damalige Regierung von Hessen legte 1971 über den **Bundesrat** einen Gesetzentwurf vor. Berlin zog nach. Schließlich beschloss der Bundesrat den Entwurf eines Heimgesetzes (vor allem auf der Grundlage des Berliner Vorschlags). Im Dezember 1972 wurde dieser in den **Deutschen Bundestag** eingebracht. Es fanden dort insgesamt **drei Lesungen** statt:

1. Erste Lesung (über die Grundzüge des Entwurfs)
   → Überweisung an die Fachausschüsse
2. Zweite Lesung (über Stellungnahmen der Fachausschüsse und noch strittige Punkte)
   → Zuleitung an den Bundesrat
3. Dritte Lesung (über die Bundesratsempfehlungen)
   → Abstimmung

Das Heimgesetz wurde am 11.6.1974 einstimmig (!) verabschiedet.

Nach der Verabschiedung geht ein Gesetz erneut an den **Bundesrat.** Dort kann es noch gekippt werden, aber nur dann, wenn es sich um ein zustimmungsbedürftiges Gesetz handelt. Der Grundgedanke: Wenn die Interessen der Bundesländer ganz entscheidend berührt werden, dann kommt es auf ihre Zustimmung zwingend an, z. B. wenn es um die Finanzen der Länder geht.

Abschließend:
- Ausfertigung
- Verkündung
- Inkrafttreten

Nun muss der **Bundespräsident** prüfen, ob die formellen Voraussetzungen des Gesetzgebungsverfahrens eingehalten wurden. Dann unterschreibt er das Gesetz (Ausfertigung). Schließlich geht das Werk an das Bundesjustizministerium und wird von dort aus im Bundesgesetzblatt verkündet (➤ Abb. 0.2). Das geschah beim Heimgesetz am 7.8.1974. Sein Inkrafttreten war für den 1.1.1975 festgelegt.

In den folgenden Jahren passierte nichts weiter auf diesem Gebiet. Erst in den 1990er-Jahren erkannte man weiteren Änderungsbedarf. Nun musste erneut das komplette Gesetzgebungsverfahren durchlaufen werden.

0.3.2 Einfluss der Gesetzgebungskompetenzen

Nach der Föderalismusreform:
- Landesheimgesetze
- Wohn- und Betreuungsvertragsgesetz (WBVG)

Seit Kurzem gilt das Heimgesetz nicht mehr. Der Hintergrund: Im Jahr 2003 hat man eine Kommission eingesetzt, die die bundesstaatliche Organisation modernisieren sollte. Es ging u. a. um eine überarbeitete Verteilung der Gesetzgebungskompetenz zwischen Bund und Ländern. Am Ende war auch das Heimgesetz betroffen. Mit dem Inkrafttreten der Föderalismusreform am 1.9.2006 war der Bund seine Gesetzgebungskompetenz für das Heimordnungsrecht los (Art. 74 Abs. 1 Nr. 7 GG). Die Länder durften nun ihre eigenen Landesheimgesetze verabschieden – was bis heute auch alle getan haben. Den anderen Teil des Heimrechts, bei dem es um den Heimvertrag geht, hat der Bund behalten. Dazu hat er ein neues Gesetz geschaffen, das **Wohn- und Betreuungsvertragsgesetz (WBVG),** das seit dem 1.10.2009 in Kraft ist.

Insgesamt sieht man anhand des Beispiels aus dem Heimrecht sehr schön: Das Gesetzgebungsverfahren wird entscheidend durch die Verteilung der Gesetzgebungskompetenz zwischen Bund und Ländern bestimmt. Die Bundesländer haben über den Bundesrat einiges mitzureden. Mitunter können sie das Gesetz sogar komplett verhindern (➤ Abb. 0.2).

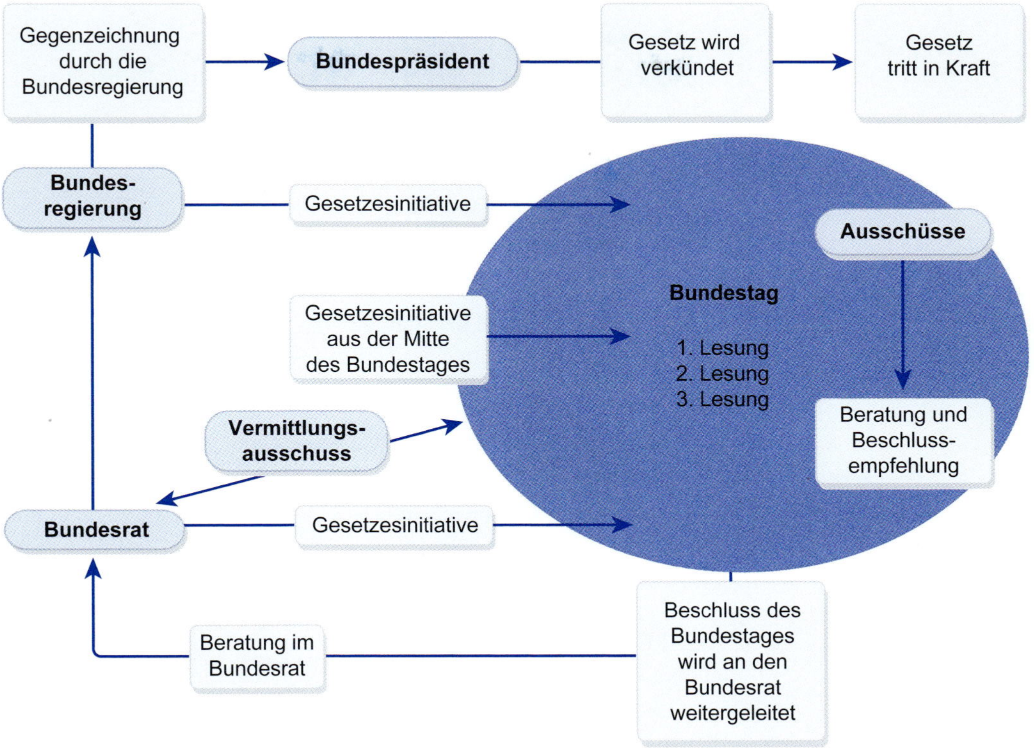

Abb. 0.2 Gesetzgebungsverfahren.

0.4 Recht praktisch: So wendet man Normen an

Hat man eine Vorschrift gefunden, die einen Anspruch gewährt oder auch eine Strafbarkeit begründen kann, dann stellt sich die Frage, ob diese Vorschrift überhaupt „passt". Um das zu prüfen, muss man zunächst einmal wissen, wie Rechtsnormen aufgebaut sind – nämlich meistens nach dem gleichen Prinzip: Zunächst gibt es einen sogenannten Tatbestand und daran angehängt ist eine Rechtsfolge. Die Rechtsfolge tritt ein, wenn alle Merkmale des Tatbestands erfüllt sind. Die Prüfung erfolgt Schritt für Schritt (➤ Abb. 0.3). Juristen nennen diesen Vorgang **Subsumtion.**

Definition

▌▌ Subsumtion

Anwendung von Normen auf einen Lebenssachverhalt. ▌▌

Fallbeispiel

Frieda braucht eine Pause!

Frieda ist bei einem ambulanten Pflegedienst beschäftigt. Sie hetzt von einem Pflegebedürftigen zum nächsten. Ihr Terminplan ist so eng, dass ihr fast nie eine Pause gelingt. Allmählich merkt Frieda, dass diese Hektik ihr zu schaffen macht. Sie ist erschöpft und gesundheitlich angeschlagen. Es muss sich etwas ändern.

Ablauf einer Subsumtion

1. Schritt: Suche nach der Rechtsfolge
Zunächst geht es immer um eine „Geschichte", den Lebenssachverhalt. Aufgrund dessen wird dann ermittelt, welche Rechtsfolge man sich „wünscht".

Im Fallbeispiel: Frieda will mit ihrer Chefin über das Problem reden und erreichen, dass künftig bei der Zuteilung der Termine angemessene Pausen eingeplant werden. Vorher möchte sie sich über ihre Rechtsposition informieren. Also muss sie nach einer Vorschrift suchen, die als Rechtsfolge etwas zu einer Ruhepause bereithält.

2. Schritt: Suche nach einer passenden Norm
Hat man die gewünschte Rechtsfolge ermittelt, dann muss man sich auf die Suche nach einer Norm machen, die genau diese Rechtsfolge bereithält.

Im Fallbeispiel: Frieda ist schlau. Sie gibt bei Google die Begriffe „Pause" und „Arbeit" ein. Ein Treffer führt sie auf die richtige Spur: § 4 ArbZG. Diese Vorschrift beinhaltet eine Regelung zu Ruhepausen im Arbeitsleben.

3. Schritt: Prüfung der Tatbestandsvoraussetzungen der Norm
Hat man die passende Norm gefunden, dann ist als Nächstes zu prüfen, ob die in der Norm vorgesehenen Tatbestandsvoraussetzungen vorliegen. Ist das der Fall, so kann die Rechtsfolge greifen. Der Fall ist gelöst.

Im Fallbeispiel: Der erste Satz in § 4 ArbZG lautet: „Die Arbeit ist durch im voraus feststehende Ruhepausen von mindestens 30 Minuten bei einer Arbeitszeit von mehr als sechs bis zu neun Stunden und 45 Minuten bei einer Arbeitszeit von mehr als neun Stunden insgesamt zu unterbrechen." Tatbestandsvoraussetzung in der ersten Variante ist: „Arbeitszeit von mehr als sechs bis zu neun Stunden". In diesem Fall ist die Rechtsfolge: „mindestens 30 Minuten" Ruhepause. Die zweite Variante gibt bei „mehr als neun Stunden" eine Mindestruhepause von 45 Minuten vor. Jetzt weiß Frieda Bescheid.

Was hier im Bereich des Arbeitsrechts erläutert wurde, gilt auch für alle anderen Rechtsgebiete, z. B. für das Strafrecht.

Beispiel: Eine Wohnbereichsleiterin händigt einem Pflegebedürftigen die Post nicht aus, „weil der sie sowieso nicht liest". Auf der Suche nach einer passenden Norm findet sich § 274 Abs. 1 Nr. 1 StGB: „Mit Freiheitsstrafe bis zu fünf Jahren oder mit Geldstrafe wird bestraft, wer 1. eine Urkunde (...),

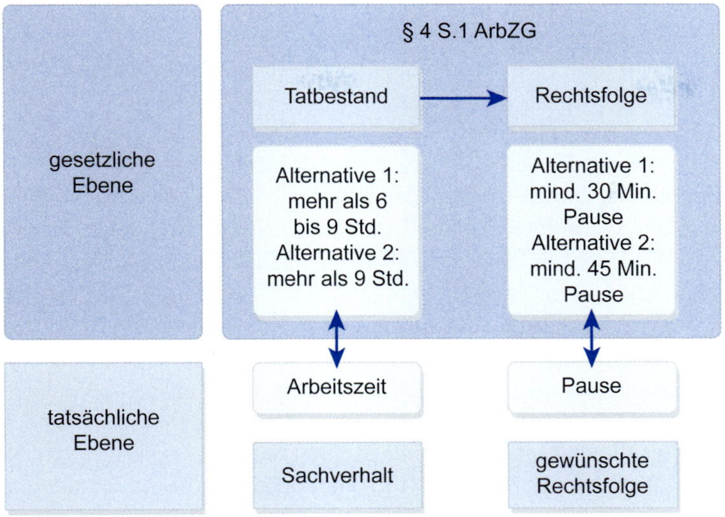

Abb. 0.3 Ablauf einer Subsumtion.

welche ihm entweder überhaupt nicht oder nicht ausschließlich gehört, in der Absicht, einem anderen Nachteil zuzufügen, vernichtet, beschädigt oder unterdrückt (…).“ Prüft man nun die Tatbestandsvoraussetzungen,

- wer *(die Wohnbereichsleiterin)*
- eine Urkunde *(erfüllt – Briefe sind Urkunden),*
- welche ihm überhaupt nicht gehört *(erfüllt),*
- unterdrückt *(erfüllt),*
- in der Absicht, einem anderen Nachteil zuzufügen *(erfüllt – Pflegebedürftiger hat den Nachteil, dass er die Briefe nicht lesen kann),*

so zeigt sich, dass der (objektive) Tatbestand vorliegt. Kommen noch Vorsatz, Rechtswidrigkeit und Verschulden hinzu (in den Strafrechtsnormen nicht eigenständig erwähnt, da dies bei allen Normen hinzukommen muss), so tritt die Rechtsfolge ein: Freiheitsstrafe bis zu fünf Jahre.

0.5 Eine kleine Staatslehre

Grundgesetz ist die deutsche Verfassung

Bislang war vor allem von Rechtsquellen die Rede. Eine ganz wichtige Rechtsquelle ist das **Grundgesetz,** die Verfassung der Bundesrepublik Deutschland. Die Artikel des Grundgesetzes stehen über allen anderen deutschen Rechtsnormen. In ihnen sind die grundlegenden staatlichen System- und Wertentscheidungen festgelegt.

Grundrechte

Grundsatzentscheidungen

Im ersten Teil des Grundgesetzes werden die Grundrechte geregelt (➤ Kap. 1.1.1.) und wichtige Grundentscheidungen getroffen, z. B. in Art. 20 Abs. 1 GG: Republik, Demokratie, Sozialstaat, Bundesstaat.

0.5.1 Gewaltenteilung

Die Legislative verabschiedet Gesetze

In den restlichen Teilen des Grundgesetzes geht es um die **Staatsorganisation.** Da spielen vor allem die Staatsorgane, ihre Aufgaben und ihr Verhältnis zueinander eine Rolle. Zwei sehr wichtige Organe sind der **Bundestag** und der **Bundesrat.** Sie bilden die gesetzgebende Gewalt (Legislative). Auf Landesebene sind dies die Länderparlamente. Im Bundestag sitzen die vom Volk gewählten Abgeordneten. In den Bundesrat werden Vertreter der Landesregierungen, also nicht Vertreter der Landesparlamente, entsandt. Der Bundestag hat neben seiner Gesetzgebungsfunktion noch die Aufgabe, die Bundesregierung zu kontrollieren. Außerdem wählt er den Bundeskanzler.

Die Exekutive ist die ausführende Gewalt

Die Exekutive, also die ausführende Gewalt, wird auf Bundesebene durch die **Bundesregierung** (mit dem Bundeskanzler an der Spitze) sowie die Ministerien und nachgeordnete Behörden gebildet. Ähnlich ist es auf Länderebene. Der Bundeskanzler beruft die Minister, der Bundespräsident ernennt sie. Die Richtlinien der Politik werden vom Bundeskanzler bestimmt, innerhalb dieser Richtlinien leiten die Minister ihre Ressorts in eigener Verantwortung. Alle wichtigen Entscheidungen werden vom Kabinett gemeinsam beschlossen (Kollegialprinzip).

Die Judikative ist die rechtsprechende Gewalt

Die rechtsprechende Gewalt (Judikative) ist zweigeteilt. Der Bund kümmert sich um die Organisation der **Bundesgerichte**, die Bundesländer sind für alle anderen Gerichte zuständig (➤ Kap. 0.8). Damit die Rechtsprechung überall nach den gleichen Regeln vonstattengeht, ist die Ordnung für sämtliche Gerichte bundeseinheitlich geregelt. Höchstes Gericht ist das Bundesverfassungsgericht mit Sitz in Karlsruhe. Dessen Richter werden für zwölf Jahre vom Bundestag und Bundesrat gewählt.

Staatsoberhaupt ist der Bundespräsident

Fehlt noch ein Organ: der **Bundespräsident.** Er ist das Staatsoberhaupt. Seine Macht ist allerdings sehr beschränkt. Er ist vor allem ein Repräsentativorgan und hat eine „sinnstiftende" Funktion. In Krisensituationen hat er aber „Reservevollmachten". Nicht zuletzt erlangt ein Gesetz erst durch seine Unterschrift Rechtskraft. Gewählt wird er auf fünf Jahre durch die **Bundesversammlung** (wobei er einmal wiedergewählt werden darf). Die Bundesversammlung besteht aus den Mitgliedern des Deutschen Bundestages und einer gleichen Zahl von Mitgliedern, die von den Volksvertretungen der Länder gewählt werden. Häufig werden von dort auch Prominente (wie Sportler oder auch Schauspieler) entsandt.

0.5.2 Wahlen und Wahlberechtigung

Wahlen: allgemein, unmittelbar, frei, gleich, geheim

Noch ein Wort zu den Wahlen. Diese müssen allgemein, unmittelbar, frei, gleich und geheim sein (Art. 38 Abs. 1 Satz 1 GG). Alle mindestens 18-jährigen Deutschen haben das aktive und passive Wahlrecht, sie können wählen und gewählt werden. **Vom aktiven Wahlrecht** kann ein Bürger nach § 13 des Bundeswahlgesetzes (BWahlG) nur dann **ausgeschlossen** sein,

- wenn ihm dieses gerichtlich aberkannt wurde oder
- wenn er durch den Beschluss eines Strafgerichts in einer psychiatrischen Klinik untergebracht wurde oder

- wenn er unter Totalbetreuung steht (Betreuung in allen Angelegenheiten).

Pflegebedürftige haben volles Wahlrecht.

Letzteres bedeutet im Umkehrschluss: Auch geschäftsunfähige Pflegebedürftige oder vermeintlich „Nichteinsichtsfähige" oder auch solche, die nicht in allen Bereichen rechtlich betreut werden, haben das *volle* Wahlrecht! Deswegen sollten Pflegebedürftige auch unterstützt werden, z. B. bei der Briefwahl oder bei der Korrektur des Wählerverzeichnisses.

Nach § 57 der Bundeswahlordnung (BWahlO) können Menschen mit einer Behinderung sogar eine Hilfsperson auswählen, mit der sie gemeinsam die Wahlkabine aufsuchen. Die Hilfsperson darf aber nur so viel wie notwendig helfen, z. B. Vorlesen des Stimmzettels. Nötigenfalls darf sie jedoch auch den Stimmzettel nach der Weisung des Wählers ausfüllen. Für Blinde gibt es Stimmzettelschablonen. Ähnliches gilt bei der Briefwahl. Wenn eine andere Person behilflich war, dann muss sie dazu eine Versicherung an Eides statt abgeben (§ 66 Abs. 3 BWahlO).

PRAXISTIPP

Beim Wahlvorstand kann zweierlei beantragt werden:

- Die Bildung von Sonderwahlbezirken (§ 13 BWahlO), wenn z. B. eine größere Anzahl von Wahlberechtigten aus (mehreren) Pflegeeinrichtungen keinen Wahlraum außerhalb der Einrichtung aufsuchen kann.
- Außerdem ist es für kleinere Einrichtung möglich, dass vor Ort eine Wahllokalfiliale installiert wird (§ 8 BWahlO).

Bundestags-, Landtags-, Kommunalwahlen

Auf **Bundesebene** gibt jeder Wahlberechtigte zwei Stimmen ab. Mit der ersten wird ein Direktkandidat im Wahlkreis gewählt, die Zweitstimme (an eine Partei) bestimmt das bundesweite Kräfteverhältnis und die Anzahl Sitze einer Partei im Bundestag. Nur Parteien, die auf über fünf Prozent der Stimmen kommen oder mindestens drei Direktmandate ergattern, dürfen in den Bundestag einziehen.

Die Fünf-Prozent-Klausel gilt grundsätzlich auch bei den **Landtagswahlen.** Ansonsten gibt es von Bundesland zu Bundesland erhebliche Unterschiede. Zum einen dauern die Wahlperioden vier oder fünf Jahre. Zum anderen hat der Wähler mal eine, mal zwei Stimmen. Ähnlich wie im Bund wird ein Direktkandidat und mit der Zweitstimme eine Partei gewählt (personalisierte Verhältniswahl).

Noch ausdifferenzierter sind die **Kommunalwahlen,** wo man teilweise schon mit 16 Jahren wählen darf. Meistens gibt es dort keine Sperrklausel, schon gar keine Fünf-Prozent-Klausel. Eine weitere Besonderheit: Kommunen sind keine „kleinen Staaten". In Deutschland gibt es nur zwei staatliche Ebenen: den Bund und die Bundesländer. Die Kommunen sind vielmehr Teil der Verwaltung in den Bundesländern. Auf Kommunalebene werden also eigentlich Verwaltungsgremien und keine „Parlamente" gewählt.

0.6 Die Europäische Union

Die EU ist ein Staatenverbund

Auch für das deutsche Pflegerecht hat die Europäische Union (EU) mittlerweile eine wichtige Bedeutung bekommen. Dabei handelt es sich bei der EU um ein eigenartiges Gebild. Die Nationalstaaten haben einige, aber bei weitem nicht alle Kompetenzen an die EU abgegeben. Das Bundesverfassungsgericht sieht die EU als „Klasse für sich" und hat dafür den Begriff des Staatenverbundes erfunden. Ihre Verfassung basiert auf zwei Grundverträgen: dem Vertrag über die Europäische Union (EUV) und dem Vertrag über die Arbeitsweise der Europäischen Union (AEUV).

Organe der EU: Verflechtung von Legislative und Exekutive

Die gesetzgebende Gewalt der EU (Legislative) ist auf das Europäische Parlament und den Rat der Europäischen Union aufgeteilt. Die ausführende Gewalt (Exekutive) ist ebenfalls aufgeteilt: zwischen der Europäischen Kommission und dem Europäischen Rat. Die Unterscheidung zwischen Legislative und Exekutive ist allerdings nicht sehr konsequent durchgehalten. Es handelt sich weniger um eine Gewaltenteilung als vielmehr um eine Verflechtung. Außerdem haben die Staats- und Regierungschefs (im Rat der Europäischen Union) gegenüber dem Europäischen Parlament eine vergleichsweise starke Position. (➤ Abb. 0.4)

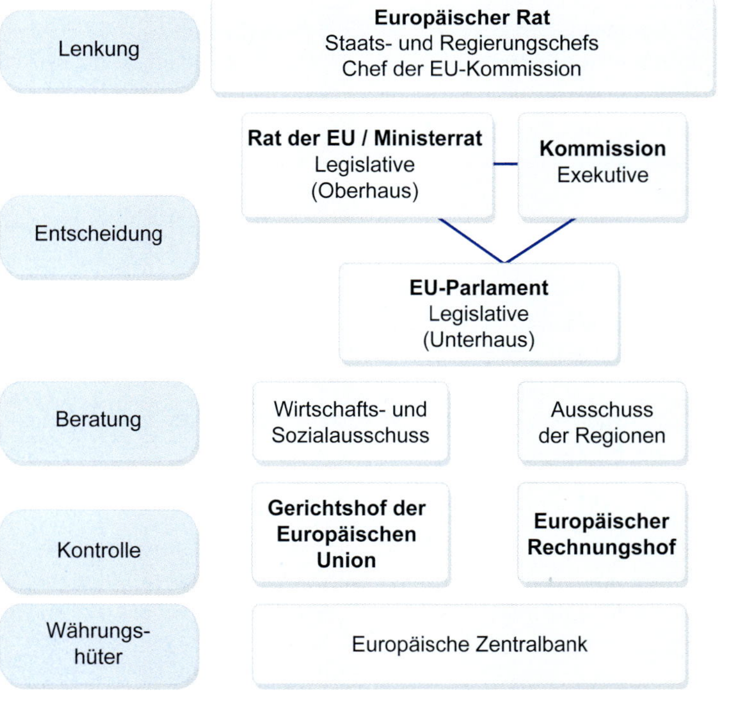

Abb. 0.4 Akteure in der EU (Organe im Bild hervorgehoben).

Gesetze werden von der EU in zwei Formen verabschiedet:

- **EU-Verordnungen:** Diese sind in den Mitgliedstaaten unmittelbar gültig. Für den Pflegebereich wichtige EU-Verordnungen gibt es zur Sozialversicherung und zur Lebensmittelsicherheit, ebenso wie zum Arzneimittelrecht. Außerdem regelt die REACH-Verordnung die Registrierung, Bewertung, Zulassung und Beschränkung von Chemikalien.
- **EU-Richtlinien:** Sie werden erst durch eine Umsetzung in nationales Recht bindend. Für den Pflegebereich interessant: Richtlinien zu bestimmten Aspekten der Arbeitszeitgestaltung, zur Gefahrstoffkennzeichnung sowie zu Medizinprodukten. (➤ Abb. 0.5)

EU-Gesetze: Verordnungen und Richtlinien

Die EU gewährt ihren Bürgern wichtige Rechte. Dazu gehören insbesondere das Recht auf Freizügigkeit, das Diskriminierungsverbot, das Kommunalwahlrecht am Wohnort sowie ein Petitions- und Beschwerderecht. Gerade die **Freizügigkeitsrechte** sind von enormer Bedeutung. So können EU-Bürger heutzutage ohne große Verrenkungen in jedem Staat der EU wohnen, dort eine Arbeit aufnehmen oder einer selbstständigen Tätigkeit nachgehen. So können Pflegekräfte aus dem EU-Ausland problemlos nach Deutschland kommen und hier arbeiten. Gleiches gilt selbstverständlich auch für deutsche Pflegekräfte, die im EU-Ausland tätig sein wollen.

Wichtiges Bürgerrecht: Freizügigkeit

Eine ganz besondere Organisation ist der **Europarat.** Er hat nichts mit der EU zu tun (und auch nicht mit dem Europäischen Rat). Der Europarat ist lediglich ein Debattenforum für allgemeine europäische Fragen. Immerhin werden dabei Konventionen verabschiedet. Das sind zwischenstaatliche, völkerrechtlich verbindliche Verträge, z. B. 1950 die Europäische Menschenrechtskonvention (EMRK) oder 1961 die Europäische Sozialcharta. Ein wichtiger Teil des Europarats ist der in Straßburg angesiedelte **Europäische Gerichtshof für Menschenrechte (EGMR).** Er wacht über die Einhaltung der Europäischen Menschenrechtskonvention.

Europarat:
- Verabschiedung von Konventionen
- Europäischer Gerichtshof für Menschenrechte

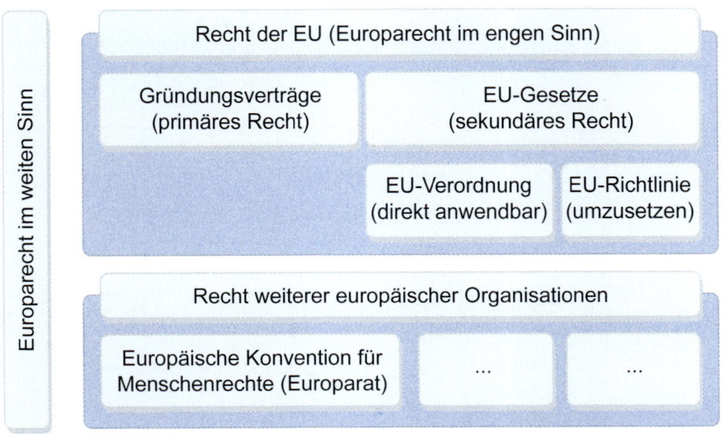

Abb. 0.5 Überblick über das Europarecht.

0.7 Einteilung der Rechtsgebiete

Von den Höhen der EU zurück zum deutschen Recht. Die beiden großen Rechtsgebiete im deutschen Recht sind das Privatrecht und das Öffentliche Recht (➤ Abb. 0.6).

Definition

Recht = Privatrecht und Öffentliches Recht

Privatrecht regelt die Rechtsbeziehungen zwischen rechtlich (nicht: wirtschaftlich) gleichgestellten Rechtssubjekten („Bürger gegen Bürger auf gleicher Ebene").
Öffentliches Recht regelt die Rechtsbeziehungen zwischen den Trägern öffentlicher Gewalt und den einzelnen Privatrechtssubjekten („Staat gegen Bürger im Über-/Unterordnungsverhältnis").

Das Privatrecht lässt sich noch weiter unterteilen, in einen allgemeinen und einen besonderen Teil. Der allgemeine Teil gilt für jedermann. Zentrales Gesetz ist das **Bürgerliche Gesetzbuch (BGB).** Der besondere Teil des Privatrechts hat nur für bestimmte Gruppen eine Bedeutung, z. B. für Kaufleute. Für diese gilt zusätzlich (also neben dem BGB) das **Handelsgesetzbuch (HGB).**

Auch das Öffentliche Recht lässt sich weiter differenzieren. Hierunter fallen z. B. folgende Rechtsgebiete: Strafrecht, Verwaltungsrecht, Staatsorganisationsrecht und das Steuerrecht.

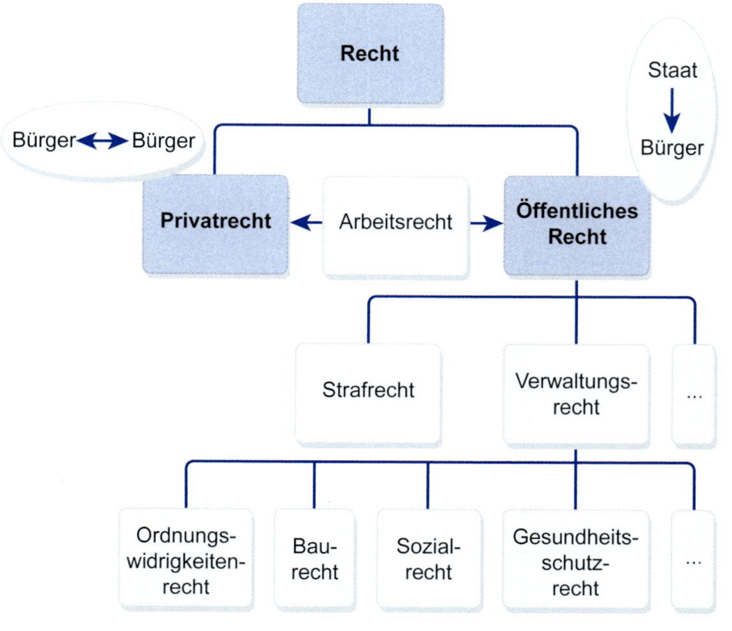

Abb. 0.6 Aufteilung der Rechtsgebiete.

Verwaltungsrecht ist Teil des Öffentlichen Rechts

Ein riesiges Rechtsgebiet ist das **Verwaltungsrecht.** Es regelt vor allem die Rechtsbeziehungen des Staates zu seinen Bürgern, aber auch die Funktionsweise der Verwaltung und das Verhältnis der verschiedenen Institutionen zueinander. Zentrales Regelungsinstrument ist der **Verwaltungsakt** (eine einseitige und verbindliche Regelung für den Einzelfall). *Beispiel:* Die zuständige Behörde genehmigt den Betrieb einer Pflegeeinrichtung unter Auflagen.

Ordnungswidrigkeitenrecht steht zwischen Verwaltungs- und Strafrecht

Eine Sonderstellung hat das **Ordnungswidrigkeitenrecht.** Allgemeine Regelungen dazu finden sich im Gesetz über Ordnungswidrigkeiten (OWiG). Über dieses Rechtsgebiet ahndet der Staat Pflichtverletzungen, die er für „nicht so schlimm" hält. Und verhängt dazu Geldbußen. *Beispiel:* Wer ein Medizinprodukt betreibt oder anwendet, dessen Datum abgelaufen ist, bis zu dem eine gefahrlose Anwendung nachweislich möglich ist, der handelt ordnungswidrig (§ 4 Abs. 1 Nr. 2, § 42 Abs. 2 Nr. 1 MPG); das kann eine Geldbuße in Höhe von bis zu 30.000 Euro nach sich ziehen (§ 42 Abs. 3 MPG). Eine Geldbuße ist keine Strafe, sondern eine verwaltungsrechtliche Sanktion. Gleichwohl hat das Ganze einen starken strafrechtlichen Einschlag. Wer z. B. einen Bußgeldbescheid bekommt, kann dagegen innerhalb von zwei Wochen Einspruch einlegen. Wenn die Verwaltungsbehörde den Bußgeldbescheid nicht zurücknimmt, kommt es zu einer Verhandlung, die einem Strafprozess sehr ähnelt.

Arbeitsrecht hat Doppelstellung

Auch das **Arbeitsrecht** hat eine Doppelstellung:

- Soweit der Arbeitsvertrag betroffen ist, gehört das Arbeitsrecht zum Zivilrecht.
- Geht es um die arbeitsrechtlichen Schutzgesetze (z. B. Jugendarbeitsschutz-, Mutterschutz-, Kündigungsschutz-, Urlaubs- oder Arbeitszeitgesetz) so ist das Öffentliche Recht betroffen. Denn mit diesen Gesetzen zwingt der Staat die Arbeitgeber (Über-/Unterordnungsverhältnis), bestimmte Mindeststandards bei der Beschäftigung von Arbeitnehmern einzuhalten. Auch das kollektive Arbeitsrecht, bei dem es um die betriebliche und die überbetriebliche Mitbestimmung geht, ist stark öffentlich-rechtlich geprägt.

Welche Rechtsgebiete im Pflegerecht von Bedeutung sind, zeigt ➤ Abb. 0.7.

Rechtsgebiet entscheidet über einschlägige Vorschriften und Gerichte

Die Unterscheidung der Rechtsgebiete ist für zwei Fragen bedeutsam:

- Zum einen gibt das Rechtsgebiet den Ausschlag darüber, in welchen Vorschriften man nach den **einschlägigen Regelungen** suchen muss. *Beispiel:* Das Betreuungsrecht gehört nicht zum Sozialrecht, denn es geht nicht um eine Sozialleistung. Deswegen wird man in den Sozialgesetzbüchern dazu auch nichts finden. Vielmehr ist die Betreuung primär eine familiäre Angelegenheit und deswegen im Familienrecht geregelt. Dazu findet man im IV. Buch des BGB die einschlägigen §§ 1896 ff. BGB.
- Ist eine Norm dann gefunden, so stellt sich die Frage, vor welchem **Gericht** man sein Recht durchsetzen muss. Auch hier ist das Rechtsgebiet entscheidend: Bewegt man sich im Privatrecht, so ist es die Zivilgerichtsbarkeit, also in erster Instanz meist ein Amts- oder Landgericht. Im Öffentlichen Recht ist noch weiter zu differenzieren. Dort gibt es Straf-, Arbeits-, Sozial-, Verwaltungs- und Finanzgerichte.

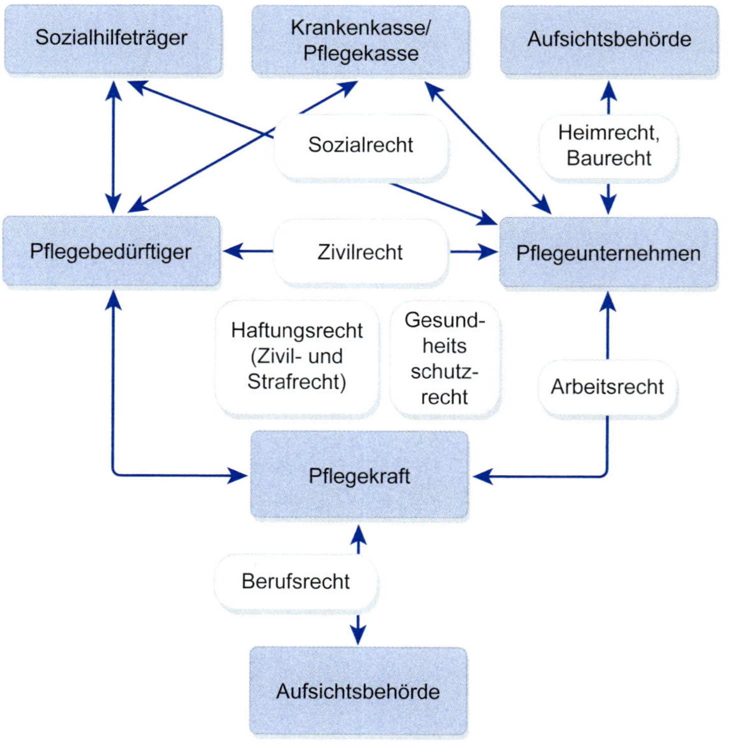

Abb. 0.7 Akteure im Pflegerecht – Verortung von Rechtsgebieten.

0.8 Gerichtsbarkeit in Deutschland

Fallbeispiel

Viele Probleme, viele Gerichte

Barbara ist seit vielen Jahre Pflegekraft in einem ambulanten Pflegedienst. Eines Tages liegt eine Kündigung in ihrem Briefkasten. Gegen diese möchte sie sich wehren. Bei ihrem Kollegen Peter, der einer stationären Einrichtung arbeitet, kommt es noch dicker: Er wurde von seinem Arbeitgeber angezeigt. Angeblich hätte er in die Kasse der Verwaltung gegriffen und auch noch Fachbücher mitgehen lassen. Hinzu kommt, dass der Arbeitgeber den Schaden ersetzt haben will. Ein Dritter, Manfred, soll gegenüber Pflegebedürftigen mehrfach übergriffig geworden sein. Die zuständige Behörde will ihm deswegen die Erlaubnis zum Führen der Berufsbezeichnung „Altenpfleger" entziehen.
Wenn über all diese Konfliktfälle Recht gesprochen werden muss: Welche Gerichte werden das entscheiden?

Die **Gerichtsbarkeit** in Deutschland wird in drei Bereiche aufgeteilt (➤ Abb. 0.8):
- Verfassungsgerichtsbarkeit
- ordentliche Gerichte
- außerordentliche Gerichte

0.8.1 Verfassungsgerichtsbarkeit

Die Verfassungsgerichtsbarkeit kontrolliert die Staatsgewalten und entwickelt das Verfassungsrecht fort. Da Bund und Länder eigene Staatsqualität haben, gibt es deswegen auf Bundes- und Landesebene Verfassungsgerichte. Das **Bundesverfassungsgericht** (mit Sitz in Karlsruhe) ist oberstes Gericht und gleichzeitig ein unabhängiges Verfassungsorgan. Es gilt als Hüter der deutschen Verfassung. Vor diesem Gericht streiten sich vor allem Staatsorgane (oder Teile davon). Aber auch als Einzelner kann man zum Bundesverfassungsgericht ziehen. Jeder, der sich in seinen Grundrechten durch staatliches Handeln verletzt sieht, kann dazu eine **Verfassungsbeschwerde** einreichen. Allerdings werden nur knapp drei Prozent der Verfassungsbeschwerden überhaupt zur Entscheidung angenommen.

Verfassungsgerichte kontrollieren und entwickeln Verfassungsrecht fort

0.8.2 Ordentliche Gerichte

Vor die **ordentlichen Gerichte** kommen bürgerlich-rechtliche und strafrechtliche Verfahren. Auch die freiwillige Gerichtsbarkeit zählt dazu. Der Begriff ist etwas altertümlich, man versteht darunter „vorsorgende" oder „helfende" Rechtspflege. Für den Pflegebereich wichtig sind Vormundschafts-, Betreuungs- und Unterbringungssachen, aber auch Nachlass-, Grundbuch- und Registersachen (z. B. Führung des Vereins- oder Handelsregisters) gehören zur freiwilligen Gerichtsbarkeit. Typisch für die freiwillige Gerichtsbarkeit ist, dass es keine Klage gibt, das Verfahren wird vielmehr von Amts wegen oder auf Antrag hin eingeleitet (z. B. im Betreuungsverfahren). Außerdem ermittelt das Gericht den Sachverhalt von sich aus (Amtsermittlungsgrundsatz).

- Zivilgerichte
- Strafgerichte
- Freiwillige Gerichtsbarkeit („vorsorgende" Rechtspflege)

0.8.3 Stufen und Instanzen der Gerichtsbarkeit

Der Aufbau von Straf- und Zivilgerichten kennt vier Stufen: Amtsgericht, Landgericht, Oberlandesgericht und den Bundesgerichtshof. Das Problem: Im deutschen Recht gibt es nur drei Instanzen:
- **Ausgangsinstanz**
- **Berufungsinstanz:** Hier wird das Urteil auf Tatsachen- und Rechtsfehler hin geprüft, das Verfahren kann also völlig neu aufgerollt werden.
- **Revisionsinstanz:** In dritter Instanz werden nur Rechtsfehler geprüft. Die Tatsachen werden nicht mehr hinterfragt.

Im **Zivilrecht** teilen sich die Instanzen auf die Gerichtsstufen grundsätzlich wie folgt auf: Angelegenheiten mit einem Streitwert von bis zu 5.000 Euro begin-

Ordentliche Gerichte: vier Stufen, drei Instanzen

nen beim Amtsgericht und können dann über das Landgericht bis höchstens zum Oberlandesgericht gelangen. Ist der Streitwert höher, dann beginnt das Verfahren in erster Instanz beim Landgericht und kann in diesem Fall bis zum Bundesgerichtshof gehen. Allerdings gibt es Angelegenheiten, in denen immer zuerst das Amtsgericht zuständig ist. Das sind z. B. Betreuungs- und Vormundschaftssachen, aber auch Wohnraum- oder familiäre Angelegenheiten.

In **Strafsachen** entscheidet die Schwere des Delikts darüber, ob zuerst das Amtsgericht oder das Landgericht angerufen wird. Liegt die Straferwartung über vier Jahren, dann ist in erster Instanz das Landgericht, manchmal sogar das Oberlandesgericht zuständig.

Wichtig ist zum Instanzenzug noch: Man gelangt nicht immer in die nächsthöhere Instanz. So ist z. B. im Zivilprozess bei Streitwerten von bis zu 600 Euro keine Berufung möglich (es sei denn, das Amtsgericht hat sie ausdrücklich zugelassen). Auch werden schon einmal Instanzenwege verkürzt. Ist man z. B. in einem Strafverfahren in der ersten Instanz beim Landgericht, so besteht nur noch die Revisionsmöglichkeit zum Bundesgerichtshof. Eine Berufung ist in diesem Fall nicht zulässig.

Außerordentliche Gerichte: drei Stufen, drei Instanzen

Vor den **außerordentlichen Gerichten** ist der Instanzenzug einfacher: Dort gibt es von vornherein nur drei Stufen und deswegen auch nur drei Instanzen (Ausnahme: Finanzgericht; hier gibt es keine Berufungs-, sondern nur eine Revisionsinstanz, vgl. ➤ Abb. 0.8).

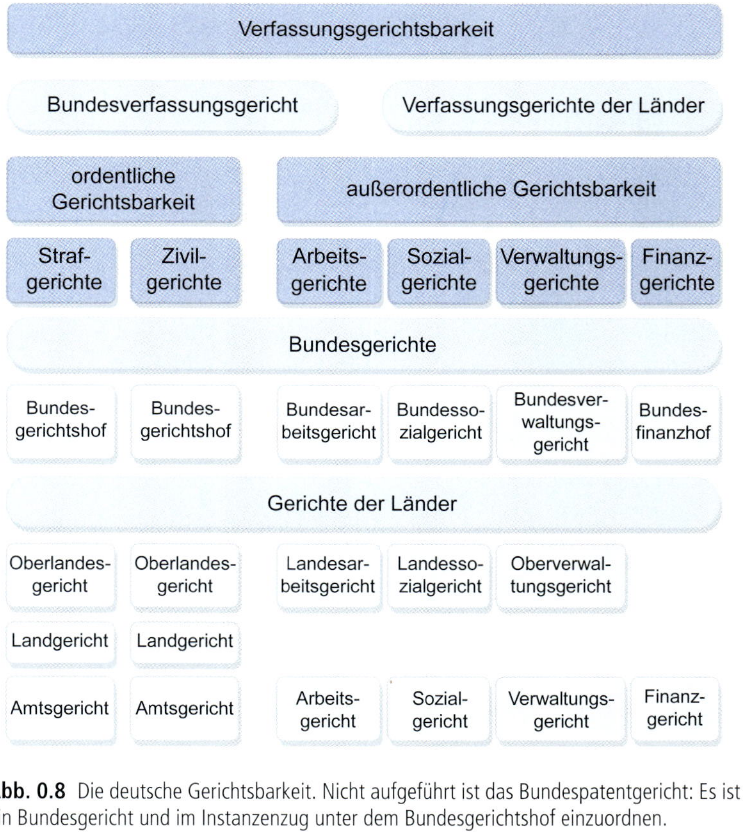

Abb. 0.8 Die deutsche Gerichtsbarkeit. Nicht aufgeführt ist das Bundespatentgericht: Es ist ein Bundesgericht und im Instanzenzug unter dem Bundesgerichtshof einzuordnen.

Im Fallbeispiel: Barbara wurde gekündigt. Das ist eine arbeitsrechtliche Angelegenheit. Also muss sie zum Arbeitsgericht ziehen, um sich dort gegen die Kündigung zu wehren. Peter muss damit rechnen, dass er wegen des Diebstahls vom Amtsgericht (Strafabteilung) behelligt wird. Auch bei der Auseinandersetzung um den Schadensersatz scheint das Amtsgericht (Zivilabteilung) zuständig. Denn es geht um „Bürger gegen Bürger auf gleicher Ebene". Allerdings ist das Ganze im Zusammenhang mit einem Arbeitsverhältnis passiert. In solchen Fällen ist vorgesehen, dass der Anspruchsteller, also der Arbeitgeber, zum Arbeitsgericht ziehen muss. Schließlich Manfred: Ihm soll die Berufsbezeichnung entzogen werden. Das ist eine verwaltungsrechtliche Angelegenheit, denn es geht um das Berufsordnungsrecht. Darüber muss das Verwaltungsgericht entscheiden.

0.9 Die Selbstbestimmungsfähigkeiten von Pflegebedürftigen

Zum Abschluss des ersten Kapitels soll es noch um den Pflegebedürftigen gehen – und um seine Selbstbestimmungsfähigkeiten. Diese spielen an vielen Stellen in den folgenden Kapiteln eine entscheidende Rolle.

0.9.1 Die Rechtsfähigkeit

Definition

Rechtsfähigkeit

Die Fähigkeit, selbstständig Träger von Rechten und Pflichten sein zu können. Rechtsfähig können natürliche Personen, juristische Personen und bestimmte Personengesellschaften sein.

Rechtsfähigkeit einer natürlichen Person

Die Rechtsfähigkeit einer natürlichen Person beginnt nach § 1 BGB mit der Vollendung der Geburt. Das ist der Zeitpunkt, zu dem die Leibesfrucht vollständig (und lebend) aus dem Körper der Mutter ausgetreten ist; auf die Lösung der Nabelschnur kommt es nicht an. In zwei Fällen wird die Rechtsfähigkeit nach vorne verlagert:

- Das gezeugte, aber noch nicht geborene Leben kann bereits erben (§ 1923 Abs. 2 BGB).
- In Bezug auf Schädigungen im Mutterleib (z. B. durch Arzt oder Hebamme) kann ein Kind Schadensersatzforderungen stellen, obwohl es zum Zeitpunkt der Schädigung an sich noch nicht rechtsfähig war.

Bei der Pflege älterer Menschen ist jedoch weniger der *Beginn* der Rechtsfähigkeit interessant als vielmehr deren *Ende*. So stellt sich z. B. die Frage, ob eine Person, die im Wachkoma liegt, noch rechtsfähig ist? Eindeutig: Ja! So wenig es bei einem Baby darauf ankommt, dass es seine Rechte und Pflichten selbst ausüben kann, so wenig muss dies auch bei einem älteren Menschen der Fall sein. Entscheidend ist, dass beide lebend auf dieser Welt sind. Dass dann andere für sie handeln, wie z. B. die Eltern oder ein Betreuer bzw. Bevollmächtigter, spielt keine Rolle.

Die Rechtsfähigkeit einer natürlichen Person endet erst mit deren Tod. Selbst über diesen Zeitpunkt hinaus kann ein Mensch „rechtliche Nachwirkungen" haben. So gilt auch für einen Verstorbenen das allgemeine Persönlichkeitsrecht. Wird er verunglimpft, dann bestehen Ansprüche auf Unterlassung oder Schadensersatz. Auch die Schweigepflicht überdauert den Tod.

Rechtsfähigkeit von juristischen Personen

Bei juristischen Personen beginnt die Rechtsfähigkeit meist mit der **Eintragung in einem Register,** z. B. mit der Erfassung eines Vereins im Vereinsregister oder einer GmbH im Handelsregister. Die Rechtsfähigkeit endet mit der **Löschung** dort.

0.9.2 Die Geschäftsfähigkeit

Definition

Geschäftsfähigkeit

Die Fähigkeit, sich durch Rechtsgeschäfte wirksam binden zu können.

Fallbeispiel

Pflegevertrag mit einer Geschäftsunfähigen?

Frau Mertens ist bereits fortgeschritten dement. Nun möchte sie mit einem ambulanten Pflegedienst einen Pflegevertrag abschließen. Die Chefin dieses Dienstes hat jedoch Zweifel. Wie kommt sie zu einem wirksamen Vertrag? Wie ist die Rechtslage, wenn ein Geschäftsunfähiger mit einem *Pflegeheim* einen Heimvertrag abschließt?

0.9.2.1 Geschäftsunfähigkeit

Die grundlegende Vorschrift für die Geschäftsfähigkeit ist § 104 BGB. Dort ist aber – negativ – die **Geschäftsunfähigkeit** geregelt.

Geschäftsunfähigkeit

§§

§ 104 BGB

Geschäftsunfähig ist:

1. wer nicht das siebente Lebensjahr vollendet hat,
2. wer sich in einem die freie Willensbestimmung ausschließenden Zustand krankhafter Störung der Geistestätigkeit befindet, sofern nicht der Zustand seiner Natur nach ein vorübergehender ist.

Der zweite Fall ist im Pflegebereich der entscheidende. Wichtig ist zum einen: Die Störung der Geistestätigkeit muss **von Dauer** sein. Es kann aber durchaus auch einmal sein, dass der Betroffene einen lichten Moment hat. Er gilt dann als voll geschäftsfähig. Der zweite wichtige Punkt: Wann ist die Störung der Geistestätigkeit so krankhaft, dass die freie Willensbestimmung ausgeschlossen ist? Das lässt sich allgemein kaum beantworten. Bloße Willensschwäche oder leichte Beeinflussbarkeit reichen jedenfalls nicht. In der Praxis wird dies so gelöst: Der Geschäftspartner des (vermeintlich) Geschäftsunfähigen macht einen Anspruch geltend, ein Versandhändler verlangt vom Pflegebedürftigen z. B. die Bezahlung der bestellten Ware. Wenn nicht bezahlt wird, dann kann der Versandhändler den Pflegebedürftigen auf Zahlung verklagen. Vor Gericht wird dann meist ein ärztliches Gutachten eingeholt. Das ist jedoch eine heikle Angelegenheit, denn der Gutachter muss eine Situation beurteilen, die womöglich schon länger zurückliegt. Das bedeutet: Bei jedem strittigen Kauf muss notfalls ein eigenes Gerichtsverfahren eingeleitet werden, das noch dazu einen ungewissen Ausgang hat. Deutlich mehr Rechtssicherheit bietet in solchen Situationen der Einwilligungsvorbehalt (s. u.).

Im Fallbeispiel: Die Chefin des Pflegedienstes kann bei vermuteter Geschäftsunfähigkeit mehrere Dinge tun. Sie könnte sich zum einen durch einen Arzt die ausreichende Geistestätigkeit der Pflegebedürftigen attestieren lassen. Die Gefahr dabei: Ein Gericht könnte dies später anders beurteilen. Sicherer ist ein notariell beurkundeter Vertrag. Der Notar muss nämlich vor Vertragsschluss die Voraussetzungen der Geschäftsfähigkeit prüfen. Ein Gericht kann sich später über dessen Einschätzung nur sehr schwer hinwegsetzen. Problem beim Notar: Es ist aufwendig und kostet zusätzliches Geld. Am besten ist es für die Chefin des Pflegedienstes, wenn es einen Bevollmächtigten oder Betreuer gibt, der für die Pflegebedürftige den Vertrag abschließt. Fehlt es daran, dann können Angehörige (oder auch der Pflegedienst) beim Betreuungsgericht anregen, dass ein Betreuer bestellt wird.

Beim Heimvertrag gibt es eine Besonderheit: Wird dieser mit einem Geschäftsunfähigen abgeschlossen, dann gilt er dennoch als wirksam. Und zwar insoweit, als bereits gegenseitig Leistungen erbracht wurden, der Vertrag also bereits vollzogen wurde. Insofern hätte die Chefin einer *stationären* Pflegeeinrichtung etwas Sicherheit. Für die Zukunft kann aber ein Bevollmächtigter oder Betreuer die Genehmigung versagen und damit den Vertrag endgültig unwirksam werden lassen (§ 4 Abs. 2 WBVG). Eine Sondervorschrift enthält § 105a BGB: Selbst wenn ein Volljähriger geschäftsunfähig ist, so kann er **„Geschäfte des täglichen Lebens"** dennoch rechtswirksam abschließen, z. B. beim Friseurbesuch oder Lebensmitteleinkauf. Werden diese Geschäfte sofort abgewickelt und bedeuten diese keine „Gefahr für die Person oder das Vermögen des Geschäftsunfähigen", dann sind sie voll wirksam.

0.9.2.2 Beschränkte Geschäftsfähigkeit

Die nächste Stufe bei der Geschäftsfähigkeit ist die **beschränkte Geschäftsfähigkeit** (➤ Tab. 0.2). Davon sind die 6- bis 17-Jährigen erfasst. Ab 18 Jahren

Tab. 0.2 Die Stufen der Geschäftsfähigkeit.

Geschäftsunfähigkeit	beschränkte Geschäftsfähigkeit	Geschäftsfähigkeit
• Kinder unter 7 Jahren • bei krankhafter Störung der Geistestätigkeit (§ 104 BGB)	• Kinder ab 7 Jahren und Jugendliche • Betreute mit Einwilligungsvorbehalt (§ 1903 BGB)	ab 18 Jahren
Rechtsgeschäft ist nichtig	Rechtsgeschäft ist von der Einwilligung des gesetzlichen Vertreters abhängig	Rechtsgeschäft ist voll wirksam

ist man voll geschäftsfähig. Die beschränkte Geschäftsfähigkeit ist in den §§ 106 bis 113 BGB geregelt. Hier die Grundzüge:

Beschränkte Geschäftsfähigkeit

- Rechtsgeschäfte, die **nur rechtliche Vorteile** für den Minderjährigen bringen, sind von vorneherein wirksam.
- Haben sie auch Nachteile, dann bedarf es der **Einwilligung** der Eltern (§ 107 BGB), entweder im Vorhinein (Zustimmung) oder im Nachhinein (Genehmigung, § 108 BGB). Wurde zunächst keine Zustimmung erteilt, dann sind die Rechtsgeschäfte schwebend unwirksam. Wird die Genehmigung schließlich versagt, so werden sie endgültig und vollständig unwirksam. Sie müssen rückabgewickelt werden – ohne dass der Geschäftspartner z. B. für einen mittlerweile defekten Kaufgegenstand Schadensersatz verlangen dürfte. Er muss den vollen Kaufpreis erstatten und sich mit dem Wertverlust abfinden.
- **Einseitige Rechtsgeschäfte** (z. B. eine Kündigung) bedürfen immer der Zustimmung der Eltern, also der Einwilligung im Vorhinein (§ 111 BGB).
- Mit dem **Taschengeld** darf der Minderjährige rechtswirksame Geschäfte abschließen (§ 110 BGB). Darin steckt quasi bereits die Zustimmung der Eltern, die das Geld zur freien Verfügung überlassen haben.
- Eltern können auch ihre Zustimmung erteilen, dass der Minderjährige ein **Geschäft betreiben** oder ein **Dienst- oder Arbeitsverhältnis** eingehen darf. Dann gilt der Minderjährige für alle damit zusammenhängenden Rechtsgeschäfte als voll geschäftsfähig – auch wenn er kündigen will (§§ 112, 113 BGB). Das gilt jedoch nicht bei **Ausbildungsverhältnissen.** Will der Minderjährige dieses kündigen, dann müssen die Eltern dem ebenfalls zustimmen.

Betreuung hat keinen Einfluss auf Geschäftsfähigkeitsstatus

Diese Grundsätze können auch für Pflegebedürftige gelten, für die ein Betreuer bestellt worden ist. Allerdings stuft die Betreuung den Pflegebedürftigen nicht auf den Status eines beschränkt Geschäftsfähigen herab! Vielmehr ist es so: Die Betreuung hat keinen Einfluss auf den Geschäftsfähigkeitsstatus. Ist der Betreute geschäftsunfähig, dann bleibt er dies auch. Gleiches gilt aber ebenso, wenn der Betreute geschäftsfähig ist. Auch dies wird durch die Betreuung nicht beeinflusst. Betreuung heißt eben nicht Entmündigung.

0.9.2.3 Einwilligungsvorbehalt

Einwilligungsvorbehalt: Abstufung auf beschränkte Geschäftsfähigkeit

Davon gibt es aber eine **Ausnahme.** Für den Fall, dass der (voll geschäftsfähige) Betreute sich um sein Vermögen zu bringen droht, kann das Betreuungsgericht einen **Einwilligungsvorbehalt** anordnen (§ 1903 BGB). Dann, aber auch nur dann, gilt der Betreute als **beschränkt geschäftsfähig,** mit der Konsequenz, dass der Betreuer zur Wirksamkeit von Rechtsgeschäften grundsätzlich seine Einwilligung erteilen muss. „Geschäfte mit lediglich rechtlichem Vorteil" und geringfügige Angelegenheiten des täglichen Lebens (z.B. der Kauf von Zeitungen oder der Friseurbesuch) kann der Betreute aber trotz Einwilligungsvorbehalt weiterhin auch ohne den Betreuer rechtswirksam abschließen (§ 1903 Abs. 2 und 3 BGB).

Die Anordnung des Einwilligungsvorbehalts ist immer eine *gesonderte* Entscheidung, die neben der Entscheidung über die Errichtung einer Betreuung erfolgen muss (2010 geschah dies nur bei ca. 6 Prozent aller Betreuungsanordnungen). Wird der Einwilligungsvorbehalt nicht angeordnet (wie meistens), so bleibt es dabei: Die Betreuung hat keine Auswirkung auf den Geschäftsfähigkeitsstatus des Betreuten.

Fallbeispiel

Der bestellfreudige Herr Brenner

Herr Brenner ist noch ziemlich fit. Er kennt sich sogar mit dem Internet aus und surft wie ein alter Hase. So bestellt er bei etlichen Onlineshops die schönsten Dinge, ohne jedoch auf seinen Kontostand zu achten. Sein Vermögen ist in Gefahr! Die Pflegekräfte schöpfen Verdacht und informieren den Betreuer. Was kann dieser tun?

Zum einen: Herr Brenner hat ein sogenanntes Fernabsatzgeschäft abgeschlossen. Für diese Fälle gibt es ein gesetzlich geregeltes Widerrufs- und Rückgaberecht (§ 312d BGB) – das der Betreuer ausüben kann. Wenn Herr Brenner dabei aber nicht mitspielt, dann kann es schwierig werden. Hier hilft nur, bei Gericht anzuregen, dass dieses einen Einwilligungsvorbehalt anordnet. Dann liegt die Wirksamkeit der Rechtsgeschäfte in der Hand des Betreuers. Verweigert der Betreuer die Einwilligung, dann müssen die Geschäfte rückabgewickelt werden.

0.9.3 Die Ehefähigkeit

Definition

Ehefähigkeit

Die Fähigkeit, rechtswirksam die Ehe zu schließen.

Ehefähigkeit: Geschäftsfähigkeit nicht unbedingt notwendig

Grundsätzlich gilt: **Wer geschäftsfähig ist, der ist auch ehefähig.** Allerdings macht die Rechtsprechung durchaus Abstriche und lässt es ausreichen, wenn der Verlobte in der Lage ist, das Wesen der Ehe zu begreifen und insoweit eine freie Willensentscheidung zu treffen. So kann auch derjenige eine Ehe eingehen, der geistig stark abgebaut hat, aber noch versteht, was es bedeutet, eine Ehe zu schließen. Die Einwilligung eines gesetzlichen Betreuers ist nicht notwendig. Ein Betreuer kann die Eingehung einer Ehe auch nicht verhindern.

Stellt sich nach der Heirat heraus, dass ein Pflegebedürftiger nicht ehefähig war, dann ist die Ehe zunächst wirksam, sie **kann** allerdings **aufgehoben werden.** Dazu ist ein gerichtlicher Beschluss notwendig (§ 1313 BGB). Den Antrag kann ein Ehepartner (auch dessen gesetzlicher Vertreter, z. B. der Betreuer des Pflegebedürftigen) oder eine Behörde stellen (§ 1316 BGB).

0.9.4 Die Testierfähigkeit

Auch die Testierfähigkeit hängt mit der Geschäftsfähigkeit zusammen – und doch ist auch sie abweichend geregelt.

Definition

Testierfähigkeit

Die Fähigkeit, rechtswirksam ein Testament errichten, ändern oder verwerfen zu können.

Testierfähigkeit ab Alter von 16 Jahren

Geregelt ist die Testierfähigkeit in § 2229 BGB. Nach dessen Absätzen 1 und 2 kann bereits ein 16-Jähriger ein Testament errichten (zwar ohne Zustimmung der Eltern, dies allerdings nur, wenn die Beratung durch einen Notar eingeschlossen ist). Wichtiger für den Pflegebereich ist Absatz 4.

§§

§ 2229 Abs. 4 BGB

Wer wegen krankhafter Störung der Geistestätigkeit, wegen Geistesschwäche oder wegen Bewusstseinsstörung nicht in der Lage ist, die Bedeutung einer von ihm abgegebenen Willenserklärung einzusehen und nach dieser Einsicht zu handeln, kann ein Testament nicht errichten.

Tragweite einer Entscheidung für Testierenden erkennbar?

In dieser Vorschrift ist die **Testierunfähigkeit** geregelt. Sie liegt vor, wenn der Testierende nicht die Tragweite seiner Entscheidungen erkennen und seinen Willen frei von Einflüssen dritter Personen bilden und äußern kann. Wie die Geschäftsfähigkeit, kann die Testierfähigkeit vor Gericht angezweifelt werden.

Ein besonderer Fall der **(faktischen) Testierunfähigkeit** liegt vor, wenn jemand weder schreiben, sprechen noch lesen kann. Kann der Pflegebedürftige immerhin noch sprechen, so kann er einem Notar einschalten, diesem seinen Testierwillen mitteilen und das Testament sodann beurkunden lassen (➤ Kap. 1.3.3.1).

0.9.5 Die Schuldfähigkeit bzw. Deliktsfähigkeit

Wenn ein Mensch eine unerlaubte Handlung begeht, dann muss er nur dann dafür haften, wenn er überhaupt dafür verantwortlich gemacht werden kann, wenn er also schuld-, bzw. deliktsfähig ist.

Definition

Schuldfähigkeit/Deliktsfähigkeit

Die Fähigkeit, das Unrecht einer Tat einsehen und danach handeln zu können.

Verantwortlichkeit im Zivil- oder Strafrecht

Nur wer die notwendige Einsichtsfähigkeit hat, muss also für sein Tun haften. Je nach Rechtsgebiet wird unterschieden: Der Begriff der **Schuldfähigkeit** wird für die strafrechtliche Verantwortlichkeit, der Begriff der **Deliktsfähigkeit** für die zivilrechtliche Verantwortlichkeit verwendet. Die Unterscheidung ist nicht nur begrifflich, auch deren Voraussetzungen sind etwas unterschiedlich geregelt (➤ Tab. 0.3).

Grundsätzlich muss auch ein Pflegebedürftiger haften. Allerdings kann die Haftung ausgeschlossen sein, wenn er z. B. wegen fortgeschrittener Demenz nach § 20 StGB schuldunfähig oder nach § 827 S. 1 BGB deliktsunfähig ist. In beiden Fällen muss untersucht werden, ob bei dem Pflegebedürftigen eine **krankhafte Störung der Geistestätigkeit** vorliegt.

Tab. 0.3 Schuldfähigkeit im Straf- und Zivilrecht.

Schuldfähigkeit (Strafrecht)	Deliktsfähigkeit (Zivilrecht)
schuldunfähig sind: • Kinder bis 13 Jahre, § 19 StGB • Bewusstseinsgestörte, krankhaft seelisch Gestörte, § 20 StGB (wenn diese nur vermindert schuldfähig sind, dann Strafmilderung, § 21 StGB)	deliktsunfähig sind: • Kinder bis 6 Jahre, § 828 Abs. 1 BGB • Bewusstlose und Geisteskranke, § 827 S. 1 BGB • 7- bis 9-Jährige bei Unfällen im Straßenverkehr (wenn kein Vorsatz)
bedingt schuldfähig sind Jugendliche (14 bis 17 Jahre) je nach Reife, §§ 1, 3 JGG	bedingt deliktsfähig sind Minderjährige (7 bis 17 Jahre) je nach Einsichtsfähigkeit, § 828 Abs. 3 BGB
unbeschränkt schuldfähig: alle übrigen	unbeschränkt deliktsfähig: alle übrigen

PRAXISTIPP

Wenn ein Pflegebedürftiger deliktsunfähig ist, dann zahlt auch seine private Haftpflichtversicherung nicht, wenn er einen Schaden verursacht. Die zahlt nämlich immer nur dann, wenn der Versicherte haftbar ist. Das ist der deliktsunfähige Pflegebedürftige aber gerade nicht. Was sich für den Pflegebedürftigen zunächst gut anhört, kann ihm (und seinen Angehörigen) aber durchaus unangenehm sein, z. B. wenn sie den Schaden gerne begleichen würden, dies aber aus eigenen finanziellen Mitteln nicht können. Deswegen sollte man immer darauf drängen, dass Pflegebedürftige eine Haftpflichtversicherung abschließen, die auch im Falle der Deliktsunfähigkeit für Schäden aufkommt. Dazu kann in bestehende Versicherungen eine „Demenzklausel", evtl. gegen eine etwas höhere Versicherungsprämie, aufgenommen werden. Das ist auch für die Pflege von Vorteil: Verursacht ein deliktsunfähiger Bewohner z. B. in der Pflegeeinrichtung einen Sachschaden, kann die Einrichtung eigentlich weder den Pflegebedürftigen noch dessen Versicherung in Anspruch nehmen. Mit einer „Demenzklausel" zahlt die Versicherung dann letztlich aber doch.

0.9.6 Die Einwilligungsfähigkeit

Im Mittelpunkt der medizinisch-pflegerischen Versorgung steht der Pflegebedürftige. Das heißt vor allem: Er entscheidet über das, was mit ihm passieren soll. Er gibt die jeweils notwendige Einwilligung in Maßnahmen. Er entzieht sie auch. Mit anderen Worten: Auf *seinen* Willen kommt es an! Damit kommt es aber auch darauf an, ob er überhaupt (noch) in der Lage ist, einen Willen zu bilden.

Definition

Einwilligungsfähigkeit

Die Fähigkeit, in die Verletzung eines der Person zuzurechnenden Rechtsguts einwilligen bzw. dies ablehnen zu können.

Medizinisch-pflegerische Maßnahmen bedürfen der Einwilligung des Betroffenen

Jede medizinisch-pflegerische Maßnahme, und sei sie auch noch so harmlos, stellt einen Eingriff in die körperliche Integrität des Pflegebedürftigen dar. Dieser Eingriff wird dann aber dadurch gerechtfertigt, dass der Pflegebedürftige dazu seine Einwilligung erteilt hat.

Möglich ist dies allerdings nur dann, wenn er dazu überhaupt (noch) fähig ist, wenn also **Einwilligungsfähigkeit** vorliegt. Diese ist etwas anderes als die **Geschäftsfähigkeit.** Dort geht es darum, wirksam *Rechtsgeschäfte* vornehmen zu können. Hier ist die Fähigkeit gemeint, in eine *Maßnahme* einwilligen zu können, die für den Betroffenen eine *Rechtsgutverletzung* zur Folge hat.
Grundsätzlich gilt: Einwilligungsfähig ist, wer

- Art, Bedeutung und Tragweite (Risiken) der Maßnahme erfassen und
- seine Entscheidung danach ausrichten kann.

Da kann es durchaus sein, dass ein Pflegebedürftiger sogar geschäftsunfähig ist, dennoch aber einsehen kann, um welche Maßnahme es geht und was diese für ihn bedeutet. Fast zwangsläufig muss dies für jede Situation einzeln beurteilt werden.

Beispiel: Ein Pflegebedürftiger kann bezüglich grundpflegerischer Maßnahmen durchaus einwilligungsfähig sein, womöglich aber nicht, wenn es um eine komplizierte Operation geht. Auch insofern unterscheidet sich die Einwilligungs- von der Geschäftsfähigkeit, denn die Geschäftsfähigkeit wird i. d. R. generell und nie auf die jeweilige Situation hin beurteilt.

Ähnlich wie bei der Geschäftsfähigkeit hat auch hier die Bestellung eines Betreuers keine Auswirkungen: Grundsätzlich kann der Betreuer dem Betreuten, selbst wenn er für Gesundheitsangelegenheiten bestellt ist, keinen Strich durch die Rechnung machen. Der Wille des Betreuten ist auch hier vorrangig!

PRAXISTIPP

Beurteilung der Einwilligungsfähigkeit

In der Praxis taucht häufig die Frage auf, wer die Einwilligungsfähigkeit beurteilen darf. Die Rechtsprechung erkennt an, dass die Pflegefachkraft in der Lage ist, diese Beurteilung vorzunehmen. Wenn allerdings Zweifel bestehen, dann sollte sie sich die Einwilligungsfähigkeit ärztlich bestätigen lassen und in der Dokumentation festhalten. Es empfiehlt sich außerdem, die Beurteilung in regelmäßigen Abständen, z. B. innerhalb von drei Monaten, zu wiederholen.

KAPITEL

1 Aufgaben und Konzepte der Altenpflege

1.1 Theoretische Grundlagen in das altenpflegerische Handeln einbeziehen

Gerade die Grundrechte spielen im Pflegebereich eine ganz besondere Rolle – wenn auch nicht direkt, so doch über die gleich zu erläuternde Ausstrahlungswirkung. Diese Wirkung hatte auch maßgeblichen Einfluss auf die Entwicklung der Pflege-Charta, quasi das „Grundgesetz für die Pflege".

1.1.1 Die Bedeutung der Grundrechte für die Pflege

Fallbeispiel

Anja klopft nicht an

Pflegekraft Anja betritt ohne anzuklopfen das Zimmer eines Heimbewohners. Dessen Angehörige stellen die Pflegekraft zur Rede. Unter anderem weisen sie darauf hin, dass ihr Verhalten ein Verstoß gegen die Menschenwürde (Art. 1 GG) und gegen die Unverletzlichkeit der Wohnung (Art. 13 GG) darstelle. Diese Grundrechte habe die Pflegekraft verletzt. Stimmt das?

Zweifelsohne: Die Pflegekraft hat in nicht akzeptabler Weise in die Privatsphäre des Bewohners eingegriffen. Dagegen schützen allerdings nicht die Grundrechte, denn diese richten sich allein gegen *staatliche* Eingriffe. Aber laut Heimvertrag müssen gewisse Standards eingehalten werden. Dazu gehört es auch, die Privatsphäre der Pflegebedürftigen zu respektieren. Anja hat also weniger die Grundrechte als vielmehr den Heimvertrag verletzt.

- Grundrechte sind Abwehrrechte gegenüber dem Staat
- Grundrechte haben Drittwirkung

Also: Grundrechte sind zunächst einmal Abwehrrechte gegenüber dem Staat. *Beispiel:* Angenommen, der Bundestag würde ein Gesetz erlassen, das die Ausbildung zum Altenpfleger erst ab einem Alter von 21 Jahren zuließe. Damit würde der *Staat* in das Grundrecht der Berufsfreiheit eingreifen.

Selbst wenn die Grundrechte mangels eines staatlichen Eingriffs nicht direkt in Anspruch genommen werden können, so wirken sie sich doch auf unser Zusammenleben und damit auf die Rechtsbeziehungen der Bürger untereinander aus. Diese Ausstrahlungskraft nennt man auch „Drittwirkung der Grundrechte". Wahrscheinlich die weitgehendste Drittwirkung hat das Menschenwürde-Grundrecht.

§§

Art. 1 GG

(1) Die Würde des Menschen ist unantastbar. Sie zu achten und zu schützen ist Verpflichtung aller staatlichen Gewalt.
(2) Das Deutsche Volk bekennt sich darum zu unverletzlichen und unveräußerlichen Menschenrechten als Grundlage jeder menschlichen Gemeinschaft, des Friedens und der Gerechtigkeit in der Welt.

(3) Die nachfolgenden Grundrechte binden Gesetzgebung, vollziehende Gewalt und Rechtsprechung als unmittelbar geltendes Recht.

Der konkrete Gehalt dieses Grundrechts ist schwer auszumachen. Dennoch herrscht Einigkeit, dass insbesondere im Pflegebereich die Würde älterer Menschen ganz besonders zu achten und zu schützen ist (➤ Tab. 1.1).

Definition

Grundrechte

Grundrechte sind wesentliche Rechte, die Individuen gegenüber einem Staat haben, sie sind Abwehrrechte gegenüber dem Staat. Grundrechte können sich aber auch auf das Verhältnis der Bürger untereinander auswirken. Grundrechte sind unveräußerlich, beständig und einklagbar. Es handelt sich vor allem um Freiheits- und Gleichheitsrechte. Grundrechte, die allen Menschen unterschiedslos zukommen heißen Menschenrechte. Die nur den Deutschen vorbehaltenen Grundrechte heißen Bürger- oder Deutschenrechte.

1.1.2 Die Pflege-Charta

Als ein Beispiel für die Ausstrahlungswirkung der Grundrechte kann man auch die Pflege-Charta begreifen. Denn in dieser werden quasi die grundlegenden Rechte hilfe- und pflegebedürftiger Menschen formuliert.

Die Charta der Rechte hilfe- und pflegebedürftiger Menschen (Pflege-Charta) wurde 2005 vom **Runden Tisch Pflege** verabschiedet. Daran haben etliche Vertreter aus Verbänden, aus Ländern und Kommunen, Praxis und Wissenschaft teilgenommen.

Pflege-Charta will Rechte der Pflegebedürftigen stärken

Ziel der Charta ist es, die Rolle und die Rechtsstellung hilfe- und pflegebedürftiger Menschen zu stärken. Zugleich soll die Charta Leitlinie für die Menschen und Institutionen sein, die Verantwortung in Pflege, Betreuung und Behandlung übernehmen.

Tab. 1.1 Grundrechte, die für den Pflegebereich wichtig sind.

Art. 1 GG	Menschenwürde
Art. 2 GG	freie Entfaltung der Persönlichkeit, allgemeine Handlungsfreiheit, Freiheit der Person, Recht auf Leben und Recht auf körperliche Unversehrtheit
Art. 3 GG	Gleichheitssatz, Gleichberechtigung
Art. 5 Abs. 1 S. 1 GG	Meinungsfreiheit
Art. 10 GG	Brief- und Postgeheimnis
Art. 12 GG	Berufsfreiheit
Art. 13 GG	Unverletzlichkeit der Wohnung
Art. 103 Abs. 1 GG	Anspruch auf rechtliches Gehör (Justizgrundrecht)
Art. 104 GG	Rechtsgarantien bei Freiheitsentzug

Der **Grundgedanke** der Charta: Menschen, die Hilfe und Pflege benötigen, haben die gleichen Rechte wie alle anderen Menschen und dürfen in ihrer besonderen Lebenssituation in keiner Weise benachteiligt werden. Da sich die Betroffenen meist selbst kaum vertreten können, tragen Staat und Gesellschaft dafür eine besondere Verantwortung.

Erfreulich ist, dass etliche Regelungen aus der Charta bereits in Gesetzen verankert sind. Darüber hinaus nehmen einige Landesheimgesetze ausdrücklich Bezug auf die Pflege-Charta.

§§

Die acht Artikel der Pflege-Charta

Artikel 1: Selbstbestimmung und Hilfe zur Selbsthilfe
Jeder hilfe- und pflegebedürftige Mensch hat das Recht auf Hilfe zur Selbsthilfe sowie auf Unterstützung, um ein möglichst selbstbestimmtes und selbstständiges Leben führen zu können.

Artikel 2: Körperliche und Seelische Unversehrtheit, Freiheit und Sicherheit
Jeder hilfe- und pflegebedürftige Mensch hat das Recht, vor Gefahren für Leib und Seele geschützt zu werden.

Artikel 3: Privatheit
Jeder hilfe- und pflegebedürftige Mensch hat das Recht auf Wahrung und Schutz seiner Privat- und Intimsphäre.

Artikel 4: Pflege, Betreuung und Behandlung
Jeder hilfe- und pflegebedürftige Mensch hat das Recht auf eine an seinem persönlichen Bedarf ausgerichtete, gesundheitsfördernde und qualifizierte Pflege, Betreuung und Behandlung.

Artikel 5: Information, Beratung und Aufklärung
Jeder hilfe- und pflegebedürftige Mensch hat das Recht auf umfassende Informationen über Möglichkeiten und Angebote der Beratung, der Hilfe, der Pflege sowie der Behandlung.

Artikel 6: Kommunikation, Wertschätzung und Teilhabe an der Gesellschaft
Jeder hilfe- und pflegebedürftige Mensch hat das Recht auf Wertschätzung, Austausch mit anderen Menschen und Teilhabe am gesellschaftlichen Leben.

Artikel 7: Religion, Kultur und Weltanschauung
Jeder hilfe- und pflegebedürftige Mensch hat das Recht, seiner Kultur und Weltanschauung entsprechend zu leben und seine Religion auszuüben.

Artikel 8: Palliative Begleitung, Sterben und Tod
Jeder hilfe- und pflegebedürftige Mensch hat das Recht, in Würde zu sterben.

Die einzelnen Artikel werden in der Pflege-Charta noch näher ausgeführt. Hier beispielhaft zu Artikel 1: „Sie haben das Recht auf Beachtung Ihrer Willens- und Entscheidungsfreiheit sowie auf Fürsprache und Fürsorge. Die an der Betreuung, Pflege und Behandlung beteiligten Personen müssen Ihren Willen beachten und ihr Handeln danach ausrichten. Das gilt auch, wenn Sie sich sprachlich nicht artikulieren können und Ihren Willen beispielsweise durch Ihr Verhalten zum Ausdruck bringen. Menschen, deren geistige Fähigkeiten eingeschränkt sind, müssen ihrem Verständnis entsprechend in Entscheidungsprozesse, die ihre Person betreffen, einbezogen werden."

LESETIPP

Unter www.pflege-charta.de bietet das Bundesministerium für Familie, Senioren, Frauen und Jugend etliche weiterführende Infos zur Pflege-Charta. Dort steht auch der ausführliche Text der Charta zum Herunterladen bereit.

1.2 Pflege alter Menschen planen, durchführen, dokumentieren und evaluieren

Im Mittelpunkt dieses Lernfelds steht der Pflegeprozess. Rechtliche Fragestellungen treten dabei weniger auf – mit einer Ausnahme, und die betrifft die Dokumentation. Ihre Aufgaben:

Aufgaben der Dokumentation

- Sie soll eine professionelle, systematische, aktualisierte und auf den Pflegebedürftigen bezogene Pflege gewährleisten. Die Dokumentation ist also letztlich für den Pflegebedürftigen da.
- Sie dient der Kommunikation zwischen den am Pflegeprozess Beteiligten.
- Sie soll helfen, die Qualität der (fachlichen und personellen) Versorgung zu kontrollieren und nachzujustieren.
- Die Dokumentation hat insbesondere im ambulanten Bereich auch die Aufgabe, den Leistungsnachweis zu führen.
- Und nicht zuletzt hilft die Dokumentation, sich gegen Haftungsansprüche zur Wehr zu setzen.

Haftungsentlastende Funktion der Dokumentation

Eine nähere Ausgestaltung durch den Gesetzgeber fehlt. In rechtlicher Hinsicht am wichtigsten ist die haftungsentlastende Funktion der Dokumentation. Im **Strafrecht** bedeutet dies: Wird ein Ermittlungsverfahren geführt, dann wird die Dokumentation regelmäßig von den Ermittlungsbehörden überprüft, ggf. sogar beschlagnahmt. Sie dient im weiteren Verfahren dann als **Beweismittel** und kann (bis hinein in einen Strafprozess) sowohl für als auch gegen den Beschuldigten wirken. Im **Zivilrecht** ist die Sachlage etwas anders. Wenn die Dokumentation mangelhaft ist oder gar völlig fehlt (z. B. weil kein Sturzprotokoll angefertigt wurde), dann dreht sich die **Beweislast** um! Nunmehr hat nicht mehr der Pflegebedürftige den Beweis anzutreten, vielmehr muss sich die pflegerische Seite entlasten. Und das ist i. d. R. schwer!

Worauf muss man für eine mangelfreie Dokumentation achten?

Anforderungen an mangelfreie Dokumentation

- **Dokumentationsklarheit:** Die Dokumentation muss klar und verständlich formuliert werden. Sie muss ordentlich strukturiert sein. Die Beteiligten müssen sie verstehen, wobei durchaus gängige Fremdwörter und Abkürzungen verwendet werden dürfen. Für Namenskürzel muss es eine Liste geben, aus der sich der volle Name ergibt.
- **Dokumentationswahrheit:** Die Dokumentation ist objektiv wahrhaftig zu erstellen.
- **Vollständigkeit:** Was nicht dokumentiert ist, gilt grundsätzlich als nicht geschehen. Aber: Es muss nicht jede Kleinigkeit erfasst werden. Es sind nur wesentliche Tatsachen zu erfassen, also insbesondere medizinisch-pflegerisch relevante Wahrnehmungen, atypische Verläufe sowie

besondere Vorkommnisse. Routinemaßnahmen müssen nicht dokumentiert werden, wenn sie in einem hauseigenen Standard bzw. einer Prozessanweisung geregelt sind.

- **Zeitliche Nähe:** Die Dokumentation soll nicht erst Tage später, sondern in möglichst engem zeitlichem Zusammenhang erfolgen (z. B. bis zum Abschluss einer Schicht).
- **Eigenhändigkeit:** Wird die Dokumentation delegiert, so erhöht sich das Haftungsrisiko. Am sichersten ist also, wenn derjenige dokumentiert, der die Maßnahme durchgeführt hat.
- **Kontinuität:** Zeitliche Sprünge sind weitgehend zu vermeiden.
- Schließlich hat die Dokumentation **„dokumentenecht"** zu erfolgen, also nur mit Kugelschreiber. Die Verwendung von Bleistiften, Radierern, Korrekturflüssigkeiten etc. ist nicht zulässig. Streichungen dürfen immer nur so erfolgen, dass der darunterliegende Text lesbar bleibt und die Identität des Korrigierenden erkennbar ist (z. B. durch Namenskürzel am Rand).

Für **Computerdokumentationen** gilt:

- Die Software muss sicherstellen, dass Änderungen, bzw. zeitversetzte Einträge nicht ohne entsprechenden Nachweis des Systems vorgenommen werden können.
- Es muss Zugangssicherungen geben: Nicht jeder darf Einblick in die Dokumentation erhalten.

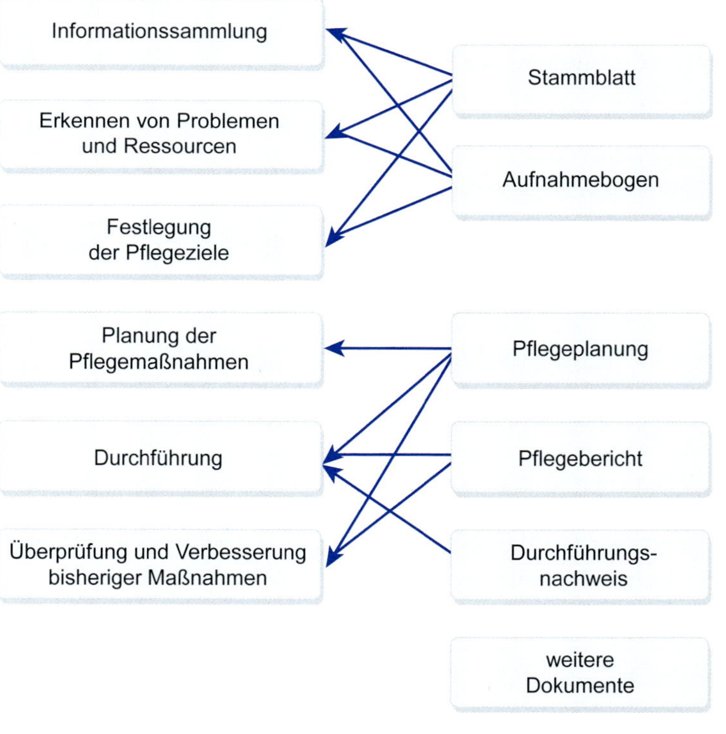

Abb. 1.1 Zuordnung der einzelnen Dokumente zu den Phasen des Pflegeprozesses.

- Der Datenschutz ist zu beachten. Ein Blick auf Bildschirme durch Dritte ist zu vermeiden – oder die Einwilligung des Pflegebedürftigen ist einzuholen.

Wichtig: Die Dokumentation stellt eine **Urkunde** dar. Manipulationen sind als Urkundenfälschung strafbar nach § 267 StGB (➤ Abb. 3.26).

Zu den Bestandteilen der Dokumentation ➤ Abb. 1.1. Je nach Gepflogenheit werden ärztliche Verordnungen und der Medikamentenplan in die zuvor genannten Dokumente integriert oder als eigenständige Teile der Dokumentation geführt. Darüber hinaus können noch weitere Dokumente hinzukommen, wie z. B. Risikoerfassungen, Ernährungs- und Trinkprotokolle oder eine Wunddokumentation.

1.3 Alte Menschen personen- und situationsbezogen pflegen

So vielgestaltig die Pflege ist, so vielgestaltig sind auch die jeweils geltenden rechtlichen Vorschriften. Deswegen umfasst dieser Abschnitt eine ganze Fülle unterschiedlichster Themen und deren rechtliche Würdigung:

- Pflegerische Grundlagen:
  Umgang mit Arznei- und Betäubungsmitteln, Infektionsschutz, Lebensmittel und Hygiene, Umgang mit Medizinprodukten
- Pflege dementer und gerontopsychiatrisch veränderter Menschen:
  rechtliche Betreuung, Unterbringung und freiheitsentziehende Maßnahmen, Vorsorgevollmacht und Betreuungsverfügung
- Pflege sterbender alter Menschen:
  Hilfe bei letztwilligen Verfügungen, Sterbehilfe, Tod des Pflegebedürftigen, Feststellung des Todes, Todesanzeige, Gewebe- und Organspende, Bestattung

1.3.1 Pflegerische Grundlagen

1.3.1.1 Umgang mit Arzneimitteln

Fallbeispiel

Fehler bei der Medikation – und die Folgen

Seit dreizehn Jahren hatte sich eine Pflegekraft in einem Heim im Norden Bayerns nichts zuschulden kommen lassen. Dann machte sie aber bei der Medikation einen folgenschweren Fehler, der zum Tod einer Pflegebedürftigen führte. Da die genaue Todesursache nicht mehr nachgewiesen werden konnte, wurde die Pflegekraft nur wegen fahrlässiger Körperverletzung bestraft und kam mit einer milden Geldstrafe davon (90 Tagessätze).

Aber es gab auch heimrechtliche Folgen. Die Pflegeeinrichtung wurde von der Heimaufsicht angewiesen, die Pflegekraft nicht mehr für die Medikation einzusetzen (partielles Beschäftigungsverbot)[1].

Arzneimittelgesetz regelt Umgang mit Arzneimitteln

Die wesentlichen Regelungen zu Arzneimitteln finden sich im **Arzneimittelgesetz (AMG).** Dort ist u. a. definiert, was unter den Arzneimittelbegriff fällt, wie Arzneimittel zugelassen und wie sie gekennzeichnet werden müssen. Zur Abgabe von Arzneimitteln regeln die §§ 43 ff. AMG:

- Arzneimittel sind grundsätzlich **apothekenpflichtig,** das heißt, sie dürfen nur in Apotheken in den Verkehr gebracht werden.
- Bestimmte Arzneimittel sind zusätzlich auch **verschreibungspflichtig.**
- Manche Arzneimittel sind **frei verkäuflich,** z. B. auch in Drogerien oder Supermärkten. *Beispiele:* Heilwasser sowie deren Salze, Pflaster sowie Desinfektionsmittel für den Mund- und Rachenraum.

Das Weiterverschenken von Medikamenten an Dritte ist nach § 43 AMG verboten! Nur Apotheken dürfen Arzneimittel in den Verkehr bringen. Das soll der Patientensicherheit dienen. Denn: Wer garantiert z. B., dass die Medikamente ordnungsgemäß gelagert wurden? Noch nicht einmal Ärzte dürfen zurückgegebene Arzneimittel an andere Patienten abgeben.

Fallbeispiel

Geschenkt!

Ein älterer Herr, der von einem ambulanten Pflegedienst betreut wurde, verstirbt. Die Tochter will dessen Medikamente, die sich in ungeöffneten Verpackungen befinden, den Mitarbeitern des Pflegedienstes zum Weiterverschenken an andere Pflegebedürftige überlassen. Die Pflegekräfte lehnen jedoch zur Verblüffung der Tochter dankend ab und erklären ihr, dass sie sich mit diesem Angebot sogar strafbar machen können.

Verblisterung von Arzneimitteln

Im Pflegebereich in Mode gekommen sind mittlerweile die **Blister** (engl.: Beule, Blase). Sie dienen der Verpackung von Arzneimitteln (meist in Blisterkarten oder Schlauchblistern). Mittlerweile ist höchstrichterlich entschieden, dass Apotheken ohne weitere Erlaubnis oder Zulassung verblistern dürfen. Auch das Stellen von „Wochenrationen“ ist pharmakologisch und hygienisch unbedenklich. Allerdings erhöhen sich mit der Medikamentenstellung durch eine Apotheke die Risiken, nicht zuletzt, weil den Pflegekräften der Bezug zum Arzneimittel verloren geht. Sie müssen sich ganz auf die Apotheke verlassen, dass diese alles richtig macht. So kann es z. B. unklar sein, ob eine kurzfristig durch den Arzt geänderte Medikation bereits bei der Verblisterung berücksichtigt ist.

Neben dem AMG sind noch die **Arzneimittelverschreibungsverordnung (AMVV)** und das **Apothekengesetz (ApoG)** einschlägig.

[1] VG Ansbach, 4.4.2007, Az. AN 4 S 07.00605

Verantwortungsbereiche

Arzt

- Entscheidungsverantwortung des Arztes
- Notfallkompetenz der Pflegekraft

Der Arzt entscheidet über die Verordnung und Dosierung. Nur in Notsituationen, also nur wenn Leib und Leben des Pflegebedürftigen akut gefährdet sind und nur wenn ärztliche Hilfe unerreichbar oder unabkömmlich ist, nur dann darf eine Pflegekraft über Verordnung und Dosierung alleine entscheiden (Notfallkompetenz).

Obwohl also der Arzt die Verantwortung für die Arzneimittelverordnung trägt, empfiehlt es sich dennoch, von pflegerischer Seite auf bestimmte Dinge zu achten:

- Der Arzt sollte immer folgende **Angaben zur Medikation** liefern:
  - Arzneimittel (Name des Medikaments, nicht nur des Wirkstoffs!) mit Applikationsform, Applikationsart und Konzentration
  - Dosierung und Häufigkeit
  - Tageszeitliche Zuordnung der Gabe
  - Evtl. zeitliche Begrenzung
- Eine Verordnung „bei Bedarf" ist kritisch. Damit verlagert sich die Anordnung vom Arzt auf die Pflegekräfte – was unzulässig ist! Eine Bedarfsmedikation ist aber zulässig, wenn klar ist, bei welchen Symptomen welches Medikament in welcher Einzel- und bis zu welcher Tageshöchstdosierung zu verabreichen ist. Der Arzt sollte immer Bedingungen formulieren („wenn …, dann …"). *Beispiel:* „Bei Laufunruhe, die länger als 30 Minuten anhält, und wenn sich der Bewohner durch persönliche Ansprache nicht beruhigen lässt, dann ist zu geben …"
- Die Verordnung sollte **schriftlich** erfolgen, also möglichst in das Verordnungsblatt der Dokumentation eingetragen und **vom Arzt abgezeichnet** werden.

Bedarfsmedikation

PRAXISTIPP

Eine *telefonische* Diagnose und Verordnung durch den Arzt kann fehlerhaft sein. Das ist an sich ein Problem des Arztes. Pflegekräfte können aber mithelfen, Fehler bei der telefonischen Verordnung zu vermeiden. Folgende Tipps:

- Zuvor sollte man den Arzt dringend bitten, möglichst ein Fax zu schicken. Das dürfte in den meisten Fällen möglich sein.
- Wenn eine Verordnung am Telefon dann doch unausweichlich ist, so sollte man eine weitere Person zum Telefonat hinzuziehen und den Arzt vorab darauf hinweisen.
- Dem Arzt ist zunächst die Situation des Pflegebedürftigen möglichst exakt zu schildern.
- Hat der Arzt die Verordnung telefonisch durchgegeben, sollte die Pflegekraft den Wortlaut noch einmal wiederholen.
- Die telefonische Verordnung ist dann unbedingt zu dokumentieren (inkl. Zeitpunkt der Anordnung).
- Zu einem späteren Zeitpunkt sollte man den Arzt veranlassen, die Verordnung abzuzeichnen.

Apotheke

Nach der ärztlichen Verordnung ist meist die Apotheke an der Reihe. Denn sie gibt die verordneten Medikamente ab. Macht sie dabei einen Fehler, dann **haftet** sie nach den allgemeinen zivilrechtlichen Grundsätzen.

Versorgungsvertrag Heim – Apotheke

Für **stationäre Pflegeeinrichtungen** gibt es eine Sondersituation, denn sie können von Apotheken beliefert werden. Nach § 12a ApoG ist eine Apotheke verpflichtet, zur Versorgung eines Pflegeheims mit Arzneimitteln (und auch mit apothekenpflichtigen Medizinprodukten) einen schriftlichen Vertrag zu schließen. Dieser muss von den zuständigen Behörden genehmigt werden (wenn die Voraussetzungen aus § 12a ApoG erfüllt sind). Damit soll vor allem die Versorgungssicherheit für die Patienten (in Pflegeeinrichtungen) gesichert werden.

Pflege

Wer darf Medikamente stellen?

Bei der pflegerischen Verantwortlichkeit taucht als erstes immer wieder die Frage auf: Wer darf Medikamente stellen?

Fallbeispiel

Darf Sabine kneifen?

In einer Dienstanweisung ist nicht festgehalten, wer Medikamente stellen darf. Insbesondere geht nicht daraus hervor, ob auch Schüler dazu befugt sind. Altenpflegeschülerin Sabine weigert sich deswegen, diese Aufgabe zu übernehmen. Sie fühlt sich dazu nicht ausreichend qualifiziert. Die Wohnbereichsleitung setzt sie aber gehörig unter Druck. Medikamente stellen gehöre nun einmal zur alltäglichen Arbeit einer Pflegekraft, da müsse auch Sabine „ran“. Darf Sabine kneifen?

Grundsätzlich gilt: Bei jeder **Delegation ärztlicher Maßnahmen** an Pflegekräfte (➤ Kap. 1.5.3) kommt es vor allem auf die Qualifikation der Pflegekraft und die Gefährlichkeit der Maßnahme an. Das gilt auch bei der Stellung und Gabe von Medikamenten.

Ganz grundsätzlich kann jede Pflegekraft, auch ein Altenpflegeschüler, dies übernehmen – bei ausreichender Qualifikation. Es ist allerdings durchaus nachvollziehbar, wenn ein Pflegeunternehmen nur Pflegefachkräften erlaubt, Medikamente zu stellen. Alle Pflegekräfte müssen sich dann an eine derartige Weisung halten. Auch kann ein Pflegeunternehmen abstufen und die Stellung von Medikamenten den examinierten Altenpflegern vorbehalten, die bloße Gabe aber auch entsprechend geschulten Hilfskräften und Schülern erlauben.

Im Fallbeispiel: Bei Sabine geht es weniger um das (soeben erläuterte) Dürfen, sondern um das Müssen. Sabine weigert sich, weil sie sich nicht ausreichend qualifiziert fühlt. Das ist ein zulässiger Einwand. Sabine darf also „kneifen“. Allerdings: Sie darf sich nicht einer Schulung verweigern. Wird sie also entsprechend unterwiesen, dann muss sie die Stellung der Medikamente übernehmen.

Pflegebedürftiger

Auch der Pflegebedürftige trägt für die Medikation Verantwortung. So ist er zunächst einmal **selbst** dafür **verantwortlich,** dass er die Medikamente einnimmt. Das muss von der Pflege grundsätzlich nicht überwacht werden. Gibt es jedoch Zweifel daran, dass der Pflegebedürftige die Medikamente auch wirklich einnimmt (z. B. bei fortgeschrittener Demenz), dann müssen Pflegekräfte dies durchaus kontrollieren und Hilfestellungen geben.

Pflegekraft muss Pflegebedürftigen grundsätzlich nicht überwachen

Stellt sich heraus, dass der Pflegebedürftige die Medikamente **wegwirft,** dann ist dies zunächst einmal sein gutes Recht. Allerdings ist der Pflegebedürftige dann über die Folgen zu belehren. Und man darf versuchen, ihn umzustimmen. Bleibt er bei seiner Verweigerung, so sollten Vorgesetzte, Hausarzt und Betreuer/Bevollmächtigter informiert werden. Eine Zwangsmedikation ist verboten! Auch Tricks, wie z. B. das Untermischen von Medikamenten unter die Nahrung ohne Wissen des Pflegebedürftigen, sind zu unterlassen (mangels Einwilligung nicht gerechtfertigte Körperverletzung).

Stellung und Gabe von Medikamenten

Nun zu den wichtigsten **Pflichten,** die Pflegekräften bei der Stellung und Gabe von Medikamenten beachten sollten:

- Medikamente werden grundsätzlich nur nach schriftlicher ärztlicher Anordnung vorbereitet und verabreicht (am besten anhand des ärztlichen Dokumentationsblattes).
- Es ist höchste Konzentration notwendig. Störungsquellen sind auszuschließen.
- Die Hygienevorschriften sind zu beachten.
- Bewährt hat sich die dreifache Kontrolle: Bei der Entnahme des Medikaments aus dem Medikamentenschrank, bei der Entnahme aus der Originalverpackung und beim Zurückstellen in den Medikamentenschrank.
- Bereits angebrochene Medikamentenpackungen oder Medikamente mit dem nächstliegenden Verfallsdatum werden zuerst verwendet.
- Die Möglichkeit, Medikamente zu mörsern oder zu zerteilen, muss sich aus dem Beipackzettel ergeben. Ansonsten sind Arzt oder Apotheker zu fragen.
- Bei jeder Medikamentenentnahme ist das Verfallsdatum zu prüfen. Ferner ist zu kontrollieren, ob die Verpackung in Ordnung ist und das Medikament keine sichtbaren Veränderungen aufweist. Ansonsten darf das Medikament nicht verwendet werden.
- Werden insbesondere Gläser oder Flaschen geöffnet, so ist das Datum der erstmaligen Öffnung zu kennzeichnen.
- **5-R-Regel:**
  - Richtiger Pflegebedürftiger?
  - Richtiges Medikament?
  - Richtige Dosierung/Konzentration?
  - Richtige Applikationsform?
  - Richtiger Zeitpunkt?
- Manchmal wird noch ein sechstes „R“ hinzugenommen: die richtige **Dokumentation.**

Fallbeispiel

Sedativum lässt Pflegebedürftige torkeln

Der Hausarzt verordnet seiner Patientin ein Sedativum. Allerdings wirkt dieses zu stark, die Patientin torkelt durch die Gegend und kann sich kaum auf den Beinen halten. Pflegekraft Roszika beobachtet dies und gibt deswegen einfach etwas weniger von dem Medikament. Ist das in Ordnung?

Richtig hat Roszika gemacht, dass sie die Pflegebedürftige nach der Medikamentengabe beobachtet hat. Mit der Gabe des Arzneimittels ist nämlich nicht einfach „Schluss". Falsch war allerdings, eigenmächtig die Dosierung zu reduzieren. Die Kompetenz dazu hat nur der Arzt. Also hätte Roszika diesen informieren und um eine Anpassung der Dosierung bitten müssen.

Lagerung von Medikamenten

Für die Lagerung von Medikamenten gibt es keine besonderen Gesetze oder Richtlinien (anders bei Betäubungsmitteln). Folgende **Grundsätze** haben sich aber herauskristallisiert:

- Medikamentenschränke müssen verschlossen sein, zumindest das Zimmer, in dem sie stehen.
- Medikamente müssen trocken und bei Raumtemperatur (15–25 °C) gelagert werden. Ob sie gekühlt (2–8 °C), tiefgekühlt (–18 °C oder kälter) oder vor Lichteinfall geschützt aufbewahrt werden müssen, ergibt sich aus dem Beipackzettel.
- Medikamente müssen in der Originalverpackung verbleiben (wegen des Verfallsdatums und der Chargennummer). Auch der Beipackzettel sollte aufbewahrt werden.
- Medikamente sind bezogen auf den Pflegebedürftigen aufzubewahren. Sofern nicht von der Apotheke erledigt, vermerkt die Pflegekraft alle wichtigen Informationen auf der Medikamentenverpackung, insbesondere Lieferdatum, Anbruchdatum sowie Name des Bewohners.
- Blister müssen mit eindeutigen Bewohnerangaben (insbesondere Name, Vorname, Geburtsdatum) sowie mit Angaben zu den Medikamenten (Name, Farbe, Form, Stärke) gekennzeichnet sein.

Entsorgung von Medikamenten

Altmedikamente können über normalen Müll entsorgt werden

Das Bundesgesundheitsministerium hat dazu Empfehlungen für Haushalte herausgegeben, die durchaus auch auf Pflegeunternehmen übertragbar sind (Stand: 16.5.2013): Demnach können sich Pflegeunternehmen, sofern die Gebrauchsinformation (Beipackzettel) eines Arzneimittels keine speziellen Hinweise für die Entsorgung enthält, an folgenden Grundsätzen orientieren: Altmedikamente zählen zum **„Siedlungsabfall"** und können deshalb in den normalen Müll gegeben werden. Sie sollten keinesfalls über die Toilette oder das Waschbecken entsorgt werden. Auch Apotheken bieten oftmals eine Rücknahme von Altarzneimitteln an (verpflichtet sind sie dazu nicht).

1.3.1.2 Besonderheiten des Betäubungsmittelrechts

Gesetzliche Regelungen

Strenge Vorschriften bei Betäubungsmitteln

Das Betäubungsmittelrecht ist vor allem im **Betäubungsmittelgesetz (BtMG)** mit den dazugehörigen Verordnungen (z. B. Betäubungsmittelverschreibungsverordnung, BtMVV) geregelt. Für die meisten Pflichtverletzungen werden erhebliche Strafen oder Geldbußen angedroht.

Unterscheidung von Betäubungsmitteln

Betäubungsmittel sind solche Substanzen, die in der Lage sind, die Bewusstseinslage oder Stimmungen massiv zu manipulieren. Dazu gehören z. B. auch Wirkstoffe, die in der Medizin als starke Schmerzmittel verwendet werden (z. B. Morphin, Polamidon oder Tramadol). Betäubungsmittel werden im BtMG allgemein umschrieben und in drei Anlagen zum Gesetz näher konkretisiert (➤ Tab. 1.2).

Drei Arten von Betäubungsmitteln

Verschreiben eines Betäubungsmittels

Betäubungsmittelrezept notwendig

BtMG und BtMVV stellen im Wesentlichen folgende **Anforderungen** auf: Es dürfen grundsätzlich nur Betäubungsmittel verschrieben werden, die in der Anlage III zum BtMG enthalten sind. Sie dürfen nur auf einem dreiteiligen amtlichen Formblatt (Betäubungsmittelrezept) verschrieben werden. Der Arzt kann bestimmen, dass die Verschreibung dem Patienten nicht ausgehändigt wird. Dann dürfen nur der Arzt, sein Personal oder das Personal der Pflegeeinrichtung (bzw. des Hospizes oder einer Einrichtung der spezialisierten ambulanten Palliativversorgung) das Rezept in der Apotheke vorlegen und das Betäubungsmittel verabreichen. In diesem Fall ist der Arzt berechtigt, die Betäubungsmittel des Patienten in den entsprechenden Einrichtungen *unter seiner Verantwortung* zu lagern.

Krankenhausstationen können nach Vorlage eines ausgefertigten dreiteiligen Anforderungsscheins **Betäubungsmittel für den „Stationsbedarf“** erhalten.

Tab. 1.2 Arten von Betäubungsmittel nach BtMG.

Anlage I	Anlage II	Anlage III
nicht verkehrsfähige Betäubungsmittel (der Verkehr mit ihnen ist insgesamt verboten, Ausnahmen werden nur zu wissenschaftlichen oder anderen im öffentlichen Interesse liegenden Zwecken erteilt), z. B. Cannabis, LSD, Ecstasy	verkehrsfähige, aber nicht verschreibungsfähige Betäubungsmittel (sie dürfen nur in bestimmten Bereichen verwendet werden), z. B. Nicocodin	verkehrsfähige und verschreibungsfähige Betäubungsmittel (sie können unter bestimmten Voraussetzungen von einem Arzt verschrieben werden), z. B. Amphetamin, Methadon, Morphin oder Kodein

Für Altenpflegeeinrichtungen ist dies nicht möglich, es sei denn, es handelt sich um Hospize oder Einrichtungen der spezialisierten ambulanten Palliativversorgung (SAPV).

Lagerung, Weiterverwendung und Vernichtung von Betäubungsmitteln

Es gelten die allgemeinen Vorgaben wie für Medikamente. Zusätzlich sind folgende Punkte zu beachten:

Pflichten bei der Lagerung von Betäubungsmitteln

- Die Aufbewahrung muss **getrennt von den übrigen Arzneimitteln** erfolgen (§ 15 BtMG). Dies ist nur in einem gesonderten Betäubungsmittelschrank („Giftschrank") möglich. Dieser muss immer verschlossen sein. Der Schlüssel ist sicher zu verwahren. Nur Leitungskräfte (z. B. Schichtleitungen und Wohnbereichsleitungen) sollten Zugang zu den Betäubungsmitteln haben.
- Über **Zu- und Abgang** ist akribisch, unverzüglich und lückenlos (fortlaufende Nummerierung in den Unterlagen) Buch zu führen (§§ 13–15 BtMVV). Die Unterlagen müssen drei Jahre aufbewahrt werden.
- Benötigt der Pflegebedürftige das Medikament nicht mehr, so bespricht man dies am besten mit dem behandelnden Arzt. Eine **Rückgabe** an die Apotheke (aber nur zur Vernichtung) ist möglich, ebenso die **Vernichtung** durch Mitarbeiter der Pflegeeinrichtung. Diese muss in Gegenwart von zwei Zeugen erfolgen (§ 16 BtMG). Die auch nur teilweise Wiedergewinnung muss ausgeschlossen sein und es dürfen keine schädlichen Einwirkungen auf die Umwelt erfolgen.
- Seit 2007 ist nach § 5b Abs. 4 BtMVV eine **Weitverwendung von Betäubungsmitteln** möglich! Betäubungsmittel können von einem Arzt
  - einem anderen Patienten des gleichen Alten- und Pflegeheimes, Hospizes oder der gleichen Einrichtung der ambulanten spezialisierten Palliativversorgung verschrieben werden,
  - an eine versorgende Apotheke zur Weiterverwendung in einem Alten- und Pflegeheim, einem Hospiz oder einer Einrichtung der spezialisierten ambulanten Palliativversorgung zurückgegeben werden oder
  - in den Notfallvorrat in einem Hospiz oder einer SAPV-Einrichtung überführt werden.
- Geht eine **Ampulle zu Bruch,** so ist auch dies zu dokumentieren (unter Hinzuziehung eines Zeugen).
- Bestände und Verfallsdaten sollten am Monatsende von der **Pflegedienstleitung kontrolliert** werden (inkl. Dokumentation).
- Der behandelnde **Arzt** ist nach § 13 Abs. 2 BtMVV verpflichtet, die **Nachweisführung** am Monatsende mit Unterschrift und Prüfdatum zu bestätigen.

Stellung und Gabe

Nur besonders befähigte Pflegekräfte sollten Umgang mit Betäubungsmittel haben

Für Stellung und Gabe von Betäubungsmitteln gelten die gleichen Regeln wie für Arzneimittel. Allerdings sollten hier **nur besonders befähigte Pflegekräfte** damit betraut werden. Es ist ganz besonders auf Nebenwirkungen und

Intoxikationen zu achten. Ebenso sollte der Erfolg kontrolliert werden (z. B. über das Schmerzprotokoll). Und: Betäubungsmittel dürfen nicht für andere Pflegebedürftige verwendet oder an andere Wohnbereiche „ausgeliehen" werden (Ausnahme: Weiterverwendung gem. § 5b Abs. 4 BtMVV, s. o.).

1.3.1.3 Infektionsschutz

Rechtsquellen zum Infektionsschutz

Pflegekräfte müssen vor allem den Hygieneplan beachten

Es gibt eine enorme Fülle an Vorschriften (➤ Tab. 1.3). Die einzelne Pflegekraft muss sich mit deren Inhalten in der Regel nicht im Detail auseinandersetzen. Wohl aber mit den Regelungen, die ihr Pflegeunternehmen zur Gewährleistung einer ordentlichen Hygiene aufgestellt hat. Das ist vor allem der **Hygieneplan.** Dieser wird von der Leitung des Pflegeunternehmens, bzw. von dem Hygienebeauftragten erarbeitet und aktualisiert. Darin sind alle Gesetze, Verordnungen, Leitlinien und Empfehlungen zur Hygiene eingearbeitet. Ergänzt wird dieser Plan mitunter durch einen eigenen Reinigungs- und Desinfektionsplan. Hinzu kommen Abfall- und Wäscheentsorgungsplan sowie evtl. ein Handschuh- und Hautschutzplan.

Fallbeispiel

Der gepiercte Sven

Sven ist Pflegekraft und wurde bei einem ambulanten Pflegedienst eingestellt. Allerdings gibt es gleich ein Problem: Sven hat ein Piercing an der Augenbraue, einen „Knopf" im Ohr und einen „Freundschaftsring" am Finger. Die PDL diskutiert nun mit ihm über die Schmuckstücke und möchte eigentlich, dass er alle drei entfernt. Und zwar aus hygienischen Gründen. Sven wendet ein, dass es nirgendwo eine hygienerechtliche Vorschrift gebe, die das bestätige. Hat er Recht?

Tab. 1.3 Rechtsquellen im Infektionsschutzrecht.

Gesetze und Verordnung auf Bundes- und Landesebene (z. B. IfSG und ergänzende Verordnungen wie BiostoffV, TrinkwV u. a. sowie Rahmenygienepläne der Bundesländer)
Vorschriften zum Qualitätsmanagement nach dem SGB XI
Landesheimgesetze
Richtlinien und Empfehlungen des Robert Koch-Instituts sowie deren Kommission für Krankenhaushygiene und Infektionsprävention (zentral: „Infektionsprävention in Heimen")
Technische Regeln für biologische Arbeitsstoffe (TRBA)
Vorschriften der Berufsgenossenschaft
Empfehlungen von Berufsverbänden (z. B. Desinfektionsmittel-Liste des Verbundes für Angewandte Hygiene e. V., VAH-Liste)

Was den Ring von Sven angeht, so ist die TRBA 250 (Biologische Arbeitsstoffe im Gesundheitswesen und in der Wohlfahrtspflege) einschlägig. Dort heißt es unter Nr. 4.1.2.6.: „Bei Tätigkeiten, die eine hygienische Händedesinfektion erfordern, dürfen an Händen und Unterarmen keine Schmuckstücke, Uhren und Eheringe getragen werden. Derartige Gegenstände können die Wirksamkeit der Händedesinfektion vermindern." Es gibt also sehr wohl eine Vorschrift, die das Tragen von Schmuckstücken (inkl. Eheringen) untersagt. Das gilt übrigens auch für Armbanduhren, denn dort schlummern ganze Herden von Keimen. Außerdem wird die Händedesinfektion beeinträchtigt. Hinsichtlich der Piercings gibt es aber nichts Vergleichbares. Denn diese sind hygienisch unbedenklich (wenn die umgebende Haut intakt ist). Ebenso Ohrschmuck (wenn er nicht zu weit herunterhängt).

Allerdings: Vorgesetzte können das Tragen von Piercings durchaus untersagen. Denn es bestehen andere als hygienische Gefährdungen. So besteht die Gefahr, dass demente Pflegebedürftige danach greifen und die Piercings abzureißen versuchen. Gleiches gilt für Halsketten. Künstliche Fingernägel können neben hygienischen Problemen dazu führen, dass Handschuhe leichter perforiert werden. Das Problem bei Nagellack ist, dass nach dessen Verwendung die Händedesinfektion lascher durchgeführt wird, um den Nagellack zu schonen. Außerdem ist abgeblätterter Nagellack ein Nährboden für Krankheitserreger.

Piercings, Halsketten, künstliche Fingernägel und Nagellack dürfen also verboten werden. Wenn diese sehr auffällig sind, dann ist dies auch aus Gründen der Außendarstellung des Pflegeunternehmens gerechtfertigt.

Schließlich noch ein Wort zur Haartracht: Haare können durch transiente Keime wie Darmbakterien oder Eitererreger besiedelt sein. Deswegen gilt es bei der Ausübung der Pflegetätigkeit längere Haare hochzustecken.

Das Infektionsschutzgesetz

Das „Grundgesetz" zur Vermeidung von Infektionen ist das Infektionsschutzgesetz. Dieses Gesetz will:

- übertragbaren Krankheiten beim Menschen vorbeugen und
- Infektionen frühzeitig erkennen helfen sowie
- ihre Weiterverbreitung verhindern.

Leitung und Mitarbeiter tragen Verantwortung für Hygiene

§ 1 IfSG bringt außerdem zum Ausdruck, dass sowohl die Leitung von Pflegeunternehmen als auch der einzelne Mitarbeiter in der Verantwortung für diese Ziele stehen. So hat der Arbeitgeber in einem Pflegeunternehmen seine Mitarbeiter über die Vorbeugung, Früherkennung und Schutzmaßnahmen aufzuklären. Und die Mitarbeiter müssen z. B. ihre Beobachtungen in puncto Hygiene an die Unternehmensführung weitergeben, damit diese entsprechend reagieren kann.

Hier nun die wichtigsten **„Regelungspakete"**, die das IfSG bereithält.

Koordinierung und Früherkennung (§§ 4, 5 IfSG)

Zentrale Aufgaben bei der Vorbeugung und Früherkennung werden dem **Robert Koch-Institut** zugewiesen.

Meldungen (§§ 6–15 IfSG)

Das IfSG regelt in diesem Abschnitt u. a., welche Krankheiten oder Krankheitserreger meldepflichtig sind. **Krankheitserreger** werden in der Regel von Laboren festgestellt, also sind diese dafür meldepflichtig. **Krankheiten** hingegen müssen primär von Ärzten gemeldet werden, aber (nachrangig) auch von den Leitungen von Pflegeunternehmen (§ 8 Abs. 1 Nr. 7 IfSG) und sogar von examinierten Altenpflegekräften (§ 8 Abs. 1 Nr. 5 IfSG).

Zusätzliche Vorschriften für Schulen und sonstige Gemeinschaftseinrichtungen (§§ 33–36 IfSG)

Dieser Abschnitt ist vor allem für Schulen wichtig. § 36 IfSG ist aber auch für die Pflege relevant. Er regelt in Absatz 1 für Heime, dass diese einen **Hygieneplan** aufzustellen haben und dazu vom Gesundheitsamt überwacht werden dürfen. Ambulante Pflegedienste sind in der Vorschrift nicht erwähnt. Allerdings gilt für diese Nr. 4.1.2.3 der TRBA 250. Darin wird generell ein Hygieneplan gefordert. Allerdings gibt es dabei Einschränkungen, denn in den Privatwohnungen der Pflegebedürftigen haben diese das Hausrecht. Somit dürfen Pflegekräfte den Pflegebedürftigen keine noch so sinnvollen hygienischen Maßnahmen aufzwingen. Die Pflegekräfte müssen bei ihrer Arbeit also zwar auf die notwendige Hygiene achten. Wenn die Unterstützung der Pflegebedürftigen und Angehörigen notwendig ist, dann sind sie jedoch auf Überzeugungsarbeit angewiesen.

Absatz 4 von § 36 IfSG schreibt vor: Personen, die in ein Pflegeheim aufgenommen werden sollen, haben vor oder unverzüglich nach ihrer Aufnahme der Leitung ein ärztliches Zeugnis darüber vorzulegen, dass bei ihnen keine Anhaltspunkte für das Vorliegen einer ansteckungsfähigen Lungentuberkulose vorhanden sind.

Kann der Pflegebedürftige ein solches Zeugnis nicht vorlegen, so muss er die Untersuchungen dulden, die für die Ausstellung des Zeugnisses notwendig sind. Das Grundrecht der körperlichen Unversehrtheit (Artikel 2 Abs. 2 Satz 1 GG) wird insoweit eingeschränkt (§ 36 Abs. 5 IfSG). Bezüglich der erforderlichen Aktualität des Zeugnisses macht der Gesetzgeber keine Vorgaben.

Infektionsintervention, insbesondere Quarantäne und Absonderung

Wird das Auftreten von MRSA (Methicillin-resistente Staphylococcus aureus) in Pflegeeinrichtungen festgestellt, dann gilt nach einer Empfehlung der Kommission für Krankenhaushygiene und Infektionsprävention beim RKI zur „Infektionsprävention in Heimen": Bei Bewohnern ohne besonderes Risiko ist eine Quarantäne bei MRSA-Besiedelung nicht erforderlich.

Doch wann liegt ein **„besonderes Risiko"** vor? Hier darf sich die Pflege auf die Einschätzung des behandelnden Arztes verlassen. Außerdem kann man sich beim zuständigen Gesundheitsamt informieren und beraten lassen. Wird daraufhin das besondere Risiko bejaht, so kommt eine Absonderung des betroffenen Pflegebedürftigen infrage.

Absonderung nur bei „besonderem Risiko"

Dazu gibt es zwei mögliche Rechtsgrundlagen:

- Zum einen kann eine Behörde die **Absonderung nach § 30 IfSG** anordnen. Nur in diesem Fall spricht man eigentlich von **Quarantäne.** Damit sind dann einige Zwangsmaßnahmen für den Betroffenen verbunden bis hin zur zwangsweisen Unterbringung. Auch die Pflegeeinrichtung muss mit aufsichtsrechtlichen Maßnahmen rechnen.
- Wurde *keine* Quarantäne i. S. v. § 30 IfSG angeordnet, so kann eine Pflegeeinrichtung dennoch eine **Absonderung** durchführen. Rechtsgrundlage hierfür ist der **Heimvertrag** oder das **Landesheimgesetz.** Denn diese verlangen einen ausreichenden Schutz der (anderen) Bewohner vor Infektionen. Wichtig: Hoheitliche Befugnisse, insbesondere Zwangsbefugnisse gegenüber Pflegebedürftigen, hat die Pflegeeinrichtung nicht! Will sie andere von dem Betreten eines Isolationsraums abhalten, dann kann das Betreten aufgrund des Hausrechts untersagt werden, und zwar unter Hinweis auf die zuvor erwähnte Schutzpflicht aus Heimvertrag und Landesheimgesetz.

1.3.1.4 Lebensmittel und Hygiene

Fallbeispiel

Tod durch Backwaren

In einem Berliner Heim erkrankten vor einigen Jahren 218 Bewohner, 27 Mitarbeiter und neun Angehörige an einer Salmonelleninfektion. Einige Bewohner verstarben sogar. Das Geschehen stand im Zusammenhang mit einer Lieferung von Backwaren. Das Heim wollte von dem Lieferanten Schadensersatz, erlitt aber Schiffbruch. Die Pflegeeinrichtung konnte nicht beweisen, dass die Infektion durch den Lieferanten verursacht worden war. Denn als mögliche Ursache kam auch eine Unterbrechung der Kühlkette im Heim infrage.[2]

Hygiene: Verhütung von Krankheiten und Gesundheitsschäden

Vor solchen Folgen versucht das Lebensmittelrecht zu bewahren. Es ist ein Konglomerat aus verbraucherschützenden, gefahrenabwehrenden und gewerberechtlichen Vorschriften und dient zu einem Großteil der Hygiene und damit der Verhütung von Krankheiten und Gesundheitsschäden.

Geregelt werden **alle Produktions-, Verarbeitungs- und Vertriebsstufen** im Zusammenhang mit Lebensmitteln – angefangen beim Landwirt bis hin zum angerichteten Essen. Für Pflegeeinrichtungen geht es vor allem um die Zubereitung von Essen.

Das Lebensmittelrecht ist zu einem ordentlichen Teil europarechtlich geregelt. Grundlage ist die europäische Verordnung (EG) Nr. 178/2002 vom 28.1.2002. Ergänzt wird diese Verordnung durch das deutsche Lebensmittel-, Bedarfsgegenstände- und Futtermittelgesetzbuch (LFGB). Darüber hinaus gibt es zahlreiche weitere Gesetze, Verordnungen, Richtlinien, Leitlinien und DIN-Normen. Zentral ist die **Lebensmittelhygiene-Verordnung** (LMHV).

[2] Kammergericht Berlin, 24.9.2004, Az. 25 U 201/03

Entscheidend: Eigenschaft als „Lebensmittelunternehmen"

Ob all diese Vorschriften überhaupt anwendbar sind, hängt davon ab, ob das Pflegeunternehmen als **„Lebensmittelunternehmen"** gilt. Auf Einrichtungen im Gesundheitswesen, die Pflegebedürftigen regelmäßig ein Verpflegungsangebot machen, trifft dies in jedem Fall zu. Anders sieht es aus, wenn Pflegekräfte im Rahmen der ambulanten Pflege mit Lebensmitteln in Kontakt kommen oder Speisen zubereiten. In diesem Fall gibt es keine lebensmittelrechtliche Verantwortlichkeit. Bei Wohn- und Versorgungskonzepten, die zwischen „ambulant" und „stationär" liegen, kann die Abgrenzung mitunter schwierig sein.

Wenn ein Pflegeunternehmen jedoch als „Lebensmittelunternehmen" gilt, dann muss es ein besonderes **Kontroll- und Steuerungssystem** zur Gewährleistung sicherer Lebensmittel haben. Das gilt ganz besonders für den Küchenbereich eines Pflegeheims.

Belehrungen und Schulungen zwingend

Ergänzend zu den bereits genannten Vorschriften gilt auch noch das IfSG. Dieses sieht in § 43 Abs. 1 vor, dass Mitarbeiter in einem Pflegeunternehmen nur dann mit Lebensmitteln umgehen dürfen, wenn sie eine Belehrung erhalten haben (**Erstbelehrung**). Dies geschieht beim Gesundheitsamt oder bei einem vom Gesundheitsamt beauftragten Arzt.

Unabhängig von der Erstbelehrung muss **nach Aufnahme einer Tätigkeit** und dann **im 2-Jahres-Rhythmus** eine Belehrung zum Umgang mit Lebensmitteln erfolgen (§ 43 Abs. 4 und 5 IfSG). Die Belehrung kann z. B. durch eine Hygienefachkraft oder Hauswirtschaftsmeisterin erfolgen. Wer allenfalls gelegentlich mit Lebensmitteln zu tun hat (z. B. bei Sommerfesten) muss nicht belehrt werden. Eine Belehrungspflicht gilt aber für Kräfte, die Mahlzeiten (wenn auch nur in Teilkomponenten) zubereiten, zum Beispiel wenn im Rahmen eines Beschäftigungsprogramms für demente Pflegebedürftige gekocht wird.

Pflegeunternehmen sind außerdem verpflichtet, **jährliche Schulungen** nach § 4 LMHV durchzuführen. Dies gilt jedoch nur bei Mitarbeitern, die mit leicht verderblichen Lebensmitteln zu tun haben.

Verbote zum Umgang mit Lebensmitteln

Das IfSG verbietet in § 42 außerdem den Umgang mit Lebensmitteln für Mitarbeiter, die an bestimmten Erkrankungen leiden, z. B. bei infizierten Wunden oder ansteckenden Hautkrankheiten. Selbst für gesunde Pflegekräfte, die bestimmte Krankheitserreger (z. B. Salmonellen) dauerhaft ausscheiden, gilt dieses Verbot. Und: Die Tätigkeitsverbote erstrecken sich auch auf Tätigkeiten, bei denen der Kontakt mit Lebensmitteln lediglich über Bedarfsgegenstände erfolgt (z. B. über Geschirr und Gläser, beim Anreichen von Speisen und Getränken, über Brötchentüten, Einwickelpapier usw.).

Fallbeispiel

Sommerzeit ist Eiszeit!

Frau Gartner bereitet selbst Eis zu und bringt dies in eine Pflegeeinrichtung mit. Das könnte allerdings ein Problem sein! Denn: In angetautem Eis können sich Keime hervorragend vermehren. Wurden auch noch rohe Eier verarbeitet, dann besteht die Gefahr einer Salmonelleninfektion. Was also tun?

Pflegekräfte sollten sich nicht vor einer – behutsamen – Kontrolle scheuen. Sie sollten den Angehörigen außerdem die mitunter gravierenden Gefahren erläutern. Vielleicht gibt es ein Infoblatt, in dem erklärt ist, was geht und was nicht. Eine Alternative: Zwar ist industriell gefertigtes und noch abgepacktes Eis nicht ganz so lecker, aber weniger gefährlich als eigens produziertes. Notfalls muss es den Angehörigen verboten werden, bestimmte Nahrungsmittel in das Heim mitzubringen.

1.3.1.5 Umgang mit Medizinprodukten

Nichts ist vor dem Medizinprodukterecht sicher! Denn so ziemlich alles, was eine Pflegekraft in den Händen hält oder bedient, ist ein Medizinprodukt (➤ Tab. 1.4). Die Vielfalt der Medizinprodukte wird in Klassen eingeteilt. Je höher die Klasse, desto risikoreicher ist das Produkt. Diese Aufteilung ist vor allem für das Inverkehrbringen von Medizinprodukten wichtig.

Europarechtliche Vorgaben

Zentral: Medizinproduktegesetz

Verschiedene EU-Richtlinien haben Deutschland im Jahr 1995 das **Medizinproduktegesetz (MPG)** beschert. Hintergrund: Man wollte einen freien Warenverkehr für Medizinprodukte in der EU. Darüber hinaus sollte die staatliche Kontrolle zurückgedrängt werden. Es wurde vieles den Herstellern überlassen (was eine der Hauptursachen für etliche Skandale um qualitativ minderwertige Medizinprodukte ist). Was das Medizinprodukterecht (➤ Tab. 1.5) ganz grundsätzlich will, ist in § 1 MPG beschrieben. Ziel ist es demnach:

- den Verkehr mit Medizinprodukten zu regeln und
- dadurch für Sicherheit, Eignung und Leistung der Medizinprodukte zu sorgen
- sowie Gesundheit und Schutz der Patienten, Anwender und Dritter zu gewährleisten.

Tab. 1.4 Beispiele für Medizinprodukte.

Klasse I	Klasse IIa	Klasse IIb	Klasse III
ärztliche Instrumente, Gehhilfen, Rollstühle, Pflegebetten, Stützstrümpfe, Verbandmittel **Klasse Is** sterile Produkte **Klasse Im** mit Messfunktion (z. B. Sitzwaage, Blutdruckmessgerät, Thermometer, Blutzuckermessgerät)	Dentalmaterialien, Desinfektionsmittel (für Instrumente und Geräte), diagnostische Ultraschallgeräte, Einmalspritzen, Hörgeräte, Kontaktlinsen, Reinigungsdesinfektionsautomaten, Trachealtuben, Zahnkronen	Anästhesiegeräte, Beatmungsgeräte, Bestrahlungsgeräte, Blutbeutel, Defibrillatoren, Dialysegeräte, Kondome, Kontaktlinsenreiniger, Dentalimplantate, Bildablage- und Kommunikationssysteme (PACS)	Herzkatheter, künstliche Gelenke, Stents, resorbierbares chirurgisches Nahtmaterial, Intrauterinpessar (Spirale), Brustimplantat

Tab. 1.5 Rechtsquellen im Medizinprodukterecht.
Medizinprodukte-Betreiberverordnung (MPBetreibVO)
Medizinprodukte-Sicherheitsplanverordnung (MPSV)
Medizinprodukte-Verschreibungsverordnung (MPVerschrV)
Medizinprodukte-Durchführungsvorschrift (MPGVwV, wurde nach dem Skandal um die Brustimplantate herausgegeben und ist seit dem 1.1.2013 in Kraft, regelt Überwachung von Medizinprodukten)
DIN-VDE 0751–1 (Prüfung medizinischer elektrischer Geräte)
DIN-EN 1970 (Pflegebetten)
BGV A3 (Elektrische Anlagen und Betriebsmittel)

Was ist ein Medizinprodukt?

Produkte mit medizinischer Zweckbestimmung für die Anwendung beim Menschen

Die genaue **Definition** von **Medizinprodukten** steht in § 3 MPG. Sehr verkürzt kann man sagen: Medizinprodukte sind Produkte mit medizinischer Zweckbestimmung, die vom Hersteller für die Anwendung beim Menschen bestimmt sind. Ihre Hauptwirkung wird primär auf physikalischem Weg erreicht. Dadurch unterscheiden sie sich von **Arzneimitteln,** die pharmakologisch, immunologisch oder metabolisch wirken. Medizinprodukte können sein: Instrumente, Apparate, Vorrichtungen, Stoffe und Zubereitungen aus Stoffen. Das Gesetz erwähnt ganz ausdrücklich auch Software! Zu den Medizinprodukten zählen ebenso das jeweilige Zubehör oder Produkte, die dazu bestimmt sind, Arzneimittel im Sinne des § 2 Abs. 1 AMG zu verabreichen.
Interessant ist noch, was gerade **kein Medizinprodukt** ist. *Beispiele:*

- feste nicht wiederverwendbare Einheiten mit einem Arzneimittel (Arzneimittelkit)
- kosmetische Mittel
- persönliche Schutzausrüstung

Dann gibt es noch Ausnahmen, die nur in bestimmten Staaten der EU gelten. So gelten in Deutschland und in vielen anderen EU-Staaten Mundpflegemittel (Zahnpasta, Zahnbürste & Co.) als Kosmetika, obgleich sie der Definition der Medizinprodukte entsprechen.

Im Pflegebereich werden Medizinprodukte betrieben und angewendet. Dabei kommt es auf folgende Einteilung an:

- **aktive Medizinprodukte:** energetisch betrieben Geräte (z. B. Defibrillatoren, Beatmungsgeräte oder EKG-Schreiber)
- **nichtaktive Medizinprodukte:** nicht energetisch betriebene Geräte (z. B. Instrumente, Optiken, Nahtmaterialien oder Verbandstoffe)

Die Pflichten im Überblick

§§

§ 4 Abs. 1 Nr. 1 MPG

Es ist verboten, Medizinprodukte in den Verkehr zu bringen, zu errichten, in Betrieb zu nehmen, zu betreiben oder anzuwenden, wenn 1. der begründete Verdacht besteht, dass sie die Sicherheit und die Gesundheit der Patienten, der Anwender oder Dritter bei sachgemäßer Anwendung, Instandhaltung und ihrer Zweckbestimmung entsprechender Verwendung über ein nach den Erkenntnissen der medizinischen Wissenschaften vertretbares Maß hinausgehend unmittelbar oder mittelbar gefährden (…).

Nach Nr. 1 dürfen Patienten, Anwender oder Dritte durch den Umgang mit Medizinprodukten weder mittelbar noch unmittelbar gefährdet werden. An diese Grundregelung des Medizinprodukterechts schließt sich noch eine recht konkrete Nr. 2 an.

§§

§ 4 Abs. 1 Nr. 2 MPG

Es ist verboten, Medizinprodukte in den Verkehr zu bringen, zu errichten, in Betrieb zu nehmen, zu betreiben oder anzuwenden, wenn 1. (…) oder 2. das Datum abgelaufen ist, bis zu dem eine gefahrlose Anwendung nachweislich möglich ist.

Alle weiteren Pflichten hängen nun davon ab, ob man ein Medizinprodukt in den Verkehr bringt, es errichtet, betreibt oder anwendet.

Vorgaben für Errichtung, Betrieb und Anwendung

Die Vorgaben für das Errichten, Betreiben, Anwenden (und auch für das Instandhalten) von Medizinprodukten sind im MPG recht dünn gesät. Auch hier gilt die bereits zuvor angesprochene Vorschrift des § 4 MPG. Dazu gesellt sich noch § 14 MPG.

§§

§ 14 MPG

Medizinprodukte dürfen nur nach Maßgabe der Rechtsverordnung nach § 37 Abs. 5 errichtet, betrieben, angewendet und in Stand gehalten werden. Sie dürfen nicht betrieben und angewendet werden, wenn sie Mängel aufweisen, durch die Patienten, Beschäftigte oder Dritte gefährdet werden können.

Vier Arten des Umgangs mit Medizinprodukten

Die in dieser Vorschrift angesprochene Rechtsverordnung ist die für die Pflege enorm wichtige **Medizinprodukte-Betreiberverordnung (MPBetreibV).** Weniger im MPG als vielmehr in dieser Verordnung sind alle für die Pflege wichtigen Vorgaben geregelt.

Bevor es um die Pflichten im Einzelnen geht, müssen vier **Arten,** nach denen mit Medizinprodukten **umgegangen** werden kann, voneinander abgegrenzt werden:

- **Errichten:** Endmontage, Fertigstellung, Aufstellung bzw. der Einbau von Medizinprodukten am Ort unter der Verantwortung des Herstellers bzw. des Händlers (endet mit der Übergabe des betriebsbereiten Medizinprodukts)
- **Betreiben:** Schaffung der Voraussetzungen für den bestimmungsgemäßen Einsatz der Medizinprodukte (ob natürliche oder juristische Per-

son – der Betreiber ist verantwortlich für die Umsetzung aller rechtlichen Vorschriften; z. B. der Träger eines Pflegeunternehmens)

- **Anwenden:** (eigenverantwortliche) Nutzung des Medizinprodukts (z. B. durch Arzt, Pflegekraft, Hilfskraft, Pflegebedürftigen)
- **Instandhalten:** Ergreifen von Maßnahmen, die notwendig sind, um ein Medizinprodukt in dem Zustand zu halten, indem es die vom Hersteller spezifizierte Funktion erfüllen kann (vor allem: Wartung, Inspektion [einschließlich sicherheitstechnischer und messtechnischer Kontrollen], Instandsetzung und auch Aufbereitung)

Sylvia ist in diesem Fall nicht Anwenderin, denn sie geht mit dem Insulin-Pen nicht *eigenverantwortlich* um. Anwenderin ist also die Praxisanleiterin.

Fallbeispiel

Im Zweifelsfall

Ist Sylvia Anwenderin?

Schülerin Sylvia lernt unter Aufsicht der Praxisanleiterin, wie man einen wiederverwendbaren Insulin-Pen anwendet. Ist Sylvia Anwenderin für das Medizinprodukt?

Ist die Krankenkasse Betreiberin?

Eine Krankenkasse stellt ihren Versicherten in einer Pflegeeinrichtung leihweise Medizinprodukte wie Sauerstoffgeräte oder Gehhilfen zur Verfügung. Anwender sind zweifelsohne die Pflegebedürftigen selbst oder die Pflegekräfte. Aber wer ist Betreiber? Die Kasse? Das Pflegeunternehmen?

Zu der Frage, ob eine Krankenkasse Betreiberin der von ihr verliehen Medizinprodukte ist, gibt es eine höchstrichterliche Entscheidung: Betreiber sind diejenigen, die *tatsächlichen* Zugriff auf die Medizinprodukte haben. Denn nur diese können den entsprechenden Pflichten nachkommen, wie z. B. der Einweisung des Anwenders oder der Vornahme von Kontrollen. Also sind nicht die Kassen die Betreiber, sondern die Träger von Pflegeunternehmen, wenn der Versicherte z. B. in einer stationären Einrichtung versorgt wird.[3]

Allgemeine Regel in der MPBetreibV

Aber nun zu den Pflichten nach der MPBetreibV – und zwar zu denen, die für alle Medizinprodukte gelten (§§ 2–4 MPBetreibV).

Allgemeine Regel: Die Verwendung von Medizinprodukten darf nur entsprechend der Zweckbestimmung nach den Vorschriften der MPBetreibV, nach allgemein anerkannten Regeln der Technik sowie nach den Arbeitsschutz- und Unfallverhütungsvorschriften erfolgen.

---

3 Bundesverwaltungsgericht, 16.12.2003, Az. BVerwG 3 C 47.02

Anwendungsverbote bestehen bei potenzieller Gefährdung, Ablauf des Verfallsdatums, produktspezifischen Mängeln und nicht eingehaltenen Fehlergrenzen (bei Medizinprodukten mit Messfunktion).

Ausbildung und Erfahrung notwendig

Medizinprodukte dürfen nur von Personen errichtet, betrieben, angewendet und instand gehalten werden, die dafür die erforderliche Ausbildung/Kenntnis und Erfahrung besitzen. Diese ist eine Holpflicht des Anwenders! Fühlt sich also die anwendende Pflegekraft nicht (mehr) sicher, so muss sie für eine (wiederholte) Einweisung selbst sorgen. Auf der anderen Seite muss der Betreiber dafür sorgen, dass die Einweisung auch tatsächlich erfolgt (Bringschuld). Die MPBetreibV enthält keine konkreten Anforderungen an eine Einweisung selbst. Die nachfolgende Checkliste gibt Auskunft über die wichtigsten Kriterien.

CHECKLISTE

Bin ich ausreichend qualifiziert für die Anwendung eines Medizinprodukts? Kenne ich

- den Zweck des Medizinprodukts?
- die theoretischen Grundlagen (Therapie-, bzw. Diagnoseverfahren, technisch-physikalischen Hintergrund)?
- die Kombinierbarkeit mit Zubehör, Software, anderen Medizinprodukten bzw. Nicht-Medizinprodukten?
- alle Bedienungselemente und dazugehörige Funktionen?
- die Bedienung einschließlich der patientengerechten Einstellung?
- den ordnungsgemäßen Zustand des Medizinprodukts?
- die vorgeschriebene Funktionsprüfung vor jeder Anwendung?

Ein Anwender muss bei jeder Inbetriebnahme die **Funktionsfähigkeit** und den **ordnungsgemäßen Zustand** des Medizinprodukts prüfen.

Bei Wartung, Inspektion, Instandsetzung und Aufbereitung von Medizinprodukten gibt es besondere Pflichten. Wichtig für die Pflegekräfte: Nach jeder Instandhaltung sind Sicherheit und Funktionstüchtigkeit zu kontrollieren.

Aufbereitung von Medizinprodukten

Besonders interessant ist die **Aufbereitung.** Hier wird gemäß Empfehlung der Kommission für Krankenhaushygiene und Infektionsprävention (KRINKO) und des BfArM „Anforderungen an die Hygiene bei der Aufbereitung von Medizinprodukten" wie folgt unterschieden:

- **Unkritische Medizinprodukte:** Diese kommen lediglich mit der intakten Haut in Berührung (z. B. Blutdruckmessgerät, Lagerungsschiene oder Kompressionsstrümpfe). In der Regel reicht das Abwischen mit einem Reinigungsmittel aus. Ein Desinfektionsmittel kann jedoch notwendig werden, wenn das Medizinprodukt mit potenziell infektiösen Substanzen wie Fäkalien oder Wundsekret kontaminiert ist oder wenn es bei verschiedenen Patienten eingesetzt wird.
- **Semikritische Medizinprodukte:** Sie kommen mit Schleimhäuten oder krankhaft veränderter Haut in Berührung und stellen bei unsachgemäßer Aufbereitung unter bestimmten Umständen ein Risiko für den Pflegebedürftigen dar (z. B. Atemmasken oder Mundpflegeutensilien). Hier ist i. d. R. zu desinfizieren.

- **Kritische Medizinprodukte:** Diese werden zur Verabreichung von sterilen Arzneimitteln oder Blut eingesetzt (z. B. Infusionssysteme oder Kanülen) oder sie kommen mit Blut, inneren Organen oder Wunden in Kontakt (z. B. Schere oder Pinzette, die im Rahmen von Verbandswechseln eingesetzt werden). Derartige Medizinprodukte müssen in aller Regel sterilisiert werden – was für Pflegeunternehmen nicht immer ganz einfach ist. Ein Ausweg kann die Verwendung von Einmalprodukten sein.

Meldepflichten

Besondere Vorkommnisse und Beinahe-Vorkommnisse müssen unverzüglich, spätestens nach 30 Tagen an die BfArM gemeldet werden. Das ist näher in der Medizinprodukte-Sicherheitsplanverordnung (MPSV) geregelt. Meldepflichtige Ereignisse können sein:

- eine Funktionsstörung,
- ein Ausfall oder lediglich eine Änderung der Merkmale oder Leistungen sowie
- die bloße unsachgemäße Kennzeichnung oder Gebrauchsanweisung.

Im Zweifel sollte man ein Vorkommnis eher melden, als dies zu unterlassen, und zwar auch schon dann, wenn es sich in der Vergangenheit nur *beinahe* ereignet hätte oder sich in Zukunft ereignen *könnte.*

Besondere Anforderungen bei aktiven nicht implantierbaren Medizinprodukten

Ganz besondere Pflichten müssen Pflegekräfte bei aktiven nicht implantierbaren Medizinprodukten beachten (s. §§ 5–9 MPBetreibV). Erfasst sind z. B. Defibrillatoren, Infusionspumpen sowie Beatmungsgeräte.

Grundregel bei aktiven nicht implantierbaren Medizinprodukten

Die Grundregel: Der **Hersteller oder eine dazu befugte Person** muss

- das Medizinprodukt am Betriebsort einer Funktionsprüfung unterziehen
- und er muss die vom Betreiber beauftragte Person einweisen.

Und: Der **Anwender**

- muss ausreichend qualifiziert sein und
- vom Hersteller oder der vom Betreiber beauftragten Person eingewiesen werden.

Beides muss belegt werden **(Dokumentation).** Wichtig: Auch wenn eine Pflegekraft sich gut mit einem Medizinprodukt auskennt, so darf sie andere dennoch nicht einweisen. Das darf nur der Hersteller oder die vom Betreiber beauftragte Person.

Kontrollpflichten

Die weiteren Pflichten gruppieren sich um zwei Komplexe: Kontrollpflichten und Dokumentationspflichten. Zunächst zu den Kontrollpflichten. Hier gibt es vor allem zwei Pflichten:

- **Sicherheitstechnische Kontrolle** (STK): Sie wird grundsätzlich vom Hersteller festgelegt und soll nicht nur den Ist-Zustand prüfen, sondern auch die voraussichtliche Entwicklung bis zum nächsten Prüftermin.
- **Messtechnische Kontrolle** (MTK): Mit dieser Prüfung soll festgestellt werden, ob die Grenze für die maximal zulässige Messabweichung eingehalten wird. Prüfpflichtig sind alle Medizinprodukte der Anlage 2 der MP-BetreibV (z. B. medizinische Thermometer [mit Ausnahme von Hg-Glas-

thermometern] oder Blutdruckmessgeräte). Ebenso unterliegen der Prüfpflicht Geräte, die nicht in der Anlage aufgeführt sind, für die der Hersteller aber eine MTK vorgesehen hat. Bei erfolgreicher Kontrolle ist eine Kennzeichnung am Medizinprodukt verpflichtend.

- Vergessen wird häufig die **Kontrolle nach den berufsgenossenschaftlichen Unfallverhütungsvorschriften** (BGV A 3). Diese gilt für elektrisch betriebene Medizinprodukte und kann mit der STK miterledigt werden (§ 2 Abs. 8 MPBetreibV).

In diesem Fall ist weder das Pflegeunternehmen Betreiber noch sind die Pfle-

Fallbeispiel

Herr Kaiser misst selbst!

Herr Kaiser ist Diabetiker. Er benutzt ein eigenes Blutzuckermessgerät und ist darin seit Jahren geübt. Für die Messung nimmt er daher keine Hilfestellung in Anspruch. Gelten für die Pflegeeinrichtung oder die Pflegekräfte Kontrollpflichten für das Messgerät, oder ist Herr Kaiser selbst dafür verantwortlich, dass das Gerät ordnungsgemäß funktioniert?

gekräfte Anwender. Die soeben geschilderten Kontrollpflichten gelten deswegen nicht. Schaltet sich jedoch eine Pflegekraft – wenn auch nur assistierend – ein, dann reicht dies, um in die Betreiber- bzw. Anwenderrolle zu geraten. Dies begründet dann sehr wohl Kontrollpflichten.

Dokumentationspflichten

Schließlich bestehen noch Dokumentationspflichten. Der Betreiber hat für alle aktiven nicht implantierbaren Medizinprodukte ein **Bestandsverzeichnis** zu führen. Für die in Anlage 1 und 2 der MPBetreibV aufgeführten Medizinprodukte muss er zusätzlich ein **Medizinproduktebuch** anlegen und fortschreiben. Für beide Verzeichnisse ist keine bestimmte Form vorgeschrieben. § 7 Abs. 2 und § 9 Abs. 2 MPBetreibV legen aber den Mindestinhalt fest.

LESETIPP

Folgende Institutionen haben besondere Aufgaben rund um Medizinprodukte. Deswegen bieten sie auch viele weiterführende Informationen und Materialien (z. B. Formulare für die Meldung von [Beinahe-]Vorkommnissen):

- Robert Koch-Institut (RKI, www.rki.de)
- Bundesinstitut für Arzneimittel und Medizinprodukte (BfArM, www.bfarm.de)
- Deutsches Institut für Medizinische Dokumentation und information (DIMDI, www.dimdi.de)

1.3.2 Pflege dementer und gerontopsychiatrisch veränderter alter Menschen

1.3.2.1 Rechtliche Betreuung

1992 wurde Betreuung eingeführt

Wer nicht (mehr) in der Lage ist, seine Angelegenheiten selbst in die Hand zu nehmen, dem wurde ehedem eine Vormundschaft oder sogenannte Gebrechlichkeitspflegschaft aufoktroyiert. Die Konsequenzen gingen sehr weit und waren entwürdigend. Ende der 1980er-Jahre hat man dann endlich gehandelt und zum 1.1.1992 die Betreuung eingeführt.

Ziele des neuen Betreuungsrechts

Die Ziele des neu eingeführten Betreuungsrechts sind u. a.:

- Der Wille des Betroffenen steht an erster Stelle **(Selbstbestimmungsrecht).**
- **Weniger einschneidende Rechtsfolgen:** Betreuter soll möglichst weitgehend geschäftsfähig, ehe- und testierfähig bleiben und das Wahlrecht behalten.
- **Hilfestellungen** (nur) für Angelegenheiten, die der Betreute nicht mehr selbst regeln kann. Und: Die Betreuung kann auf die Bedürfnisse des Betreuten – je nach dessen Zustand und Hilfebedürftigkeit – angepasst werden.
- Bei Wohnungsauflösung, Heilbehandlung und Sterilisation werden **Sonderregelungen** eingeführt (verbunden mit gerichtlichen Genehmigungsvorbehalten).
- Es werden konkreten Voraussetzungen für **Unterbringungen und freiheitsentziehende Maßnahmen** definiert.

Zum 1.7.2005 wurde das Betreuungsrecht novelliert, insbesondere um die finanzielle Belastung für den Staatshaushalt zu begrenzen.

Grundgedanke des neuen Betreuungsrechts

Betreuer wird als Vertreter zur Seite gestellt

Vormundschaft gibt es nur noch für Minderjährige (§§ 1733–1895 BGB). Für Volljährige kommt allein die Betreuung infrage. Sie wird gerichtlich angeordnet und gibt dem Betreuer die Vertretungsmacht, für den Betreuten tätig zu werden. Der Betreuer wird dem Betreuten also nur zur Seite gestellt, der Betreute behält seine Rechte. Zur besseren Abgrenzung gegenüber der sozialen oder pflegerischen Betreuung spricht man auch von der **rechtlichen Betreuung.**

Verfahrenspflegschaft

Neben der Betreuung gibt es zwar noch die **Pflegschaft,** diese greift jedoch nur punktuell, bei ganz besonderen Angelegenheiten ein. Interessantester Fall ist die Verfahrenspflegschaft. Dazu wird in einem Betreuungsverfahren vom Gericht eine Person bestellt, die die Interessen des Betroffenen vertritt. Das passiert auch in Verfahren, in denen es um Unterbringung bzw. freiheitsentziehende Maßnahmen geht. Endet das Gerichtsverfahren, dann endet auch die Stellung als Verfahrenspfleger. Ein Verfahrenspfleger ist also eine Art Beistand vor Gericht – und damit strikt vom Betreuer zu unterscheiden.

1

Voraussetzungen für die Bestellung eines Betreuers (§ 1896 BGB)

Formelle Voraussetzungen

Jeder kann Betreuung anregen

Die Voraussetzungen für eine Betreuung stehen in § 1896 BGB. In formeller Hinsicht ist zunächst notwendig, dass der Betroffene dies beim Betreuungsgericht **beantragt.** Dazu muss er nicht geschäftsfähig sein. Das Gericht kann auch von sich aus ein Betreuungsverfahren einleiten. Das passiert insbesondere dann, wenn es von irgendwoher entsprechende Informationen bekommt, z. B. auch über die Mitteilung eines Pflegeunternehmens. In diesen Fällen wird es dann **„von Amts wegen"** tätig.

Materielle Voraussetzungen

CHECKLISTE

Liegen die (materiellen) Voraussetzungen für eine Betreuung vor?

- Betroffener ist volljährig?
- Medizinischer Befund: psychische Krankheit oder körperliche, geistige, seelische Behinderung?
- Unfähigkeit zur Aufgabenbesorgung?
- Erforderlichkeit?
- Betreuung entspricht dem Willen des Betroffenen (Betreuung entgegen dem Willen des Betroffenen nur unter strengen Voraussetzungen möglich)?

Hinsichtlich der **medizinischen Voraussetzungen** gilt: Nur wenn die Krankheit eine psychische ist, dann kommt eine Betreuung infrage. Bloße Altersstarrsinnigkeit reicht dazu nicht aus! Es besteht ein „Recht auf Unvernunft".

Über den medizinischen Befund hinaus muss der Betroffene **unfähig** sein, **(bestimmte) Aufgaben zu erledigen.**

Erforderlichkeit der Betreuung

Weiterhin muss die Betreuung erforderlich sein. Das bedeutet:

- Der Betreuer ist nur für solche Aufgabenkreise einzusetzen, für die eine Betreuung überhaupt notwendig ist. Hat der Betroffene einzig und alleine seine Finanzen nicht mehr im Griff, dann darf nur für Aufgabenkreise wie „Vermögenssorge" oder etwa auch „Vertretung gegenüber Behörden" ein Betreuer bestellt werden.
- Eine Betreuung darf nur so lange angeordnet werden, wie sie zeitlich benötigt wird.
- Eine Betreuung scheidet aus, wenn anderweitige Hilfen ausreichend sind. Können z. B. Familienangehörige aushelfen oder soziale Dienste (Essenslieferung, Putzhilfe, ambulante Pflegeversorgung etc.), so ist ein Betreuer nicht erforderlich.
- Auch wenn der Betroffene eine Person seines Vertrauens mit einer **Vorsorgevollmacht** ausgestattet hat, bedarf es keiner Betreuung. Dann gibt es nämlich bereits eine Person, die für den Betroffenen als dessen Vertreter rechtswirksam tätig werden kann. Eine Betreuung ist allerdings sehr wohl möglich, wenn die Vollmacht (in Teilen) unwirksam ist oder wenn sie für solche Teilbereiche errichtet worden ist, die den akuten Hilfebedarf nicht erfassen (z. B. wenn der Pflegebedürftige offenbar Unterstützung in

gesundheitlichen Angelegenheiten benötigt, eine Vollmacht aber nur für geschäftliche Angelegenheiten vorliegt). Auch wenn ein Bevollmächtigter zwar ausreichend mit Vollmachten ausgestattet ist, diese jedoch nicht zum Wohl des Betroffenen einsetzt, ist eine Betreuung möglich. In diesem Fall kann ein **Kontrollbetreuer** eingesetzt werden. Der Bevollmächtigte darf zwar weiter agieren, der Kontrollbetreuer überprüft dies allerdings (im Hintergrund). Dies kann so weit gehen, dass der Kontrollbetreuer dem Bevollmächtigten die Vollmacht entziehen kann.

Letzte Voraussetzung: Gegen den **freien Willen des Volljährigen** darf ein Betreuer nicht bestellt werden. Ob der Betroffene tatsächlich noch einen Willen bilden kann, wird notfalls über einen Gutachter geklärt. Nur in Ausnahmefällen ist eine zwangsweise Betreuung möglich. Da mit einer Zwangsbetreuung allerdings massiv in die verfassungsrechtlich geschützte Freiheit des Einzelnen eingegriffen wird, sind die Anforderungen an eine Zwangsbetreuung sehr hoch.

Person des Betreuers

Ist eine Betreuung erforderlich, so gilt folgende Rangfolge für den zu bestellenden Betreuer:

Primär muss eine natürliche Person als Betreuer eingesetzt werden

- Primär eine **natürliche Person** (§ 1897 Abs. 1 BGB), und zwar als:
  - Einzelbetreuer
  - Mitarbeiter eines Betreuungsvereins oder
  - Bediensteter einer Betreuungsbehörde
- Sekundär ein **Betreuungsverein** als solcher
- Ganz ausnahmsweise eine **Behörde** als solche

Wille des Betreuten entscheidet

Bei der Betreuerauswahl sind die Wünsche des Betreuten zu berücksichtigen. Der zu Betreuende hat ein positives und negatives Vorschlagsrecht (§ 1897 Abs. 4 BGB), er kann im Vorfeld also Personen vorschlagen oder ablehnen. Dies kann er bereits im Rahmen einer (schriftlichen) **Betreuungsverfügung** festlegen. Schlägt der Betroffene niemanden vor, so ist bei der Auswahl des Betreuers auf die verwandtschaftlichen und sonstigen persönlichen Bindungen, insbesondere auf die Bindungen zu Eltern, zu Kindern, zum Ehegatten und zum Lebenspartner, sowie auf die Gefahr von Interessenkonflikten Rücksicht zu nehmen (§ 1897 Abs. 5 BGB).

Soll eine **natürliche Person** zum Betreuer bestellt werden, so

- muss diese **geeignet** sein, den Betreuten persönlich zu betreuen, und
- darf sich dadurch **nicht** in **Interessenkonflikte** bringen.

Der mögliche Betreuer muss in zweierlei Hinsicht geeignet sein: Zum einen muss er aufgrund seiner Sachkunde in der Lage sein, den zu übertragenden Aufgabenkreis zu bewältigen. Besondere Anforderungen an die **Qualifikation** gibt es nicht! Des Weiteren sollte der Betreuer zur persönlichen Kontaktaufnahme (in angemessenen Zeitabständen) in der Lage sein. In der Regel werden hierzu von den Gerichten keine allzu großen Anforderungen gestellt.

Im puncto Interessenkonflikt: Pflegekräfte dürfen keine Betreuung von Pflegebedürftigen übernehmen, die in „ihrem" Heim versorgt werden. Grundsätzlich gilt: Wer zu einer Anstalt, einem Heim oder einer sonstigen Einrichtung, in welcher der Betroffene untergebracht ist oder wohnt, in ei-

1

nem Abhängigkeitsverhältnis oder in einer anderen engen Beziehung steht, darf nicht zum Betreuer bestellt werden (§ 1897 Abs. 3 BGB).

- Betreuung durch Privatpersonen: grundsätzlich ehrenamtlich
- Betreuung durch Berufsbetreuer: Anspruch auf Entlohnung

Hat das Betreuungsgericht eine Person als Betreuer ausgewählt, so ist diese grundsätzlich **verpflichtet, die Betreuung zu übernehmen.** Die Betreuung durch Privatleute ist grundsätzlich ein unentgeltliches Ehrenamt. Ein Berufsbetreuer hingegen hat Anspruch auf Entlohnung. Alle Zahlungen an den Betreuer sind grundsätzlich aus dem Vermögen des Betreuten zu bezahlen. Es gibt aber ein Schonvermögen, das nach den Grundsätzen des Sozialhilferechts berechnet wird. Bei Mittellosigkeit springt der Staat ein.

Betreuungsarten

- Bereichsspezifische Betreuung
- Betreuung in definiertem Umfang

Bei der rechtlichen Betreuung handelt es sich um eine **bereichsspezifische Betreuung.** Mit anderen Worten: Sie wird grundsätzlich nur auf bestimmte Aufgabenkreise erstreckt. Die Betreuung darf außerdem nur in dem **Umfang** eingerichtet werden, der unbedingt notwendig ist.

Die Aufgabenkreise sind nicht im Gesetz geregelt, bis auf „die Entscheidungen über den Fernmeldeverkehr" und „die Entgegennahme, das Öffnen und das Anhalten seiner Post" (§ 1896 Abs. 4 BGB). Die Betreuungsgerichte können die Aufgabenkreise also je nach den Erfordernissen individuell bestimmen. Als „Klassiker" haben sich herausgebildet: Gesundheitssorge, Aufenthaltsbestimmung, Vermögenssorge, Wohnungsangelegenheiten, Vertretung in gerichtlichen Verfahren oder gegenüber Behörden. Daneben ist ebenso möglich: Beantragung, Entgegennahme und Einteilung von Rente; Abschluss von Heimverträgen; Sicherstellung der ärztlichen Heilbehandlung; Entscheidung über Fixierungsmaßnahmen.

- Totalbetreuung
- Betreuung durch mehrere Personen

Nur ausnahmsweise darf eine Betreuung für alle Aufgabenkreise angeordnet werden (Totalbetreuung). In diesem Fall verliert der Betreute auch sein Wahlrecht (§ 13 BWahlG).

Schließlich können mehrere Personen als Betreuer bestellt werden (für gleiche oder verschiedene Aufgabenkreise). Allerdings darf maximal einer von ihnen ein Berufsbetreuer sein.

Wichtig: **Der Betreuer muss nicht selbst „Hand anlegen".** Er muss aber dafür sorgen, dass alles Notwendige getan wird.

Pflichten des Betreuers

Betreuer muss Wünsche des Betreuten berücksichtigen

Die konkreten Rechte und Pflichten des Betreuers hängen mit dem Aufgabenkreis, für die der Betreuer bestellt wurde, zusammen. Immer aber gilt: Die Betreuung soll dem Wohl des Betreuten dienen. Das bedeutet auch: Wichtige Angelegenheiten sind vor Erledigung mit dem Betreuten zu besprechen. Ein Handeln gegen Interessen der betreuten Person kann sogar Schadensersatzansprüche auslösen (§§ 1908i, 1833 BGB).

Erfordernis zusätzlicher Gerichtsentscheidung

Besonders schwerwiegende Entscheidungen bedürfen einer zusätzlichen Genehmigung durch das Betreuungsgericht, selbst wenn der Aufgabenkreis des Betreuers die Entscheidung an sich umfasst. Ist der Betreute allerdings einwilligungsfähig, so kann er, unabhängig vom Betreuer, immer selbst entscheiden. Dann ist eine gerichtliche Genehmigung nicht erforderlich.

Für folgende Fälle ist eine zusätzliche richterliche Genehmigung notwendig:

- Risikoreiche ärztliche Maßnahmen (§ 1904 BGB), vor allem solche, bei denen zu befürchten ist, dass der Betreute aufgrund der Maßnahme stirbt oder einen dauerhaften, schwerwiegenden Schaden erleidet
- Sterilisation (§ 1905 BGB)
- Unterbringung oder unterbringungsähnliche Maßnahmen (§ 1906 BGB)
- Aufgabe der Mietwohnung (§ 1907 BGB)
- Gewährung einer Ausstattung aus dem Vermögen des Betreuten (§ 1908 BGB), wobei „Ausstattung" definiert ist als all das, was einem Kind im Hinblick auf die Heirat oder die Erlangung einer selbstständigen Lebensstellung zugewendet wird (§ 1624 BGB)

Etliche Vermögensangelegenheiten, die der Betreuer für den Betreuten regelt, sind ebenfalls genehmigungspflichtig.

Rechtsfolgen der Betreuung

Betreuer ist gesetzlicher Vertreter

Der Betreuer ist **Vertreter für die gerichtlich festgesetzten Aufgabenbereiche.** Er handelt im Namen des Betreuten und begründet für diesen Rechte und Pflichten. Er hat damit die gleiche Stellung wie eine Person, die z. B. durch eine Vorsorgevollmacht eingesetzt wurde. Entscheidender Unterschied: Beim Betreuer wurde dies gerichtlich angeordnet, beim Bevollmächtigten durch den Betroffenen selbst.

Betreuung hat keinen Einfluss auf Geschäftsfähigkeitsstatus

Eine andere wichtige Rechtsfolge betrifft die **Geschäftsfähigkeit.** Sie wird durch die Einrichtung einer Betreuung grundsätzlich nicht berührt: Der Geschäftsunfähige bleibt geschäftsunfähig, der Geschäftsfähige bleibt geschäftsfähig (nähere Erläuterungen in ➤ Kap. 0.9.2).

Verfahren zur Bestellung eines Betreuers

Einleitung des Betreuungsverfahrens

Das Verfahren auf Bestellung eines Betreuers wird durch den **Antrag** des Betroffenen eingeleitet oder durch eine **Anregung** von Dritten. Dann wird das Gericht von Amts wegen tätig (➤ Abb. 1.2).

Aufklärung des Sachverhalts von Amts wegen

Zuständig ist das **Betreuungsgericht** (eine Abteilung des Amtsgerichts). Das Betreuungsgericht muss sich um alle wichtigen Informationen kümmern und evtl. auch selbst Ermittlungen anstellen. Dazu wird es vor allem den Betroffenen anhören, aber evtl. auch Familienangehörige, Freunde und Bekannte, Pflegepersonal und die behandelnden Ärzte.

Eilentscheidung ist möglich

Am Ende entscheidet das Gericht über die Bestellung eines Betreuers durch einen **Beschluss.** Ist Eile geboten, dann kann es auch **vorläufige Entscheidungen** treffen, so z. B. wenn ein Betreuer dringend benötigt wird, um über eine anstehende Operation zu entscheiden. Ein ordentliches Verfahren muss aber unbedingt nachgeholt werden. Eine einstweilige Anordnung darf die Dauer von sechs Monaten nicht überschreiten. Sie darf maximal bis zu einem Jahr verlängert werden.

Rechtsmittel

Nach Abschluss des Betreuungsverfahrens gibt es noch Rechtsmittel. Der Kreis der Beschwerdeberechtigten ist aber eingeengt. So haben z. B. Pflegeun-

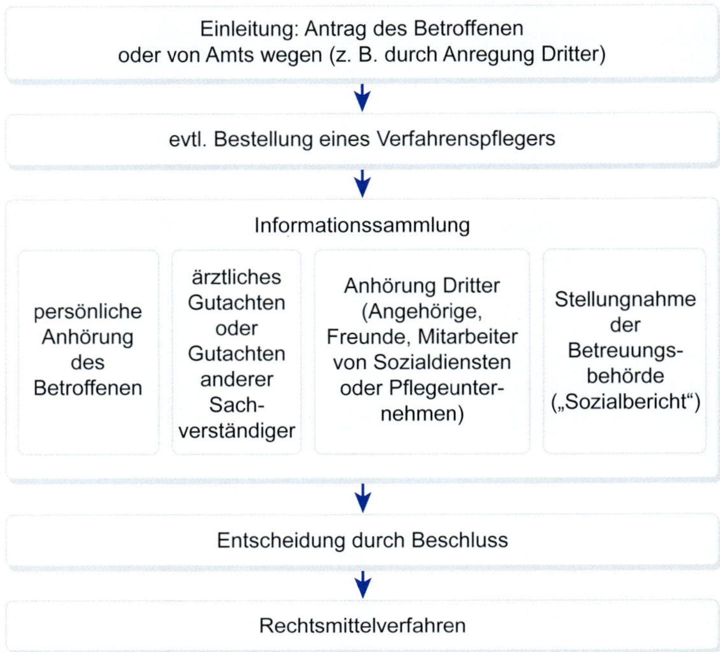

Abb. 1.2 Verfahren zur Bestellung eines Betreuers.

ternehmen, die eine Betreuung angeregt haben, kein Recht, Beschwerde einzulegen.

Die Kosten für das Betreuungsverfahren sind grundsätzlich vom Betroffenen selbst zu tragen. Dabei gibt es einen Vermögensschonbetrag. Bei Bedürftigkeit (wird wie bei der Sozialhilfe ermittelt) kann das Gericht die Kosten der Staatskasse auferlegen.

Kontrolle der Betreuung, Überprüfung der Betreuerbestellung

Fallbeispiel

Wenn es Schwierigkeiten mit dem Betreuer gibt

Es kann sehr viele Gründe geben, warum man mit dem Betreuer unzufrieden ist. Pflegeunternehmen sind dies vor allem dann, wenn der Betreuer nicht erreichbar ist, insbesondere wenn wichtige Entscheidungen anstehen. Pflegebedürftige sind mit ihrem Betreuer unzufrieden, weil ihnen dieser womöglich nur unzureichend Taschengeld aushändigt. Oder der Betreuer kommt nie zu Besuch, ruft nie an. In solchen Situationen entsteht häufig das Bedürfnis, etwas zu ändern. Was kann man aber konkret tun?

Grundsätzlich **berät** das Betreuungsgericht den Betreuer, **kontrolliert** ihn aber auch und **schreitet notfalls ein.** Um der Kontrollaufgabe gerecht zu werden, hat der Betreuer gegenüber dem Gericht Auskunfts- und Berichtspflichten.

Außerdem wird auch die gerichtliche Entscheidung überprüft, entweder auf Antrag des Betreuten oder nach einer Anregung Dritter an das Betreuungsgericht. Spätestens nach sieben Jahren muss das Gericht von sich aus eine Überprüfung vornehmen.

Im Fallbeispiel: Wenn man etwas gegen einen Betreuer unternehmen will, genügt es dazu, lediglich das Betreuungsgericht zu informieren (möglichst schriftlich und möglichst detailliert). Dies ist zwar nur eine Anregung an das Gericht, muss dort aber ernst genommen werden. Die Möglichkeiten des Gerichts:

- Zunächst wird das Gericht vom Betreuer Auskunft verlangen, wenn ihm die geschilderten Fakten plausibel erscheinen.
- Besteht daraufhin Handlungsbedarf, so wird es den Betreuer – als mildeste Maßnahme – beraten. Es kann aber auch eine Weisung erteilen, wenn sich herausstellt, dass der Betreuer sich pflichtwidrig verhält. Wird die Weisung nicht befolgt, dann kann das Gericht zu deren Durchsetzung sogar Zwangsgelder festsetzen.
- Führen Maßnahmen im Rahmen der Aufsicht nicht zum Ziel, so wird es überlegen, ob Aufgabenkreise entzogen und ggf. an einen neuen Betreuer übertragen werden. Womöglich muss dem Betreuer die komplette Betreuung entzogen werden (und ggf. ein neuer bestellt werden).
- Evtl. liegen auch Gründe vor, die Betreuung insgesamt aufzuheben.
- Notfalls trifft das Betreuungsgericht in einer konkreten Angelegenheit auch schon einmal selbst eine Entscheidung, für die eigentlich der Betreuer zuständig wäre. Das wird meist dann gemacht, wenn die Gesundheit oder das Leben des Betreuten auf dem Spiel steht.

Werden trotz einer Entscheidung des Gerichts immer noch Mängel bei der Betreuung festgestellt, dann bleibt nichts anderes übrig, als erneut eine Eingabe zu machen (Rechtsmittel hat man schließlich nicht). Das gilt erst recht, wenn neue Tatsachen oder Erkenntnisse vorliegen.

1.3.2.2 Unterbringung und freiheitsentziehende Maßnahmen

Unterschiedliche Studien[4,5] belegen, dass in deutschen Pflegeheimen immer noch mindestens ein Viertel der Pflegebedürftigen von freiheitseinschränkenden Maßnahmen betroffen ist. Und das, obwohl damit elementar in die Grundrechtsposition der Betroffenen eingegriffen wird (➤ Abb. 1.3). Zum

[4] Klie T, Pfundstein T, Stoffer, F. Pflege ohne Gewalt? Freiheitsentziehende Maßnahmen in Pflegeheimen. Entwicklung von Präventions- und Handlungsstrategien. Köln: KDA, 2005.

[5] Meyer G, Köpke S. Freiheitseinschränkende Maßnahmen in Alten- und Pflegeheimen: Eine multizentrische Beobachtungsstudie. In: Schaffer D, Behrens J, Görres S (Hrsg.) Optimierung und Evidenzbasierung pflegerischen Handelns. München, Juventa Weinheim 2008. S. 334–349.

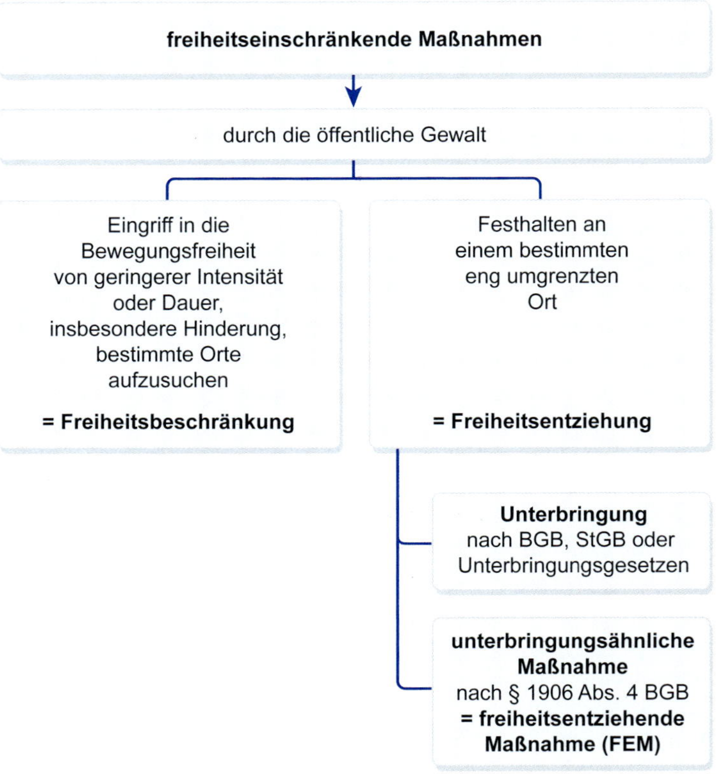

Abb. 1.3 Überblick über die freiheitseinschränkenden Maßnahmen.

einen wird die **persönliche Handlungsfreiheit** verletzt, zum anderen das Recht auf **freie Entfaltung der Persönlichkeit.** Nicht zuletzt steht die **Menschenwürde** infrage. Es geht bei Unterbringung und freiheitsentziehenden Maßnahmen (FEM) also um ein sehr heikles Thema! Das zeigt sich auch daran, dass rechtswidrige Freiheitseinschränkungen nach § 239 StGB als Freiheitsberaubung mit einer Geldstrafe oder Freiheitsstrafe bis zu fünf Jahren geahndet werden können. In schweren Fällen sind sogar bis zu zehn Jahren Freiheitsstrafe möglich.

Weil freiheitseinschränkende Maßnahmen vom Staat nur dann ergriffen werden dürfen, wenn es gar nicht anders geht, sind zuvor etliche **gesetzliche Hürden** zu überwinden. Eine sehr hoch angesiedelte Hürde findet sich im Grundgesetz, und zwar in Art. 104 GG („justizielles Grundrecht").

§§

Art. 104 GG

(1) Die Freiheit der Person kann nur auf Grund eines förmlichen Gesetzes und nur unter Beachtung der darin vorgeschriebenen Formen beschränkt werden. Festgehaltene Personen dürfen weder seelisch noch körperlich mißhandelt werden.

(2) Über die Zulässigkeit und Fortdauer einer Freiheitsentziehung hat nur der Richter zu entscheiden. Bei jeder nicht auf richterlicher Anordnung beruhenden Freiheitsentziehung ist unverzüglich eine richterliche Entscheidung herbeizuführen. Die Polizei darf aus eigener Machtvollkommenheit niemanden länger als bis zum Ende des Tages nach dem Ergreifen in eigenem Gewahrsam halten. Das Nähere ist gesetzlich zu regeln.
(3) Jeder wegen des Verdachtes einer strafbaren Handlung vorläufig Festgenommene ist spätestens am Tage nach der Festnahme dem Richter vorzuführen, der ihm die Gründe der Festnahme mitzuteilen, ihn zu vernehmen und ihm Gelegenheit zu Einwendungen zu geben hat. Der Richter hat unverzüglich entweder einen mit Gründen versehenen schriftlichen Haftbefehl zu erlassen oder die Freilassung anzuordnen.
(4) Von jeder richterlichen Entscheidung über die Anordnung oder Fortdauer einer Freiheitsentziehung ist unverzüglich ein Angehöriger des Festgehaltenen oder eine Person seines Vertrauens zu benachrichtigen.

In Art. 104 Abs. 2 GG steht klipp und klar, dass Freiheitsentziehung durch den Staat immer nur dann möglich ist, wenn dazu eine **richterliche Entscheidung** eingeholt wurde. Das gilt auch für Unterbringung und FEM im Pflegebereich.

Freiheitsentziehung nur mit richterlicher Entscheidung

Unterbringung

Bei der Unterbringung wird ein Mensch zwangsweise in eine geschlossene Einrichtung verbracht. Dies wird dadurch gerechtfertigt, dass diese Person **sich selbst oder andere gefährdet.** Ursachen sind häufig psychische Auffälligkeiten oder Störungen. Im Pflegebereich geht es meist um die Unterbringung

- in der geschlossenen Station einer psychiatrischen Klinik oder
- in einer Pflegeeinrichtung (auf einer „beschützenden Station").

Im Pflegebereich sind vor allem die betreuungsrechtliche und die öffentlich-rechtliche Unterbringung relevant (➤ Abb. 1.4).

Die betreuungsrechtliche Unterbringung

Die betreuungsrechtliche Unterbringung ist in zwei Konstellationen möglich:

- nach § 1906 Abs. 1 Nr. 1 BGB, wenn ein Suizid oder ein erheblicher gesundheitlicher Schaden droht **(„Eigengefährdung"),** oder
- wenn nach § 1906 Abs. 1 Nr. 2 BGB zur Abwendung eines drohenden erheblichen gesundheitlichen Schadens eine Untersuchung, Heilbehandlung oder ein ärztlicher Eingriff notwendig ist **(„Heilungsgefährdung").**

Voraussetzung für diese Formen der Unterbringung ist immer, dass der Betroffene aufgrund einer psychischen Krankheit oder geistigen/seelischen Behinderung seinen **Willen** nicht mehr in ausreichendem Maße bilden kann. Ist er dazu noch in der Lage, so darf er nicht betreuungsrechtlich untergebracht werden (allenfalls öffentlich-rechtlich). Jeder kann frei entscheiden, was für ihn gut oder schlecht ist.

Gegen eigenen Willen kann niemand betreuungsrechtlich untergebracht werden

Die betreuungsrechtliche Unterbringung fordert, dass der Betroffenen gerade *nicht* mehr einwilligungsfähig ist. Herr Michels kann aber (noch) einen freien

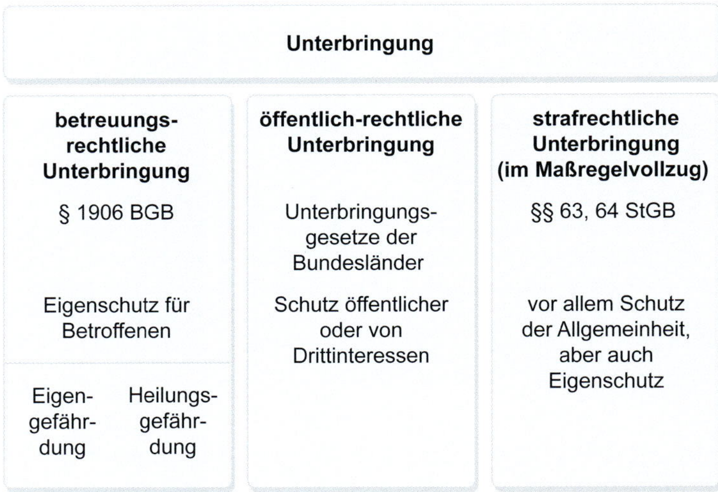

Abb. 1.4 Unterbringungsarten.

Fallbeispiel

Herr Michels will unbedingt auf eine beschützende Station

Herr Michels ist Bewohner eines Altenheims. Er ist zwar noch geistig fit, möchte aber sehr gerne auf der beschützenden Station untergebracht werden. Er fühlt sich dort sicherer. Die zuständige Fachpflegekraft lehnt dies jedoch ab mit der Begründung, dass es dazu eines Gerichtsbeschlusses bedarf. Ist das rechtlich haltbar?

Willen bilden und äußert diesen dahingehend, dass er auf einer beschützenden Station leben möchte. Somit wird er – im Rechtssinn – nicht untergebracht. Eine gerichtliche Genehmigung ist also nicht notwendig!

Voraussetzung: Es darf kein milderes Mittel geben

Die Unterbringung muss immer **zum Wohl des Betroffenen** erfolgen. Außerdem muss sie **erforderlich bzw. verhältnismäßig** sein. Das bedeutet vor allem: Es darf kein milderes Mittel geben.

Beispiele: Kann die medikamentöse Versorgung durch einen ambulanten Pflegedienst sichergestellt werden, so bedarf es dazu keiner Unterbringung. Oder: Ist die Aufnahme in einer betreuten Wohneinrichtung möglich, so ist diese Form der „Unterbringung" milder.

Anordnung der Unterbringung: grundsätzlich nur durch den Betreuer

Veranlasst wird die Unterbringung immer von dem Betreuer, wenngleich Ärzte, Pflegekräfte oder auch Angehörige dies anregen können. Die regelrechte Anordnung muss aber vom Betreuer kommen.

Ärztliche Zwangsmaßnahmen im Rahmen der Unterbringung

Eine Streitfrage war lange Zeit, ob eine ärztliche Zwangsmaßnahme, z. B. eine Zwangsmedikation, im Rahmen einer Unterbringung eines weiteren Gerichtsbeschlusses bedarf. Dazu wurden mittlerweile mit den eingeschobenen Absätzen 3 und 3a des § 1906 BGB Rechtsgrundlagen geschaffen. Seitdem ist es wieder möglich, z. B. einem untergebrachten Insulinpflichtigen, der aus einer Wahnvorstellung heraus jegliche Behandlung mit Insulin ablehnt, dieses zwangsweise zu verabreichen. Wichtig: Bei einem *ambulant* betreuten Pflegebedürftigen ist die Zwangsbehandlung weiterhin nicht möglich. Sie ist nur im Rahmen einer Unterbringung rechtlich zulässig.

Die öffentlich-rechtliche Unterbringung

Fremd- und Selbstgefährdung

Wie oben bereits erwähnt: Die Voraussetzungen zur öffentlich-rechtlichen Unterbringung sind in den Gesetzen der einzelnen Bundesländer geregelt. Zwischen diesen gibt es zwar Unterschiede – aber auch Gemeinsamkeiten. Insbesondere ist immer eine erhebliche Gefährdung Dritter („öffentliche Sicherheit und Ordnung") oder eine erhebliche Selbstgefährdung aufgrund psychischer Krankheiten Voraussetzung. Für die Durchführung der Unterbringungsgesetze sind meistens die Landkreise oder kreisfreien Städte zuständig.

Freiheitsentziehende Maßnahmen

FEM sind immer nur das letzte Mittel

Einige Pflegeunternehmen haben es bereits geschafft, völlig auf FEM zu verzichten. Aus gutem Grund: FEM bedeuten für den Betroffenen erhebliche psychosoziale Einschränkungen und verursachen erhöhten Stress. Außerdem gibt es Verletzungsgefahren. Einige qualvolle Todesfälle sind belegt. Darüber hinaus schwächen Fixierungen die Mobilität der Pflegebedürftigen und verursachen dadurch paradoxerweise einen Mehrbedarf an FEM – ein Teufelskreis. Zudem bestätigen Untersuchungen, dass fixierte Personen das gleiche oder sogar ein erhöhtes Sturzrisiko haben! Auch bei herausforderndem Verhalten zeigt keine einzige Studie[6] einen positiven Effekt von FEM. Deswegen: Auf FEM sollte so weit wie irgend möglich verzichtet werden. Sie sind immer nur das letzte Mittel!

Genehmigungsbedürftigkeit von freiheitsentziehenden Maßnahmen

CHECKLISTE

Ist eine FEM genehmigungsbedürftig (§ 1904 Abs. 4 BGB)?

- Der Betroffen steht unter Betreuung?
- Er hält sich in einer Anstalt, einem Heim oder einer sonstigen Einrichtung auf?
- Er ist nicht untergebracht?
- Die Freiheit wird durch mechanische Vorrichtungen, Medikamente oder auf andere Weise entzogen?
- Die Freiheit wird über einen längeren Zeitraum oder regelmäßig entzogen?

Betreuung ist Voraussetzung für FEM

FEM kommen nur bei Personen in Betracht, für die ein **Betreuer** bestellt worden ist. Gibt es diesen noch nicht, so muss das vom Betreuungsgericht als Erstes erledigt werden. Im Eilfall kann ein vorläufiger Betreuer bestellt werden.

[6] Deutsches Netzwerk für Qualitätsentwicklung in der Pflege (Hrsg.) Expertenstandard Sturzprophylaxe in der Pflege. 1. Aktualisierung 2013, S. 219.

Genehmigungsfähig sind FEM nur dann, wenn der Betreute *stationär* versorgt wird (ohne dass er im Rechtssinn untergebracht sein darf). Im *ambulanten* Bereich sollen FEM – nach der Rechtsprechung – möglich sein, ohne dass ein Gericht eingeschaltet wird. Das ist bedenklich, weil Art. 104 GG Freiheitsentziehungen kategorisch nur dann gestattet, wenn ein Gericht darüber entscheidet, gleich in welcher Lebenslage!

Was als FEM gilt

Klassische FEM sind z. B. Fixierung in Bett oder Stuhl (über Gurte), Anbringen von Bettseitenteilen („Bettgitter"), Anbringen eines Vorsatztisches, Wegnehmen von Gehhilfen, Benutzung von Trickschlössern, Gabe sedierender Medikamente. Aber auch das Wegsperren von Kleidung stellt einen Freiheitsentzug dar. Es kann sogar dann eine FEM vorliegen, wenn eine Pflegekraft sehr bestimmend einer daraufhin völlig eingeschüchterten pflegebedürftigen Dame „eintrichtert", dass diese es nicht wagen soll, sich bis zum Mittagessen von ihrem Platz zu erheben. Mithin können auch Drohgebärden oder die Androhung von Restriktionen FEM darstellen.

Fallbeispiel

Chip im Schuh

In einer Pflegeeinrichtung wurde ein Patientensicherungssystem installiert. Pflegebedürftige mit „Weglauftendenz" tragen einen Chip mit sich (mal in einem Armband, mal im Schuh oder an der Kleidung). Sie lösen mit diesem ein Alarmsignal aus, wenn sie die Einrichtung verlassen. Dadurch werden die Pflegekräfte informiert und können dem Pflegebedürftigen nacheilen und ihn zurückholen. Die PDL sieht darin eine FEM, für die man einen Gerichtsbeschluss benötigt. Der Heimleiter hingegen hält das für Humbug. Wer hat Recht?

Das ist differenziert zu beurteilen: Wenn der Pflegebedürftige (oder dessen Betreuer bzw. Bevollmächtigter) damit einverstanden ist, den Chip anzulegen, dann kann damit eine Freiheitsentziehung ohne Gerichtsbeschluss gerechtfertigt sein.

Außerdem gilt: Wenn eine Pflegekraft versucht, den Pflegebedürftigen, der die Einrichtung verlässt, durch Überzeugungsarbeit zum Zurückkommen zu bewegen, dann ist das keine Freiheitsentziehung. Eine FEM liegt aber sehr wohl vor, wenn der „Flüchtling" durch (wenn auch milden) körperlichen Einfluss, z. B. durch Unterhaken und eine Kehrtwendung, wieder in die Einrichtung zurückbugsiert wird. Also: Es kommt nicht auf das Patientensicherungssystem an, sondern darauf, wie die Mitarbeiter auf einen Alarm hin reagieren und mit dem Pflegebedürftigen dann umgehen.

Ganz anders sähe die Angelegenheit aus, wenn sich die Tür aufgrund des Chips gar nicht mehr öffnen würde. Damit wäre definitiv die Freiheit zum Verlassen der Einrichtung entzogen.

FEM über längeren Zeitraum oder regelmäßig

Schließlich ist noch der letzte Punkt der Checkliste wichtig: Die FEM ist nur dann genehmigungsbedürftig, wenn über einen längeren Zeitraum oder regelmäßig die Freiheit entzogen werden soll.

Das bedeutet zum einen: Wenn z. B. Bettseitenteile nur nachts angebracht werden, so geschieht dies zwar nicht auf Dauer, aber **regelmäßig.** Das reicht laut § 1904 Abs. 4 BGB für die Genehmigungsbedürftigkeit aus. Ein Gerichtsbeschluss muss eingeholt werden.

Die andere Alternative: Die FEM erfolgen **„über einen längeren Zeitraum".** Wird die FEM tatsächlich nur sehr kurz (und einmalig) vorgenommen, so muss sie nicht gerichtlich genehmigt werden. Wird z. B. einem Pflegebedürftigen nur für wenige Stunden ein Vorsatztisch am Rollstuhl angebracht, weil er nur an einem bestimmten Tag etwas unsicher auf den Beinen ist, dann ist das zwar eine Freiheitsentziehung, sie erfolgt aber nicht auf Dauer. Deswegen ist sie nicht genehmigungsbedürftig.

Das Problem: Wie lang darf ein „längerer Zeitraum" maximal sein? Oder anders formuliert: Wie lange darf man aufgrund einer Selbst- oder Fremdgefährdung eine FEM aufrechterhalten, ohne einen gerichtlichen Beschluss einholen zu müssen? Eine erste Antwort steht in Art. 104 Abs. 2 Satz 3 GG. Dieser Artikel sieht bei Freiheitsentziehungen eine **maximale Dauer von 48 Stunden** vor („bis zum Ende des Tages nach dem Ergreifen"). Aber auch diese Frist kann man nicht pauschalisieren. Denn: FEM können für einen Betroffenen von ganz unterschiedlicher Qualität sein. Dementsprechend sollte bei Totalfixierungen möglichst rasch eine gerichtliche Entscheidung eingeholt werden. Wird ein Pflegebedürftiger lediglich am Verlassen der Einrichtung gehindert, dann kann durchaus eine Dauer von bis zu 48 Stunden infrage kommen.

Manche Gerichte akzeptieren bei FEM sogar eine Frist von bis zu 72 Stunden, allerdings nur um ein evtl. dazwischenliegendes Wochenende zu überbrücken.

PRAXISTIPP

Besteht Unsicherheit darüber, ob eine Maßnahme gerichtlich genehmigt werden muss, dann sollte im Zweifel das Gericht (evtl. über den Betreuer/Bevollmächtigten) informiert werden. Verneint das Gericht die Genehmigungspflicht, so ist man haftungsrechtlich auf der sicheren Seite. Denn mit einem sogenannten Negativbeschluss bekommt man immerhin eine gerichtliche Entscheidung, dass eine bestimmte Maßnahme *nicht* der gerichtlichen Genehmigung bedarf. Auch das schafft Rechtssicherheit.

Umgang mit freiheitsentziehenden Maßnahmen

Wenn es nun um den konkreten Umgang mit FEM geht, so sollte man auf folgende **Fallgruppen** zurückgreifen[7]:

Fallgruppen

- **Der Betroffene ist einwilligungsfähig:** In diesem Fall reicht dessen Einwilligung zu der Maßnahme aus. Schließlich kann jeder selbst über sein Wohl und Wehe bestimmen. Es bedarf also keines gerichtlichen Beschlusses. Da

[7] Landeshauptstadt München, Heimaufsicht der Regierung von Oberbayern, Medizinischer Dienst der Krankenversicherung in Bayern:
Empfehlungen zum Umgang mit freiheitsentziehenden Maßnahmen (Stand: April 2011). www.bundesanzeiger-verlag.de/fileadmin/BT-Prax/Fachbeitraege/Unterbringung/empfehlung-freiheitsentzug-2011 (letzter Zugriff: 19.1.2015).

es auf die Einwilligung des Betroffenen ankommt, bedeutet dies aber auch, dass eine FEM sofort abzubrechen ist, wenn der Pflegebedürftige diese nicht mehr will.
Allerdings sollte man in dieser Konstellation darauf achten, dass die Einwilligung möglichst schriftlich erfolgt (und regelmäßig erneuert wird). Ist dies nicht mehr möglich, sollte ein Zeuge die mündliche Einwilligung des Pflegebedürftigen durch Unterschrift in der Dokumentation bestätigen. Gibt es Zweifel an der Einwilligungsfähigkeit, dann sollte man sich dazu ein ärztliches Attest besorgen. Es empfiehlt sich eine regelmäßige Überprüfung der Einwilligungsfähigkeit im Abstand von drei Monaten. Eine genaue Dokumentation der einzelnen Maßnahmen (inkl. deren Dauer) ist nicht notwendig.

- **Der Betroffene ist nicht einwilligungsfähig:** Da in diesem Fall ein anderer, nämlich der Bevollmächtigte/Betreuer in die Freiheit des Betroffenen eingreift, ist eine gerichtliche Entscheidung zwingend erforderlich (➤ Abb. 1.5).
  Eine Kopie des Gerichtsbeschlusses muss *unbedingt vor Durchführung der Maßnahme* vorliegen. Ist diese noch nicht eingegangen, so muss der Betreuer/Bevollmächtigte veranlasst werden, eine Kopie zu übermitteln, bzw. überhaupt eine Entscheidung bei Gericht einzuholen. Die Durchführung jeder einzelnen Maßnahme ist sorgfältig zu dokumentieren (Begründung, Alternativenprüfung, Art und Umfang, Dauer pro Schicht sowie die regelmäßige Überprüfung von Umfang und Notwendigkeit).

Nun gibt es für den zweiten Fall aber **Ausnahmen.** Liegen diese vor, dann bedarf es keines gerichtlichen Beschlusses (➤ Abb. 1.5):

- **Wenn der Betroffene nicht mehr in der Lage ist, seine Bewegungen willentlich zu steuern,** dann liegt schon definitionsgemäß keine Freiheitseinschränkung mehr vor. *Beispiel:* Der Pflegebedürftige ist bettlägerig, er kann selbst nicht mehr aufstehen. Allerdings droht er durch unwillkürliche Bewegungen aus dem Bett zu fallen. In diesem Fall schränken Bettseitenteile seine Bewegungsfreiheit nicht ein, da er gar nicht mehr in der Lage ist, aus dem Bett aufzustehen. Es soll nur verhindert werden, dass der Pflegebedürftige unwillkürlich aus dem Bett fällt. In diesem Fall bedarf es keines Gerichtsbeschlusses. Ein ärztliches (möglichst fachärztliches) Attest über die Unfähigkeit zu willkürlichen Bewegungen sollte (regelmäßig) eingeholt werden. Es reicht ein Eintrag (mit Unterschrift) in der Dokumentation.
  Der Betroffene ist sorgfältig zu beobachten, ob er Wünsche nach mehr Teilnahme am sozialen Leben, Rückzugstendenzen oder Anzeichen von Angst erkennen lässt. Die Dokumentation muss keine Auflistung der Einzelmaßnahmen enthalten.
- Ebenso unnötig ist ein Gerichtsbeschluss, **wenn durch therapeutische Hilfsmittel zwar einerseits die Freiheit beschränkt wird, andererseits dadurch aber bezweckt werden soll, die Teilhabe am Leben zu ermöglichen.** Hier steht die Ermöglichung von Freiheit im Vordergrund.
  In diesem Fall sollte ein Arzt die Notwendigkeit des Hilfsmittels bestätigen. Anlass, Dauer, Ausmaß und Art und Weise der Maßnahme müssen in der Dokumentation festgehalten werden.

- Schließlich ist bei einer **akuten Selbst- oder Fremdgefährdung** ein richterlicher Beschluss (zunächst) verzichtbar. In einer solchen Notsituation wäre es kontraproduktiv, wenn man erst eine Gerichtsentscheidung abwarten müsste und sich in der Zwischenzeit ein Unglück ereignen könnte. Allerdings gibt es hier zeitliche Grenzen (s. o.). Wichtig: Der Betreuer/Bevollmächtigte sowie der behandelnde Arzt sind umgehend zu informieren, ebenso die leitende Fachkraft bzw. die Einrichtungsleitung. Es sind unmittelbar und lückenlos Beginn, Anlass, Dauer, Ausmaß der Gefährdung sowie Art und Weise der Maßnahmen zu dokumentieren. Dazu zählt auch die Einschätzung des behandelnden Arztes.

Etwas differenziert muss man die Situation bei **Medikamenten (Psychopharmaka)** betrachten.

- Wenn diese **vorrangig therapeutische Wirkungen** (und eine freiheitsentziehende Wirkung nur als Nebeneffekt) haben, dann stellt dies grundsätzlich keine FEM dar. Ein Gerichtsbeschluss ist nicht notwendig. Allerdings ist die Wirkungsweise der Medikamente besonders sorgfältig zu beobachten (und zu dokumentieren).
- Steht die **freiheitsentziehende Wirkung der Medikamente allerdings im Vordergrund,** dann handelt es sich um eine FEM. Das Gericht muss diese genehmigen. Auch hier muss die Wirkungsweise besonders sorgfältig beobachtet werden: Treten z. B. unerwünschte Bewegungseinschränkungen oder Teilnahmslosigkeit auf oder sind sonstige Nebenwirkungen zu beobachten? Dies ist schon allein deswegen notwendig, weil FEM immer angepasst werden müssen. Und auch, weil regelmäßig zu prüfen ist, ob es bessere Alternativen gibt.

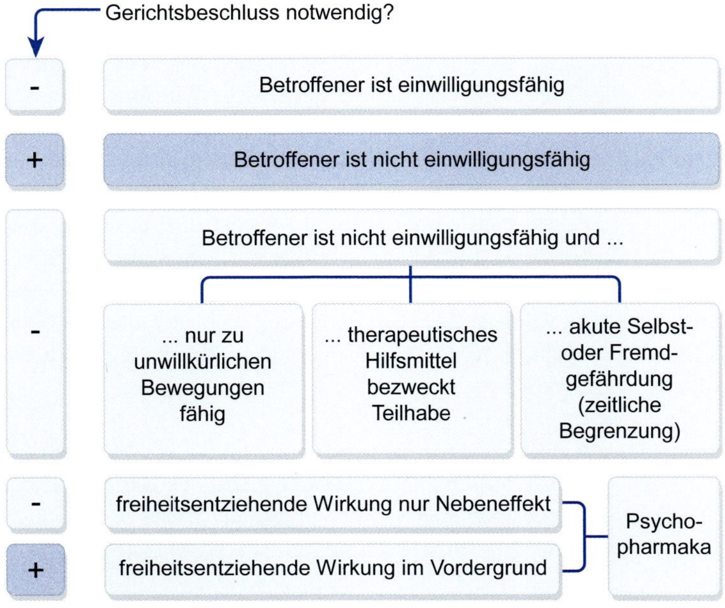

Abb. 1.5 Notwendigkeit eines Gerichtsbeschlusses bei FEM.

1

Betreuer, bzw. Bevollmächtigter entscheidet über FEM

Damit ist also geklärt, in welchen Fällen es einer gerichtlichen Entscheidung bedarf. Wer entscheidet nun aber, ob eine FEM durchgeführt werden soll? Weder die Pflege noch ein Arzt. Auch nicht das Gericht. **Entscheidungsbefugt ist nur der Betreuer, bzw. der Bevollmächtigte!** Erst in der konkreten Situation muss nämlich geprüft werden, ob eine FEM überhaupt sinnvoll ist und unter welchen Bedingungen sie durchgeführt werden soll. Die Gerichtsentscheidung legitimiert die FEM lediglich, sie gibt dazu Art und Ausmaß *möglicher* FEM vor.

Allerdings: Der Betreuer/Bevollmächtige hat nur dann die Anordnungskompetenz, wenn er für den entsprechenden Aufgabenkreis eingesetzt ist. Dies ist der Fall, wenn der Betreuer/Bevollmächtigte für die Gesundheitssorge *und* für die Aufenthaltsbestimmung zuständig ist.

Fallbeispiel

Unvernünftiger Betreuer: Pflegekräfte setzen sich über ihn hinweg!

Pflegekräfte aus einem Heim im Saarland wollten zusätzlich zu einem einfachen Bauchgurt einen Bettgurt mit seitlicher Fixierung einsetzen. Das war ihrer Ansicht nach fachlich dringend geboten. Ein gerichtlicher Beschluss lag zwar vor, die Betreuerin lehnte die weitergehende Maßnahme jedoch ab. Deswegen zog sie zu Gericht und ließ der Pflegeeinrichtung untersagen, die zusätzliche Fixierung anzubringen. Sie hatte damit in zwei Instanzen Erfolg.

Die Begründung der Richter: Der Betreuer ist gesetzlicher Vertreter des Betreuten (§ 1902 BGB). Seine Anweisungen sind bindend. Eine Pflegeeinrichtung hat nicht zu prüfen, ob der Betreuer pflichtgemäß handelt.

Sie darf auch nicht den Heimvertrag vorschieben, der sie zu einer fachlich guten Pflege verpflichtet. Denn: Unabhängig vom Heimvertrag entscheidet der Pflegebedürftige immer gesondert, ob er in pflegerische Maßnahmen einwilligt oder nicht. In diesem Fall, bei FEM, ist diese Aufgabe vom Pflegebedürftigen lediglich auf den Betreuer übergegangen. Dessen Entscheidung ist ebenso zu respektieren, als wenn der Pflegebedürftige selbst entschieden hätte.

Allerdings ist dies etwas einzuschränken: Würden sich die Pflegekräfte, z. B. wegen unterlassener Hilfeleistung strafbar machen, wenn sie die FEM unterlassen, dann hätten sie durchaus eine Notfallkompetenz. Diese Gefahr lag hier aber nicht vor, weil eine Gutachterin bestätigt hatte, dass die Gefahr des seitlichen Wegrutschens durch zusätzlich angebrachte Bettgitter wirksam verhindert worden war.[8]

Vermeidung von FEM

Wenn irgend möglich müssen FEM vermieden werden. Sie dürfen schon gar nicht allein zu dem Zweck angewendet werden, die Pflege zu erleichtern. Jederzeit müssen Alternativen geprüft und ggf. vorgezogen werden.

[8] Landgericht Zweibrücken, 7.6.2006, Az. ZA 3 S 43/06

PRAXISTIPP

- Wichtig ist es, zunächst nach den **Ursachen** für Komplikationen (z. B. Sturzgefahr oder aggressives Verhalten) zu forschen. Wichtige Hilfen dazu sind eine ausführliche Anamnese und Biografiearbeit oder z. B. eine Checkliste zu Risikofaktoren bei Stürzen.
- Sind die Ursachen ermittelt, so können diese womöglich abgestellt werden. Unsicherheiten beim Gehen kann z. B. durch ein Kraft- und Balancetraining entgegengewirkt werden. Oder Räume werden besser beleuchtet. Mitunter kann die Anpassung einer Gehhilfe bereits ausreichen.
- Lassen sich die Komplikationen, z. B. Stürze, nicht verhindern, so gilt es zu prüfen, ob wenigstens die **Risiken** vermindert werden können, z. B. durch Hüftprotektoren, ein Nachtcafé, eine Abendwanderung oder beruhigende Musik.
- Schließlich sollte man sich fragen, ob der **Nutzen** von FEM tatsächlich größer ist als der womöglich entstehende Schaden. Werden Pflegebedürftige durch solche Maßnahmen womöglich noch mehr verunsichert? Oder macht eine FEM den Pflegebedürftigen noch immobiler?

Möglichst alle Beteiligten sind in den Entscheidungsprozess einzubeziehen (Betroffener, Betreuer/Bevollmächtigter, Angehörige, Ärzte, Therapeuten sowie Pflegekräfte). Dabei gilt es insbesondere, die Ängste der Beteiligten aufzugreifen und durch Aufklärung zu reduzieren. Außerdem sind die Wünsche des Betroffenen zu achten. Sein Selbstbestimmungsrecht gilt auch bei eingeschränkter kognitiver Leistung.

Durchführung von FEM

Grundsätzlich gilt: Wenn FEM nach aller Abwägung dann doch als notwendig erachtet werden, so sind sie **auf das unbedingt notwendige Maß zu reduzieren.**

PRAXISTIPP

- Zunächst ist die Maßnahme zu **planen,** insbesondere Art, Dauer und Beaufsichtigungsbedarf. Dabei gilt: Je minimaler und je kurzfristiger der Eingriff ist, umso besser. Außerdem erhöht sich der Betreuungsaufwand, je gravierender der Eingriff in die Freiheit des Pflegebedürftigen ist.
- Die individuellen Wünsche und Bedürfnisse des Betroffenen sind unbedingt zu beachten.
- Bevor die Maßnahme dann durchgeführt wird, sollte sie **rechtlich abgesichert** werden (s. o.).
- Bei der sach- und fachgerechten **Durchführung** sind die Anforderungen an die durchführenden Pflegekräfte hoch. Die Pflegebedürftigen haben womöglich einen erhöhten Beaufsichtigungs- und Betreuungsbedarf.
- Insbesondere aus haftungsrechtlichen Gründen sollte man auf eine ordentliche **Dokumentation** achten, vor allem auf das Fixierungsprotokoll.
- Schließlich müssen FEM regelmäßig **überprüft** werden: Wurde das Ziel erreicht (z. B. eine Reduzierung von Stürzen)? Ist die Umsetzung (noch) angemessen? Ist die FEM überhaupt noch notwendig?

1.3.2.3 Vorsorgevollmacht, Betreuungsverfügung und Patientenverfügung

Im Zusammenhang mit Betreuungsrecht, Unterbringung und FEM sowie mit dem im nächsten Kapitel anstehenden Thema Sterbehilfe kommen immer wieder drei Dokumente vor: Vorsorgevollmacht, Betreuungsverfügung und Patientenverfügung. Bei allen drei geht es jedoch um völlig verschiedene Dinge, die man streng unterscheiden muss (➤ Tab. 1.6).

Mit der **Vorsorgevollmacht** überträgt man einer anderen Person die Vollmacht, bestimmte Rechtsgeschäfte zu erledigen und über bestimmte Maßnahmen zu entscheiden. Sie wird für den Fall abgeschlossen, dass man diese Aktivitäten selbst nicht mehr wahrnehmen kann. Zweck der Vorsorgevollmacht ist es vor allem, eine Betreuung zu verhindern. Denn: Stellt sich im Laufe eines Betreuungsverfahrens heraus, dass jemand vorsorgebevollmächtigt ist, dann darf das Gericht keinen Betreuer bestellen. Allerdings kann es sein, dass die Vorsorgevollmacht (teilweise) unwirksam oder für die anstehenden Aufgaben nicht in ausreichendem Umfang erteilt ist. In diesen Fällen kommt die Betreuung dann doch wieder ins Spiel.

In diesem Fall ist auch für die **Betreuungsverfügung** Raum. Diese hat alleine den Zweck, die Wünsche für den Fall einer (unumgänglichen) Betreuung zu formulieren.

Etwas ganz anderes wird schließlich mit der **Patientenverfügung** geregelt. Darin wird niemand zum Bevollmächtigten bestimmt, und es geht auch nicht um eine Betreuung. Die Patientenverfügung enthält alleine Entscheidungen über medizinische Maßnahmen für den Fall, dass der Verfügende selbst seinen Willen nicht mehr aktiv zum Ausdruck bringen kann. Die Patientenverfügung ist damit nichts anderes als eine im Vorhinein formulierte Willensbekundung.

Tab. 1.6 Vorsorgevollmacht, Betreuungsverfügung und Patientenverfügung im Überblick.

	Vorsorgevollmacht	Betreuungsverfügung	Patientenverfügung
Zweck	Vermeidung einer Betreuung	Anordnungen für den Fall der Betreuung	(vorweggenommene) Vorausverfügung für den Fall, dass eine aktive Willensbekundung nicht mehr möglich ist
Form	keine besondere Form vorgeschrieben	keine besondere Form vorgeschrieben	schriftlich
Inhalt	Bevollmächtigung zu Rechtsgeschäften und Übertragung von Entscheidungen im gesundheitlichen und höchstpersönlichen Bereich	Wünsche für den Fall der Betreuung (Person des Betreuers und Vorgaben für die Durchführung der Betreuung)	Einwilligung, bzw. Versagung der Einwilligung für medizinische Maßnahmen

Allerdings ist es empfehlenswert, eine Patientenverfügung immer mit einer Vorsorgevollmacht zu kombinieren. Denn durch die Vorsorgevollmacht kann ein Bevollmächtigter eingesetzt werden, der dann dem in der Patientenverfügung ausgedrückten Willen zur Durchsetzung verhilft.

PRAXISTIPP

Vorsorgevollmachten und Betreuungsverfügungen sind wichtige Dokumente, die im Rahmen eines Betreuungsverfahrens unbedingt zu Gericht gelangen müssen. Deswegen verpflichtet § 1901c BGB jeden, der solche Dokumente im Besitz hat, diese unverzüglich (nachdem er von der Einleitung eines Verfahrens über die Bestellung eines Betreuers Kenntnis erlangt hat) bei dem Betreuungsgericht abzuliefern. Doch auch diese Vorschrift verhindert nicht, dass Vorsorgevollmacht und Betreuungsverfügung womöglich erst gar nicht aufgefunden oder, aus welchem Grund auch immer, nicht abgeliefert werden. Hat der Verfügende allerdings die Dokumente vorsorglich im Zentralen Vorsorgeregister der Bundesnotarkammer registrieren lassen, kann das Gericht auch in solchen Fällen im Rahmen eines Betreuungsverfahrens darauf zugreifen. Auch Patientenverfügungen können im Zentralen Vorsorgeregister erfasst sein, allerdings nur zusammen mit einer Vorsorgevollmacht bzw. Betreuungsverfügung.

Die Vorsorgevollmacht

Ermächtigung für Rechtsgeschäfte und Entscheidungen

Mit einer normalen Vollmacht ermächtigt der Vollmachtgeber eine andere Person, für ihn rechtsgeschäftlich tätig zu werden. Bei der Vorsorgevollmacht kommt hinzu, dass der Bevollmächtigte auch Entscheidungen im gesundheitlichen und höchstpersönlichen Bereich treffen darf.

Form, Inhalt, Widerrufsmöglichkeit

Vorsorgevollmachten bedürfen keiner besonderen Form. Sie sind deswegen grundsätzlich schriftlich oder auch mündlich möglich. Allerdings sollten sie aus Beweisgründen unbedingt schriftlich niedergelegt werden.

Bei der inhaltlichen Ausgestaltung ist man weitgehend frei: Von einer Vollmacht für einzelne Bereiche (Spezialvollmacht) bis hin zu einer Generalvollmacht ist alles möglich. Vordrucke für Vorsorgevollmachten sind modulartig aufgefächert und orientieren sich an den Aufgabenkreisen aus dem Betreuungsrecht.

Die Vorsorgevollmacht kann jederzeit ohne Einhaltung einer Form widerrufen werden. Nach Eintritt der Geschäftsunfähigkeit des Vollmachtgebers geht dies nicht mehr ohne Weiteres. Dazu muss dann das Betreuungsgericht eingeschaltet werden.

Vorsorgevollmacht ist risikobehaftet, hat aber auch Vorteile

Problematisch ist bei einer Vorsorgevollmacht, dass sie vom Bevollmächtigten missbraucht werden kann. Sie sollte deswegen nur an besonders vertrauenswürdige Personen erteilt werden. Dem steht als Vorteil gegenüber, dass der Verfügende sie ganz nach seinen Wünschen ausgestalten kann. Außerdem kann im Falle eines Falles der Bevollmächtigte sofort handeln. Und nicht zuletzt ist die Vorsorgevollmacht, jedenfalls solange der Verfügende noch geschäftsfähig ist, unkompliziert wieder entziehbar.

Die Patientenverfügung

Eine Patientenverfügung ist eine schriftliche Vorausverfügung einer Person für den Fall, dass sie ihren Willen nicht mehr (wirksam) erklären kann. Sie wurde erst zum 1.9.2009 nach einer intensiven und langjährigen Diskussionsphase in den §§ 1901a und 1901b BGB gesetzlich verankert.

Voraussetzungen für die Wirksamkeit einer Patientenverfügung

CHECKLISTE

Ist die Patientenverfügung wirksam?

- Schriftlich (Ort und Datum sind nicht zwingend, aber empfehlenswert)?
- Eigenhändige Unterschrift oder notariell beglaubigtes Handzeichen?
- Aussteller ist einwilligungsfähig und volljährig?
- Freiverantwortliche Erklärung ohne Druck von außen?
- Errichtung für den Fall der Einwilligungsunfähigkeit?
- Erklärung über Einwilligung/Untersagung von Untersuchungen des Gesundheitszustands, Heilbehandlungen oder ärztlichen Eingriffen (die zum Zeitpunkt der Erklärung noch nicht feststehen)?

Schriftform

Nach der neuen Regelung muss eine Patientenverfügung nunmehr unbedingt schriftlich abgefasst werden (früher ging es auch mündlich). Sie muss nicht unbedingt handschriftlich sein (wie z. B. das Testament). Man kann deswegen ein Formular verwenden. Wer nicht mehr in der Lage ist zu schreiben, der kann sich mit einer notariellen Beglaubigung des Handzeichens helfen. Ein regelmäßiges Unterschreiben der Patientenverfügung (z. B. im Dreijahresrhythmus) ist nicht notwendig. Allerdings kann man damit bekräftigen, dass man an deren Inhalt weiterhin festhält.

Volljährigkeit, Einwilligungsfähigkeit

Der Verfügende muss außerdem volljährig und einwilligungsfähig (➤ Kap. 0.9.6) sein. Das bedeutet: Auch ein dementer Pflegebedürftiger kann eine Patientenverfügung niederlegen, wenn er deren Bedeutung und Tragweite noch erfassen kann. Geschäftsfähigkeit ist nicht unbedingt notwendig.

Inhalt der Patientenverfügung

Inhaltlich wird die Patientenverfügung für den (nicht unmittelbar bevorstehen) Fall getroffen, dass der Verfügende nicht mehr in der Lage ist, in Untersuchungen seines Gesundheitszustands, Heilbehandlungen oder ärztliche Eingriffe einzuwilligen, diese zu untersagen oder eine Einwilligung wieder zu entziehen. Umgekehrt ausgedrückt: Wenn der Verfügende noch einwilligungsfähig ist, dann kommt die Patientenverfügung nicht zum Tragen! Denn er kann in der aktuellen Situation seinen Willen noch rechtswirksam zum Ausdruck bringen.

Verbindlichkeit der Patientenverfügung

Fallbeispiel

Im Zweifel für das Leben?

Frau Dreesen hat nach einem Schlaganfall unwiederbringlich ihre Fähigkeit verloren, Einsichten zu gewinnen und Entscheidungen zu treffen. Sie befindet sich außerdem in der terminalen Sterbephase. Nach einem weiteren Schlaganfall wird sie bewusstlos und erleidet einen Herz-Kreislauf-Stillstand. Ein Notarzt wird herbeigerufen. Die Pflegekräfte empfangen ihn mit der Patientenverfügung von Frau Dreesen. Darin steht, dass sie nicht mehr wiederbelebt werden möchte, wenn sie sich „aller Wahrscheinlichkeit nach unabwendbar im unmittelbaren Sterbeprozess" befindet. Dies ist nun offensichtlich der Fall. Deshalb hat der Betreuer schon Wochen zuvor die Pflegekräfte dahingehend instruiert, dass sie der Patientenverfügung im Fall einer Verschlechterung der Situation Geltung verschaffen sollen. Der Notarzt will die Patientenverfügung aber erst gar nicht sehen. Es sei ein Notfall, da könne er nicht erst ausführlich die Patientenverfügung studieren. Im Zweifel entscheide er sich für das Leben. Deswegen ergreift er Wiederbelebungsmaßnahmen und weist Frau Dreesen in ein Krankenhaus ein. Zu Recht?

- Verbindlichkeit bis auf Widerruf
- Wirksamkeit unabhängig von Art und Stadium der Erkrankung

Liegt eine wirksame Patientenverfügung vor, dann ist sie für alle Beteiligten – also für Ärzte, Pflegekräfte, Angehörige etc. – absolut verbindlich! Sie ist Ausdruck des Selbstbestimmungsrechts des Patienten. Würde man dies missachten, dann würde man damit die Persönlichkeitsrechte des Patienten verletzen und sich letztlich auch haftbar machen!

Wichtig dabei ist § 1901a Abs. 2 BGB: Die Patientenverfügung ist unabhängig von Art und Stadium einer Erkrankung wirksam! Hintergrund hierfür ist, dass die Patientenverfügung von der Rechtsprechung früher nur dann anerkannt wurde, wenn die Krankheit bereits einen nicht mehr umkehrbaren tödlichen Verlauf genommen hat. Das gilt nun nicht mehr. Verlangt ein Patient mit seiner Verfügung den Abbruch einer lebensverlängernden Maßnahme, dann ist dies grundsätzlich unabhängig vom Krankheitsstadium umzusetzen.

Eine Patientenverfügung ist allerdings nicht mehr verbindlich, wenn sie widerrufen wurde. Man muss dazu keine bestimmte Form einhalten (§ 1901a Abs. 1 Satz 3 BGB). Das bedeutet: Man hat sie zwar schriftlich niederzulegen, kann sie aber mündlich widerrufen.

Im Fallbeispiel: Eigentlich hat der Notarzt die Patientenverfügung und damit den Willen von Frau Dreesen missachtet – was an sich strafbar ist. Allerdings steht dagegen: Hätte er sich die Patientenverfügung zunächst durchgelesen und wäre dann zu dem Ergebnis gekommen, dass diese auf die vorliegende Situation *nicht* zutrifft, dann wäre Frau Dreesen möglicherweise verstorben und der Notarzt hätte sich dann ebenfalls strafbar gemacht. In diesem Dilemma wird sich ein Notarzt – allein aufgrund der Zeitnot – meist zu Recht für lebensrettende Maßnahmen entscheiden.

Zu fragen ist vielmehr: Warum haben die Pflegekräfte überhaupt einen Notarzt gerufen, obwohl sie – im Gegensatz zum Notarzt – doch genau wussten, dass Frau Dreesen in einer solchen Situation nicht mehr wiederbelebt werden wollte? Je nach den Umständen hat die *pflegerische Seite* den Willen von Frau Dreesen missachtet und sich haftbar gemacht! Hierbei ist nicht zu verkennen, dass für die Pflege auch dann ein Haftungsrisiko besteht, wenn sie im Sinne der Patientenverfügung handelt. Gerade Angehörigen oder eine Strafanzeige ist es mitunter schwer zu vermitteln, warum kein Notarzt gerufen wurde. *Dieses* Haftungsrisiko ist jedoch für die Pflege ein rein hypothetisches: Eine Klage der Angehörigen oder eine Strafanzeige hätten in diesem Fall keine Aussicht auf Erfolg. Dagegen stellt es tatsächlich eine sträfliche Missachtung des Patientenwillens dar, wenn eine Pflegeeinrichtung aus Scheu vor dem Haftungsrisiko per Dienstanweisung festlegt, dass in medizinisch kritischen Situationen immer der Notarzt gerufen werden soll.

Umsetzung der Patientenverfügung

Liegt nun eine wirksame Patientenverfügung vor, so drängt sich die Frage auf: Wer setzt sie durch? Und wie? Zunächst ist wichtig: Der **Betreuer** – und nur er – ist dazu berufen, den Willen des Patienten zu ermitteln und ihn durchzusetzen. Ist noch kein Betreuer bestellt (und wurde auch kein Vorsorgebevollmächtigter vom Betroffenen benannt), dann muss zunächst vom Gericht (womöglich auf Anregung durch Arzt oder Angehörige) ein Betreuer eingesetzt werden.

Das nun vorgestellte Verfahren gilt sowohl für den Bevollmächtigten als auch für den Betreuer. Der Einfachheit halber wird nachfolgend nur der Betreuer genannt.

Umsetzung Schritt für Schritt

1. Schritt: Das **Ärzteteam prüft,** welche ärztliche **Maßnahme** im Hinblick auf den Gesamtzustand und die Prognose des Patienten indiziert sind (§ 1901b Abs. 1 BGB). Es bespricht sein Behandlungsangebot mit dem Betreuer.

2. Schritt: Nun muss der **Betreuer** dazu den **Willen des Patienten ermitteln.** Der Gesetzgeber hat in § 1901a Abs. 1 und 2 BGB gleich zwei Fälle bedacht:

- **Liegt eine Patientenverfügung vor,** so prüft der Betreuer, ob diese Festlegungen auf die aktuelle Lebens- und Behandlungssituation zutreffen. Ist dies der Fall, so hat der Betreuer dem Willen des Betreuten gegenüber den Ärzten und der Pflegeeinrichtung Ausdruck und Geltung zu verschaffen.
- **Liegt keine (wirksame) Patientenverfügung vor** oder treffen die Festlegungen einer Patientenverfügung nicht auf die aktuelle Lebens- und Behandlungssituation zu, so hat der Betreuer den Willen des Betroffenen anderweitig festzustellen. So kann es z. B. andere Dokumente geben, aus denen sich der Wille ermitteln lässt. Selbst eine formell unwirksame Patientenverfügung kann noch Aussagekraft haben, etwa wenn sie aus Versehen nicht unterschrieben wurde, aber z. B. eine ausführliche handschriftliche persönliche Stellungnahme enthält. Auch frühere mündliche Äußerungen hat der Betreuer zu beachten. Wenn es keine ausdrücklichen (schriftlichen oder mündlichen) Willensbekundungen gibt, muss der Betreuer den mutmaßlichen Willen auf andere Weise ermitteln. Er hat nach konkreten Anhaltspunkten zu forschen, also z. B. nach früheren mündlichen oder schriftlichen Äußerungen, ethischen oder religiösen Überzeugungen und sonstigen persönlichen Wertvorstellungen des Betreuten. Der Betreuer muss wirklich jeden Aspekt heranziehen.

Gleich welchen Weg der Betreuer beschreitet: Er ist verpflichtet, bei seinen Ermittlungen auch **Angehörige und sonstige Vertrauenspersonen einzuschalten.** Allerdings kann er darauf verzichten, wenn die dadurch eintretenden Verzögerungen zu groß werden (§ 1901b Abs. 2 BGB).

3. Schritt: Hat der Betreuer den Willen des Patienten ermittelt, so muss er sich dazu mit dem Ärzteteam beraten. Er wird mit den Ärzten auch besprechen, wie er den Willen ermittelt hat, und ihnen dazu ggf. eine Patientenverfügung vorlegen. Der **Betreuer entscheidet** schließlich, was zu tun ist. Bei ungefährlichen Maßnahmen muss die Maßnahme dann von den Ärzten umgesetzt werden. Stehen Maßnahmen an, bei denen der Patient sterben kann, z. B. wenn lebensverlängernde Maßnahmen beendet werden sollen, dann wäre dazu nach § 1904 Abs. 1 und 2 BGB eigentlich das Betreuungsgericht einzuschalten. Nun kommt aber die Besonderheit: Wurde das im 2. Schritt geschilderte Verfahren zur Ermittlung des Patientenwillens eingehalten, so ist, wenn Arzt und Betreuer die Maßnahme übereinstimmend für erforderlich halten, das **Betreuungsgericht** gerade *nicht* einzuschalten. Nur wenn Betreuer und Ärzte unterschiedlicher Ansicht sind, dann hat der Betreuer beim Betreuungsgericht eine Entscheidung zu veranlassen (§ 1904 Abs. 4 BGB). Daraus wird deutlich: Der Betreuer entscheidet zwar – entsprechend dem Patientenwillen – über die ärztliche Maßnahme, der **Arzt** hat aber ein **Vetorecht** und kann eine gerichtliche Entscheidung erzwingen. Obwohl es im Gesetz nicht ausdrücklich vorgesehen ist, kann selbst die pflegerische Seite an das Betreuungsgericht herantreten und diesem mitteilen, wenn es die Entscheidung von Betreuer und Arzt für bedenklich hält. Das Gericht wird auch in diesem Fall einem plausibel vorgetragenen Sachverhalt nachgehen und sich ggf. einschalten.

Wichtig bei ärztlichen Maßnahmen, die zum Tod des Patienten führen können: Wird das Betreuungsgericht eingeschaltet, dann wird in diesen Fällen nach § 287 Abs. 3 FamFG ein gerichtlicher **Beschluss** zur Genehmigung der ärztlichen Maßnahme erst **zwei Wochen nach Bekanntgabe** an den Betreuer oder den Bevollmächtigten sowie an den Verfahrenspfleger **wirksam!**

Trotz dieser Verfahrensregelung bleibt meist ein gravierendes Problem: Wie stellt man zweifelsfrei fest, dass die Festlegungen in der Patientenverfügung tatsächlich auf die vorliegende Lebens- und Behandlungssituation zutreffen? Schwierigkeiten bereiten ungenaue Angaben in einer Patientenverfügung, z. B. dass man nicht „an Schläuche angeschlossen“ werden, „in Würde sterben“ oder „keine Apparatemedizin“ will. Es kommt also sehr auf möglichst konkrete und eindeutige Formulierungen an. Muster und Formulierungsvorschläge helfen bei der Abfassung. Immer sollte man eine aufsatzähnliche Beschreibung der persönlichen Wertvorstellungen und der Gedanken, die der Verfügung zugrunde liegen, beifügen. Trotz allem: Mit der Auslegung von Patientenverfügungen werden immer Unsicherheiten verbunden sein und bleiben.

PRAXISTIPP

Zwei empfehlenswerte Broschüren zur Vertiefung und mit Mustervordrucken:

- „Patientenverfügung", kostenloser Download beim Bundesjustizministerium unter www.bmj.de
- „Vorsorge für Unfall, Krankheit, Alter", kostenloser Download beim bayerischen Justizministerium unter www.justiz.bayern.de

Abschließend noch: Niemand kann zur Errichtung einer Patientenverfügung verpflichtet werden. Insbesondere darf es nicht zur Bedingung eines (Wohn-

und Betreuungs-)Vertrags gemacht werden, dass ein Pflegebedürftiger eine Patientenverfügung, schon gar nicht mit einem bestimmten Inhalt, abschließt (§ 1901a Abs. 4 BGB).

1.3.3 Pflege sterbender alter Menschen

1.3.3.1 Hilfe bei letztwilligen Verfügungen

Zwar darf die Pflege für Pflegebedürftige keine erbrechtliche Beratung durchführen, aber sie muss einen Weg weisen können, auf dem der Pflegebedürftige seinen letzten Willen niederlegen kann *(BGH, 8.6.1989, Az. III ZR 63/88).* Deswegen sollten Pflegekräfte zumindest wissen, welche letztwilligen Verfügungen infrage kommen und wie man sie niederlegt.

Die gewillkürte Erbfolge

Beim Tod einer Person (Erblasser) geht deren Vermögen auf eine oder mehrere andere Personen über. Mit dieser Konstellation beschäftigt sich das Erbrecht. Es ist im **V.** (und letzten) **Buch des BGB** geregelt, gehört also zum Zivilrecht. Dort sind auch **letztwillige Verfügungen** geregelt. Das sind Rechtsgeschäfte, durch die jemand eine Anordnung für den Fall seines Todes trifft. Es gibt drei Arten:

Drei Arten an Verfügungen von Todes wegen

- **Testament** (letztwillige Verfügung, § 1937 BGB): Einseitige Willenserklärung des Erblassers, was mit dem Vermögen im Falle seines Todes geschehen soll. Es sind einige wenige Formvorschriften einzuhalten (s. u.). Das Testament kann jederzeit widerrufen werden. Am besten sollte es in diesem Fall vernichtet und ein neues Testament geschrieben werden, auch wenn man nur Teile des Testaments ändern will. Es gilt immer das zuletzt niedergelegte Testament.
- **Gemeinschaftliches Testament** (§§ 2265 ff. BGB): Ein Testament, das von Ehegatten und Lebenspartnern einer gleichgeschlechtlichen Lebenspartnerschaft errichtet wird. Die Besonderheit besteht darin, dass beim Tod eines Partners die wechselseitigen Verfügungen bindend werden. Bis dahin kann einer der beiden das gemeinschaftliche Testament einseitig widerrufen (➤ Tab. 1.7). Eine weitverbreitete Form ist das „Berliner Testament". Darin setzen sich die Partner gegenseitig zu Erben ein und verfügen, dass beim Tod des Zweitversterbenden der Nachlass an die Kinder fällt.
- **Erbvertrag** (§ 1941, §§ 2274 ff. BGB): Der Erblasser bindet sich gegenüber seinem Vertragspartner. Das heißt, der bedachte Vertragspartner erhält von Anfang an eine gesicherte Position (Anwartschaft). Ein Widerruf ist

Tab. 1.7 Widerrufbarkeit von Verfügungen von Todes wegen.

Testament	gemeinschaftliches Testament	Erbvertrag
frei widerruflich	frei widerruflich bis zum Tod des Erstversterbenden	bindend (Widerruf nur gemeinsam möglich)

nur gemeinsam möglich (➤ Tab. 1.7). Ein Erbvertrag muss notariell beurkundet werden. Der Erblasser kann nach einem Erbvertrag grundsätzlich weithin frei über sein Vermögen verfügen.

Arten und Inhalte des Testaments

Mögliche Inhalte eines Testaments

Im Folgenden sollen ausschließlich Testamente näher beleuchtet werden. Zunächst zum möglichen Inhalt:

- **Bestimmungen über die Erbfolge:** z. B.
  - Erbeinsetzung (§ 1937 BGB, wegen Gesamtrechtsnachfolge nur bezüglich des gesamten Vermögens möglich, nicht bezüglich bestimmter einzelner Gegenstände; Ausweg: Vermächtnis)
  - Enterbung (§ 1938 BGB)
  - Ersatzerbeneinsetzung (§ 2096 BGB). *Beispiel:* „Sollte meine Tochter Franziska vor mir versterben, so soll anstelle ihrer deren Tochter Karin erben."
  - Vor- und Nacherbschaft (§ 2100 BGB): *Beispiel:* „Mein Sohn Alexander soll alles erben. Nach seinem Tod soll seine Ehefrau Sylvia Erbin sein." Der Nacherbfall muss aber nicht unbedingt der Tod des ersten Erben sein. *Beispiel:* „Ich setze meine Tochter, Frau Britta Montag, als alleinige Vorerbin ein. Sollte sie sich wieder verheiraten, dann soll ihre Tochter Katja erben (Nacherbin)."
  - Pflichtteilsentziehung (§§ 2333 ff. BGB)
- **Bestimmungen über Sonderzuwendungen:** z. B.
  - Vermächtnis (§§ 2247 ff. BGB). *Beispiel:* „Meine Tochter erhält meinen Schmuck."
  - Auflage (§§ 2192 ff. BGB): Sie ist eigentlich keine Zuwendung, sondern mit ihr wird eine Verpflichtung auferlegt. Der Erbe (oder Vermächtnisnehmer) wird zu einer bestimmten Leistung oder zu einem bestimmten Tun oder Unterlassen verpflichtet (z. B. zur Grabpflege).
- **Sonstiges:** z. B. Ernennung eines Testamentsvollstreckers (§ 2297 BGB)

Arten des Testaments

Es gibt drei Arten von Testamenten:

- **eigenhändiges Testament** (Voraussetzungen s. u.)
- **öffentliches Testament:** Dieses wird vor einem Notar errichtet. Dazu kann man diesem seinen letzten Willen erklären oder eine Schrift (offen oder verschlossen) mit der Erklärung übergeben, dass diese den letzten Willen enthalte (§ 2232 BGB).
- **Nottestament** (§§ 2249–2251 BGB). Letztlich handeln dabei immer drei Zeugen (s. u.). Deswegen spricht man auch vom Dreizeugentestament.

Das eigenhändige Testament

Voraussetzungen für die Wirksamkeit eines eigenhändigen Testaments sind die Testierfähigkeit (§ 2229 BGB, ➤ Kap. 0.9.4), die persönliche Errichtung (d.h. Stellvertretung ist unzulässig, §§ 2064, 2274 BGB) und die Form (§ 2247 BGB). Hinsichtlich der Form ist dabei Folgendes zu beachten:

- Am Anfang sollte eine Überschrift „Mein letzter Wille“ oder „Testament“ stehen.
- Der Testierende muss das Testament von Anfang bis Ende handschriftlich niederlegen. Es genügt nicht, dass er ein Formular oder einen Ausdruck lediglich noch unterschreibt.
- Schreibhilfe durch andere ist zulässig, soweit diese bloß stützen, nicht aber führen.
- Schließlich ist das Testament zu unterschreiben, am besten mit dem Vor- und Nachnamen. Letztlich ist es aber ausreichend, wenn die Unterschrift (und sei sie noch so unleserlich oder „mager“) einer Person eindeutig zugeordnet werden kann.
- Zeit- und Ortsangabe sind nicht zwingend. Das Testament ist auch ohne sie formal wirksam. Allerdings helfen diese Angaben, wenn bei mehreren Testamenten das aktuellste bestimmt werden muss.

Das Nottestament

Fallbeispiel

Testament in letzter Minute

Die Pflegebedürftige Agathe Ried ist schwer krank. Es geht ihr mittlerweile so schlecht, dass sie möglicherweise die Nacht nicht mehr überleben wird. Deshalb spricht Frau Ried den Pfleger Thomas an. Sie kann zwar nicht mehr schreiben, möchte jedoch gerne einige Dinge für die Zeit nach ihrem Tod geregelt wissen. Sie schlägt Thomas vor, dass sie ihm alles diktiert, er es aufschreibt und sie anschließend nur noch unterschreibt. Thomas willigt ein. Sicherheitshalber zieht er noch den Lebensgefährten von Frau Ried hinzu, damit dieser nachher bezeugen kann, dass alles seine Richtigkeit hatte. Thomas liest Frau Ried, nachdem er alles aufgeschrieben hat, das Ergebnis vor: Frau Ried will alles ihrer Tochter vererben. Ihr Sohn wird zwar enterbt, erhält aber ein Vermächtnis über 50.000 Euro, ebenso wie ihr Lebensgefährte Franz. Franz ist die ganze Zeit dabei und unterschreibt zusammen mit Thomas das Testament. Auch die Pflegekraft Sonja unterschreibt mit. Sie hat zwar noch andere Dinge erledigt, war aber die ganze Zeit dabei und hat alles mitbekommen. Schließlich will Frau Ried unterschreiben. Aber selbst mit der Hilfe von Thomas will ihr das nicht gelingen. Man belässt es schließlich bei der Unterschrift der Zeugen. Vergessen wird aber, das Datum der Niederschrift zu vermerken.
Nunmehr geschieht es, dass Frau Ried erfreulicherweise noch einige Wochen lebt, dann aber sehr plötzlich verstirbt. Als das Testament eröffnet wird, traut der Sohn von Frau Ried seinen Ohren nicht. Er ist mit dem Testament nicht einverstanden und will es anfechten.
Hat der Sohn von Frau Ried damit Chancen?

Frau Ried hat in dem soeben geschilderten Fall kein normales Testament verfasst. Dazu hätte es von Anfang bis zum Ende von Frau Ried handschriftlich niedergelegt werden müssen. Das BGB eröffnet für solche Fälle aber die Möglichkeit, ein Nottestament zu errichten. Die Voraussetzungen dazu stehen in der folgenden Checkliste.

CHECKLISTE

Ist ein Nottestament wirksam?

- Nahe Todesgefahr des Pflegebedürftigen?
- Ein Notar ist nicht mehr erreichbar?
- Drei Zeugen, die von Anfang an und vollständig an der Testierung mitwirken?
- Pflegebedürftiger erklärt letzten Willen mündlich?
- Anschließende Niederschrift?
- Vorlesen der Niederschrift, Genehmigung durch Testierenden und möglichst dessen Unterschrift?

Erläuterungen Checkliste:

- Die **nahe Todesgefahr** muss lediglich nach der Überzeugung der drei Zeugen bestehen. Wenn sie objektiv gar nicht besteht, der Testierende also noch weiterlebt, dann ist das Nottestament trotzdem gültig. Unerheblich sind auch die Gründe für die nahe Todesgefahr oder der Ort, an dem sie besteht – ob zu Hause, im Krankenhaus oder in einer stationären Pflegeeinrichtung.
- Zunächst muss versucht werden, einen **Notar** zu erreichen. Dabei muss man sich wirklich Mühe geben und notfalls auch telefonisch abklären, ob ein Notar zur Testamentserrichtung bereit ist. Bleibt die Suche erfolglos, so sollte dies dokumentiert werden. Der Notar kommt notfalls auch zum Pflegebedürftigen, um das Testament aufzunehmen.
- Alle Zeugen müssen sich von Anfang bis Ende **auf die Erklärung konzentrieren.** Wer nebenbei Betten macht, scheidet als Zeuge aus. Unbedingt ist darauf zu achten, dass bestimmte Personen nicht als **Zeuge** infrage kommen. **Ausgeschlossen** sind der Ehegatte oder Lebenspartner und die mit ihm in gerader Linie Verwandten. Auch der Testierende selbst zählt nicht als Zeuge. Darüber hinaus werden Personen, bei denen ein Interessenkonflikt bestehen könnte, ausgeschlossen. Das ist z. B. der Fall, wenn ein Zeuge oder auch sein Ehegatte oder ein Abkömmling durch das Testament einen rechtlichen Vorteil erhält oder gar in dem Testament bedacht wird, etwa mit einem Vermächtnis. Auch Minderjährige sind als Zeugen ausgeschlossen, ebenso wie Personen, die geisteskrank oder geistesschwach sind oder die nicht hinreichend sehen, hören, sprechen oder schreiben können (also z. B. andere Pflegebedürftige).
- Bei der Aufnahme des letzten Willens müssen alle drei **Zeugen anwesend** sein, die Niederschrift kann eine Person aber alleine übernehmen. Sie kann dazu auch in einen anderen Raum gehen. Kommt man wieder zusammen, um das Niedergeschriebene vorzulesen, dann müssen aber alle drei Zeugen wieder dabei sein.

- Abschließend muss der Testierende das Vorgelesene genehmigen. Wenn möglich, dann sollte er auch noch unterschreiben. Dabei ist ein Stützen der Hand möglich. Hilft auch das nicht, dann kommt man auch ohne die Unterschrift des Testierenden aus.

CHECKLISTE

Muster für Nottestament

Angaben zum Erblasser: Vorname/Nachname/Geburtsname/Geburtsdatum/Geburtsort
Name und Adresse der Pflegeeinrichtung
Angaben zu Zeuge 1, 2 und 3: jeweils Vorname, Nachname, Geburtsname, Geburtsdatum, Adresse
Frau/Herr [...] erklärt vor den Zeugen, dass sie/er ein Dreizeugentestament errichten will. Ausschließungsgründe gegen die Zeugen liegen nicht vor.
Es besteht die Gefahr des nahen Todes. Dies wird durch das Attest des Arztes [...] bestätigt. Es ist nicht damit zu rechnen, dass vor dem Ableben des Testierenden noch ein notarielles Testament errichtet werden kann. Gegen die Testierfähigkeit des Testierenden bestehen keine Bedenken. Der Testierende wurde über die Gültigkeitsdauer seines Testaments unterrichtet.
Die/Der Testierende gab als letzten Willen folgende mündliche Erklärung ab:
[...]
Die/Der Testierende möchte, dass dieses Testament beim Amtsgericht in [...] hinterlegt wird und der Hinterlegungsschein an [...] übersandt wird.
Die Niederschrift der mündlichen Erklärung wurde der/dem Testierenden vorgelesen und genehmigt. Die drei Zeugen waren während der gesamten Verhandlung – mit Ausnahme bei der Niederschrift der mündlichen Erklärung – anwesend.
Ort, Datum, Unterschriften:
Vor- und Nachnahme des Erblassers, Vor- und Nachname aller Zeugen
Alternativ:
Der Testierende erklärt, dass er nicht mehr unterschreiben kann. Die Zeugen sind von der Richtigkeit dieser Tatsache überzeugt.
Vor- und Nachname aller Zeugen

Sind bei der Niederschrift Formfehler unterlaufen, ist aber mit Sicherheit anzunehmen, dass das Testament eine zuverlässige Wiedergabe der Erklärung des Erblassers enthält, so gilt der **Formverstoß** als unbeachtlich (§ 2249 Abs. 6 BGB). Das gilt z. B., wenn Ort und Datum fehlen, wenn die Zeugen am Anfang und nicht am Ende unterschrieben haben oder wenn man vergessen hat festzuhalten, dass der Testierende nicht selbst unterschreiben kann.

Interessant ist auch noch die Regelung zur **Gültigkeit** des Nottestaments (§ 2252 Abs. 1 BGB). Wenn seit der Errichtung drei Monate verstrichen sind, dann wird es unwirksam. Die Frist verlängert sich, solange die schwere Krankheit des Bewohners andauert. Wenn sich der Zustand des Pflegebedürftigen bessert, dann sollte man darauf drängen, dass ein reguläres Testament (evtl. beim Notar) errichtet wird.

Der Pflegebedürftige kann das Nottestament jederzeit **widerrufen.**

PRAXISTIPP

Der nahende Tod kann bei einem Pflegebedürftigen mitunter zu unüberlegten Entscheidungen führen. Hier ist Fingerspitzengefühl gefragt, bevor man dem Testierwilligen das Nottestament anbietet. Außerdem sollte immer geprüft werden, ob noch ausreichend Zeit ist, um einen Notar hinzuzuziehen. Und: Wenn ein Nottestament unumgänglich sein sollte, dann kann neben dem reinen Dreizeugentestament auch noch das Bürgermeistertestament infrage kommen. Dessen Vorteil: Alle Formalitäten werden vom Bürgermeister oder dem zuständigen Beamten übernommen. Das öffentliche Testament beim Notar sollte also an erster Stelle stehen, dann das Bürgermeistertestament prüfen und erst an dritter Stelle auf das Dreizeugentestament zurückgreifen.

Im Fallbeispiel: Im Falle von Frau Ried gab es mehrere kritische Punkte, auf die sich ihr Sohn stützen könnte:

Nahe Todesgefahr des Pflegebedürftigen: Frau Ried lebte wider Erwarten noch einige Wochen. Das macht das Nottestament aber nicht unwirksam, da die nahe Todesgefahr allein nach der *subjektiven* Überzeugung der Zeugen bestand.

Frau Ried hat das Nottestament nicht unterschrieben. Das macht ebenfalls nichts. Zwar sollte der Testierende dies tun, er muss es aber nicht. Die mündliche Genehmigung reicht aus – was hier dadurch geschieht, dass Frau Ried immerhin versucht hat, zu unterschreiben („konkludentes Handeln“).

Dass das Datum fehlt, betrifft nur den Errichtungsakt als solchen und ist damit unschädlich.

Wie verhält es sich mit den Zeugen? An sich kommt der Lebensgefährte von Frau Ried als Zeuge infrage. Allerdings erhält er ein Vermächtnis. Damit durfte er nicht Zeuge sein. Was die Pflegekraft Sonja angeht: Zeugen müssen von Anfang an bei der Errichtung des Testaments beteiligt sein (nur bei der Niederschrift ist ihre Anwesenheit entbehrlich). Dabei müssen sie sich auf das Geschehen, insbesondere auf die Aussagen des Testierenden konzentrieren. Es reicht nicht aus, dass die Pflegekraft Sonja alles nur „mitbekommt“. Auch sie scheidet also als Zeugin aus.

Damit ist das Testament unwirksam, da nur Pfleger Thomas als zulässiger Zeuge übrig bleibt. Wäre das Testament wirksam gewesen, so wäre es kein Hinderungsgrund, dass Frau Ried noch mehrere Wochen weitergelebt hat. Nach § 2252 BGB gilt das Nottestament erst dann als nicht errichtet, wenn der Testierende noch lebt und seit Errichtung des Nottestaments drei Monate verstrichen sind.

1.3.3.2 Sterbehilfe

Pflegekräfte sind zwar mit dem Themen Tod und Sterben durchaus vertraut. Andererseits herrscht häufig Unsicherheit, wenn es um rechtliche Aspekte geht. Das gilt insbesondere bei der Sterbehilfe, denn es gibt dazu bislang keine gesetzliche Regelung.

1

Fallbeispiel

Erlösung für Frau Schubert?

Frau Schubert ist 92 Jahre alt und seit drei Jahren pflegebedürftig. Inzwischen leidet sie an Krebs im Finalstadium. Sie ist bettlägerig und erhält fortlaufend starke Analgetika. Geistig ist sie aber durchaus noch fit. Ihr Sohn Dieter besucht sie regelmäßig im Pflegeheim, und seit zwei Wochen bittet Frau Schubert ihn bei jedem Besuch, ihr doch beim Sterben zu helfen. Dieter würde ihrer Bitte gern nachkommen, weil er weiß, dass seiner Mutter ein würdevoller Tod sehr wichtig ist. Da er selbst Apotheker ist, wäre es für ihn auch kein Problem, ihr ein entsprechendes Medikament in letaler Dosis zu beschaffen. Er fragt sich aber, ob es rechtlich überhaupt eine Möglichkeit gibt, Frau Schubert zu helfen, ohne sich strafbar zu machen.

Beihilfe zum Suizid und aktive Sterbehilfe

Beihilfe zum Suizid ist straflos

Das deutsche Strafrecht sieht die Strafbarkeit von Beihilfehandlungen überhaupt nur dann vor, wenn es eine **strafbare Haupttat** gibt. Da der Suizid aber nicht strafbar ist, kann auch die Beihilfe nicht bestraft werden. Wer also eine letale Substanz auf dem Nachttisch nur bereitstellt, bliebt mithin straffrei.

Allerdings macht die Rechtsprechung eine – schwer verständliche – Einschränkung: Wenn der Suizident das Bewusstsein verloren hat, dann **„springt" die Tatherrschaft** auf den Gehilfen über. Jetzt wird er zum Garanten dafür, dass der Tod verhindert wird. Handelt er nicht, so macht er sich wegen eines Totschlagsdelikts oder unterlassener Hilfeleistung strafbar. Konsequenz: Will man straffrei bleiben, so sollte man sich nach der Beihilfehandlung vom Suizidenten entfernen.

Aktive Sterbehilfe ist strafbar

Anders sieht dies allerdings aus, wenn der Helfer weitergehende Aktivitäten entfaltet, wenn er z. B. persönlich das todbringende Medikament verabreicht. Der Gehilfe wird so zum Täter. Er betreibt die Tötung eines Menschen aktiv und würde in diesem Fall wegen Totschlags (§ 212 StGB) oder gar wegen Mordes (§§ 211, 212 StGB) belangt **(aktive Sterbehilfe).** Selbst wenn der Betroffene flehentlich nach der „erlösenden Spritze" verlangt, weil er selbst z. B. rein körperlich nicht mehr zum Suizid in der Lage ist: Weder Arzt noch Pflegepersonal oder Angehörige dürfen den Tod aktiv herbeiführen. Allerdings trägt das Strafgesetzbuch einer Zwangslage Rechnung und droht bei einer **Tötung auf Verlangen** eine geringere Strafe an (§ 216 StGB, ➤ Abb. 1.6).

Im Fallbeispiel: Wenn Dieter lediglich ein todbringendes Medikament bereitstellt, dann leistet er damit Beihilfe zum Suizid. Das ist straflos möglich. Er darf allerdings nicht aktiv den Sterbeprozess in Ganz setzen, z. B. indem er Frau Schubert das Medikament eingibt. Das wäre aktive Sterbehilfe. Außerdem sollte Dieter nicht dabei sein, wenn Frau Schubert das Medikament einnimmt.

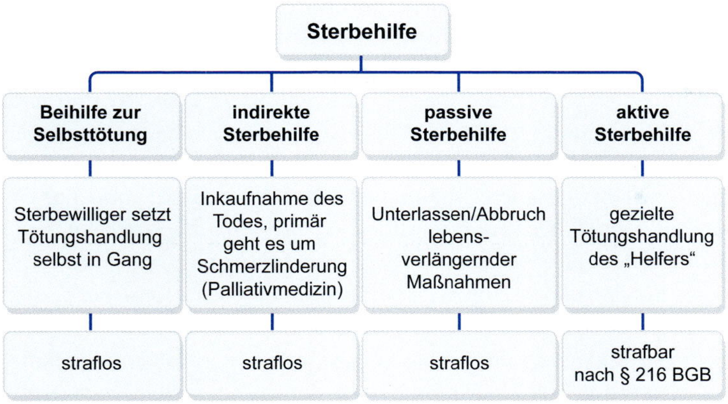

Abb. 1.6 Formen der Sterbehilfe.

Indirekte und passive Sterbehilfe

Zwischen aktiver Sterbehilfe (strafbar) und Beihilfe zum Suizid (straffrei) gibt es noch weitere Konstellationen (➤ Abb. 1.6).

Indirekte Sterbehilfe ist straflos

Bei der **indirekten Sterbehilfe** wird der Pflegebedürftige – mit seinem Einverständnis – nur noch schmerzlindernd behandelt (Palliativmedizin). Der (verfrühte) Tod tritt quasi als „Nebeneffekt“ ein. Die Rechtsprechung sieht einen legitimen Anspruch, wenn der Pflegebedürftige einen Tod in Würde und Schmerzfreiheit wünscht. Deswegen ist die indirekte Sterbehilfe straflos. Mittlerweile geht die Rechtsprechung auch so weit, dass die durch hoch dosierte Schmerzmittel verursachte Lebensverkürzung ebenso ohne Strafe bleibt. Außerdem werden in der terminalen Phase sehr häufig Opiate eingesetzt. Entgegen früherer Ansichten verlängern diese, korrekt eingesetzt, das Leben sogar eher. Von daher dürfte es sehr wenige Fälle echter indirekter Sterbehilfe geben.

Passive Sterbehilfe ist straflos

Bei der **passiven Sterbehilfe** wird auf lebensverlängernde Maßnahmen, wie z. B. Beatmung, Ernährung oder Wiederbelebung, verzichtet, oder diese werden abgebrochen. Der Begriff ist insofern etwas irreführend, weil an sich gar keine Sterbehilfe stattfindet, sondern dem natürlichen Gang der Dinge freier Lauf gegeben wird. Manche sprechen deswegen auch von „Hilfe beim Sterben“ oder gar einfach „Sterbenlassen“.

Wille des Betroffenen zählt

Ganz entscheidend kommt es bei dem Verzicht auf lebensverlängernde Maßnahmen oder deren Abbruch auf den **Willen des Betroffenen** an: Nur mit dessen Einwilligung ist passive Sterbehilfe möglich. Das bedeutet aber auch: Will der Patient keine lebensverlängernden Maßnahmen (also letztlich passive Sterbehilfe), dann ist dieser Wille *zwingend* zu beachten. Werden dennoch Maßnahmen durchgeführt, die sich darüber hinwegsetzen, so erfüllt dies den Straftatbestand der Körperverletzung! Mit anderen Worten: Ärzte und Pflegekräfte sind geradezu verpflichtet, dem Sterbewunsch des Patienten, wenn dieser zweifelsfrei feststeht, nachzukommen.

Schwierigkeiten bereitet es aber häufig, den aktuellen **Wunsch des Patienten** überhaupt erst einmal zu **ermitteln.** Denn nicht selten ist der Patient gar nicht mehr in der Lage, sich entsprechend zu artikulieren. In solchen Fällen helfen Erklärungen, die der Patient zuvor schriftlich niedergelegt hat, z. B. in einer Patientenverfügung (➤ Kap. 1.3.2.3).

Fehlt es selbst an einer Patientenverfügung, dann muss der **mutmaßliche Wille** ermittelt werden (➤ Abb. 1.7). Das ist ein noch schwierigeres Terrain. Der BGH hat dazu in seinen Leitsätzen zum sogenannten „Kemptener Urteil" festgehalten: *„An die Voraussetzungen für die Annahme eines mutmaßlichen Einverständnisses sind strenge Anforderungen zu stellen. Hierbei kommt es vor allem auf frühere mündliche oder schriftliche Äußerungen des Patienten, seine religiöse Überzeugung, seine sonstigen persönlichen Wertvorstellungen, seine altersbedingte Lebenserwartung oder das Erleiden von Schmerzen an. Lassen sich auch bei der gebotenen sorgfältigen Prüfung konkrete Umstände für die Feststellung des individuellen mutmaßlichen Willens des Kranken nicht finden, so kann und muss auf Kriterien zurückgegriffen werden, die allgemeinen Wertvorstellungen entsprechen. Dabei ist jedoch Zurückhaltung geboten; im Zweifel hat der Schutz menschlichen Lebens Vorrang vor persönlichen Überlegungen des Arztes, eines Angehörigen oder einer anderen beteiligten Person."* (13.9.1994, Az. 1 StR 357/04) Immerhin: Der mutmaßliche Wille kann ausreichen, um eine (straffreie) passive Sterbehilfe zu legitimieren.

Abgrenzung zur aktiven Sterbehilfe

Indirekte und passive Sterbehilfe sind mittlerweile juristisch geklärt und gesellschaftlich akzeptiert. Das Gleiche gilt für die Straflosigkeit der Beihilfe zum Suizid. Nicht immer einfach ist aber die Abgrenzung der straffreien Formen gegenüber der strafbaren aktiven Sterbehilfe.

Fallbeispiel

Tochter durchtrennt Schlauch für Sondenernährung

Die Patientin lag seit mehr als fünf Jahren im Wachkoma, ohne Aussichten auf Besserung. Sie war bereits bis zur Unkenntlichkeit verfallen. Es bestanden keine Zweifel: Die Patientin wollte dies nicht. Die Tochter (die gleichzeitig auch Betreuerin der Mutter war) hat schließlich den Schlauch für die Sondenernährung „unmittelbar über der Bauchdecke" durchtrennt. Dies tat sie gegen den Willen des Pflegeheims, allein aufgrund des Wunsches ihrer Mutter.

Auf den ersten Blick könnte man an aktive Sterbehilfe denken, denn die Tochter hat selbst Hand angelegt und damit den Tod der Mutter verursacht. Die Richter am Bundesgerichtshof haben dies jedoch verneint. Nicht entscheidend für die Abgrenzung seien „Äußerlichkeiten". Es kam also nicht darauf an, dass der Ernährungsschlauch „aktiv durchtrennt" worden war, sondern vielmehr darauf, dass die Tochter durch ihr Handeln dem von der Patientin gewünschten Sterbeprozess seinen natürlichen Verlauf zurückgegeben hatte.

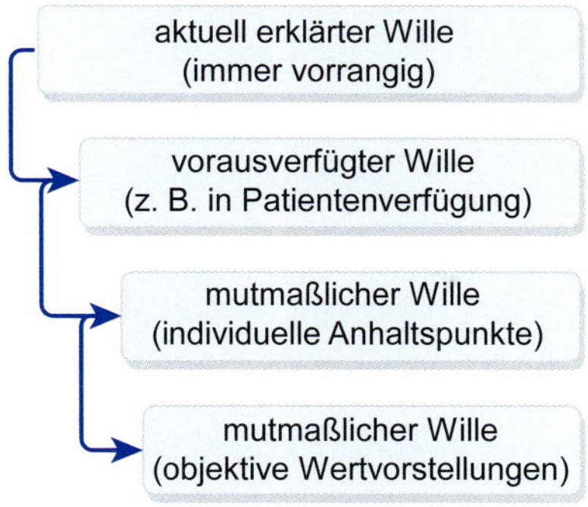

Abb. 1.7 Rangfolge von Willensbekundungen anhand der Erkennbarkeit.

Somit hat der Bundesgerichtshof den Anwendungsbereich für die passive Sterbehilfe etwas weiter gezogen. Darüber hinaus brachte dieses Grundsatzurteil Sicherheit für Angehörige, Mediziner und Pflegepersonal: Der Patient bestimmt, ob sein Leben künstlich verlängert oder die Behandlung beendet werden soll. Über diesen Konsens war in den Jahren zuvor wieder etwas Unsicherheit entstanden.[9]

Verweigerungsrecht des Pflegepersonals?

Immer wieder stellen sich Pflegekräfte die Frage, ob sie die Sterbehilfe möglicherweise verhindern können oder ob sie dies nicht sogar müssen, weil ihnen das Gewissen (evtl. auch ihre religiöse Überzeugung) die Mitwirkung verbietet.

Fallbeispiel

Pflegeunternehmen verweigert sich aus Gewissensgründen

Die Pflegeseite beruft sich bei einer Verweigerungshaltung meist auf den Pflegevertrag oder führt Gewissensgründe ins Feld. Der Bundesgerichtshof hat dies nicht gelten lassen. Jedenfalls dann nicht, wenn der Betreuer in Übereinstimmung mit dem Arzt in nachvollziehbarer Weise von einer Pflegeeinrichtung die Einstellung der künstlichen Ernährung verlangt.

Die Gewissensfreiheit des Pflegepersonals, so der BGH, findet in dem Selbstbestimmungsrecht des Patienten (der über seinen Betreuer handelt) seine Grenze. Möchte der Patient sterben, so müssen Gewissensgründe der Pflegekräfte zurücktreten. Auch der Pflegevertrag kann kein Argument sein. Denn er verpflichtet die Pflege nicht, dem Willen des Patienten zuwider zu handeln.[10]

[9] BGH, 25.6.2010, Az. 2 StR 454/09
[10] BGH, 8.6.2005, Az. XII ZR 177/03

Pflicht des Pflegepersonals, einen Suizid zu verhindern?

Beim Thema Freitod spielt auch noch eine andere Frage eine Rolle: Sind Pflegekräfte verpflichtet, einen suizidgefährdeten Pflegebedürftigen von seinem Tun abzubringen?

Eine zufriedenstellende Lösung dieses Problems gibt es nicht. Es lässt sich nur so viel sagen: Am wichtigsten ist, dass die Pflege durch geeignete Instrumente überhaupt **Suizidabsichten erkennt.** Anschließend muss nach deren **Ursachen** geforscht werden, am besten mit Unterstützung (z. B. Gerontofachkraft, Arzt, Psychiater, psychiatrischer Klinik). Gegebenenfalls kann die Pflege durch geeignete Maßnahmen reagieren. Die Möglichkeiten sind aber begrenzt. Verdichtet sich die Suizidgefahr, so ist die **Betreuung zu intensivieren.** Da kann es durchaus angezeigt sein, z. B. potenziell gefährliche Gegenstände zu entfernen. Hier ist aber Sensibilität gefragt. Jedenfalls besteht keine Verpflichtung zur stetigen Kontrolle, z. B. zum Durchsuchen der Nachttischschublade auf größere Mengen von Schlaftabletten. Vielmehr empfiehlt es sich, bereits im Vorfeld darauf zu achten, dass möglichst keine größeren Vorräte an Medikamenten gehortet werden. Die Pflege darf also nicht die Augen vor Gefahren verschließen. Sie kann aber nur so weit agieren, wie das Selbstbestimmungsrecht des Pflegebedürftigen und die Menschenwürde es zulassen. Hat sie dementsprechend gehandelt und kommt es dann dennoch zu einem (versuchten) Suizid, dann kann die Pflege dafür nicht zur Verantwortung gezogen werden.

1.3.3.3 Tod des Pflegebedürftigen

Maßnahmen direkt nach dem Versterben

Ist ein Patient verstorben, dann sind zunächst die **Vitalzeichen** des Pflegebedürftigen zu überprüfen und in der Dokumentation (mit genauer Uhrzeit) zu vermerken. Ebenso ist zu kontrollieren, ob (sichere) **Todeszeichen** vorliegen. Bestätigt sich der Tod, so muss unverzüglich ein Arzt zur **Leichenschau** angefordert werden (s. nächster Abschnitt).

Erst nach der ärztlichen Feststellung des Todes darf die medizinische Versorgung (z. B. eine Infusion) eingestellt werden. Nach der Leichenschau wird der **Tote versorgt.** Dazu darf die Leiche zu Hause oder im Pflegeheim aufgebahrt werden (in den meisten Bundesländern für eine Dauer von maximal 36 Stunden). Wenn der Verstorbene zum Todeszeitpunkt an einer meldepflichtigen Krankheit litt oder gelitten haben könnte, dann sind **besondere Hygienemaßnahmen** zu treffen.

Benachrichtigung Dritter

Gibt es keine nächsten Angehörigen, so informiert die Leitung des Pflegeunternehmens das **Standesamt** über den Tod und am besten auch das **Nachlassgericht.** Findet sich ein Testament, so ist dieses unverzüglich beim Nachlassgericht abzugeben. Falls eine unnatürliche Todesursache nicht ausgeschlossen werden kann, ist auch die **Staatsanwaltschaft** zu informieren.

Sicherung des Eigentums des Verstorbenen

In rechtlicher Hinsicht sind noch **weitere Maßnahmen** wichtig:

- Die **Pflegedokumentation** ist abzuschließen.
- In einem Pflegeheim sind die **Gegenstände des Verstorbenen** einzusammeln, am besten mit zwei Personen. Insbesondere bei Wertgegenständen

sollte eine Liste erstellt werden. Keinesfalls darf ehemaliges Eigentum des Pflegebedürftigen, und sei es auch noch so klein und unbedeutend, weggegeben werden. Dies gilt selbst dann, wenn sich der Pflegebedürftige dies vor seinem Tod gewünscht hat. Alle Gegenstände fallen erst einmal in die Erbmasse und gehören mit dem Tod des Pflegebedürftigen den Erben (selbst wenn diese noch nicht feststehen).

- Auch **Medikamente** sollten eingesammelt und gesichert werden. Sie gehören ebenfalls zur Erbmasse.
- Ebenso sollten **Hilfsmittel** eingesammelt, ggf. desinfiziert, beschriftet und gesichert werden.
- Wurden **Wünsche des Verstorbenen** zum Verhalten nach seinem Versterben protokolliert (Kleidung, Versorgung des Körpers usw.), so sind diese zu beachten.

Feststellung des Todes

Es gibt keine gesetzliche Definition des Todes

Es ist gar nicht so einfach, den Übergang vom Leben zum Tod zu definieren. Nicht zuletzt deswegen hat das deutsche Recht auf eine **gesetzliche Definition des Todes verzichtet.** Allerdings lehnt man sich an das Transplantationsgesetz (TPG) an. Dort wird für eine Organentnahme – neben weiteren Voraussetzungen – der **Gesamthirntod** eines Menschen vorausgesetzt (§ 3 TPG). Darauf greift man auch in anderen Rechtsbereichen zurück.

Die **Todesfeststellung** muss von einem Arzt vorgenommen werden. Dies und die näheren Details sind in jedem Bundesland gesondert geregelt.

Leichenschau

In sämtlichen Regelungen auf Länderebene ist vorgesehen, dass ein Arzt eine **Leichenschau** durchzuführen hat. Dabei sind der Tod, der Todeszeitpunkt, die Todesart und die Todesursache festzustellen. Jeder Arzt ist zur Leichenschau verpflichtet (Notärzte sind teilweise ausgenommen).

Die Leichenschau muss i. d. R. von den Hinterbliebenen veranlasst werden, hilfsweise von denjenigen, in deren Räumen oder auf deren Grundstücken der Tod eingetreten oder die Leiche (oder Totgeburt) aufgefunden worden ist. Bei Sterbefällen in einer Anstalt, einem Krankenhaus, einem Pflegeheim oder einer vergleichbaren Einrichtung hat die Leitung die Durchführung der Leichenschau zu veranlassen. Das muss unverzüglich erfolgen, damit im Falle eines unnatürlichen Todes oder Scheintodes nicht wertvolle Zeit verloren geht. Die Leichenschau hat **grundsätzlich am Leichenfundort** zu erfolgen.

Die amtliche Todesbescheinigung darf nur erteilt werden, nachdem eine **sorgfältige Leichenschau an der unbekleideten Leiche** (oder Totgeburt) unter Einbeziehung der gesamten Körperoberfläche einschließlich des Rückens, der behaarten Kopfhaut und aller Körperöffnungen durchgeführt wurde. Mindestens eines der drei sicheren Todeskennzeichen muss zuverlässig nachgewiesen sein (Totenflecke, Todesstarre oder Fäulnisveränderungen). Auf Verlangen der Ärzte, die die Leichenschau vorgenommen haben, sind die Angehörigen der Heilberufe, die die Verstorbenen behandelt haben, zur Auskunft über ihre Befunde verpflichtet.

Bei Anhaltspunkten für einen nicht natürlichen Tod (nach sicherer Feststellung des Todes) muss die Leichenschau abgebrochen werden und die Strafverfolgungsbehörden (Polizei, Staatsanwaltschaft) sind zu informieren. Gleiches gilt, wenn die Todesart ungeklärt ist.

Zweite Leichenschau

Wenn eine Leiche eingeäschert werden soll, muss zwingend eine **zweite Leichenschau** erfolgen.

Innere Leichenschau

Eine **innere Leichenschau** wird als Leichenöffnung, Obduktion oder Autopsie bezeichnet. Sie kommt in den verschiedensten Konstellationen infrage, z. B. bei einer gerichtlich angeordneten Leichenöffnung, nach dem Infektionsschutzgesetz oder wenn der Verstorbene seinen Leichnam „der Wissenschaft zur Verfügung" gestellt hat. Nach der Obduktion wird die Leiche sorgfältig vernäht, sodass möglichst keine Spuren erkennbar sind.

Eine **Exhumierung** bedeutet, dass eine Leiche ausgegraben und geöffnet wird. Sie erfolgt auf gerichtliche Anordnung hin oder nach den Bestattungsgesetzen der Bundesländer. Anlässe können z. B. sein: Serientötungen in Krankenhäusern, Vorwurf eines Behandlungsfehlers oder versicherungsmedizinische Fragestellungen.

Todesanzeige

Der Tod eines Menschen muss dem Standesamt, in dessen Zuständigkeitsbereich er gestorben ist, spätestens am dritten auf den Tod folgenden Werktag angezeigt werden (§§ 28 ff. PStG).

In einer **stationären Pflegeeinrichtung** ist der Träger eines Pflegeheims für die Anzeige zuständig. Sie muss schriftlich erfolgen.

Wurde der Verstorbene **ambulant versorgt,** dann muss zunächst die Person, die mit dem Verstorbenen in häuslicher Gemeinschaft gelebt hat, die Anzeige machen. Gibt es sonst niemanden, dann muss das Standesamt unter Umständen auch vom ambulanten Pflegedienst bzw. seinen Pflegekräften informiert werden. Es reicht die mündliche Information an das Standesamt.

Gewebe- und Organspende

Eine **Organspende im engeren Sinn** betrifft zunächst einmal ausschließlich solide menschliche Organe. Anders ist das bei der **Gewebespende,** bei der z. B. Augenhornhaut, Herzklappen, Knochengewebe, Haut oder Sehnen entnommen werden (➤ Abb. 1.8).

Geregelt ist die Organspende im Transplantationsgesetz, angefangen von der Vorbereitung bis zur Durchführung. Außerdem verbietet das Gesetz den Handel mit menschlichen Organen.

Zustimmung und erweiterte Zustimmungslösung

In Deutschland ist eine **Organspende post mortem** erst nach dem **Hirntod** möglich. Dieser muss nach den Richtlinien der Bundesärztekammer von zwei Ärzten festgestellt worden sein. Zweitens muss die Einwilligung des Verstorbenen in eine Organspende bekannt sein. Die Zustimmung kann mündlich oder schriftlich erteilt werden. Im Idealfall liegt ein Organspendeausweis vor, in dem die Spendenbereitschaft z. B. auch auf bestimmte Organe beschränkt werden kann. Seit 2013 schicken die deutschen Krankenkassen ihren Mitgliedern alle zwei Jahre einen solchen Ausweis als Blankoformular

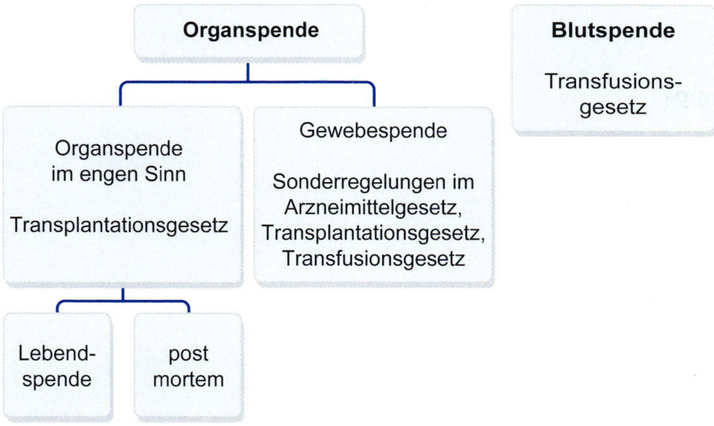

Abb. 1.8 Organ- und Blutspende.

zu. Liegt keine schriftliche Zustimmung vor, können die Angehörigen nach dem mutmaßlichen Willen des Verstorbenen einer Organentnahme zustimmen. Dies nennt man auch **„erweiterte Zustimmungslösung“.**

Die Verteilung der Organe erfolgt über die **Vermittlungsstelle** (§ 12 TPG). Damit wurde Eurotransplant in Leiden (Niederlande) beauftragt. Organisiert werden alle Schritte (von der Meldung eines möglichen Spenders bis zur Übergabe der Organe) von der Deutschen Stiftung Organtransplantation. Sie ist nach § 11 TPG die zuständige **Koordinierungsstelle.**

Bestattung

In Deutschland wird das Bestattungswesen vor allem von Landesbestimmungen geregelt. Dazu gehören die Bestattungsgesetze (und deren Durchführungsverordnungen), Friedhofsgesetze und Leichenverordnungen der Bundesländer. Auf kommunaler Ebene treten ergänzend Friedhofsordnungen hinzu.

Bestattungen werden vor allem durch Landesbestimmungen geregelt

Grundsätzlich gilt: Der tote menschliche Körper ist ein Leichnam, der totenfürsorgebedürftig ist. Gewohnheitsrechtlich ist anerkannt, dass die nahen Angehörigen für die **Totenfürsorge** zuständig sind – entsprechend ihrer verwandtschaftlichen Nähe zum Verstorbenen.

Leichnam ist totenfürsorgebedürftig

Zur Totenfürsorge gehören sehr unterschiedliche Bereiche:

- Art und Ort von Bestattungen,
- Umbettungen,
- Veranlassung von Leichenschauen sowie die Wahrnehmung von Rechten, wenn die Bestattungsfeier oder die Totenruhe gestört werden.

Grundsätzlich gilt **Bestattungszwang** (die Leichen müssen bestattet werden: Erd-, Feuer- oder Seebestattung) und **Friedhofszwang** (Erd- und Feuerbestattung muss grundsätzlich auf den dafür vorgesehenen öffentlichen Friedhöfen erfolgen). Über Art, Ort und Durchführung der Bestattung entscheidet der (mutmaßliche) Wille des Verstorbenen. Fehlt es an einem erkennbaren Willen, so entscheiden die Angehörigen. Vor der Bestattung

- Bestattungszwang
- Friedhofszwang
- Entscheidungsbefugnis
- Fristen

muss eine **Leichenschau** stattgefunden haben. Die **Bestattung** ist i. d. R. frühestens nach 48 Stunden möglich und muss spätestens nach 96 Stunden erfolgt sein. Manche Bundesländer erlauben immerhin eine Frist von sieben bis zu acht Tagen.

Übernahme der Bestattungskosten

Ein Betreuer ist nie zur Bestattung verpflichtet (alleine schon deswegen, weil die Betreuung mit dem Tod des Betreuten endet). Findet sich kein Angehöriger, so übernimmt i.d.R. die Ordnungsbehörde die Bestattung. Das macht sie vorläufig sogar dann, wenn ein zuständiger Angehöriger sich weigert.

PRAXISTIPP

Pflegeheime haben nie die Kosten der Bestattung zu tragen[11]. Gleiches gilt für Pflegedienste. Allerdings sollten sie darauf achten, dass sie gegenüber einem Bestattungsunternehmen keinen Auftrag erteilen. Dann können sie nämlich zivilrechtlich sehr wohl zur Zahlung der Kosten verpflichtet sein. Deswegen: War der Pflegebedürftige alleinstehend oder kümmert sich niemand um die Bestattung, dann informiert man am besten das Ordnungsamt der Gemeinde.

1.4 Anleiten, beraten und Gespräche führen

Nicht alle pflegerischen Tätigkeiten werden von Pflegekräften ausgeführt. So kommen vor allem in der häuslichen Pflege häufig auch Angehörige oder Freunde und Nachbarn zum Einsatz, z.B. wenn der ambulante Pflegedienst nur morgens zur Grundpflege kommt. Auch in stationären Einrichtungen helfen Angehörige und Freunde oft mit. Nicht zuletzt soll der Pflegebedürftige selbst – so weit wie irgend möglich – eigenverantwortlich Aufgaben und Tätigkeiten übernehmen („aktivierende Pflege"). Dabei kommt der Pflege die Aufgabe zu, die Beteiligten in pflegerischen Belangen zu beraten und anzuleiten, z.B. in der Dekubitusprophylaxe oder in der Anwendung von Medizinprodukten. In rechtlicher Hinsicht ist interessant, wer in solchen Konstellationen haftet, wenn es zu Zwischenfällen kommt.

Pflegetätigkeiten dürfen von weniger Qualifizierten durchgeführt werden

Dass Pflegetätigkeiten von weniger qualifizierten Personen durchgeführt werden dürfen, ergibt sich aus § 3 Abs. 1 Nr. 7 (Anleitung und Beratung von Pflegekräften, die nicht Pflegefachkräfte sind) und Nr. 10 (Beratung pflegender Angehöriger) des Altenpflegegesetzes. Auch § 3 und § 19 SGB XI sehen vor, dass Pflegeleistungen durch Angehörige und andere nicht erwerbsmäßig Pflegende durchgeführt werden können.

Die Haftung (auf Schadensersatz oder Schmerzensgeld) beurteilt sich wie folgt:

Angehörige, Freunde und Nachbarn sowie auch der Pflegebedürftige handeln eigenverantwortlich. Die professionellen Pflegekräfte haften nicht

[11] VG Trier, 24.10.2006, Az. 2 K 522/06.TR

für sie. Diese Personen sind schließlich nicht bei dem Pflegeunternehmen angestellt.

Haftung für weniger Qualifizierte nach § 831 Abs. 1 BGB

Etwas anders kann dies aussehen, wenn Mitarbeiter des Pflegeunternehmens Aufgaben an die privaten Pflegepersonen **delegiert** haben. Haftungsrechtlich können sie möglicherweise schon belangt werden, wenn sie z. B. Angehörigen nur **beratend** zur Seite stehen, und auf jeden Fall, wenn sie die Angehörigen sogar **schulen.** In diesen Fällen kommt eine Haftung der Pflegekraft nach § 831 Abs. 1 BGB in Betracht. Dieses Thema wird in ➤ Kap. 3.1.5.7 vertieft (➤ Tab. 3.14). Hier nur so viel: Die Pflegekraft muss sich davon überzeugen, dass die entsprechende Person die Aufgaben auch tatsächlich meistern kann („Auswahl"). Stellt sie deren grundsätzliche Eignung fest und überträgt ihr pflegerische Aufgaben, dann muss sie auch dazu beraten, schulen und Hilfestellungen geben („Leitung"). Schließlich bedarf es der Kontrolle und evtl. Nachschulungen („Überwachung"). Wenn dies fachgerecht erfolgt ist, dann haftet die professionelle Pflegekraft nicht für Schäden, die von der privaten Pflegeperson verursacht wurden. Deswegen sollte sie alle Maßnahmen im Zusammenhang mit der Delegation pflegerischer Aufgaben dokumentieren, insbesondere dass sie die Durchführung gelehrt und kontrolliert und auch auf Gefahren und richtiges Verhalten im Notfall hingewiesen hat.

1.5 Bei der medizinischen Diagnostik und Therapie mitwirken

Ähnlich wie im vorigen Abschnitt geht es auch hier um die **Delegation.** Denn wenn Pflegekräfte bei der medizinischen Diagnostik und Therapie mitwirken, dann werden damit ärztliche Tätigkeiten auf nichtärztliches Personal übertragen.

Delegation ärztlicher Tätigkeiten auf nichtärztliches Personal (Pflegekräfte)

Die Delegation ärztlicher Tätigkeiten auf Pflegekräfte ist **gesetzlich nicht näher geregelt,** sie ergibt sich allenfalls aus Richtlinien und vor allem aus der Rechtsprechung. Immerhin hält § 3 Abs. 2 Nr. 2 AltPflG fest, dass Pflegekräfte bei der Behandlung kranker alter Menschen einschließlich der Ausführung ärztlicher Verordnungen mitwirken. Auch das Sozialgesetzbuch V (gesetzliche Krankenversicherung) sieht in § 28 Abs. 1 die Delegation vor: „Zur ärztlichen Behandlung gehört auch die Hilfeleistung anderer Personen, die von dem Arzt angeordnet und von ihm zu verantworten ist".

Weniger gefährliche oder weniger schwierige ärztliche Aufgaben dürfen delegiert werden

Aus § 28 Abs. 1 SGB V wird bereits ein Grundsatz deutlich: **Die Heilkunde obliegt dem Arzt** (ebenso Heilpraktikern und in begrenztem Umfang auch Hebammen). Er hat seine Dienste gegenüber dem Patienten im Rahmen des Behandlungsvertrags *persönlich* zu erbringen (§ 613 BGB). Das fängt bei der Anamnese an, geht über Untersuchung, Diagnose, Aufklärung, Therapieentscheidung bis hin zur (invasiven) Maßnahme. Eine Delegation in diesen Bereichen scheidet grundsätzlich erst einmal aus. Allerdings: Maßnahmen, die keine besonderen oder jedenfalls beherrschbare Gefahren mit sich bringen, oder Maßnahmen, die nicht besonders schwierig sind, dürfen grundsätzlich an Pflegekräfte delegiert werden, So z. B. die Umsetzung ärztlicher Medikationsentscheidungen, (bestimmte Arten von) Injektionen, Blutentnahmen oder ein Verbandswechsel.

Wurden ärztliche Tätigkeiten delegiert, dann eröffnet sich sofort die Frage: **Wer muss haften, wenn etwas passiert?** Die Antwort findet sich in zwei **Rechtsgrundlagen** aus dem zivilrechtlichen Haftungsrecht (➤ Tab. 3.14):

- **§ 831 Abs. 1 BGB (Haftung für das Handeln anderer):** Der Arzt haftet demnach für die handelnde Pflegekraft zunächst einmal umfassend. Er kann sich aber entlasten, wenn er bei der Auswahl, Leitung und Überwachung alles richtig gemacht hat („ALÜ-Entlastungsbeweis“).
- **§ 823 Abs. 1 BGB (Haftung für eigenes Handeln):** Demnach haftet die Pflegekraft für Fehler, die ihr bei der Durchführung unterlaufen.

1.5.1 Verantwortungsbereiche und Aufteilung der Verantwortung

Demnach kann man bei der Delegation ärztlicher Maßnahmen auf nichtärztliches Personal folgende **Verantwortungsbereiche** abschichten (➤ Abb. 1.9):

Aufteilung der Verantwortung bei unmittelbarer Delegation

- **Anordnungsverantwortung:** Für die Auswahl und Leitung ist stets der Arzt haftbar.
- **Durchführungsverantwortung:** Für die Durchführung der Maßnahme sind die Pflegekräfte verantwortlich.
- Die **Kontrollverantwortung** für eine Maßnahme trägt wiederum der Arzt.

Eine Aufteilung der Verantwortung in dieser Reinform findet sich allerdings recht selten, z. B. in Arztpraxen, wo ein Arzt als Vorgesetzter Tätigkeiten an eine Pflegekraft delegiert **(unmittelbare Delegation).**

Aufteilung der Verantwortung bei mittelbarer Delegation

Im Pflegebereich sieht dies etwas anders aus, denn hier werden die Maßnahmen nicht vom Arzt, sondern über das Pflegeunternehmen an die jeweiligen Pflegekräfte delegiert **(mittelbare Delegation).** Hier läuft die Verantwortungskette über (verantwortliche) Pflegekräfte, also insbesondere über die Pflegedienstleitung, Stations- und Wohnbereichsleitung bis zur handelnden Pflegekraft. Die Abschichtung der Verantwortungsbereiche sieht dementsprechend etwas anders aus als zuvor dargestellt:

- **Verordnungsverantwortung:** Der Arzt ist für die korrekte Verordnung der Maßnahme zuständig. Er muss also dafür geradestehen, dass sie überhaupt notwendig ist (oder nicht). Und er haftet für die inhaltliche Richtigkeit sowie für die richtige Übermittlung. Wenn er im Einzelfall einmal eine Pflegekraft anleitet, so ist er allerdings auch dafür verantwortlich.
- **Anordnungsverantwortung der verantwortlichen Pflegefachkräfte:** Wenn der Arzt – wie im Normalfall – die Pflegekraft nicht persönlich anleitet, dann ist dies Aufgabe der verantwortlichen Pflegefachkräfte. Diese haften dann dafür, dass die Auswahl und Leitung fehlerfrei abläuft.

- **Durchführungsverantwortung der Pflegekraft:** Sie ist für die korrekte Durchführung der Maßnahme zuständig. Sie trägt aber auch die Übernahmeverantwortung: Stehen einer Übernahme der Aufgabe durchgreifende Gründe entgegen, so darf sie die Tätigkeit nicht übernehmen. Sie muss ihre Einwände geltend machen („remonstrieren") und ggf. die Übernahme verweigern (s. u.). Übernimmt sie die Tätigkeit trotz entgegenstehender Gründe dennoch, so kann sie sich dadurch bereits verantwortlich machen (Übernahmeverschulden).
- **Kontrollverantwortung der verantwortlichen Pflegefachkräfte:** Sie haben zu überwachen, ob die handelnden Pflegekräfte die Maßnahmen ordentlich durchführen.
- **Kontrollverantwortung des Arztes:** Der Arzt muss vor allem die Wirksamkeit der verordneten Maßnahme prüfen. Im Einzelfall muss er auch für die Kontrolle der Pflegekraft sorgen (insbesondere, wenn er sie persönlich angeleitet hat).

Auch bei der mittelbaren Delegation gilt aber: **Der Arzt kann die medizinische Versorgung nicht komplett auf die Pflege verlagern!** Lediglich in Modellversuchen ist eine (eng begrenzte) Übertragung heilkundlicher Aufgaben an den Pflegebereich möglich (§ 63 Abs. 3c SGB V). Es gibt also grundsätzlich keinen „arztfreien Raum".

Arzt trägt Verantwortung für korrekte Verordnung

Die Aufteilung der Verantwortungsbereiche macht außerdem eines deutlich: Allein der Arzt ist für die korrekte **Verordnung** verantwortlich (und für deren Kontrolle). *Beispiel:* Aufgrund eines Missverständnisses bei einer telefonischen Verordnung kommt es zu einem Zwischenfall. Das ist vor allem ein haftungsrechtliches Problem des Arztes! Denn er ist standesrechtlich zur schriftlichen Dokumentation der Verordnung verpflichtet. Verletzt er diese Pflicht, dann trägt er selbst – und nicht die Pflege – das Risiko für den Fall, dass etwas schiefgeht.

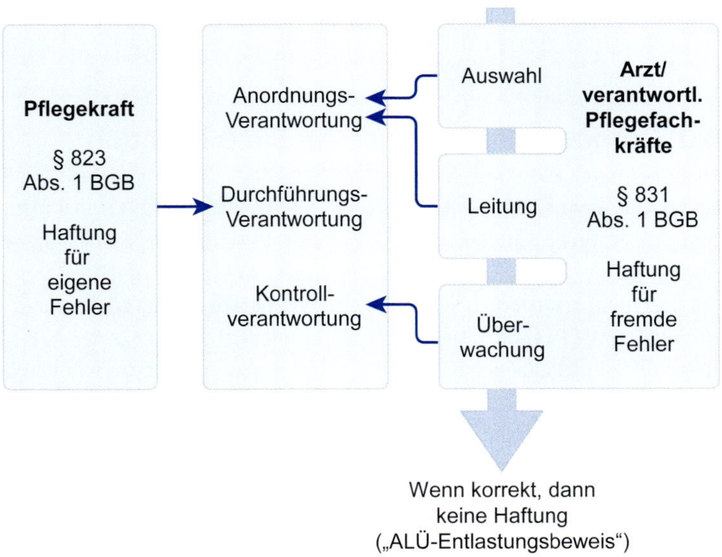

Abb. 1.9 Aufteilung der Verantwortungsbereiche bei der Delegation.

1

1.5.2 Vertrauensgrundsatz, Weisungsrecht und Weigerungsrecht

Vertrauensgrundsatz: Pflege darf sich auf Arzt verlassen

Die Verantwortungsbereiche sind also zwischen Ärzten, verantwortlichen Pflegekräften und durchführenden Pflegekräften aufgeteilt. Dabei dürfen sie sich grundsätzlich auf den jeweils anderen verlassen: Es gilt der **Vertrauensgrundsatz.** Das bedeutet für die pflegerische Seite: Sie darf sich darauf verlassen, dass die Anordnung des Arztes korrekt ist. Wenn eine Pflegekraft anderer Ansicht ist, dann sollte sie den Arzt damit konfrontieren (Remonstration). Bestätigt dieser die Anordnung, dann kann die Pflegekraft die Maßnahme durchführen, ohne haftungsrechtliche Konsequenzen befürchten zu müssen (Dokumentation nicht vergessen). Eventuelle Folgen treffen allein den Arzt. Im Übrigen kann der Arzt eine Pflegekraft aber niemals zur Durchführung bestimmter Maßnahmen zwingen. Allenfalls Vorgesetzte können dies im Rahmen ihres (arbeitsrechtlichen) Weisungsrechts tun.

Es kann ein Weigerungsrecht geben

In bestimmten Fällen hat eine Pflegekraft aber trotz Weisung ein **Weigerungsrecht.** Hier die wichtigsten Fälle:

- Die angeordnete Maßnahme ist nicht genau genug spezifiziert oder aus einem anderen Grund unklar.
- Die Pflegekraft fühlt sich nicht ausreichend qualifiziert (einer Schulung darf sie sich dann aber nicht widersetzen).
- Die Aufgabe erscheint der Pflegekraft zu gefährlich, z. B., weil im Falle möglicher Komplikationen kein Arzt zur Verfügung steht, der schnell genug herbeigeholt werden kann.
- Die Durchführung der Maßnahme verstößt gegen ein Strafgesetz (insbesondere wenn die Maßnahme *offensichtlich* kunstfehlerhaft ist oder gegen den Willen des Pflegebedürftigen durchgeführt werden soll).

In einer **Notfallsituation** muss eine Pflegekraft jedoch trotz Bedenken handeln! Allerdings ist sie in diesem Fall haftungsrechtlich entlastet. Sie muss nur für Vorsatz und grobe Fahrlässigkeit einstehen (§ 680 BGB).

1.5.3 Grundvoraussetzungen für die Delegation

Nun zu den Voraussetzungen, die aus Sicht der Pflege erfüllt sein müssen, damit eine ärztliche Tätigkeit (möglichst haftungssicher) an sie delegiert werden darf:

- Es darf nicht erforderlich sein, dass ein **Arzt persönlich handeln** muss. *Beispiele:* Eine PEG oder einen zentralen Venenkatheter muss der Arzt persönlich anlegen, auch die Verabreichung von Zytostatika darf nicht delegiert werden. Ansonsten kommt es für die Delegierbarkeit vor allem darauf an, wie gefährlich oder schwierig eine Maßnahme ist und ob die Pflegekraft dazu qualifiziert ist.
- Der **Arzt** muss die Maßnahme **verordnet** haben. Sie muss verständlich und präzise sein. Bei Verordnungen „nach Bedarf" ist Vorsicht geboten. In diesem Fall müssen genaue Vorgaben für den Bedarf festgelegt sein

(„wenn …, dann …"). Die Verordnung sollte möglichst schriftlich erfolgen und in der Pflegedokumentation niedergelegt sein.

- Die ausführende **Pflegekraft** muss zur Durchführung der Maßnahme **befähigt** sein. Notwendig ist zunächst die formelle Qualifikation, d. h. die Pflegekraft wurde für die zu übernehmende Tätigkeit entsprechend ausgebildet und hat darüber einen Nachweis (z. B. ein Zeugnis, Fortbildungszertifikat oder auch einen Spritzenschein). Fast noch wichtiger als die formelle ist die materielle Qualifikation, d. h. die Pflegekraft muss tatsächlich in der Lage sein, die ärztliche Maßnahme durchzuführen. Sie muss Praxis haben.
- Die **Pflegekraft** muss zur Durchführung der ärztlichen Tätigkeit **bereit** sein. Ein Verweigerungsrecht hat sie aber nur im Ausnahmefall (s. o.).
- **Arbeitsrechtliche Zulässigkeit:** Die Vorgesetzten entscheiden im Rahmen ihres Direktionsrechts darüber, welche Pflegekräfte welche ärztlichen Maßnahmen übernehmen und ausführen dürfen (meist über Dienstanweisungen). Außerdem kann es Anweisungen im Einzelfall geben. An beides muss sich eine Pflegekraft halten.
- Der **Pflegebedürftige** muss mit der Behandlungsmaßnahme und Durchführung durch die Pflegekraft **einverstanden** sein. Will der Pflegebedürftige zwar die Behandlungsmaßnahme, nicht aber, dass eine Pflegekraft diese durchführen soll, so ist die Delegation nicht möglich. Der Arzt muss persönlich tätig werden.

Mit diesen Grundsätzen kann man nun die in der Praxis immer wieder auftauchende Frage beantworten: **An wen darf was delegiert werden?** Die Antwort: Es kommt an auf

- die jeweilige (formelle und materielle) Qualifikation der Pflegekraft und
- die Gefährlichkeit der Maßnahme.

Objektive und subjektive Gefährlichkeit der Maßnahme

Bei der **Gefährlichkeit** unterscheidet man die objektiv zu beachtenden Risiken (objektive Gefährlichkeit) und solche Risiken, die mit dem besonderen Zustand des Patienten zusammenhängen (subjektive Gefährlichkeit). Je nach Gefährlichkeit kommt es dann auch noch darauf an, wie gut ein Arzt für die Pflegekraft erreichbar ist. *Beispiel:* Bei intravenösen Injektionen wirkt ein Medikament in kürzester Zeit auf den Körper ein, im Falle von Komplikationen bleibt nur ganz wenig Reaktionszeit. Weil in Pflegeeinrichtungen aber in dieser Kürze der Zeit meist kein Arzt erreichbar ist, sind intravenöse Injektionen in aller Regel tabu. Nicht so im Krankenhaus, wenn die Medikamente gut bekannt sind und ein Arzt in der Nähe ist.

1.5.3.1 Delegationsfähigkeit nach Art der Qualifikation

Grundsätzlich kann man sagen: Je höher der Ausbildungsstand und der Erfahrungsschatz der **Pflegekraft** ist, umso potenziell gefährlichere Maßnahmen können auf sie übertragen werden. Das bedeutet:

- **Pflegehelfer ohne Ausbildung, BuFDis, Praktikanten:** Da sie weder über formelle noch materielle Pflegequalifikationen verfügen, dürfen sie lediglich bei relativ einfachen Tätigkeiten und in einfachen Situationen selbst-

ständig eingesetzt werden, z. B. beim Herrichten des Essens, zum Spazierengehen, für Besorgungen oder zur Unterhaltung.
- **Pflegehelfer mit Ausbildung:** Sie sollten nur für grundpflegerische Tätigkeiten und einfache Tätigkeiten der Behandlungspflege eingesetzt werden. Für behandlungspflegerische Maßnahmen haben sie nur oberflächliches oder gar kein Wissen.
- An **Pflegeschüler** können solche Tätigkeiten delegiert werden, zu denen sie nach ihrem jeweiligen Ausbildungsstand in der Lage sind.
- Bei **ausgebildeten Pflegekräften** entscheiden neben der Berufsausbildung eventuelle Zusatzqualifikationen und die Berufserfahrung darüber, in welchem Umfang ärztliche Tätigkeiten übertragen werden können.

1.5.3.2 Delegationsfähigkeit nach Art der Tätigkeit

Differenziert man nach pflegerischen Tätigkeiten, so kommt man zu folgender Beurteilung der Delegationsfähigkeit:
- Bei **Injektionen** differenziert man nach der Gefährlichkeit der Injektionstechnik (intrakutan, subkutan, intramuskulär sowie intravenös) wie auch nach der Gefährlichkeit dessen, was injiziert wird. Die Pflegekraft muss sich also sowohl mit der Injektionstechnik auskennen als auch Grundkenntnisse über das zu verabreichende Medikament besitzen. So kann eine subkutane Injektion von Insulin – nach Anleitung – sogar von Altenpflegehelfern übernommen werden. Es ist ihnen hingegen nicht erlaubt, intramuskuläre Injektionen durchzuführen, da dies nicht zum Ausbildungsstoff gehört und bei derartigen Injektionen – fehlerhaft durchgeführt – schwere Schäden auftreten können. Examinierte Pflegekräfte kommen für intramuskuläre Injektionen jedoch infrage. Intravenöse Injektionen bleiben grundsätzlich dem Arzt vorbehalten. Nur wenn eine Pflegekraft eine besondere Qualifikation dafür hat (insbesondere in anatomischer und pharmakologischer Hinsicht), dann ist eine Delegation möglich. *Beispiel:* Eine mit intravenösen Injektionen erfahrene Krankenschwester übt eine Tätigkeit als Altenpflegerin aus.
- **Blutentnahmen** aus Finger oder Ohr dürfen (ausreichend qualifizierte) Schüler, Hilfskräfte und examinierte Pflegekräften übernehmen, nicht jedoch Blutentnahmen durch Punktion einer Vene.
- **Katheterisierungen** sind i. d. R. nicht delegationsfähig, sie werden als operativer Eingriff gewertet. Eine Delegation ist nur unter engen Voraussetzungen möglich. Ausnahme: Blasenkatheter können bei entsprechender Qualifizierung von erfahrenen Pflegekräften (insbesondere wenn nicht mit Komplikationen zu rechnen ist) gelegt werden. Die Ersteinlage eines suprapubischen Blasenkatheters ist nicht delegierbar.
- Wird eine **intravenöse Infusion** gelegt, so ist dies nicht delegierbar. Die Regulierung der Durchlaufgeschwindigkeit und das Wechseln der Infusionen kann aber auf geeignetes Personal übertragen werden. Das Einspritzen von Medikamenten steht intravenösen Injektionen gleich.
- Insbesondere im Bereich der (häuslichen) Intensivpflege können Pflegekräfte damit betraut werden, **lebenswichtige Systeme** zu bedienen, z. B.

Beatmungs- und Ernährungsvorrichtungen (PEG, Portversorgung, etc.). Dazu ist aber immer eine sehr spezielle Fort- und Weiterbildung notwendig.

Es bleibt in allen Fällen dabei: Entscheidend sind die Qualifikation der Pflegekraft und die Gefährlichkeit der delegierten Maßnahme.

Fallbeispiel

Verena soll eine intravenöse Injektion übernehmen

Verena ist eine voll ausgebildete und erfahrene Krankenschwester. Da sie aus familiären Gründen aber nur Teilzeit arbeitet, hat sie in einer Pflegeeinrichtung eine Stelle als Altenpflegehelferin angenommen. Eines Tages erfährt die Hausärztin eines Pflegebedürftigen, dass Verena aufgrund ihrer Ausbildung durchaus in der Lage ist, intravenöse Injektionen zu verabreichen. Sie bittet Verena deswegen, dies bei einer Patientin zweimal pro Woche zu übernehmen. Verena wendet jedoch ein, dass es eine Dienstanweisung gibt. Danach dürfen Hilfskräfte allenfalls, bei entsprechendem Qualifikationsnachweis, subkutane Injektionen übernehmen. Die Ärztin winkt jedoch ab. Verena solle nur machen, schließlich sei sie mehr als ausreichend qualifiziert. Das zu injizierende Medikament sei ohne besonderes Risiko. Wer hat nun Recht?

Die Ärztin argumentiert aus ihrer Sicht: Verena ist qualifiziert, die Maßnahme ist nicht sonderlich gefährlich, also wäre sie als Ärztin haftungsrechtlich abgesichert. Passiert etwas, dann könnte sie nachweisen, dass sie bei der Auswahl, Leitung und Überwachung alles richtig gemacht hätte. Nach § 831 Abs. 1 BGB wäre sie haftungsrechtlich fein raus.

Aus Verenas Sicht sieht dies anders aus: Sie ist zwar ausreichend qualifiziert, geht aber ein gewisses Risiko ein. Wenn sie nämlich trotz ihrer Ausbildung einen Fehler macht, dann haftet sie womöglich nach § 823 Abs. 1 BGB. Sie kann sich dann nicht, wie die Ärztin, haftungsrechtlich entlasten. Hinzu kommt: Verena würde gegen eine arbeitsrechtliche Weisung verstoßen. Selbst wenn also nichts passieren würde, müsste sie zumindest mit einer Ermahnung oder gar Abmahnung rechnen.

Deswegen sollte Verena sich weigern, die Injektion vorzunehmen. Sie darf dies auch, weil die Ärztin sie nicht dazu zwingen kann. Arbeitgeber ist nämlich das Pflegeunternehmen. Verena tut nichts anderes, als sich an dessen Dienstanweisung zu halten.

KAPITEL

2 Unterstützung alter Menschen bei der Lebensgestaltung

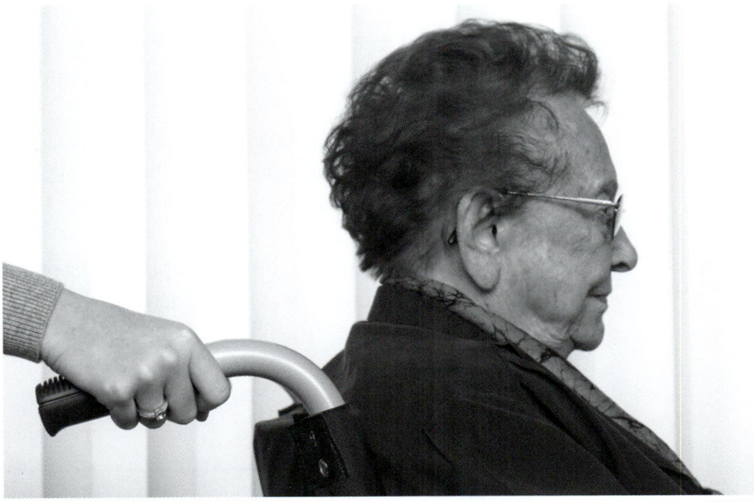

2.1 Lebenswelten und soziale Netzwerke alter Menschen beim altenpflegerischen Handeln berücksichtigen

2.1.1 Familienbeziehungen und soziale Netzwerke im Alter

2.1.1.1 Stellung älterer Menschen im Familienrecht

Verwandtschaft ist Anknüpfungspunkt für gesetzliche Regelungen

Im Familien- und im Erbrecht ist die **Verwandtschaft** ein wichtiger Anknüpfungspunkt für die gesetzlichen Regelungen. Zunächst unterscheidet man bei der Art der Verwandtschaft nach:

- **gerader Linie:** Personen, von denen der eine von dem anderen abstammt,
- **Seitenlinie:** Personen, die von einer dritten Person abstammen.

Der **Grad der Verwandtschaft** bestimmt sich nach der Anzahl der vermittelnden Geburten (> Abb. 2.1).

Eine Verwandtschaft kann auch durch **Adoption** entstehen. Auch Erwachsene können adoptiert werden (was durch Gerichtsbeschluss bestätigt werden muss).

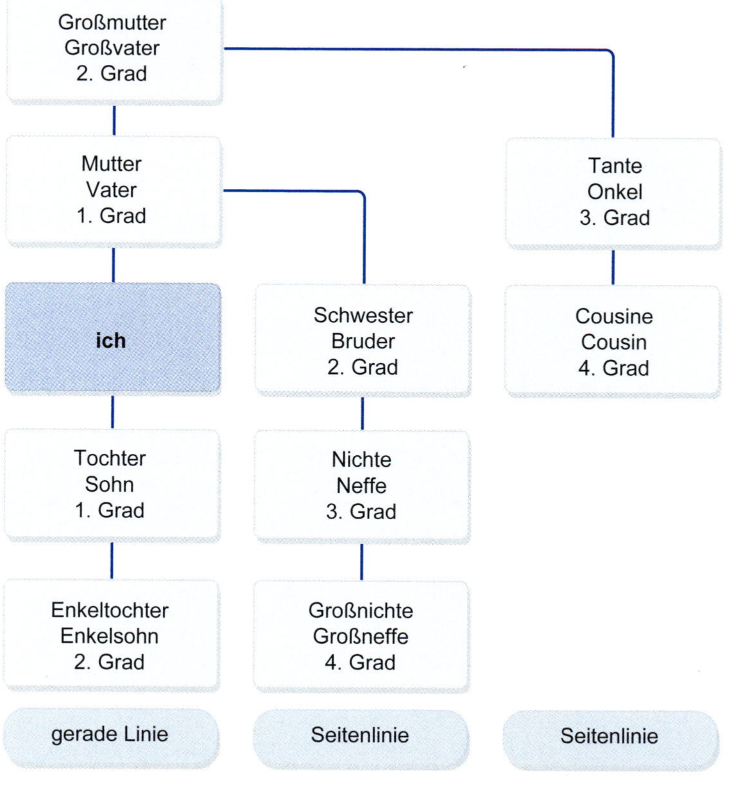

Abb. 2.1 Verwandtschaft nach Linien und Graden.

Wirkungen der Verwandtschaft

Die wichtigsten **Wirkungen der Verwandtschaft** sind folgende:
- Sie begründet ein **Erbrecht,** das nach Rängen abgestuft ist (gesetzliches Erbrecht, §§ 1924–1930 BGB). Allerdings kann man durch ein Testament oder einen Erbvertrag davon abweichen.
- Verwandte in gerader Linie schulden einander **Unterhalt** (§§ 1601 ff. BGB). Nicht nur die Eltern schulden ihren Kindern Unterhalt, auch eine Großmutter kann ihrem Enkelkind gegenüber zu Unterhalt verpflichtet sein – und umgekehrt!
- Außerdem gibt es für Verwandte **Vergünstigungen** wie das zivil- und strafprozessuale Zeugnis- und Auskunftsverweigerungsrecht.

Eheleute sind nicht miteinander verwandt! Außerdem ist ein Ehepartner nicht automatisch Vertreter des anderen. Er kann grundsätzlich keine Geschäfte für den anderen abschließen (z. B. auch keinen Pflegevertrag). Das geht erst dann, wenn er vom anderen dazu bevollmächtigt wurde oder als Betreuer bestellt ist.

Außerdem bedeutet allein die Tatsache, dass ein Pflegebedürftiger verheiratet ist, noch lange nicht, dass Pflegekräfte dem Ehepartner alles erzählen dürfen, was sie über den Pflegebedürftigen erfahren und wissen. Auch hier bedarf es einer Einwilligung (die sich aus den Umständen ergeben kann).

2.1.1.2 Ansprüche alter Menschen gegenüber ihren Kindern

Ansprüche älterer Menschen gegenüber ihren Kindern werden insbesondere dann relevant, wenn es darum geht, die Pflegekosten der Eltern zu finanzieren. Dabei sind **drei Konstellationen** denkbar:

Drei Konstellationen für Anspruch älterer Menschen

- Zum einen geht es um die **gesetzliche Unterhaltspflicht** der Kinder gegenüber ihren Eltern, also um die Frage, ob und in welchem Umfang die Kinder für die Pflege ihrer Eltern aufkommen müssen.
- In der zweiten Konstellation haben die Eltern oder ein Elternteil in der Vergangenheit einem oder mehreren Kindern **Vermögen überlassen** (*Beispiel:* Schenkung einer Wohnung). Kann deswegen z. B. die Pflege nicht mehr finanziert werden, dann hat der Schenker, also der nunmehr Pflegebedürftige, wegen „Verarmung" nach § 528 BGB einen **Rückforderungsanspruch** gegenüber dem Beschenkten (also meist den Kindern).
- In der letzten Konstellation wurde ebenfalls **Vermögen übertragen,** dafür wurde aber eine **Gegenleistung vereinbart.** *Beispiel:* Ein Kind erhält von der Mutter ein Haus, die Mutter erhält im Gegenzug ein lebenslanges Wohnrecht darin. Muss sie nun in ein Heim umziehen, dann wird die Wohnung frei. Vermietet das Kind das Haus, dann kann die Mutter die Herausgabe der Miete verlangen.

Sozialamt kann Ansprüche der Eltern auf sich überleiten

In allen Konstellationen haben die Eltern allerdings meist kein Interesse daran, von den Kindern Geld zu verlangen. Die Pflegekosten müssen aber dennoch bezahlt werden. Also tritt zunächst das **Sozialamt** ein. Dieses zwingt dann die Eltern, ihren Kindern gegenüber Ansprüche durchzusetzen, oder es leitet die Ansprüche der Eltern auf sich über und macht diese dann im eigenen Namen gegenüber den Kindern geltend (§ 93 SGB XII).

Kinder werden selten in Anspruch genommen

Allerdings: Die Rechtsprechung verpflichtet nur überdurchschnittlich gut verdienende oder vermögende Kinder zur Zahlung. In der Fachliteratur ist von nicht mehr als zehn Prozent der Erwerbstätigen die Rede. Denn:

- Unterhaltspflichtige Kinder müssen eine spürbare und dauerhafte Senkung ihres Lebensstandards nicht hinnehmen, es sei denn, sie führen ein luxuriöses Leben.
- Nicht angetastet werden darf ein vergleichsweise hoher Selbstbehalt der Kinder.
- Außerdem dürfen die Kinder viele Verbindlichkeiten abziehen, z. B. Unterhaltspflichten, Aufwendungen zur Finanzierung des Familienheims oder Altersvorsorgeaufwendungen.
- Der Vermögensstamm der Kinder wird sehr weitgehend geschützt (z. B. ein Familienheim oder ein zur Altersvorsorge aufgebautes Vermögen).

Einschränkungen, wenn Geschenktes zurückgefordert wird

Außerdem gibt es bei dem **Rückforderungsanspruch des Schenkers** (zweite Konstellation oben) nach § 529 BGB **Einschränkungen.** So ist eine Rückforderung nicht mehr möglich, wenn mehr als zehn Jahre seit der Schenkung vergangen sind.

2.1.2 Menschen mit Behinderung im Alter

§§

Art. 3 Abs. 3 S. 2 GG

Niemand darf wegen seiner Behinderung benachteiligt werden.

Nicht nur das Grundgesetz, auch zahlreiche Regelungen darunter konkretisieren das Verbot, Menschen mit einer Behinderung zu benachteiligen. So vor allem im Sozialrecht, im Steuerrecht, im Arbeitsrecht oder auch in Bauvorschriften (z. B. in puncto Barrierefreiheit). Auch das Allgemeine Gleichbehandlungsgesetz verbietet Benachteiligungen wegen Behinderungen ausdrücklich (§ 1 AGG).

Von der Integration zur Inklusion

Dabei hat sich die Perspektive in den letzten Jahren glücklicherweise etwas verschoben: Menschen mit einer Behinderung gelten nicht mehr als „außerhalb stehend“, sondern sie sind Teil unserer Gesellschaft. Diese Sichtweise wird unter dem Begriff der **Inklusion** zusammengefasst. Er hat in der Behindertenrechtskonvention der Vereinten Nationen seinen Niederschlag gefunden. Der Grundgedanke ist: Alle Individuen sind gleich – es gibt keine Norm. Normal ist allenfalls, dass es Unterschiede gibt (➤ Abb. 2.2).

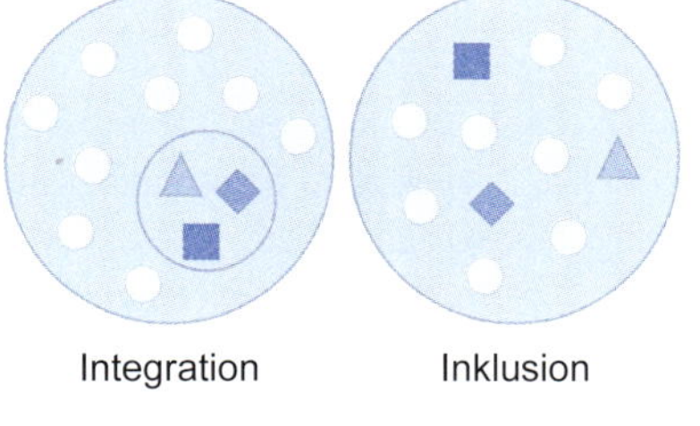

Abb. 2.2 Integration und Inklusion.

Damit ändert sich auch der Blickwinkel bei der Unterstützung: Menschen mit einer Behinderung wird nicht geholfen, um sie „hereinzuholen" (Grundgedanke der **Integration**). Vielmehr sind sie „Teil der Normalität" und es gilt, in dieser Normalität Strukturen zu schaffen, in denen sich Personen mit ihren jeweiligen Besonderheiten einbringen können.

Allerdings hat sich dieser Ansatz bei Weitem noch nicht in den entsprechenden Vorschriften durchgesetzt. Insbesondere auch nicht im Sozialgesetzbuch. Dieses wird immer noch stark von dem Gedanken der Integration getragen. Das gilt insbesondere für das SGB IX (Rehabilitation und Teilhabe behinderter Menschen). Dieses wurde im Jahr 2001 in den Kanon der Sozialgesetzbücher eingefügt. Es regelt folgende **Leistungen:**

Leistungen für Menschen mit Behinderung

- **Medizinische Rehabilitation** (§§ 26 ff. SGB IX). Für ältere Menschen ist meist die Sonderform der geriatrischen Rehabilitation relevant. Die Rehabilitation soll vor allem die Pflegebedürftigkeit (so weit wie möglich) vermeiden („Reha vor Pflege"). Sinnvoll ist eine Rehabilitation z. B. nach Schlaganfällen oder bei Frakturen nach einem Sturz. Die geriatrische Rehabilitation umfasst insbesondere: kontinuierliche ärztliche Diagnostik, Behandlung und Teamführung, aktivierend-therapeutische Pflege, Krankengymnastik, Bewegungs- und Ergotherapie, Logopädie, (neuro-)psychologische und psychotherapeutische Behandlung und soziale Beratung. Wer bereits pflegebedürftig ist, kann auch in stationären Pflegeeinrichtungen Rehabilitationsleistungen erhalten.
- **Leistungen zur Teilhabe am Arbeitsleben** (§§ 33 ff. SGB IX) (spielt für ältere Menschen meist keine Rolle)
- **Leistungen zur Teilhabe am Leben in der Gemeinschaft** (§§ 55 ff. SGB IX): Infrage kommt hier die Versorgung mit bestimmten Hilfsmitteln, Hilfen zur Förderung der Verständigung mit der Umwelt, Hilfen bei der Beschaffung, dem Umbau, der Ausstattung und der Erhaltung einer Wohnung, die den besonderen Bedürfnissen der behinderten Menschen entspricht, Hilfen zu selbstbestimmtem Leben in betreuten Wohnmöglichkeiten und Hilfen zur Teilhabe am gemeinschaftlichen und kulturellen Leben (z. B. Hilfe zum Besuch von Veranstaltungen oder Einrichtungen, die der Geselligkeit, der Unterhaltung oder kulturellen Zwecken dienen).

Recht aus einer Hand

All diese Leistungen sind auf die unterschiedlichsten Zweige des Sozialrechts verteilt, insbesondere auf die Kranken-, Renten- und Unfallversicherung sowie die Sozialhilfe. Hinzu kommt, dass für alle Leistungen auch noch unterschiedliche Leistungsträger zuständig sind (z. B. die Krankenkasse, die Deutsche Rentenversicherung Bund oder die Berufsgenossenschaften). Mit Einführung des SGB IX sollte diese Rechtszersplitterung aufgehoben werden, Menschen mit einer Behinderung sollen das **„Recht aus einer Hand"** erhalten.

Koordinierung der Leistungsgewährung

Das SGB IX versucht vor allem, die aufgesplitterte **Leistungsgewährung zu koordinieren.** Insbesondere auch organisatorisch, indem es die Leistungsträger zur Zusammenarbeit verpflichtet. Dazu haben diese in allen Landkreisen **gemeinsame Servicestellen** eingerichtet (§ 23 SGB IX). Außerdem gibt es die **Integrationsämter** (§ 101 Abs. 1 Nr. 1 SGB IX), die Menschen mit einer Behinderung vor allem bei der Arbeitsplatzsicherung helfen. Und schließlich bieten freigemeinnützige Träger **Integrationsfachdienste** (§ 109 SGB IX), die übergreifend für die Bundesagentur für Arbeit, die Integrationsämter und Rehabilitationsträger tätig sind.

Das **SGB IX gliedert sich in zwei Teile:**
- Regelungen für behinderte und von Behinderung bedrohte Menschen sowie
- besondere Regelungen zur Teilhabe schwerbehinderter Menschen (Schwerbehindertenrecht).

Zentraler Anknüpfungspunkt: Behinderung

Zentraler Anknüpfungspunkt für die Leistungsgewährung ist also, ob eine **Behinderung** vorliegt. Das ist nach § 2 SGB IX der Fall, wenn
- die körperliche Funktion, geistige Fähigkeit oder seelische Gesundheit mit hoher Wahrscheinlichkeit länger als sechs Monate
- von dem für das Lebensalter typischen Zustand abweicht und
- daher die Teilhabe am Leben in der Gesellschaft beeinträchtigt ist.

Auch wer von einer Behinderung *bedroht* ist, der kann bestimmte Regelungen des SGB IX für sich in Anspruch nehmen.

Besondere Regelungen für Menschen mit Schwerbehinderung

Besondere Vorschriften gibt es für Menschen mit einer **Schwerbehinderung.** Menschen gelten als schwerbehindert, wenn
- bei ihnen ein Grad der Behinderung von wenigstens 50 vorliegt
- und sie im Geltungsbereich des SGB IX leben oder arbeiten.

Menschen mit einem Grad der Behinderung von weniger als 50, aber wenigstens 30, gelten als **„gleichgestellt“.** Die Gleichstellung ist lediglich für den besonderen Kündigungsschutz und für Leistungen zur begleitenden Hilfe im Arbeitsleben von Bedeutung. Ein **Schwerbehindertenausweis** wird vom Versorgungsamt ab einem Grad der Behinderung von 50 ausgestellt. Dieser enthält auch die sogenannten Merkzeichen (➤ Tab. 2.1), mit denen besondere Vergünstigungen verbunden sind.

Tab. 2.1 Die wichtigsten Merkzeichen.

Merkzeichen	Bedeutung
G	Gehbehinderung: Bewegungsfähigkeit im Straßenverkehr erheblich beeinträchtigt
aG	außergewöhnliche Gehbehinderung
B	Berechtigung zur Mitnahme einer Begleitperson bei der Benutzung öffentlicher Verkehrsmittel
H	Hilflosigkeit (i. S. d. EStG)
RF	Ermäßigung des Rundfunkbeitrags um ⅔ auf Antrag
Bl	Blindheit
Gl	Gehörlosigkeit
TBl	Taubblindheit
1. Kl	Berechtigt zur Nutzung der ersten Klasse in Eisenbahnen mit Fahrkarten für die Zweite Klasse oder innerhalb des persönlichen Streckenverzeichnisses

2.2 Alte Menschen bei der Wohnraum- und Wohnumfeldgestaltung unterstützen

Je älter die Menschen werden, umso mehr Zeit verbringen sie in ihrer Wohnung. Im hohen Alter verlassen sie diese womöglich kaum noch oder nur für sehr kurze Zeit. Die Wohnung nimmt damit an Bedeutung zu. Gleich welchen Alters: Die eigenen vier Wände bieten für jeden einen **Raum der Selbstbestimmung, des Rückzugs und der Intimität.** Vor allem die **Schutzfunktion** ist für ältere Menschen sehr wichtig. Hinzu kommt, dass die Wohnung möglichst so gestaltet sein sollte, dass sie den Wünschen und Bedürfnissen älterer Menschen gerecht wird.

Die Anforderungen an die Wohnraumgestaltung haben in verschiedenen Regelungen Niederschlag gefunden, insbesondere in **DIN-Vorschriften.** So regelt die DIN 77800 u. a. auch bauliche Anforderungen für das betreute Wohnen. Die DIN 18040-2 reguliert die barrierefreie Gestaltung von Wohnräumen. Berücksichtigt werden dabei die Bedürfnisse insbesondere von Menschen mit Sehbehinderung oder Hörbehinderung, mit motorischen Einschränkungen (die Mobilitätshilfen und Rollstühle benutzen) oder mit kognitiven Einschränkungen. Auch die **Bauordnungen** und **Heimgesetze und deren zugehörige Verordnungen** der Bundesländer machen Vorgaben zur Barrierefreiheit.

§§

§ 4 Behindertengleichstellungsgesetz

Barrierefrei sind bauliche und sonstige Anlagen, Verkehrsmittel, technische Gebrauchsgegenstände, Systeme der Informationsverarbeitung, akustische und visuelle Informationsquellen und Kommunikationseinrichtungen sowie andere gestaltete Lebensbereiche, wenn sie für behinderte Menschen in der allgemein üblichen Weise, ohne besondere Erschwernis und grundsätzlich ohne fremde Hilfe zugänglich und nutzbar sind.

Wohnform entscheidet über Leistungen nach dem SGB

Im Sozialrecht hängt es von der Wohnform ab, ob bestimmte **Leistungen** übernommen werden: Wird ein Pflegebedürftiger zu Hause versorgt, so hat er nach § 40 Abs. 1–3 SGB XI Anspruch auf **Pflegehilfsmittel** (z. B. Pflegebett oder Lifter). Reichen diese nicht aus, so können Pflegekassen nach § 40 Abs. 4 SGB XI finanzielle Zuschüsse für **Maßnahmen zur Verbesserung des individuellen Wohnumfelds** gewähren (auch für eine Senioren-WG). Das können Umbaumaßnahmen (z. B. eine Türverbreiterung) oder technische Hilfen im Haushalt sein (z. B. ein motorisch betriebener Absenker von Küchenhängeschränken).

Wohnform entscheidet über Anwendbarkeit von Heimordnungsrecht

Von der Wohnform hängt auch ab, ob **das Heimordnungsrecht anwendbar** ist. So erfassen die Landesheimgesetze nicht das Wohnen zu Hause und nur in unterschiedlicher Ausprägung neue Wohnformen wie Senioren-WGs. Die stationären Pflegeeinrichtungen hingegen werden voll erfasst. Die Folge jeweils: Ist das jeweilige Landesheimgesetz anwendbar, dann bedeutet das meist strenge Vorgaben für den Betrieb. Dies hat auch erhebliche Konsequenzen für die baulichen Anforderungen, z. B. was Mindestwohnflächen oder die maximale Belegung für ein Zimmer angeht.

2.3 Alte Menschen bei Tagesgestaltung und selbst organisierten Aktivitäten unterstützen

2.3.1 Medienangebote

Für öffentlich vorgeführte Filme benötigt man eine Lizenz

Pflegeeinrichtungen bieten ihren Bewohnern sehr gerne Kinoabende an, sei es mit (gekauften oder entliehenen) DVD's oder Mitschnitten aus dem Fernsehen. Doch hier ist Vorsicht geboten. Zum einen benötigt man, um diese **öffentlich vorzuführen,** meist eine (recht teure und umständlich zu beschaffende) **Lizenz** (§ 52 Abs. 3 UrhG).

Eine **private Filmvorführung** ist zwar ohne Erlaubnis möglich. Privat ist die Vorführung aber nicht mehr, wenn alle Bewohner zum Kinoabend eingeladen sind (womöglich auch noch in den Gemeinschaftsraum). Trifft sich jedoch ein fester Freundeskreis zum Anschauen eines Films (z. B. in einer Wohngruppe), dann geht das wohl ohne Lizenz für öffentliche Vorführungen.

PRAXISTIPP

Fragen Sie bei Verbänden (insbesondere wenn Ihr Pflegeunternehmen einem solchen angehört) nach, ob es Lizenzvereinbarungen gibt. Gerade wenn die Kirche, eine kirchennahe Einrichtung oder ein Wohlfahrtsverband der Träger Ihres Pflegeunternehmens ist, dann haben Sie gute Chancen. Außerdem können Sie auch nach Anbietern suchen, die kostenlose Lizenzen anbieten (so z. B. die Landesmedienzentralen oder Kreisbildstellen oder Einrichtungen wie beispielsweise die Evangelische Medienzentrale Bayern).

Hinzu kommt noch eine **GEMA-Gebühr** (für die in den Filmen enthaltene Filmmusik). Diese ist nicht in die Lizenzgebühr eingeschlossen. Die Gebühren berechnen sich nach der Anzahl der Sitzplätze.

2.3.2 Ausflüge

Auf die Aufsichtspflicht kommt es an

Gerade in stationären Pflegeeinrichtungen werden hin und wieder auch begleitete Ausflüge angeboten. Meistens gehen diese in die nahe Umgebung. Selbst wenn man „nur" einen kleinen Spaziergang macht, ist man schon mitten in einem Ausflug.

In rechtlicher Hinsicht spielt bei Ausflügen vor allem die Aufsichtspflicht eine Rolle. Wird diese von einer Pflegekraft verletzt, dann muss sie nach den allgemeinen Haftungsregeln für den beim Pflegebedürftigen entstandenen Schaden haften (§ 823 Abs. 1 BGB). Hat der Pflegebedürftige einem Dritten geschadet, z. B. indem er einen Verkehrsunfall verursacht hat, dann muss die Pflegekraft unter Umständen auch dafür gegenüber dem geschädigten Verkehrsteilnehmer einstehen (§ 832 Abs. 1 BGB).

Allerdings stellt sich die Frage, ob und unter welchen Voraussetzungen eine Aufsichtspflicht verletzt ist. Das lässt sich allgemein kaum beantworten, denn jede Situation ist anders gelagert. Entscheidend sind z. B. die körperliche Verfassung des Pflegebedürftigen, sein Gefahrenbewusstsein und sein Verhalten in besonderen Situationen. Aber auch äußere Faktoren spielen eine Rolle, wie z. B. die Anzahl der begleitenden Pflegekräfte oder die örtlichen Verhältnisse (inkl. Gefahrenquellen und Sicherheit des Geländes).

Grundsätzlich wird man sagen können, dass die Aufsichtspflicht über Pflegebedürftige, wegen deren Gebrechlichkeit, sehr engmaschig sein muss. Vielleicht ist dies auch der Grund dafür, dass Ausflüge nicht so häufig stattfinden. Denn das Haftungsrisiko ist erheblich.

2.3.3 Seniorenvertretungen, Seniorenbeiräte

Seniorenvertretungen gibt es meist auf kommunaler Ebene

Seniorenvertretungen oder Seniorenbeiräte sind **auf kommunaler Ebene** (in Gemeinden, Städten oder Landkreisen) sowie auf Landesebene angesiedelt. In der Regel haben sie nur eine beratende, keine beschließende Funktion. Sie sollen dort vor allem die Interessen älterer Menschen in den politischen Prozess einbringen. Dazu werden sie immer dann angehört, wenn Beschlüsse mit Auswirkungen für die älteren Menschen anstehen. Manchmal haben Seniorenvertretungen in den jeweiligen Ausschüssen ein Antrags- oder sogar ein Stimmrecht. In jedem Fall dienen sie der Meinungsbildung und dem Erfahrungsaustausch.

Seniorenvertretungen sind i. d. R. ehrenamtlich, parteilos und konfessionsneutral tätig und als gemeinnütziger Verein **organisiert.** In manchen Bundesländern wird deren Arbeit durch die zuständigen Sozialministerien koordiniert oder gefördert. Zusammengeschlossen sind etliche Seniorenvertretungen in der Bundesarbeitsgemeinschaft der Senioren-Organisationen (BAGSO e. V.).

Auch **in kirchlichen und parteilichen Organisationen** finden sich Seniorenvertretungen.

Seniorenvertretung im Heim: der Heimbeirat

Eine besondere Art der Seniorenvertretung ist der **Heimbeirat.** Er wird in stationären Pflegeeinrichtungen gebildet und gibt den Pflegebedürftigen die Möglichkeit zur Mitwirkung und Mitbestimmung. Die Mitbestimmung ist recht begrenzt. Das **Mitspracherecht** besteht vor allen in Fragen der Unterkunft und Betreuung, der Aufenthaltsbedingungen, der Heimordnung, der Verpflegung und der Freizeitgestaltung. Das **Mitwirkungsrecht** betrifft auch Maßnahmen zur Qualitätssicherung in einem Heim sowie Vereinbarungen, die der Heimträger mit den Pflegekassen und den Sozialhilfeträgern über die einzelnen Leistungen des Heims trifft. Der Heimbeirat wird durch die Bewohner i. d. R. für zwei Jahre gewählt. Das Nähere ist den jeweiligen Landesheimgesetzen und den dazugehörigen Verordnungen geregelt.

KAPITEL

3 Rechtliche und institutionelle Rahmenbedingungen altenpflegerischer Arbeit

3.1 Institutionelle und rechtliche Rahmenbedingungen beim altenpflegerischen Handeln berücksichtigen

3.1.1 Systeme der sozialen Sicherung

Heutzutage können Familienstrukturen die Risiken des Lebens nur noch bedingt ausgleichen. Das wird besonders bei der Pflege deutlich. Irgendwann bedarf es der Unterstützung durch einen ambulanten Pflegedienst oder eine stationäre Pflegeeinrichtung. Doch die dazu notwendige pflegerische Infrastruktur muss erst einmal organisiert und dann auch noch bezahlt werden!

System der sozialen Sicherung im weiten Sinn

An dieser Stelle ist unser System der sozialen Sicherung gefordert. Dazu gehören zunächst einmal nicht nur die Sozialversicherung oder die Sozialhilfe, sondern auch entlegenere Bereiche wie z. B. Städtebaupolitik (Schaffung bezahlbarer Wohnungen), die soziale Ausgestaltung des Steuersystems oder auch die Integration von Ausländern. All diese Felder zusammen machen unser System der sozialen Sicherung aus.

System der sozialen Sicherung im engen Sinn

Unter dem System der sozialen Sicherung im engeren Sinn hingegen versteht man nur die Bereiche, bei denen die Gewährung von **Sozialleistungen** im Vordergrund steht (➤ Tab. 3.1).

- **Soziale Vorsorge:** Hier geht es um die Absicherung von Einbußen in bestimmten Lebenslagen (durch eine Sozialversicherung). Erfasst sind Arbeitslosigkeit, Unfall, Alter, Krankheit und Pflegebedürftigkeit – alles Lebenssituationen, in denen man kein oder nur noch ein geringes Einkommen bezieht.
- **Soziale Entschädigung:** Wenn sich für einen Menschen ein bestimmtes Risiko verwirklicht, dann darf ihn der (Sozial-)Staat nicht im Regen stehen lassen. *Beispiel:* Wird jemand Opfer einer Gewalttat, dann kann der Staat unter bestimmten Voraussetzungen helfen.
- **Soziale Förderung:** Hier geht es vor allem um Chancengleichheit. Bestes Beispiel ist das BAFöG: Damit soll es jedem ermöglicht werden – unabhängig von seiner wirtschaftlichen Situation – die von ihm gewünschte Ausbildung zu machen.

Tab. 3.1 System der sozialen Sicherung im engen Sinn.

Grundform	Vorsorge (Sozialversicherung)	Entschädigung	Förderung	Fürsorge
Regelungsziel	Absicherung gegen Einbußen in bestimmten Lebenslagen	Ausgleich für verwirklichtes Risiko	Schaffung von Chancengleichheit	Basissicherung in einer Notlage
Beispiele	Krankenversicherung, Unfallversicherung, Rentenversicherung, Pflegeversicherung, Arbeitslosenversicherung	Opfer von Impfschäden und Gewalttaten, Kriegsopfer	BAFöG, Kindergeld, Elterngeld, Kinder- und Jugendhilfe	Sozialhilfe, Wohngeld
Finanzierungsquelle	Beiträge	Steuern		
Voraussetzung für Leistung	unabhängig von wirtschaftlicher Bedürftigkeit		abhängig von wirtschaftlicher Bedürftigkeit	

- **Soziale Fürsorge:** Wenn alle Stricke reißen, dann muss der Einzelne durch eine Basissicherung vor einem wirtschaftlichen Absturz bewahrt werden. Das geschieht insbesondere durch die Leistungen der Sozialhilfe.

3.1.1.1 Regelung durch das Sozialrecht

Erst im Jahr 1881, als die sozialen Unruhen in Deutschland zu groß wurden, gab Bismarck den Anstoß zur Schaffung der ersten Sozialgesetze. Im Jahr 1911 wurden die bis dahin entstandenen Regelungen in der **Reichsversicherungsordnung** zusammengefasst und ausgebaut. Dieses Gesetz blieb mehr als 80 Jahre lang die Grundlage des deutschen Sozialrechts und wurde erst 1992 durch das **Sozialgesetzbuch (SGB)** abgelöst (➤ Abb. 3.1).

Kern des Sozialrechts: Sozialleistungen

Der Kern des (damaligen wie heutigen) Sozialrechts besteht in der **Gewährung von Sozialleistungen.** Nur weil es „irgendwie um etwas Soziales" geht, heißt das noch lange nicht, dass man sich im Sozialrecht befindet. Wer z. B. Pflegegeld beanspruchen will, dem hilft das Sozialrecht (über das SGB XI). Denn Pflegegeld ist eine Sozialleistung. Wer jedoch wissen will, wie ein Heimbewohner gesetzlich geschützt wird, der bekommt die Antwort nicht im Sozialrecht. Denn es geht in diesem Fall nicht um eine Sozialleistung. Es helfen vielmehr das Heimvertrags- und das Heimordnungsrecht.

Sozialrecht ist Teil des Verwaltungsrechts

Systematisch gehört das Sozialrecht zum **Öffentlichen Recht** und dort zum **Verwaltungsrecht** (➤ Abb. 0.6). Geregelt ist es vor allem im SGB. Dieses Gesetz wurde nach und nach zusammengestellt. Es besteht nunmehr aus zwölf einzelnen Gesetzbüchern. Allerdings sind einige Materien noch nicht integriert. Diese zählt § 68 SGB I auf und bezieht sie in das Sozialrecht ein, z. B. BAFöG, Bundeskindergeldgesetz, Wohngeldgesetz und Teile des Bundeselterngeld- und Elternzeitgesetzes.

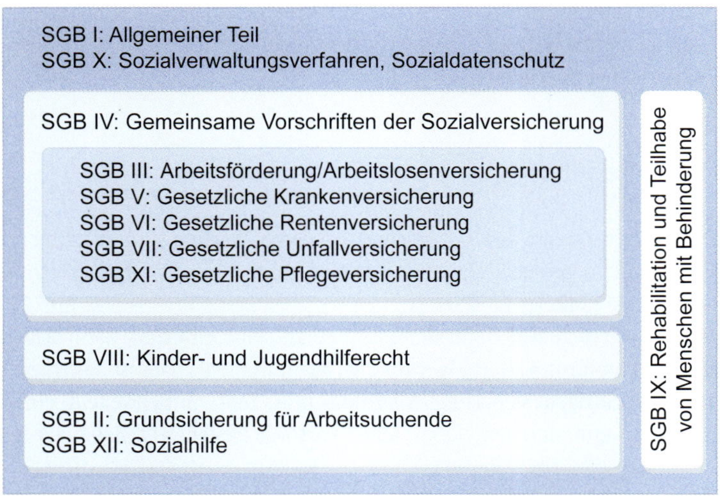

Abb. 3.1 Struktur der Sozialgesetzbücher I–XII.

Rechtsquellen des Sozialrechts

Zum Sozialrecht gehören außerdem **Verordnungen** (der Ministerien) und **Satzungen** (vor allem der Sozialversicherungsträger). Und schließlich gibt es noch **internationale Regelungen** zum Sozialrecht (z. B. die EU-Wanderarbeitnehmerverordnung oder Abkommen zwischen Deutschland und anderen Staaten zur Sozialversicherung).

Nicht zuletzt finden sich auch im **Grundgesetz** Regelungen zum Sozialrecht. So ist dort das Sozialstaatsprinzip verankert (Art. 20 Abs. 1, Art. 28 Abs. 1 S. 1 GG). Dieses Prinzip enthält zwar kein einklagbares Recht, leistet aber Hilfe bei der Auslegung von Gesetzen. Auch die Grundrechte haben keinen eindeutigen sozialen Gehalt (Ausnahme in Art. 6 GG: Schutz von Müttern und Fürsorge der Gemeinschaft; Gleichstellung ehelicher mit nicht ehelichen Kindern).

Definition

Sozialrecht

Sozialrecht in formeller Hinsicht: Das gesamte im Sozialgesetzbuch geregelte Recht (und alle im § 68 SGB I genannten Gesetze).
Sozialrecht in materieller Hinsicht: Alle Regelungen, die soziale Gerechtigkeit und soziale Sicherheit durch Gewährung von Sozialleistungen verwirklichen wollen.

Aus der Definition wird deutlich: Man kann Sozialrecht einerseits ganz formell verstehen, als die im SGB gesammelten Regelungen. Das Sozialrecht lässt sich aber auch inhaltlich beschreiben, nämlich durch folgende zwei Prinzipien (vgl. § 1 SGB I):

Sozialrecht will soziale Sicherheit und soziale Gerechtigkeit befördern

- **Soziale Sicherheit:** Das Sozialrecht will zum einen die Möglichkeit des Einzelnen sichern, sein Leben – vor allem in wirtschaftlicher Hinsicht – auf einer verlässlichen und menschenwürdigen Basis zu errichten. Dabei geht es um mehr als die bloße Sicherung eines Existenzminimums.
- **Soziale Gerechtigkeit:** Jeder soll die Chance haben, eine Stellung zu erlangen oder zu behalten, die seinen individuellen Kräften und Fähigkeiten entspricht (Chancengerechtigkeit).

3.1.1.2 Regelungsprinzipien im Sozialrecht

Die einzelnen Zweige des Systems der sozialen Sicherung sind mitunter sehr unterschiedlich geregelt. Dabei spielen vor allem folgende Grundprinzipien eine wichtige Rolle.

Solidaritätsprinzip

Solidaritätsprinzip: Gerät der Einzelne an seine Grenzen, dann tritt die Gemeinschaft für ihn ein („Einer für alle, alle für einen"). Das ist das tragende Prinzip der Sozialversicherung. Allerdings muss man mittlerweile in einigen Bereichen, wenn man denn kann, selbst Vorsorge treffen, so z. B. bei der Rente.

Subsidiaritätsprinzip

Subsidiaritätsprinzip: Zunächst muss die kleinere Einheit dem Einzelnen unter die Arme greifen, dann die größere usw. Also gilt die Reihenfolge: Familie → Nachbarschaft → Kommunen → Land → Bund. Dies wurde gesetzlich

z. B. so umgesetzt: Wenn Angehörige im Haushalt leben, dann müssen diese vorrangig die Pflege eines Kranken (wenn sie dazu in der Lage sind) übernehmen. Gibt es aber keine Angehörigen, dann tritt die Krankenversicherung ein (häusliche Krankenpflege nach § 37 SGB V). Auch der Grundsatz „ambulant vor stationär" wurzelt in diesem Prinzip.

Bedarfsprinzip

Bedarfsprinzip: Die Höhe der Sozialleistungen richtet sich nach dem Bedarf des Einzelnen. So ist es klassischerweise bei der Sozialhilfe. Das Gegenprinzip ist das Äquivalenzprinzip: Die Höhe der Sozialleistungen richtet sich nach der Höhe der Vorleistungen. Bestes Beispiel hierfür ist die Altersrente. Sie bemisst sich nach den Beitragsjahren und den dabei gesammelten Rentenpunkten.

Verursachungsprinzip

Verursachungsprinzip: Bestimmte Bedarfsursachen lösen bestimmte Leistungen (durch einen bestimmten Leistungsträger) aus. Wer z. B. Zahnschmerzen hat, für den wird die zahnärztliche Behandlung von der Krankenkasse übernommen. Für Pflegebedürftige tritt die Pflegeversicherung ein. Und wer einen Arbeitsunfall hatte, der wird von der Berufsgenossenschaft versorgt. Zum Problem wird dies für Menschen mit Behinderung, da sie – ohnehin eingeschränkt – gegenüber einer Vielzahl an Sozialleistungsträgern einen enormen bürokratischen Aufwand bewältigen müssen. Das SGB IX versucht, dies zu bündeln.

Vollversorgung – Budgetierung

Vollversorgung: Wer einen Bedarf hat, der wird voll befriedigt. Das ist so bei der GKV. Wer sich ein Bein gebrochen hat, der erhält grundsätzlich alle notwendigen Hilfen, damit dies wieder heilt. Das Gegenprinzip ist die Budgetierung: Hier wird die Leistung gedeckelt, man hat nur ein Budget zur Verfügung. So verhält es sich bei der GPV. Je nach der Pflegestufe erhält man zwar ambulante und stationäre Leistungen, diese werden jedoch nur bis zu einem gewissen Geldbetrag übernommen.

3.1.1.3 Finanzierung des Systems der sozialen Sicherung

Fast 800 Mrd. Euro an Sozialleistungen müssen jährlich finanziert werden. Grundsätzlich gibt es dazu zwei Geldquellen: Die **öffentlichen Haushalte** des Bundes und der Länder sowie die **Haushalte der Sozialversicherungsträger.**

Finanzierung der sozialen Sicherung durch Steuern und Beiträge

In diese Töpfe werden zwei Arten von Zahlungen „eingelegt" (➤ Abb. 3.2):

- In den Staatshaushalt fließen die Steuern. Diese haben keine Zweckbindung.
- In die Haushalte der Sozialversicherung werden Beiträge einbezahlt. Sie sind zweckgebunden. Beiträge für die Rentenversicherung werden z. B. nur für Leistungen der Rentenversicherung verwendet. Grundsätzlich teilen sich Arbeitnehmer und Arbeitgeber die Beiträge (paritätische Finanzierung). Allerdings gibt es Ausnahmen: Die Unfallversicherung zahlt z. B. alleine der Arbeitgeber. Organisatorisch geht dies so vonstatten, dass der Arbeitgeber die Beitragsanteile für sämtliche Zweige der Sozialversicherung an die Krankenversicherung (als Gesamteinzugsstelle) überweist. Von dort werden dann die jeweiligen Beitragsanteile an die anderen Sozialversicherungsträger weitergeleitet.

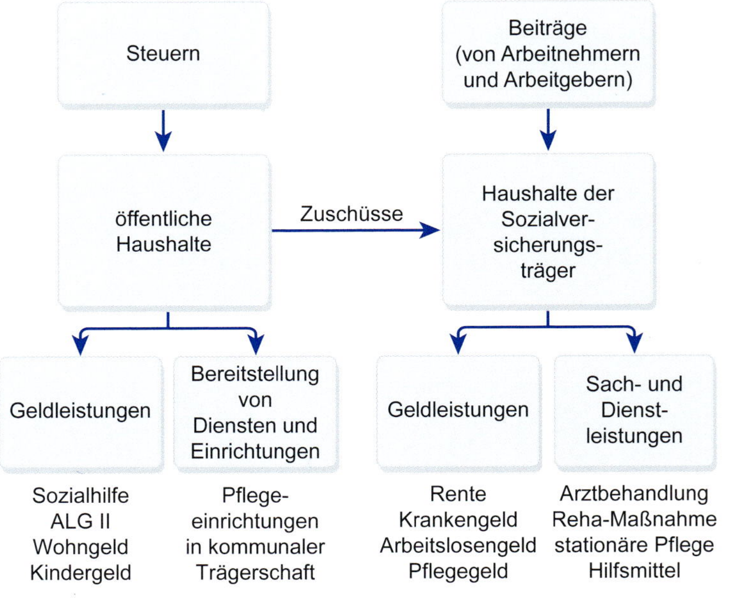

Abb. 3.2 Finanzierung von Sozialleistungen.

3.1.1.4 Sozialverwaltungsverfahren und Sozialgerichtsverfahren

Bis die begehrte Leistung gewährt wird, müssen einige Stationen durchlaufen werden (➤ Abb. 3.3). Geregelt ist das Verfahren im SGB I und SGB X sowie im Sozialgerichtsgesetz (SGG). Sämtliche Gesetze machen dem Anspruchsteller das Verfahren auf dem Weg zu einem Bescheid so einfach wie möglich. Außerdem hilft der **Amtsermittlungsgrundsatz** (§ 20 SGB X): Der Leistungsträger muss *von sich aus* den Sachverhalt ermitteln und aufklären.

Viele Erleichterungen im Sozialverwaltungs- und -klageverfahren

Wichtige **Rechte der Beteiligten** im Sozialverwaltungsverfahren:

- Sie können sich einen Bevollmächtigten oder Beistand nehmen (§ 13 SGB X).
- Sie haben Anspruch auf Akteneinsicht (§ 25 SGB X).
- Sie haben Anspruch auf Anhörung, bevor ein Verwaltungsakt erlassen wird, der in ihre Rechte eingreift (§ 24 Abs. 1 SGB X).

Antragsverfahren

Bei Falschberatung muss der Sozialleistungsträger haften

Das Verfahren beginnt zunächst meist mit einer **Beratung.** Jeder Bürger hat einen (einklagbaren!) Anspruch auf ein individuelles Gespräch und auf gezielte und umfassende Unterrichtung (§§ 14 f. SGB I). Bei einer Falschberatung muss der Sozialleistungsträger dafür haften.

Antrag auch bei an sich unzuständiger Stelle möglich

Nach der Beratung wird ein **Antrag** gestellt (§ 16 SGB I). Ein Telefonanruf reicht dazu schon aus! Reicht man seinen Antrag bei einer unzuständigen Behörde ein, so muss diese Stelle den Antrag an den richtigen Leistungsträger

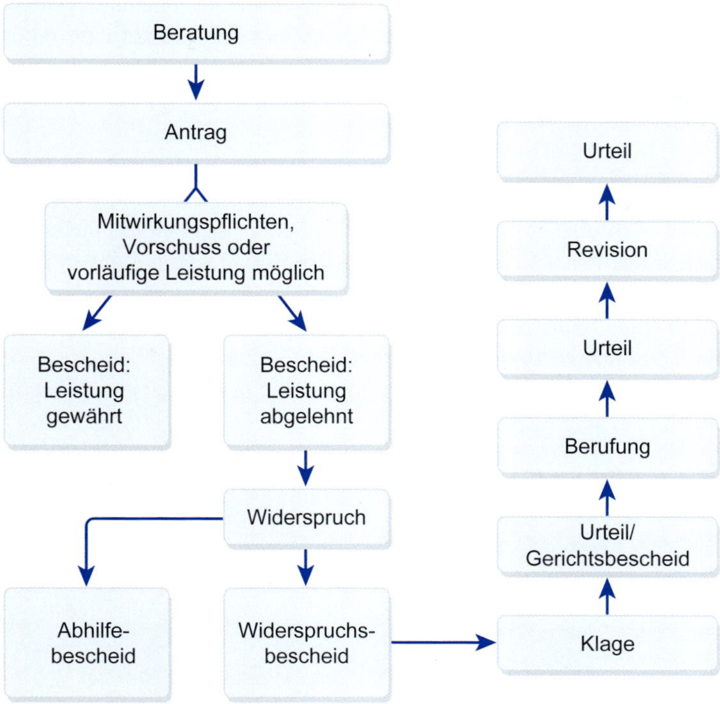

Abb. 3.3 Sozial- und Sozialgerichtsverfahren im Überblick.

weiterleiten. Der Antrag gilt immer ab dem Zeitpunkt als gestellt, ab dem er bei der (wenn auch unzuständigen) Behörde eingegangen ist.

Bei einer sozialen Notlage kann das Sozialamt auch ohne Antrag tätig werden (§ 18 SGB XII).

Mitwirkungspflichten und ihre Grenzen

Während der Antragsbearbeitung hat der Antragsteller einige **Mitwirkungspflichten** (§§ 60 ff. SGB XI). So muss er z. B. alle notwendigen Tatsachen angeben oder seine Zustimmung zu Auskünften Dritter (z. B. von Ärzten) geben. Allerdings hat die Mitwirkung auch Grenzen. Wenn z. B. aus wichtigem Grund eine Mitwirkung nicht zumutbar ist. *Beispiel:* Ein Antragsteller, der schwer krank und bettlägerig ist, muss der Aufforderung, persönlich zu erscheinen, nicht nachkommen.

Bei fehlender Mitwirkung können Leistungen gekürzt oder gestrichen werden

Wirkt man nicht mit, obwohl man es müsste, dann können die Leistungen gekürzt oder sogar völlig gestrichen werden. Allerdings nur, wenn man zuvor darauf schriftlich hingewiesen wurde! Holt der Antragsteller seine Mitwirkungspflicht nach, so kann der Leistungsträger die Leistung für die Vergangenheit ebenfalls nachholen.

Es gibt einen Anspruch auf einen Vorschuss

Noch bevor ein Bescheid ergeht, kann der Leistungsträger zu einem **Vorschuss** verpflichtet sein. Wenn der Anspruch nämlich dem Grunde nach feststeht (§ 42 SGB I). Ähnliches gilt, wenn sich zwei Leistungsträger nur noch darüber streiten, wer letztlich zahlen muss (§ 43 SGB I).

Wenn nichts passiert: Untätigkeitsklage

Hat der Leistungsträger alle Informationen gesammelt, dann ergeht ein **Bescheid.** Passiert jedoch innerhalb von sechs Monaten nichts, dann kann der Antragsteller eine Untätigkeitsklage erheben (§ 88 Abs. 1 SGG). Allerdings gibt es mittlerweile in etlichen Gesetzen Beschleunigungsregelungen (so z. B. in § 13 Abs. 3a SGB V: Die Krankenkasse muss innerhalb von drei bzw. fünf Wochen über Anträge entscheiden).

Widerspruchsverfahren

Widerspruch muss innerhalb eines Monats eingelegt werden

Gegen einen Bescheid kann Widerspruch eingelegt werden (§§ 69 ff. VwGO). Achtung: In manchen Angelegenheiten ist man verpflichtet, sogleich Klage einzureichen. Wenn dies der Fall ist, dann steht es in der Rechtsbehelfsbelehrung – also immer lesen! Die **Frist** für den Widerspruch beträgt einen Monat ab Zustellung des Bescheids. Der Widerspruch bedarf keiner besonderen **Form.** Er muss bei dem Leistungsträger eingelegt werden, der den Bescheid erlassen hat. Man sollte den Widerspruch begründen, muss es aber nicht.

PRAXISTIPP

Muster für einen Widerspruch

Franz Hirmer, …
An die Pflegekasse …
Ihr Zeichen: …
Sehr geehrte Damen und Herren,
hiermit legen ich gegen Ihren Bescheid vom … Widerspruch *ein.*
Sie haben die Pflegestufe I anerkannt, ich bin jedoch der Pflegestufe II zuzuordnen.
(Begründung: …)
Mit freundlichen Grüßen
Franz Hirmer

Das Verfahren einschließlich Widerspruchsverfahren ist **kostenfrei** (§ 64 SGB X). Bei erfolgreichem Widerspruchsverfahren besteht Anspruch auf Aufwendungsersatz (§ 63 SGB X), z. B. für die Anwaltskosten.

Nach einem Widerspruch kann der zuständige Sachbearbeiter dem Widerspruch mit einem sogenannten **Abhilfebescheid** stattgeben. Hilft er nicht ab, dann legt er die Akten der nächsthöheren Stelle oder dem Widerspruchsausschuss (z. B. bei der Kranken- oder Pflegeversicherung) vor. Dort wird dann entschieden und ein **Widerspruchsbescheid** erlassen. Auch hier kann der Anspruchsteller bei Untätigkeit des Leistungsträgers **Untätigkeitsklage** erheben, wenn nach dem Widerspruch drei Monate lang nichts geschehen ist (§ 88 Abs. 2 SGG).

Gerichtsverfahren

Klage

Gegen einen Widerspruchsbescheid kann Klage beim zuständigen Sozialgericht erhoben werden. Auch in diesem Fall ist eine **Frist** von einem Monat zu beachten. Bei welchem Gericht die Klage einzureichen ist, ergibt sich aus der Rechtsbehelfsbelehrung. Die Klage kann **schriftlich** eingereicht werden **oder** auch **mündlich** (bei der Rechtsantragsstelle des Sozialgerichts). Es geht sogar notfalls über eine Behörde.

PRAXISTIPP

Muster für eine Klage

Franz Hirmer, …
An das Sozialgericht …
Hiermit reiche ich gegen den Bescheid der Pflegekasse … vom … (Az. …) in Form des Widerspruchsbescheids vom … (Az. …) Klage ein. Ich beantrage, die Kasse zu verpflichten, mich der Pflegestufe II zuzuordnen.
(Begründung: …)
Den Widerspruchsbescheid habe ich in Kopie beigelegt.
Mit freundlichen Grüßen
Franz Hirmer

In eiligen Fällen kann bei Gericht eine **einstweilige Anordnung** beantragt werden.

Vor dem Sozialgericht (und sogar vor dem Landessozialgericht, also in zweiter Instanz) kann der Kläger sich immer selbst vertreten. Allerdings können neben einem Anwalt auch andere Personen bevollmächtigt werden, z. B. volljährige Familienangehörige.

Ist die Klage nicht mutwillig und bietet sie Aussicht auf Erfolg, dann wird dem Kläger auf dessen Antrag hin **Prozesskostenhilfe** gewährt. Damit werden die Anwaltskosten durch den Staat getragen. **Gerichtskosten** für das Sozialgerichtsverfahren fallen für Versicherte oder Leistungsempfänger nicht an.

Rechtsmittel: Berufung, anschließend Revision

Wenn man mit dem Richterspruch nicht einverstanden ist, dann ist die Berufung zum Landessozialgericht möglich (innerhalb von einem Monat nach Zustellung des Urteils). Gegen dessen Urteil kann Revision zum Bundessozialgericht eingelegt werden, allerdings grundsätzlich nur, wenn das Landessozialgericht die Revision zugelassen hat.

3.1.1.5 Sozialversicherungsrecht

Definition

Sozialversicherungsrecht

Das Sozialversicherungsrecht ist der Teil des Sozialrechts, bei dem es um die Absicherung gegen Einbußen in bestimmten Lebenslagen geht (Vorsorgeprinzip). Die fünf Säulen (➤ Tab. 3.2) sind: Arbeitslosenversicherung (SGB III), Krankenversicherung (SGB V), Rentenversicherung (SGB VI), Unfallversicherung (SGB VII) und Pflegeversicherung (SGB XI).

Staat hat Sozialversicherung delegiert (mittelbare Staatsverwaltung)

Um die Vorsorge gegen Einbußen in bestimmten Lebenslagen kümmert sich nicht der Staat. Im Gegenteil: Der Staat hat sich aus dem Bereich der Sozialversicherung größtenteils zurückgezogen und diese an andere übertragen (mittelbare Staatsverwaltung). Er hat nur den Rahmen gesetzt und überlässt weitere Regelungen den Trägern der Sozialversicherung (rechtsfähige Körperschaften des Öffentlichen Rechts mit Selbstverwaltungskompetenz). Immerhin führt er noch die Aufsicht. Das soll zu lebensnahen und sachgerechten Lösungen führen und die Sozialversicherung im Bewusstsein der Bevölkerung besser verankern („Selbstverwaltung ist gelebte Demokratie"). Die Träger der Sozialversicherung organisieren sich also selbst (➤ Abb. 3.4). Dies drückt sich auch durch die alle sechs Jahre stattfindende **Sozialwahl** aus.

Definition

Sozialversicherung

- staatlich organisierte
- nach den Grundsätzen der Selbstverwaltung aufgebaute
- öffentlich-rechtliche
- vorwiegend auf Zwang beruhende
- Versicherung großer Teile der arbeitenden Bevölkerung
- für den Fall der Beeinträchtigung der Erwerbsfähigkeit (Krankheit, Pflegebedürftigkeit, Alter) und des Todes (z. B. eines Ehegatten) sowie des Eintritts der Arbeitslosigkeit

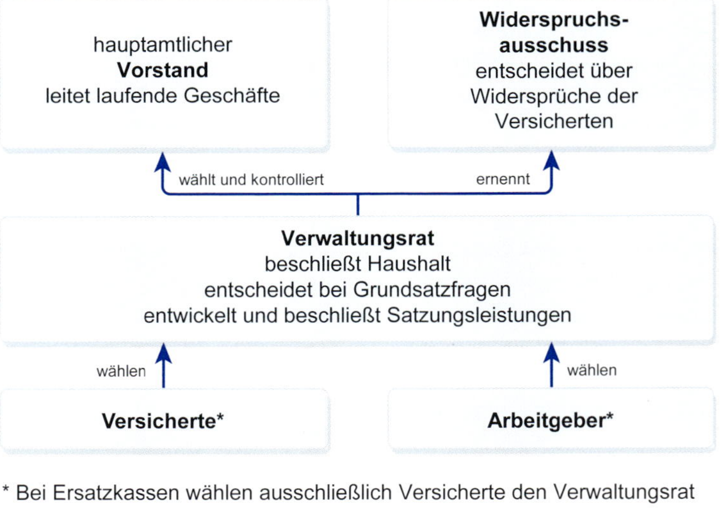

Abb. 3.4 Beispiel Krankenversicherung: Organe und deren Aufgaben.

Tab. 3.2 Die Zweige der gesetzlichen Sozialversicherung und die zugehörigen Träger.

Gesetzliche Sozialversicherung	Träger
Arbeitslosenversicherung	Bundesagentur für Arbeit
Krankenversicherung	Krankenkassen
Rentenversicherung	Deutsche Rentenversicherung Bund, Deutsche Rentenversicherung Knappschaft-Bahn-See und weitere 14 rechtlich selbstständige und regionenübergreifende Träger wie z. B. Deutsche Rentenversicherung Hessen
Unfallversicherung	Gewerbliche und landwirtschaftliche Berufsgenossenschaften, Unfallkassen und Feuerwehr-Unfallkassen
Pflegeversicherung	Pflegekassen

Sozialversicherung beruht auf Zwang (mit Ausnahmen)

Aus der Definition wird deutlich: Als Arbeitnehmer kann man grundsätzlich nicht aus der Sozialversicherung austreten, sie beruht auf **Zwang.** Aber es gibt Ausnahmen. Dazu ist die Unterscheidung folgender Begriffe notwendig:

- **Versicherungspflicht** (Normalfall): Das Versicherungsverhältnis wird kraft Gesetzes zwingend angeordnet, nicht nur für Arbeitnehmer, auch für andere schutzbedürftige Personen (z. B. Arbeitslose oder Studenten).
- **Versicherungsfreiheit:** Bestimmte Personen bedürfen typischerweise keiner Vorsorge, sie sind deswegen nicht zwangsversichert (z. B. Arbeitnehmer, deren Einkommen eine bestimmte Grenze übersteigt).
- **Versicherungsberechtigung:** Personen, die an sich nicht sozialversichert sein müssen, können dennoch die gesetzliche Sozialversicherung wählen. *Beispiel:* Eine Person scheidet aus der Sozialversicherungspflicht aus, weil sie sich selbstständig gemacht hat. Dann kann sie später im Rahmen einer freiwilligen Mitgliedschaft der gesetzlichen Krankenversicherung wieder beitreten, wenn sie vor dem Ausscheiden über einen bestimmten Zeitraum krankenversichert war (§ 9 Abs. 1 Nr. 1 SGB V).
- **Versicherungsbefreiung:** Personen, die aufgrund ihres Status als schutzbedürftig gelten, können im Einzelfall aber dennoch auf den Versicherungsschutz verzichten. In der Krankenversicherung betrifft dies z. B. Teilzeitbeschäftigte, Studenten oder Menschen mit Behinderung, die an einer Maßnahme zur Teilhabe am Arbeitsleben teilnehmen (§ 8 Abs. 1 SGB V).

CHECKLISTE

Anspruch auf eine Leistung der gesetzlichen Sozialversicherung?

- Gehört die Person zum versicherten Personenkreis?
- Hat sich das Risiko dieses Versicherungszweigs verwirklicht (z. B. Krankheit, Pflegebedürftigkeit, vgl. ➤ Tab. 3.3), ist also der Versicherungsfall eingetreten?
- Welche Leistungen erbringt diese Versicherung in diesem Falle?
- Liegen die zusätzlichen Voraussetzungen für die jeweilige Leistung vor?

Fallbeispiel

Herr Philips will Pflegegeld

Herr Philips ist 81 Jahre alt und lebt allein. Nach einem Schlaganfall kommt er in vielen Dingen des Alltags nicht mehr allein zurecht. Unter anderem benötigt er Hilfe beim Waschen und Ankleiden. Herr Philips will aber unbedingt in seiner häuslichen Umgebung bleiben und möchte, dass seine Versorgung durch den ambulanten Pflegedienst der Caritas von der Pflegekasse übernommen wird. Hat er darauf einen Anspruch?

- Zunächst gehört Herr Philips als Rentner zum versicherten Personenkreis.
- Wenn Pflegebedürftigkeit vorliegt (wird durch den MDK ermittelt), ist der Versicherungsfall eingetreten.
- Als Leistung möchte Herr Philips häusliche Pflegehilfe. Diese ist in § 36 SGB XI gesetzlich vorgesehen.

- In dieser Vorschrift wird u. a. als Voraussetzung verlangt, dass Pflegekräfte tätig sein müssen, deren Arbeitgeber mit der Pflegekasse einen Versorgungsvertrag abgeschlossen haben. Das ist hier – neben den anderen Voraussetzungen – auch erfüllt.

Also hat der Pflegebedürftige einen Anspruch darauf, dass die Kasse den Pflegedienst bezahlt, allerdings nur mit der nach Pflegestufen gestaffelten Deckelung.

3.1.1.6 Ausgewählte Sozialgesetzbücher

Die gesetzliche Krankenversicherung (SGB V)

Eine Versicherung gegen Krankheit gibt es bereits seit 1883 (Bismarcksche Sozialgesetzgebung). Damit ist die Krankenversicherung der älteste Zweig der Sozialversicherung, noch dazu mit einem ununterbrochenen Fluss an Änderungen.

Der versicherte Personenkreis

Allgemeine Krankenversicherungspflicht

Im Jahr 2007 wurde in der gesetzlichen Krankenversicherung (GKV) die Versicherungspflicht eingeführt, seit 1.1.2009 besteht diese grundsätzlich für *alle* Personen mit Wohnsitz in Deutschland (Allgemeine Krankenversicherungspflicht nach § 193 Abs. 3 VVG). In der GKV gibt es zwar die oben dargestellten Ausnahmen (z. B. die Versicherungsfreiheit von Selbstständigen), die Betroffenen müssen dann aber von einer *privaten* Krankenversicherung zum Basistarif versichert werden.

Eine Besonderheit in der GKV ist die **Familienversicherung.** Danach können die in Deutschland lebenden nicht versicherten Ehegatten, Lebenspartner und Kinder von Mitgliedern *beitragsfrei* mitversichert werden.

Das Recht der Leistungserbringung

Sach- und Dienstleistungen (ausnahmsweise auch Geldleistungen)

Die GKV gewährt vorrangig Sachleistungen (z. B. Arznei- und Hilfsmittel) und Dienstleistungen (z. B. ärztliche Behandlung). Das heißt: Versicherte haben einen Anspruch auf deren Verschaffung, nicht aber auf eine Geldleistung.

Tab. 3.3 Krankheit, Pflegebedürftigkeit und Behinderung als Anknüpfungspunkte im Sozialrecht.

	Krankheit	Pflegebedürftigkeit	Behinderung
Definition	regelwidriger körperlicher, geistiger oder seelischer Zustand, der ärztlicher Behandlung bedarf oder Arbeitsunfähigkeit zur Folge hat	Hilfebedürftigkeit für die gewöhnlichen und regelmäßig wiederkehrenden Verrichtungen des täglichen Lebens	für Lebensalter untypischer körperlicher, geistiger oder seelischer Zustand, der zu dauerhafter und gravierender Beeinträchtigung der gesellschaftlichen Teilhabe führt
Ziel	Heilung, Stabilisierung, Linderung	Ausgleich von Funktionsdefiziten	Abwendung, Beseitigung einer Behinderung, Stabilisierung, Eingliederung in Gemeinschaft
Zuständigkeit	Krankenkasse	Pflegekasse, ergänzend Sozialhilfeträger	Krankenkasse, Träger der Rentenversicherung, Sozialhilfeträger u. a.

Anspruch auf eine Geldleistung besteht nur in Ausnahmefällen, z. B. beim Krankengeld.

PRAXISTIPP

Erst seit 2013 gibt es folgende Beschleunigungsregelung (§ 13 Abs. 3a SGB V): Die Krankenkasse muss innerhalb von drei Wochen nach Eingang des Leistungsantrags über diesen entscheiden (wenn ein MDK-Gutachten notwendig ist, innerhalb von fünf Wochen). Bei Zahnbehandlungen können sich die Fristen um eine Woche verlängern. Wenn die Kasse die Frist nicht einhalten kann, so muss sie den Versicherten schriftlich (und begründet) informieren. Erfolgt keine Mitteilung eines hinreichenden Grundes, so gilt die Leistung nach Ablauf der Frist als genehmigt – also allein aus Gründen der Fristversäumnis! Beschaffen sich Leistungsberechtigte nach Ablauf der Frist eine erforderliche Leistung selbst, so ist die Krankenkasse zur Erstattung der hierdurch entstandenen Kosten verpflichtet. Ähnliches gilt bei Heilmitteln (§ 32 Abs. 1a SGB V).

Pflichtleistungen, Satzungsleistungen, individuelle Gesundheitsleistungen

Rund 95 Prozent der hier dargestellten Leistungen sind durch den Gesetzgeber vorgeschrieben (Pflichtleistungen). Daneben gibt es einige Mehrleistungen, die die Krankenkassen im Rahmen ihres gesetzlich eingeräumten Ermessensspielraums selbst gestalten können **(Satzungsleistungen)**. Außerhalb von Pflicht- und Satzungsleistungen gibt es noch Leistungen, die für den einzelnen Versicherten wünschenswert sind, aber das Maß des Notwendigen überschreiten. Solche Wunschleistungen muss man aus eigener Tasche bezahlen **(individuelle Gesundheitsleistungen, IGeL)**.

Wirtschaftlichkeitsgebot

Will man eine Leistung der Kasse beanspruchen, so gilt immer das Wirtschaftlichkeitsgebot: Die Leistungen müssen ausreichend, zweckmäßig und wirtschaftlich sein; sie dürfen das Maß des Notwendigen nicht überschreiten (§ 12 Abs. 1 S. 1 SGB V). Dazu beschließt der **Gemeinsame Bundesausschuss (G-BA)** entsprechende Richtlinien (Beispiele siehe gleich unten). Diese Richtlinien bestimmen maßgeblich den Leistungsinhalt und den Leistungsumfang in der vertragsärztlichen Versorgung. Dadurch ist der G-BA ein sehr mächtiges Gremium! Er besteht aus 13 stimmberechtigten (und weiteren beratenden) Mitgliedern. Durch seine Beschlüsse können u. a. auch Leistungen ausgeschlossen werden. Und: Neue Methoden bedürfen unbedingt seiner Empfehlung.

Ausgewählte Leistungen der GKV

Aktuell gibt es – wenn auch zum Teil unter engen Voraussetzungen – **Leistungen** (s. Katalog in § 11 SGB V)

- bei Schwangerschaft und Mutterschaft,
- zur Verhütung von Krankheiten und von deren Verschlimmerung,
- zur Empfängnisverhütung, bei Sterilisation und Schwangerschaftsabbruch,
- zur Früherkennung von Krankheiten,
- zur Behandlung einer Krankheit und
- zur medizinischen Rehabilitation.

Für viele Leistungen sind mittlerweile **Zuzahlungen** notwendig (wobei es Befreiungsmöglichkeiten gibt). § 61 SGB V regelt einige:

- Für Arzneimittel und Verbandmittel: 10 Prozent, mindestens jedoch 5 Euro und höchstens 10 Euro, allerdings jeweils nicht mehr als die Kosten des Mittels.

- Für stationäre Maßnahmen: 10 Euro je Kalendertag (für maximal 28 Tage im Jahr).
- Bei Heilmitteln und häuslicher Krankenpflege: 10 Prozent der Kosten sowie 10 Euro je Verordnung.

Krankenbehandlung (§ 27 SGB V)
Die Krankenbehandlung umfasst z. B.: (zahn-)ärztliche Behandlung einschließlich Psychotherapie, Krankenhausbehandlung, Versorgung mit Arznei-, Verband-, Heil- und Hilfsmitteln sowie häusliche Krankenpflege und Haushaltshilfe

3

Ärztliche Versorgung in Pflegeeinrichtungen

In Pflegeeinrichtungen ist es nicht immer ganz einfach, Ärzte, insbesondere Fachärzte, für Hausbesuche zu gewinnen (obwohl diese im Bedarfsfall dazu verpflichtet sind). Immerhin gibt es die Möglichkeit, mit niedergelassenen Ärzten **Kooperationsverträge** abzuschließen (➤ Abb. 3.5).

Arznei- und Verbandmittel (§ 31 SGB V, Arzneimittel-Richtlinie)
Die Kosten für Arzneimittel müssen von den Kassen übernommen werden. Es gibt aber Ausnahmen. Vor allem: Arzneimittel, die weniger als 5 Euro kosten, Bagatell-Arzneimittel oder Lifestyle-Medikamente, unwirtschaftliche Arzneimittel mit geringem oder umstrittenem therapeutischen Nutzen und grundsätzlich nicht verschreibungspflichtige Arzneimittel.

Heilmittel (§ 32 SGB V, Heilmittel-Richtlinie)
Heilmittel sind **ärztlich verordnete medizinische Dienstleistungen,** die nur von Angehörigen entsprechender Gesundheitsfachberufe erbracht werden dürfen. Es handelt sich also nicht, wie der Name vermuten lässt, um sachliche Mittel. *Beispiele:* Maßnahmen der physikalischen Therapie, der Stimm-, Sprech- und Sprachtherapie sowie Maßnahmen der Ergotherapie.

Hilfsmittel (§ 33 SGB V, Hilfsmittel-Richtlinie)

Hilfsmittel:
- Sicherung des Behandlungserfolgs
- Vorbeugung einer drohenden Behinderung
- Ausgleich einer bestehenden Behinderung

Gegenstände, die erforderlich sind, um den Erfolg der Krankenbehandlung zu sichern, einer drohenden Behinderung vorzubeugen oder eine Behinderung

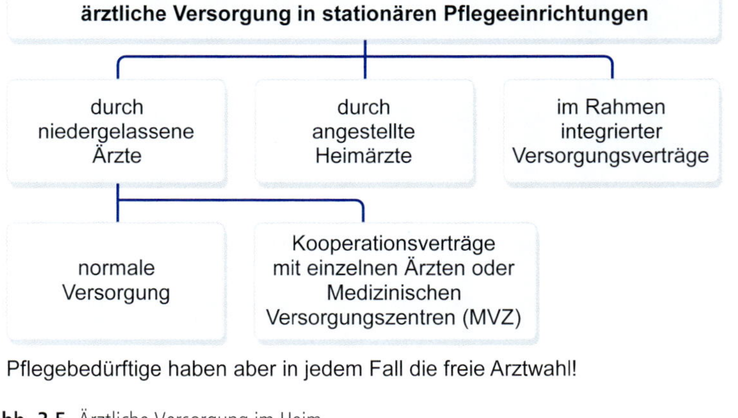

Abb. 3.5 Ärztliche Versorgung im Heim.

auszugleichen, nennt man Hilfsmittel. *Beispiele:* Absauggeräte, Einlagen, Hör- und Sehhilfen, Prothesen, Gehhilfen und Lagerungshilfen. Kassen müssen diese insbesondere dann zur Verfügung stellen, wenn sie im Hilfsmittelverzeichnis der GKV gelistet sind. Der Anspruch umfasst auch die notwendige Änderung, Instandsetzung und Ersatzbeschaffung von Hilfsmitteln, die Ausbildung in ihrem Gebrauch und notwendige Wartungen und technischen Kontrollen.

Allgemeine Gebrauchsgegenstände des täglichen Lebens (z. B. Heizdecken oder Haushaltsgeräte) sind grundsätzlich ausgeschlossen. Mittel, für die keine Leistungspflicht der Krankenkasse besteht, werden ebenfalls nicht vergütet. Das sind z. B. Hilfsmittel, die lediglich einen geringen oder umstrittenen therapeutischen Nutzen besitzen (z. B. Wärmflaschen). Das Gleiche gilt für Hilfsmittel, deren Abgabepreis zu gering ist (z. B. Gummihandschuhe).

Nicht erstattungsfähig:
Allgemeine Gebrauchsgegenstände
Mittel, für die keine Leistungspflicht besteht

Auch Brillen und Kontaktlinsen sind Hilfsmittel. Für sie besteht aber nur in Ausnahmefällen eine Erstattungspflicht der Kassen.

3

Häusliche Krankenpflege (§ 37 SGB V, HKP-Richtlinie)

Eine bedeutende Einnahmequelle für ambulante Pflegedienste ist die häusliche Krankenpflege. Sie kommt zur Vermeidung eines Krankenhausaufenthalts oder zur Sicherung einer ärztlichen Behandlung infrage (➤ Tab. 3.4). Sie muss vom Arzt verordnet werden. Wenn eine im Haushalt lebende Person den Kranken in dem erforderlichen Umfang pflegen und versorgen kann, ist die Übernahme häuslicher Krankenpflege ausgeschlossen. Ebenso wenn der Patient einfache Maßnahmen der Behandlungspflege selbst übernehmen kann (z. B. Medikamenteneinnahme, ggf. auch subkutane Insulininjektion).

Häusliche Krankenpflege:
- Vermeidung eines Krankenhausaufenthalts
- Sicherung eines Behandlungserfolgs

Spezialisierte ambulante Palliativversorgung (§ 37b SGB V, SAPV-Richtlinie)

Schwerstkranke und sterbende Menschen haben einen Anspruch auf Übernahme der Kosten für eine **leidensmindernde (palliative) medizinische und pflegerische Behandlung** auch in der häuslichen oder familiären Umgebung.

Tab. 3.4 Formen der häuslichen Krankenpflege.

	Krankenhausvermeidungspflege (§ 37 Abs. 1 SGB V)	Behandlungssicherungspflege (§ 37 Abs. 2 SGB V)
Ziel	Vermeidung oder Verkürzung einer Krankenhausbehandlung; oder wenn nicht durchführbar	Sicherung des Ziels ärztlicher Behandlung
Beispiele	belastende Krankenhauseinweisung soll vermieden werden. Patient will unbedingt (aus dem Krankenhaus) nach Hause. Es fehlt ein Platz z. B. in einer Reha-Klinik	bei einem zu Hause lebenden Patienten müssen Verbände gewechselt und Injektionen verabreicht werden (wozu er selbst nicht in der Lage ist)
Ort der Leistungserbringung	zu Hause, in betreuten Wohnformen oder „sonst an einem geeigneten Ort", z. B. Senioren-WG	
		bei besonders hohem Bedarf an medizinischer Behandlungspflege auch in stationärer Pflegeeinrichtung
Leistungsumfang	Grundpflege, Behandlungspflege, hauswirtschaftliche Versorgung	grundsätzlich nur Behandlungspflege, eine Kasse kann aber Grundpflege und hauswirtschaftliche Versorgung als Satzungsleistung ermöglichen
Zeitbegrenzung	vier Wochen (darüber hinaus nur mit besonderer Begründung)	keine

Die gesetzliche Pflegeversicherung (SGB XI)

Mit dem **Pflege-Versicherungsgesetz** wurde 1994 das SGB XI geschaffen. Bis dahin waren die GKV und die Sozialhilfe ein Auffangbecken für den zunehmenden Pflegebedarf. Da jedoch der Kostendruck stieg, einigte man sich nach jahrelangen Diskussionen auf die Einführung einer Pflegeversicherung. Diese trat im Laufe der Jahre 1995 und 1996 stufenweise in Kraft.

Pflegeversicherung orientiert sich an Krankenversicherung
Ziele der GPV

Die GPV ist in vielen Dingen ähnlich wie die GKV ausgestaltet. So sind grundsätzlich die in der GKV versicherten Personen automatisch auch in der GPV versichert. Die GPV hat zwei Ziele: Zum einen will sie die Lebenssituation der Pflegebedürftigen verbessern, wobei sie – dem Budgetprinzip folgend – keine Voll-, sondern nur eine Grundversorgung vorsieht. Das zweite Ziel ist es, (privaten) Pflegepersonen eine gewisse soziale Absicherung zu bieten.

Die Leistungsträger

Pflegekassen sind organisatorisch mit den Krankenkassen verknüpft

Träger der GPV sind die **Pflegekassen.** Diese sind zwar bei den Krankenkassen angesiedelt und mit diesen auch organisatorisch verknüpft, rechtlich handelt es sich jedoch um eigenständige Körperschaften des Öffentlichen Rechts (mit Selbstverwaltung). Die Finanzierung erfolgt wie bei der GKV vor allem durch Arbeitnehmer- und Arbeitgeber-Beiträge. Für mitversicherte Familienmitglieder werden keine Beiträge erhoben.

Leitbild der gesetzlichen Pflegeversicherung

Leitbild der GPV steht in den ersten Paragrafen des SGB XI

Das Leitbild der GPV findet sich in den ersten Paragrafen des SGB XI:

- Die pflegerische Versorgung der Bevölkerung ist eine gesamtgesellschaftliche Aufgabe (§ 8 SGB XI).
- Die Prävention, Krankenbehandlung und medizinische Rehabilitation haben Vorrang vor der Pflege (§ 5 SGB XI).
- Die Selbstbestimmung des Pflegebedürftigen steht im Mittelpunkt (§ 2 SGB XI).
- Die häusliche Pflege hat Vorrang (§ 3 SGB XI). Daraus folgt eine Rangfolge der Leistungen:
  - ambulante Pflege
  - teilstationäre oder vollstationäre Kurzzeitpflege
  - vollstationäre Pflege

Die Prüfung von Ansprüchen

Formelle und materielle Voraussetzungen müssen erfüllt sein

Um einen Anspruch auf eine Leistung aus der GPV zu haben, müssen zunächst die formellen Voraussetzungen erfüllt sein (vor allem Versicherungspflicht, Vorversicherungszeit und Antrag). Schwieriger in der Praxis ist es aber, die materiellen Hürden zu überwinden. Diese finden sich in den §§ 14, 15 SGB XI. Dreh- und Angelpunkt sind dort der Pflegebedürftigkeitsbegriff und die Pflegestufen. Dazu gibt es die Pflegebedürftigkeits-Richtlinien. Darin stehen weitere Merkmale zu Pflegebedürftigkeit und Pflegestufen. Außerdem wird das Verfahren zur Feststellung der Pflegebedürftigkeit (§ 18 SGB XI) konkretisiert.

Mittlerweile gibt es auch einige Leistungen, bei denen eine Pflegestufe nicht notwendig ist. *Beispiel:* Bei erheblichem allgemeinem Betreuungsbedarf kann man auch ohne eine Pflegestufe eine monatliche Zahlung in Höhe von 100 bzw. 200 Euro beanspruchen (§§ 45a, 45b SGB XI, s. u.)

CHECKLISTE

Besteht ein Anspruch auf Leistungen aus der GPV?

- Liegt Pflegebedürftigkeit vor (§ 14 SGB XI)?
- Ist die zeitliche Untergrenze der jeweiligen Pflegestufe überschritten?

Am besten prüft man den Anspruch auf Leistungen der GPV in vier Stufen.

1. Stufe: Liegt Pflegebedürftigkeit vor?

Pflegebedürftigkeit: Krankheit, Behinderung, Hilfebedarf

Pflegebedürftig ist man, wenn man eine körperliche, geistige oder seelische Krankheit oder Behinderung hat und deswegen ein Hilfebedarf besteht. Der Hilfebedarf wird dann noch näher konkretisiert. Man muss Hilfe benötigen

- für gewöhnlich oder regelmäßig wiederkehrende (mindestens einmal pro Woche) Verrichtungen des täglichen Lebens,
- auf Dauer, also voraussichtlich für mindestens sechs Monate und
- in erheblichem oder höherem Maße.

Grundpflege, hauswirtschaftliche Versorgung

Was Verrichtungen sind, wird in § 14 Abs. 4 SGB XI näher (und abschließend) beschrieben:

- Grundpflege:
  - Körperpflege: Waschen, Duschen, Baden, die Zahnpflege, das Kämmen, Rasieren, die Darm- oder Blasenentleerung
  - Ernährung: mundgerechtes Zubereiten oder die Aufnahme der Nahrung
  - Mobilität: selbstständiges Aufstehen und Zu-Bett-Gehen, An- und Auskleiden, Gehen, Stehen, Treppensteigen oder das Verlassen und Wiederaufsuchen der Wohnung,
- Hauswirtschaftliche Versorgung: Einkaufen, Kochen, Reinigen der Wohnung, Spülen, Wechseln und Waschen der Wäsche und Kleidung oder das Beheizen.

Ganz wichtig für die Beurteilung des Hilfebedarfs: Es kommt nicht auf die Schwere einer Krankheit an, sondern auf die **Funktionsstörung.** Denn nur wenn aus der Krankheit eine Funktionsstörung resultiert, braucht ein Mensch Unterstützung. Eine Krankheit allein macht noch nicht hilfebedürftig.

Außerdem: Pflegebedürftigkeit liegt nur vor, wenn Hilfe bei Grundpflege und hauswirtschaftlicher Versorgung notwendig ist, und zwar nur bei den dargestellten Verrichtungen. Kommunikative Bedürfnisse werden z. B. nicht berücksichtigt.

2. Stufe: Berechnung des Pflegeaufwands

Zeitkorridore für die Pflege

Hat man die erste Hürde genommen, dann kommt es zur „Minutenzählerei". Dazu wird zu sämtlichen Verrichtungen ermittelt, wie viele Minuten notwendig sind, um den Pflegebedürftigen zu versorgen. Dabei ist nicht von den Fähigkeiten einer Fachkraft, sondern von einem Laien auszugehen. In der Praxis ermittelt der MDK den Aufwand anhand von Zeitkorridoren. Beispiele:

- Ganzkörperwäsche: 20 bis 25 Minuten
- mundgerechte Zubereitung einer Hauptmahlzeit (einschließlich des Bereitstellens eines Getränkes): je 2 bis 3 Minuten
- Ankleiden gesamt: 8 bis 10 Minuten

3. Stufe: Zuordnung zu einer Pflegestufe

Für die **Pflegestufe** ist zu ermitteln, wie häufig die Grundpflege und die hauswirtschaftliche Versorgung erbracht werden:

- Pflegestufe I: Erhebliche Pflegebedürftigkeit
  - Grundpflege
    - Hilfebedarf mindestens einmal täglich
    - aus mindestens zwei Bereichen
  - hauswirtschaftliche Versorgung: mehrere Male pro Woche
- Pflegestufe II: Schwere Pflegedürftigkeit
  - Grundpflege: mindestens dreimal täglich zu verschiedenen Tageszeiten
  - hauswirtschaftliche Versorgung: mehrere Male pro Woche
- Pflegestufe III: Schwerste Pflegebedürftigkeit
  - Gesamtpflegebedarf von mindestens 5 Stunden
  - Grundpflege täglich, rund um die Uhr, auch nachts
  - hauswirtschaftliche Versorgung: mehrere Male pro Woche

Hier kommt es also noch nicht auf die ermittelten Minuten an, sondern auf die Häufigkeit von Grundpflege und hauswirtschaftlicher Versorgung.

Fallbeispiel

Pflegestufe II?

Herrn Stern lebt mit seiner Frau in einer Wohnung. Sein rechter Unterschenkel ist amputiert. Seine Ehefrau hilft ihm morgens aus dem Bett und legt seine Beinprothese an. Dann wäscht Herr Stern sich selbstständig im Sitzen. Das Waschen des Rückens und der Beine übernimmt die Ehefrau. Sie zieht ihm auch die Hosen an und aus. Am Abend hilft Frau Stern ihrem Mann beim Ausziehen und Zubettgehen. Für den Haushalt und das Kochen sorgt sie ebenfalls. Liegt hier Pflegestufe II vor?

Für die Pflegestufe II sind drei Verrichtungen aus zwei Bereichen (plus hauswirtschaftliche Versorgung) notwendig. Und diese müssen zu drei verschiedenen Tageszeiten stattfinden. Frau Stern hilft aber nur morgens (bei Mobilität und Körperpflege) und abends (ebenfalls Mobilität). Die Voraussetzungen für Pflegestufe II sind also nicht erfüllt, die von Pflegestufe I hingegen schon.

4. Stufe: Ist die zeitliche Untergrenze der jeweiligen Pflegestufe überschritten?

Im 2. Schritt wurde der Zeitaufwand ermittelt, im 3. Schritt die Pflegestufe. Anhand dieser Daten kann man nun prüfen, ob die zeitliche Untergrenze der jeweiligen Pflegestufe überschritten wurde. Die Untergrenzen sehen wie folgt aus:

- Pflegestufe I:
  - Gesamtpflegebedarf von mindestens 90 Minuten
  - Grundpflegebedarf von mindestens 46 Minuten

- Pflegestufe II:
  - Gesamtpflegebedarf von mindestens 180 Minuten
  - Grundpflegebedarf von mindestens 120 Minuten
- Pflegestufe III:
  - Gesamtpflegebedarf von mindestens 300 Minuten
  - Grundpflegebedarf mindestens 240 Minuten

Antragsverfahren

Antrag → Widerspruch → Klage

Zunächst stellt der Versicherte einen Antrag bei der Pflegekasse (entweder auf Einstufung oder auf Höherstufung). Sind alle notwendigen Informationen zusammen, dann erteilt die Kasse dem MDK einen Prüfauftrag. Dieser meldet sich dann beim Versicherten zu einem bestimmten Termin an. Nach der Begutachtung erstellt der MDK sein Gutachten und übersendet dieses an die Pflegekasse. Ist die Aktenlage eindeutig, dann kann auch auf eine Begutachtung vor Ort verzichtet werden. In jedem Fall: Nicht der MDK entscheidet über den Antrag, sondern die Kasse! Gegen die jeweiligen Bescheide kann man dann Rechtsmittel einlegen: zunächst einen Widerspruch und – falls dieser keinen Erfolg hat – eine Klage (s. o.).

3

Die Leistungen der gesetzlichen Pflegeversicherung

Vier **Leistungsarten** gibt es in der GPV (➤ Tab. 3.5):

- **Dienstleistungen:** informative und beratende Leistungen der Pflegekassen.
- **Sachleistungen:** Zuteilung von Diensten an den Versicherten. Diese werden von einer ambulanten oder stationären Pflegeeinrichtung übernommen.
- **Geldleistungen:** Geldzahlungen sind bei der GPV immer eine Ausnahme (die wichtigste ist das Pflegegeld).
- Eine **Kombination von Sach- und Geldleistung** ist möglich.

Der Umfang der Leistungen wurde mit Inkrafttreten des Pflegestärkungsgesetzes zum 1.1.2015 deutlich erhöht. Grundsätzlich gilt: Der Betrag, der von den Kassen finanziert wird, ist im stationären Pflegebereich am höchsten, sinkt über die ambulante Pflege und ist am niedrigsten bei der Pflege durch Angehörige.

Leistungen bei häuslicher Pflege

Pflegesachleistung (§ 36 SGB XI): Die Kasse übernimmt die Versorgung durch einen ambulanten Pflegedienst. Dadurch soll die stationäre Pflege verhindert werden.

Pflegegeld (§ 37 SGB XI): Wer die Pflege selbst sicherstellen will, der kann ein Pflegegeld erhalten. Das kann er nach eigenen Wünschen verwenden, er ist nicht rechenschaftspflichtig

Kombination von Sach- und Geldleistung (§ 38 SGB XI): Es ist möglich, die beiden zuvor genannten Leistungen zu kombinieren. Dazu wird das Pflegegeld um den Prozentsatz vermindert, in dem der Pflegebedürftige Sachleistungen in Anspruch nimmt.

Zusätzliche Leistungen für Pflegebedürftige in ambulant betreuten Wohngruppen (§ 38a SGB XI): Pauschale in Höhe von 205 Euro.

Tab. 3.5 Ausgewählte Leistungen im Überblick.

	Pflegestufe 0 = eaB	Pflegestufe I *(mit eaB)*	Pflegestufe II *(mit eaB)*	Pflegestufe III *(mit eaB)*
Pflegegeld (monatlich)	123	244 *(316)*	458 *(545)*	728 *(728)*
Pflegesachleistung (monatlich bis zu)	231	468 *(689)*	1.144 *(1.298)*	1.612 *(1.612)* H 1.995 *(1.995)*
Verhinderungspflege[1] durch nahe Angehörige (monatlich bis zu)	1232	244 *(316)*[2]	458 *(545)*[2]	728 *(728)*[2]
Verhinderungspflege[1] durch Sonstige (monatlich bis zu)	1.612	1.612	1.612	1.612
Kurzzeitpflege[3] (im Jahr bis zu)	1.612	1.612	1.612	1.612
Tages- und Nachtpflege (monatlich bis zu)	231	468 *(689)*	1.144 *(1.298)*	1.612 *(1.612)*
vollstationäre Pflege (monatlich)	0	1.064 *(1.064)*	1.330 *(1.330)*	1.612 *(1.612)* H 1.995 *(1.995)*
zusätzliche Betreuungs(- und Entlastungs)leistungen (monatlich bis zu)	104/208	104 *(104/208)*	104 *(104/208)*	104 *(104/208)*
Pflegehilfsmittel	40	40	40	40
Wohnumfeldverbessernde Maßnahmen (pro Maßnahme bis zu)	4.000/16.000[4]	4.000/16.000[4]	4.000/16.000[4]	4.000/16.000[4]

Beträge sind in Euro angegeben. eaB: erheblicher allgemeiner Betreuungsbedarf (nach § 45a SGB XI); H: Härtefall; [1] bis zu sechs Wochen im Kalenderjahr; [2] auf Nachweis werden auch Aufwendungen erstattet (z. B. Verdienstausfall, Fahrtkosten); Grenze für sämtliche Erstattungen für Verhinderungspflege: 1.612 Euro; [3] bis zu vier, bzw. acht Wochen im Kalenderjahr; [4] 16.000 Euro, wenn mehrere Anspruchsberechtigte zusammenwohnen.

Häusliche Pflege bei Verhinderung der Pflegeperson (§ 39 SGB XI): Wenn der pflegende Partner oder Angehörige z. B. Urlaub machen möchte, dann kann für diese Zeit eine Vertretung beansprucht werden (für maximal sechs Wochen im Jahr).

Versorgung mit Pflegehilfsmitteln (§ 40 Abs. 1–3 SGB XI): Pflegehilfsmittel sind Geräte oder Sachmittel, die zur häuslichen Pflege notwendig sind, diese erleichtern und dazu beitragen, dem Pflegebedürftigen eine selbstständige Lebensführung zu ermöglichen. Anders als bei Hilfsmitteln nach dem SGB V dienen die Pflegehilfsmittel nicht medizinischen Zwecken, sondern allein der Unterstützung bei der Pflege. Es gibt folgende Pflegehilfsmittel:

- **Technische Pflegehilfsmittel** wie z. B. ein Pflegebett oder Lagerungshilfen. Diese werden i. d. R. nur leihweise zur Verfügung gestellt.
- **Verbrauchsprodukte** wie z. B. Einmalhandschuhe oder Betteinlagen. Hierfür werden monatlich bis zu 40 Euro von der Kasse bezahlt.

Die Pflegehilfsmittel werden im GKV-Hilfsmittelverzeichnis (Produktgruppen 50–54) aufgelistet. Entscheiden sich Versicherte für eine Ausstattung des Pflegehilfsmittels, die über das Maß des Notwendigen hinausgeht, dann müssen sie die Mehrkosten und Folgekosten selbst tragen. Vollstationäre Einrichtungen müssen bestimmte Pflegehilfsmittel vorhalten.

Zuschüsse für Wohnumfeldverbesserungen (§ 40 Abs. 4 SGB XI): Diese werden bezahlt, wenn durch diese Maßnahmen im Einzelfall die häusliche

Pflege ermöglicht oder erheblich erleichtert oder eine möglichst selbstständige Lebensführung des Pflegebedürftigen wiederhergestellt wird. *Beispiele:* Abbau von Türschwellen, Einbau von Rampen und Treppenliften. Maximal gibt es 4.000 Euro je Maßnahme. (➤ Tab. 3.6)

Leistungen bei teilstationärer Pflege

Wenn häusliche Pflege nicht in ausreichendem Umfang sichergestellt werden kann oder wenn dies zur Ergänzung oder Stärkung der häuslichen Pflege erforderlich ist, dann kann eine **Tages- oder Nachtpflege** (§ 41 SGB XI) genehmigt werden. *Beispiele:* Überlastung oder Berufstätigkeit der Pflegeperson, Notwendigkeit von Reha-Maßnahmen, die nicht im häuslichen Umfeld durchgeführt werden können. Damit soll die familiäre Pflege gestützt werden, wobei die Beziehungen zur Familie und zum eigenen Wohnbereich aufrechterhalten werden können. Der Anspruch ist zeitlich nicht begrenzt.

Pflegebedürftige können die Ansprüche auf Tages- und Nachtpflege, Pflegegeld und Pflegesachleistung nach ihrer Wahl miteinander kombinieren.

Leistungen bei vollstationärer Pflege (➤ Tab. 3.6)

Kostenübernahme für **Kurzzeitpflege** (§ 42 SGB XI): Scheiden häusliche Pflege und teilstationäre Pflege aus, so besteht Anspruch auf eine kurzfristige vollstationäre Pflege (maximal vier bzw. acht Wochen im Jahr). *Beispiel:* Ein Pflegebedürftiger kann noch nicht sofort nach Krankenhausaufenthalt in seine Wohnung zurück (z. B. wegen Umbau oder weil Pflegeperson noch nicht da ist).

Versorgung in einer stationären Pflegeeinrichtung (§ 43 SGB XI): Die vollstationäre Versorgung ist quasi das „letzte Mittel“ und kommt z. B. dann in Betracht, wenn eine Pflegeperson fehlt oder weil die räumlichen Gegebenheiten zu Hause keine ambulante Versorgung erlauben.

Tab. 3.6 Kostenträger für Leistungen bei stationärer Pflege.

Leistung	Kostenträger
pflegedingte Aufwendungen (Grundpflege)	Pflegekasse (§ 43 SGB XI)
Aufwendungen für soziale Betreuung	
Aufwendungen für medizinische Behandlungspflege	
Aufwendungen für medizinische Behandlungspflege, wenn mehr als sechs Monate besonders hoher Bedarf	Krankenkasse (§ 37 Abs. 2 S. 3 SGB V)
Investitionskosten	Bundesländer (nach Maßgabe der jeweiligen Fördergesetze), Pflegebedürftiger, notfalls Sozialhilfeträger
Aufwendungen, die oberhalb der Leistungsgrenze des § 43 SGB XI liegen	Pflegebedürftiger (bzw. eine Zusatzversicherung), notfalls Sozialhilfeträger
Aufwendungen für Unterkunft und Verpflegung	
Soziale Maßnahmen (die nicht von allgemeinen Pflegeleistungen erfasst sind)	
Zusatzleistungen (z. B. Komfortleistungen)	Pflegebedürftiger (bzw. eine Zusatzversicherung)

3

Pflegebedürftige können auch auf eigenen Wunsch vollstationäre Pflege wählen – selbst wenn diese nach Feststellung der Pflegekasse nicht erforderlich ist. Dann erhalten sie aber nur einen Zuschuss in Höhe der Pflegesachleistung im häuslichen Bereich.

Außerdem ist es möglich, stationäre und ambulante Pflege zu kombinieren, wenn der Pflegebedürftige z. B. am Wochenende zu Hause versorgt wird.

Pflege in vollstationären Einrichtungen der Hilfe für behinderte Menschen (§ 43a SGB XI): Es handelt sich bei den hier betroffenen vollstationären Einrichtungen nicht um Pflegeeinrichtungen, sondern primär um Einrichtungen im Bereich der Eingliederungshilfe. Die schulische, berufliche oder soziale Förderung steht im Mittelpunkt. Weil dabei aber auch pflegerische Versorgung anfällt, wird von der GPV eine Pauschale in Höhe von 10 Prozent des Heimentgelts bezahlt, maximal 266 Euro. Für den Rest sind die Träger der Eingliederungshilfe zuständig, meist die Träger der Sozialhilfe.

Leistungen für Pflegepersonen

Die Leistungen in diesem Bereich zielen primär auf die Pflegepersonen und wollen diese sozial absichern.

Leistungen zur sozialen Sicherung der Pflegepersonen (§ 44 SGB XI): Private Pflegepersonen sind auf jeden Fall unfallversichert. Darüber hinaus können sie über die Pflegekasse rentenversichert sein, wenn sie mindestens 14 Stunden wöchentlich Pflegeleistungen erbringen (kann sich auf mehrere Pflegebedürftige verteilen) und nicht mehr als 30 Stunden wöchentlich einer bezahlten Arbeit nachgehen. Wer nach der Pflege wieder arbeiten will, kann auch berufsfördernde Maßnahmen in Anspruch nehmen.

Zusätzliche Leistungen bei Pflegezeit (§ 44a SGB XI): Nach dem Pflegezeitgesetz kann sich die Pflegeperson für die Pflege naher Angehöriger von ihrem Job freistellen lassen oder zumindest ihre Arbeitszeit reduzieren. Dann erhält sie auf Antrag Zuschüsse zur GKV und GPV. Die Beiträge zur Arbeitslosenversicherung werden von der GPV automatisch entrichtet.

Pflegekurse für Angehörige und ehrenamtliche Pflegepersonen (§ 45 SGB XI): Die Pflegekassen sollen für diesen Personenkreis Schulungskurse unentgeltlich anbieten, um soziales Engagement im Bereich der Pflege zu fördern und zu stärken, Pflege und Betreuung zu erleichtern und zu verbessern sowie pflegebedingte körperliche und seelische Belastungen zu mindern. Die Kurse sollen Fertigkeiten für eine eigenständige Durchführung der Pflege vermitteln und, wenn möglich, auch in der häuslichen Umgebung des Pflegebedürftigen stattfinden.

Zusätzliche Betreuungsleistungen für Versicherte mit erheblichem allgemeinem Betreuungsbedarf

Pflegebedürftige mit demenzbedingten Fähigkeitsstörungen, geistigen Behinderungen oder psychischen Erkrankungen können einen **erheblichen allgemeinen Betreuungsbedarf** (eaB) haben, der durch die normalen Leistungen der GPV nicht abgedeckt ist. In diesem Fall können **zusätzliche Betreuungsleistungen** in Anspruch genommen werden. Die Kosten hierfür werden nach §§ 45a, 45b SGB XI ersetzt, bis zu einem maximalen Betrag in Höhe von entweder 104 Euro (Grundbetrag, auch Personen ohne eaB) oder 208 Euro (erhöhter Betrag). Mit diesem Geld können dann (qualitätsgesicherte) Leistungen finanziert werden, die über die Grundpflege und hauswirtschaftliche Versorgung hinausgehen, zum Beispiel Beschäftigungen wie Vorlesen oder Spielen. Wird die Leistung in einem Kalenderjahr nicht ausgeschöpft, kann der nicht verbrauchte Betrag in das folgende Kalenderhalbjahr übertragen werden.

Fördermittel

Folgende Fördermittel sieht das SGB XI vor:

- Fördermittel zur Weiterentwicklung der Versorgungsstrukturen (§ 45c SGB XI)
- Mittel zur Förderung ehrenamtlicher Strukturen sowie der Selbsthilfe (§ 45d SGB XI)
- Anschubfinanzierung zur Gründung von ambulant betreuten Wohngruppen (§ 45e SGB XI)
- Fördermittel zur Weiterentwicklung neuer Wohnformen (§ 45 f. SGB XI)

Sonstige Leistungen

(Pflegebedürftige) Menschen mit einer Behinderung können ein **persönliches Budget** erhalten. Sie bekommen dann einen bestimmten Geldbetrag, mit dem sie ihre Versorgung selbst organisieren und bezahlen können (§ 17 Abs. 2–4 SGB IX).

Daneben haben Versicherte gegenüber ihrer Pflegekasse Anspruch auf **Pflegeberatung** (➤ Kap. 3.1.4.2).

Zusätzliche Leistungen nach dem Pflege-Neuausrichtungsgesetz

Für **Versicherte mit erheblich eingeschränkter Alltagskompetenz,** vor allem für demenziell Erkrankte, wurden Zusatzleistungen in das SGB XI hineingeschrieben (s. § 123 SGB XI). Diese sollen so lange gelten, bis ein neuer Pflegebedürftigkeitsbegriff in Kraft ist (was voraussichtlich 2017 der Fall sein soll):

- Auch Versicherte ohne Pflegestufe haben danach einen (gedeckelten) Anspruch auf z. B. Pflegesachleistungen, Pflegegeld, Verhinderungspflege und vollstationäre Pflege sowie wohnumfeldverbessernde Maßnahmen.
- Für Versicherte der Pflegestufe I und II erhöhen sich Pflegegeld und Pflegesachleistung.
- Für Versicherte der Pflegestufe III gibt es keine zusätzlichen Leistungen

Die Sozialhilfe (SGB XII)

Sozialhilfe ist „Auffangnetz"

Sozialhilfegesetz erst 1962 geschaffen, 2005 in SGB XII überführt

Die Sozialhilfe greift dann ein, **wenn alle anderen Systeme des Sozialrechts ausfallen.**

Erst in der Weimarer Republik gab es Ansätze für eine öffentliche Fürsorge. Aber es dauerte noch bis 1962, bis das erste Sozialhilfegesetz, das **Bundessozialhilfegesetz (BSHG),** in Kraft treten konnte. Im Jahr 2001 wurde eigens zur Vermeidung von Altersarmut das Grundsicherungsgesetz (GSiG) verabschiedet. Im Zuge der Hartz-IV-Reform wurden beide Gesetze dann 2005 in das **SGB XII** überführt. Nunmehr wird die Grundsicherung über zwei verschiedene Sozialgesetzbücher gewährleistet.

- Wer erwerbsfähig ist, der erhält seine Grundsicherung nach dem SGB II (Arbeitslosengeld II und Sozialgeld).
- Wer nicht (mehr) erwerbsfähig ist, dessen Grundsicherung wird über das SGB XII sichergestellt (➤ Abb. 3.6).

Zentrale Vorschrift aus dem neuen Sozialhilfegesetz sind die §§ 1, 2 SGB XII. Dort ist geregelt, unter welchen Voraussetzungen ein **Anspruch auf Sozialhilfe** besteht:

- Wer nicht in der Lage ist, aus eigenen Kräften seinen Lebensunterhalt zu bestreiten oder in besonderen Lebenslagen sich selbst zu helfen,
- und auch von anderer Seite keine ausreichende Hilfe erhält,
- hat ein Recht
- auf persönliche und wirtschaftliche Hilfe,
- die seinem besonderen Bedarf entspricht,
- ihn zur Selbsthilfe befähigt,
- die Teilnahme am Leben in der Gemeinschaft ermöglicht
- und die Führung eines menschenwürdigen Lebens sichert.
- Hierbei müssen Leistungsberechtigte nach ihren Kräften mitwirken.

Wichtig ist vor allem das Wörtchen „Bedarf". Es gilt im Sozialhilferecht nämlich der **Bedarfsdeckungsgrundsatz** (§ 18 SGB XII): Die Sozialhilfe muss nach ihrem Inhalt und Umfang so beschaffen sein, dass der sozialhilferechtliche Bedarf vollständig befriedigt werden kann („Wer etwas braucht, bekommt das, was er braucht.") Zur Bemessung hat der Gesetzgeber für bestimmte Personenkreise typische Bedarfe ermittelt und dafür sogenannte Regelsätze errechnet.

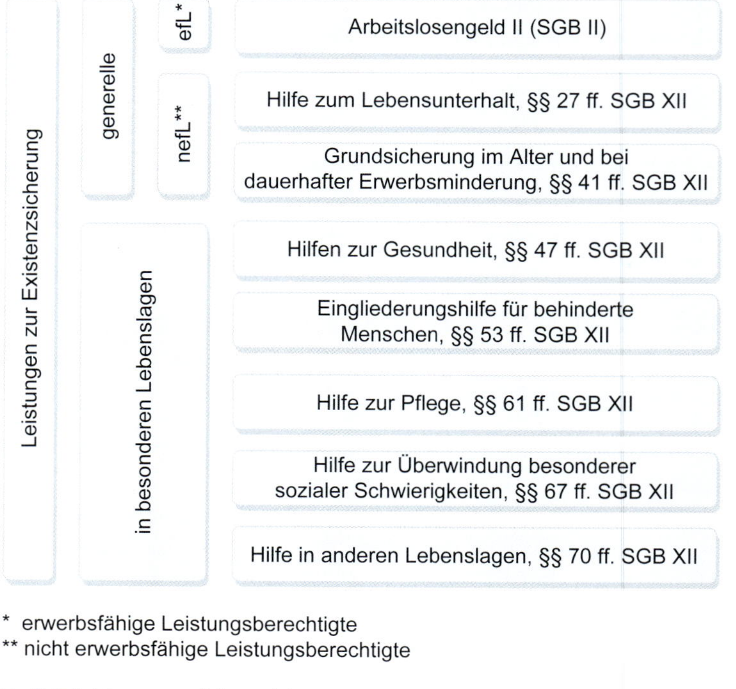

Abb. 3.6 Leistungen zur Existenzsicherung.

Außerdem gilt: Die Hilfe ist in Art, Form und Maß nach den Besonderheiten des Einzelfalls auszurichten (**Individualisierungsprinzip,** § 9 SGB XII). Und: Der Hilfebedürftige muss seinen Bedarf zunächst aus eigenen Mitteln sichern (**Subsidiaritätsprinzip,** § 2 SGB XII).

Leistungsarten

Generelle Hilfeleistungen

- **Hilfe zum Lebensunterhalt** (§§ 27 ff. SGB XII) ist der „Normalfall" in der Sozialhilfe. Ambulant versorgte Pflegebedürftige können aus diesem Bereich z. B. die Anschaffung und Reparaturen von orthopädischen Schuhen, Reparaturen von therapeutischen Geräten und Ausrüstungen sowie die Miete von therapeutischen Geräten beanspruchen (§ 31 Abs. 1 Nr. 3 SGB XII). Außerdem können nach § 36 Abs. 1 SGB XII Mietschulden übernommen werden. Für Pflegebedürftige in stationären Pflegeeinrichtungen werden nach § 35 Abs. 1 SGB XII die Kosten der Unterkunft bezahlt. Ebenso wird eine Kleiderbeihilfe gewährt oder ein Barbetrag zur persönlichen Verfügung („Taschengeld") überlassen.
- **Grundsicherung im Alter und bei Erwerbsminderung** (§§ 41 ff. SGB XII): Dies ist eine spezielle Form der „Hilfe zum Lebensunterhalt". Gewährt werden ähnliche Leistungen, aber unter günstigeren Bedingungen. Sie sind vorgesehen für Menschen, die die Altersgrenze erreicht haben (je nach Geburtsjahr zwischen 65 und 67 Jahren) oder die dauerhaft voll erwerbsgemindert sind.

Leistungen in besonderen Lebenslagen

Leistungen in besonderen Lebenslagen können auch diejenigen beziehen, die keine der beiden zuvor erläuterten allgemeinen Leistungen erhalten. Außerdem sind die Voraussetzungen teilweise etwas milder, so gelten z. B. niedrigere Einkommensgrenzen. Folgende Leistungskomplexe gibt es:

- **Hilfen zur Gesundheit** (§§ 47 ff. SGB XII): Da es mittlerweile eine allgemeine Krankenversicherungspflicht gibt, sind diese Hilfen weniger notwendig.
- **Eingliederungshilfe** erhalten Menschen mit Behinderung (§§ 53 ff. SGB XII). Diese gliedert sich in Leistungen zur medizinischen Rehabilitation, zur Teilhabe am Arbeitsleben und zur Teilhabe am Leben in der Gemeinschaft. Die Eingliederungshilfe für ältere Menschen führt allerdings ein Nischendasein. Dies liegt auch daran, dass die Träger der Sozialhilfe die Leistungen nach der GPV als vorrangig ansehen.
- **Hilfe zur Pflege** (§§ 61 ff. SGB XII): Diese Leistungen sollen den Bedarf auffangen, der nicht durch die GPV, Renten, Einkommen oder Vermögen gedeckt ist. Dadurch wurde die Sozialhilfe für viele Fälle, gerade wenn die Kosten stationärer Pflege nicht vollständig aufgebracht werden können, zum rettenden Auffangnetz (➤ Tab. 3.6). Selbst wenn die Pflegestufe I noch nicht erreicht ist, muss die Sozialhilfe zahlen (§ 61 Abs. 1 S. 2 SGB XII). Hinzu kommt, dass bei der Feststellung der Pflegebedürftigkeit auch Verrichtungen berücksichtigt werden, die die GPV außen vor lässt. Übernommen werden häusliche Pflege, Hilfsmittel, teilstationäre Pflege, Kurzzeitpflege und stationäre Pflege. Der Umfang orientiert sich weitge-

hend an der GPV. Es gibt aber sogar über die GPV hinausgehende Leistungen bei häuslicher Pflege und wenn Pflegegeld in Anspruch genommen wird (§ 65 SGB XII).

- **Hilfe zur Überwindung besonderer sozialer Schwierigkeiten** (§§ 67 ff. SGB XII): Mit diesen Leistungen wird insbesondere Obdachlosen, Haftentlassenen und verhaltensgestörten jungen Menschen geholfen.
- **Hilfe in anderen Lebenslagen** (§§ 70 ff. SGB XII): Hilfe zur Weiterführung des Haushalts, Altenhilfe, Blindenhilfe, Hilfe in sonstigen Lebenslagen, Bestattungskosten.
  Die Altenhilfe (§ 70 SGB XII) ergänzt die in den anderen Abschnitten des SGB XII schon berücksichtigten Leistungen. Ziel ist es, Schwierigkeiten, die durch das Alter entstehen, in den Griff zu bekommen und alten Menschen die Möglichkeit zu erhalten, am Leben in der Gemeinschaft teilzunehmen. Allerdings besteht auf die Leistungen kein Anspruch. Nicht zuletzt deswegen wird Altenhilfe in der Praxis sehr selten gewährt. *Beispiele:* Leistungen zum Besuch von Veranstaltungen oder Einrichtungen, die der Geselligkeit, der Unterhaltung, der Bildung oder den kulturellen Bedürfnissen alter Menschen dienen, oder Leistungen, die alten Menschen die Verbindung mit nahe stehenden Personen ermöglichen (z. B. Fahrgeld für Verwandtenbesuche). Hinzu kommen noch Beratungs- und Unterstützungsleistungen.

Träger der Sozialhilfe

Es gibt örtliche und überörtliche Träger der Sozialhilfe

Die Sozialhilfe wird von örtlichen und überörtlichen Trägern erbracht (§ 3 SGB XII):

- Für die Hilfe zum Lebensunterhalt, den „Normalfall" der Sozialhilfe, sind die Landkreise und kreisfreien Städte zuständig **(örtlicher Träger).**
- Für die Hilfen in besonderen Lebenslagen (auch für die Hilfe zur Pflege) bestimmt sich die Trägerschaft nach Landesrecht. Es sind meist größere räumliche Verbände wie z. B. die Landschaftsverbände oder Bezirke **(überörtliche Träger).**

Anrechnung von Einkommen und Vermögen

Sozialhilfe wird nur in Abhängigkeit von Einkommen und Vermögen gewährt

Ein sehr heikler Punkt bei der Berechnung von Sozialhilfe ist, inwieweit Einkommen und Vermögen angerechnet werden.

Zunächst einmal gilt: Die Sozialhilfe ist abhängig von Einkommen (§ 82 SGB XII) und Vermögen (§ 90 SGB XII).

Grundsätzlich werden alle Einkünfte, z. B. Renten, Krankengeld oder Kindergeld als **Einkommen** auf die Sozialhilfe angerechnet. Allerdings wird das Einkommen „bereinigt", insbesondere um Steuern und Sozialversicherungsbeiträge und weitere mit Erzielung des Einkommens verbundene Ausgaben. Erst was dann übrig bleibt, ist das „anrechenbare Einkommen".

Soweit dann das bereinigte Einkommen die Einkommensgrenze übersteigt, ist eine Verwendung des Einkommens in angemessenem Umfang zuzumuten (§ 87 SGB XII). In einigen besonderen Fällen kann der Einsatz des Einkommens auch unterhalb der Einkommensgrenze verlangt werden (§ 88 SGB XII). Das ist vor allem bei der stationären Pflege der Fall. Der Pflegebedürftige muss in diesem Fall sein ganzes Einkommen einsetzen, ihm verbleibt nur noch der Barbetrag.

Auch **Vermögen** ist nach § 90 SGB XII vorrangig vor der Sozialhilfe zu verwenden. Einige Vermögenswerte bleiben aber anrechnungsfrei (Schonvermögen), z. B. Ersparnisse im Rahmen der staatlich geförderten Altersvorsorge (nur während der Ansparphase) oder ein angemessenes selbst bewohntes Hausgrundstück.

Außerdem kann der Sozialhilfeträger auf andere Personen zur Finanzierung von Pflegekosten zurückgreifen, insbesondere auf unterhaltspflichtige Kinder oder auf Personen, die vom Pflegebedürftigen beschenkt wurden (➤ Kap. 2.1.1.2, Ansprüche älterer Menschen gegenüber ihren Kindern).

3.1.2 Träger, Dienste und Einrichtungen des Gesundheits- und Sozialwesens

Drei Arten der Trägerschaft

Bei sämtlichen Akteuren im Gesundheits- und Sozialwesen gibt es grundsätzlich drei verschiedene Arten der Trägerschaft:

- **Private Träger:** Das sind primär gewinnorientierte Unternehmen. *Beispiele:* Ein ambulanter Pflegedienst gehört einer einzelnen Person oder ein Pflegeheim wird von einer GmbH getragen.
- **Öffentliche Träger:** Hier handelt es sich um Körperschaften (vor allem Bund, Länder und Kommunen) sowie Anstalten oder Stiftungen des Öffentlichen Rechts. Häufig sind die Gemeinden Träger von Altenpflegeeinrichtungen. (Größere) Städte haben dazu häufig eine privatwirtschaftliche Organisation gegründet (z. B. eine GmbH), die alleiniger Träger verschiedener Pflegeunternehmen ist.
- **Freigemeinnützige Träger:** Als solche werden Organisationen bezeichnet, die *frei* sind, also weder gewinnorientiert arbeiten noch durch die öffentliche Hand gebunden sind. Weil sich ihr Handeln an religiösen, humanitären oder politischen Überzeugungen orientiert, arbeiten sie *gemeinnützig* (und sind infolgedessen auch steuerlich begünstigt). Beispiele: die Arbeiterwohlfahrt, der Deutsche Caritasverband (katholisch) sowie das Diakonische Werk (evangelisch).

Finanzierung über zwei Modelle

Die Finanzierung der Dienste und Einrichtungen kann sehr unterschiedlich sein. Im Pflegebereich gibt es zwei Modelle. Im ersten Fall sind die Pflegebedürftigen Selbstzahler. Ihnen werden die Leistungen von den Pflegeunternehmen in Rechnung gestellt. Die Pflegebedürftigen bezahlen diese aus der eigenen Tasche und bekommen das Geld dann ggf. erstattet, z. B. von einer privaten Pflegeversicherung. Das andere Modell gestaltet sich etwas komplizierter (➤ Abb. 3.7). Der Grundgedanke: Das Pflegeunternehmen erbringt zwar gegenüber dem Pflegebedürftigen die Leistung, wird aber nicht von diesem, sondern von einem oder mehreren Sozialleistungsträgern bezahlt.

Der Hintergrund für das zweite Modell:

- Aufgrund seiner Mitgliedschaft in der GPV hat der Pflegebedürftige gegenüber der Kasse einen Leistungsanspruch auf Verschaffung von Dienstleistungen, nämlich auf die Versorgung mit ambulanter oder stationärer Pflege. Um dem Versicherten diese Leistungen zu ermöglichen, schließen

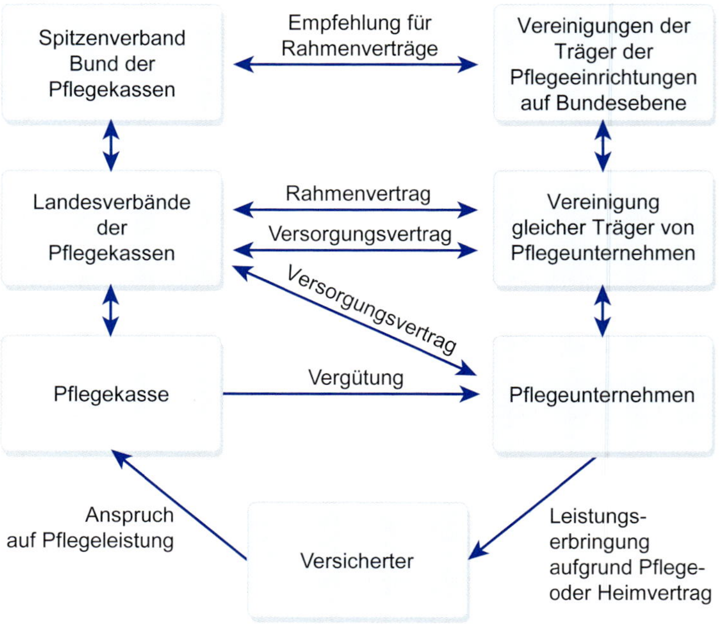

Abb. 3.7 Sozialrechtliches Dreiecksverhältnis und Vertragsstruktur.

die Kassen mit den einzelnen Pflegeunternehmen oder mit Vereinigungen gleicher Träger von Pflegeunternehmen Verträge ab. Durch diese sogenannten **Versorgungsverträge** sorgen die Kassen dafür, dass eine Versorgungsstruktur entsteht. Dabei hat jedes Pflegeunternehmen einen Anspruch auf Abschluss eines solchen Vertrages, wenn es nur die dazu notwendigen Voraussetzungen erfüllt (§ 72 SGB XI). Aufgrund dieser Versorgungsverträge dürfen die Pflegeunternehmen dann ihre Leistungen, die sie quasi im Namen der Kasse für den Pflegebedürftigen erbringen, mit der Kasse abrechnen. Die Versorgungsverträge werden konkretisiert durch die Vereinbarung von Pflegesätzen (**Pflegesatzvereinbarungen,** §§ 82 ff. SGB XI). Mit diesen werden die Preise ausgehandelt und vertraglich vereinbart.

- Außerdem gibt es noch **Rahmenverträge.** Sie stellen die Grundlage für die danach abzuschließenden Versorgungsverträge dar. Auf Bundesebene werden dazu **Empfehlungen** zwischen der Leistungsträger- und Leistungserbringerseite vereinbart.

Finanzierung von Krankenhäusern

Ganz ähnlich ist die Finanzierung in **Krankenhäusern.** Wobei dort keine Pflegesätze ausgehandelt werden, sondern **Fallpauschalen** über die Höhe der Bezahlung entscheiden. Dazu dienen die DRG (= Diagnosis Related Groups = diagnosebezogene Fallgruppen), ein Klassifikationssystem, mit dem Patienten anhand von medizinischen Daten in Fallgruppen unterteilt werden. Je nach der Fallgruppe wird dann die Abrechnung mit den Kassen vorgenommen.

3.1.3 Vernetzung, Koordination und Kooperation im Gesundheits- und Sozialwesen

Die Verflechtungen im Gesundheits- und Sozialwesen sind mittlerweile sehr vielschichtig. Da zwischen den kooperierenden Akteuren enorme Datenmengen ausgetauscht werden, spielt der **Datenschutz,** der hier nun näher beleuchtet werden soll, eine wichtige Rolle.

3.1.3.1 Grundregelungen zum Datenschutzrecht

Grundlage: Recht auf informationelle Selbstbestimmung

Seine Grundlage findet der Datenschutz im Recht des Einzelnen auf informationelle Selbstbestimmung. Dieses Grundrecht hat das Bundesverfassungsgericht 1983 im sogenannten Volkszählungsurteil „erfunden". Die zentrale gesetzliche Regelung ist auf Bundesebene das **Bundesdatenschutzgesetz (BDSG).** Auch in den Bundesländern gibt es Datenschutzgesetze (➤ Abb. 3.8).
Das BDSG stellt folgende Grundsätze im Umgang mit Daten auf:

Grundsätze für Umgang mit Daten

- **Zweckbindung (Erforderlichkeit):** Bei der Datenverarbeitung sollen nur so viele personenbezogene Daten gesammelt werden, wie für die jeweilige Anwendung zweckdienlich (erforderlich) sind. Der Zweck muss vor Beginn der Datensammlung feststehen.

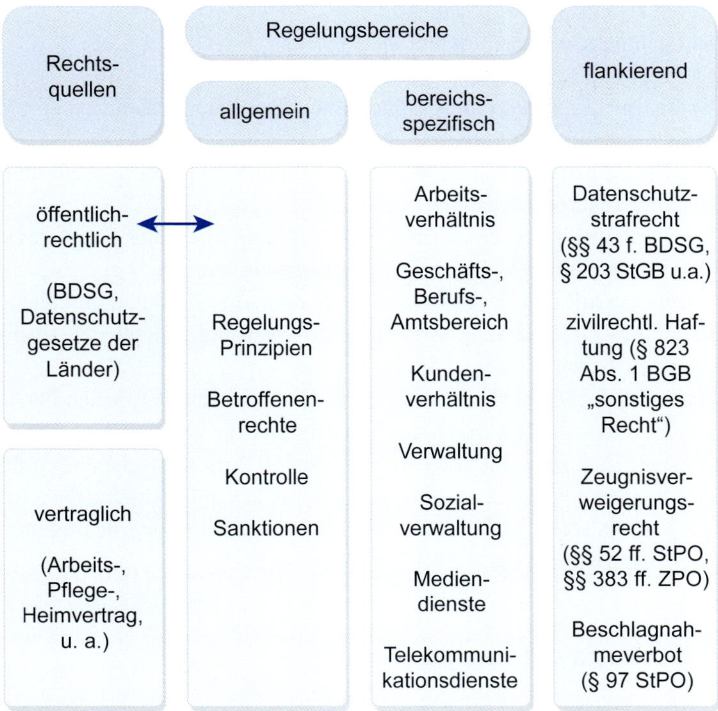

Abb. 3.8 Überblick über das Datenschutzrecht.

- **Datenvermeidung:** Personenbezogene Daten sollen, wenn möglich, gar nicht erst gesammelt werden.
- **Datensparsamkeit:** Wenn schon Daten gesammelt werden, dann nur im unbedingt notwendigen Umfang.
- **Transparenz:** Die betroffene Person muss wissen, welche Daten zu welchem Zweck bei welcher Stelle wie lange gespeichert werden.
- **Systemdatenschutz:** Datenschutz soll nicht allein durch gesetzliche Regelungen normiert werden, sondern auch durch die Ausgestaltung der Technologie, z. B. durch Anonymisierung und Pseudonymisierung.

Personenbezogene Daten

Das BDSG erfasst alle personenbezogenen Daten (§ 3 Abs. 1 BDSG). Dieser Begriff ist sehr weit zu verstehen und meint alle Einzelangaben über persönliche oder sachliche Verhältnisse einer bestimmten oder bestimmbaren natürlichen Person. Angaben über die rassische und ethnische Herkunft, politische Meinungen, religiöse oder philosophische Überzeugungen, Gewerkschaftszugehörigkeit, Gesundheit oder Sexualleben gelten als **besondere personenbezogene Daten** (§ 3 Abs. 9 BDSG) und werden deswegen auch besonders geschützt.

Verbot mit Erlaubnisvorbehalt

Grundsätzlich sieht das BDSG für den Umgang mit Daten ein Verbot mit Erlaubnisvorbehalt vor (§ 4 Abs. 1 BDSG): Alles ist verboten, was nicht ausdrücklich erlaubt ist! Eine Erlaubnis kann sich ergeben:

- aus dem BDSG selbst,
- durch andere Rechtsvorschriften oder
- durch die Einwilligung des Betroffenen.

Wichtig in puncto **Einwilligung:**

- Die Einwilligung muss freiwillig sein.
- Es ist Schriftform notwendig (stillschweigende oder mutmaßliche Einwilligung sind nicht ausreichend).
- Die Einwilligung muss besonders hervorgehoben sein (wenn sie zusammen mit anderen Erklärungen erteilt wird).
- Vor der Einwilligung ist auf die Tragweite hinzuweisen (insbesondere auf die verantwortliche Stelle und den Verarbeitungszweck).

Der **Umgang mit den Daten** erfasst jede Station, die von Daten durchlaufen wird (§ 3 Abs. 2–5 BDSG): Er beginnt mit der Erhebung, geht über die irgendwie geartete Nutzung bis hin zur Löschung.

Datenschutz wird kontrolliert

Ganz wichtig beim Datenschutz ist die Kontrolle. Im öffentlichen Bereich geschieht dies vor allem durch den Bundes- und die Landesdatenschutzbeauftragten, aber auch durch die strafrechtlichen Ermittlungsbehörden. Die Kontrolle in den Betrieben wird von den betrieblichen Datenschutzbeauftragen (§§ 4f, 4g BDSG), dem Betriebsrat und der Aufsichtsbehörde und durch die Betroffenen selbst (➤ Tab. 3.7) wahrgenommen.

3.1.3.2 Sozialdatenschutz

Sozialdatenschutz ist umfassend im SGB X geregelt

Gerade im Pflegebereich werden häufig Sozialdaten verarbeitet. Das Tückische: Die Betroffenen geben eine Vielzahl teilweise **sehr persönlicher Daten** preis (z. B. bezüglich Gesundheit, Vermögen oder sozialer Verhältnisse). Sie

Tab. 3.7 Datenschutzrechte der Betroffenen.
Auskunft durch die beteiligte Stelle (§§ 19, 34 BDSG)
Berichtigung von Daten (§§ 20 Abs. 1, 35 Abs. 1 BDSG)
Sperrung nicht strittiger und/oder nicht (mehr) erforderlicher Daten (§§ 20 Abs. 3, 35 Abs. 3 BDSG)
Löschung nicht (mehr) erforderlicher Daten (§§ 20 Abs. 2, 35 Abs. 2 BDSG)
Schadensersatz bei Verletzung des Persönlichkeitsrechts
Widerspruch (z. B. gegen die Nutzung von Daten zu Werbezwecken)

sind sogar dazu gezwungen, denn ansonsten erhalten sie keine Leistungen, z. B. von den Kranken- oder Pflegekassen.

Weil für Sozialdaten ein ganz besonderer Schutzschirm aufgespannt werden muss, hat der Gesetzgeber diesem Thema ein halbes Sozialgesetzbuch gewidmet. Im zweiten Kapitel des SGB X findet sich denn auch eine komplette **Regelung zum Sozialdatenschutz (§§ 67 ff. SGB X).** Außerdem gibt es in den einzelnen Sozialgesetzbüchern noch Sondervorschriften, so z. B. für die Pflegeversicherung in den §§ 93–108 SGB XI oder für die Krankenversicherung in den §§ 284–305b SGB V.

Schutz des Sozialgeheimnisses ist in § 35 Abs. 1 SGB I geregelt

Der Aufhänger für den Sozialdatenschutz findet sich in § 35 Abs. 1 SGB I. Dort ist das **Sozialgeheimnis** verankert. Dieses ist ein Amtsgeheimnis, das gleichrangig z. B. neben der ärztlichen Schweigepflicht oder auch neben dem Steuergeheimnis steht.

Sozialdaten sind zunächst einmal ganz „normale" personenbezogenen Daten, die aber zusätzlich

- der Erfüllung von Aufgaben aus den Sozialgesetzbüchern dienen und
- dazu von den Leistungsträgern erhoben werden.

Für Daten, die von den Betroffenen mit den Leistungs*erbringern* ausgetauscht werden, also z. B. mit Pflegeunternehmen, gilt der Sozialdatenschutz nicht. Sie werden vom allgemeinen Datenschutz nach dem BDSG erfasst.

Nun zu den **wichtigsten Regelungen** für den Umgang mit Sozialdaten:

Es darf **keine Datenerhebung auf Vorrat** stattfinden, vielmehr müssen die Daten aktuell erforderlich sein (§ 67a Abs. 1 SGB X).

Insbesondere dürfen die Daten nur **zweckgebunden** erhoben werden. Sie dürfen ausnahmsweise aber für andere Zwecke gespeichert, verändert oder genutzt werden, wenn dies immer noch Zwecke im Rahmen des SGB sind oder wenn der Betroffene eingewilligt hat. Auch wissenschaftliche Forschung oder die Planung im Sozialleistungsbereich können die zweckfremde Verwendung rechtfertigen (§ 67c Abs. 2 SGB X).

Daten müssen grundsätzlich beim Betroffenen erhoben werden. Das wird im Interesse eines zügigen Sozialverwaltungsverfahrens vielfach durchbrochen. So dürfen die Sozialdaten nach den Voraussetzungen in § 67a Abs. 2 Nr. 1 SGB X auch **bei anderen Leistungsträgern** erhoben werden.

Auch bei **Stellen außerhalb des Sozialleistungssystems** dürfen unter bestimmten Voraussetzungen Sozialdaten erhoben werden, z. B. beim Arbeitgeber oder beim Träger von Pflegeunternehmen (§ 67a Abs. 2 Nr. 2 SGB X).

Unzulässig wäre aber z. B., wenn ein Pflegedienst im Rahmen eines Pflegeeinsatzes Erkenntnisse gewonnen hat und diese ohne Einwilligung des Pflegebedürftigen an die Kasse weitergibt oder wenn eine Pflegeeinrichtung das Sozialamt über noch vorhandenes Vermögen eines verstorbenen Pflegebedürftigen informiert.

Die Verarbeitung oder Nutzung von Sozialdaten ist nur zulässig, wenn eine Vorschrift des SGB X oder eine andere Bestimmung des Sozialgesetzbuchs dies **erlaubt** oder **vorschreibt** oder soweit der **Betroffene eingewilligt** hat (§ 67b Abs. 1 SGB X). Zur Einwilligung (§ 67b Abs. 2 SGB X) gelten die Erläuterungen von oben. Hinzu kommt: Der Betroffene ist darüber zu informieren, was passiert, wenn er nicht einwilligt (z. B. darüber, dass dann Sozialleistungen gekürzt oder überhaupt nicht erbracht werden).

Fallbeispiel

Kasse will Einblick in Pflegedokumentation

Eine Kasse will Rückerstattungsansprüche prüfen. Dazu fordert sie von einer stationären Pflegeeinrichtung die komplette Dokumentation an. Darf sie das? Die Antwort ergibt sich aus dem Brief, den der Geschäftsführer an die Kasse zurückschreibt:

„*… Mit der Übersendung der Dokumentation würden wir Sozialdaten an Sie übermitteln. Das ist nach §§ 67d ff. SGB X jedoch nur zulässig, wenn eine gesetzliche Befugnis vorliegt oder der Betroffene in die Übermittlung einwilligt. Eine Einwilligung von Herrn … liegt uns nicht vor. Eine gesetzliche Befugnis könnte sich ausschließlich aus § 114a Abs. 4 Satz 1 SGB XI ergeben. Danach besteht das Recht zur Einsichtnahme in die Pflegedokumentation im Rahmen einer MDK-Prüfung nach § 114a Abs. 1 bis 3 SGB XI. Die genannte Vorschrift regelt ausdrücklich, dass dieses Recht aber nur dann besteht, wenn ein Vertreter Ihrer Kasse zur Prüfung durch den MDK hinzugezogen wird. Um eine derartige Prüfung geht es hier jedoch gerade nicht. Und selbst dann würde gelten: Es steht dem hinzugezogenen Vertreter einer Kasse nicht das Recht zu, selbst Kopien anzufertigen und mitzunehmen!*

Im Übrigen stellt die Pflegedokumentation auch keine, in einem solchen Fall wäre sie Ihnen vorzulegen, Abrechnungsunterlage im Sinne des § 105 SGB XI dar.

Insgesamt also können wir Ihrer Aufforderung zur Übersendung der Pflegedokumentation von Herrn … nicht nachkommen.“

3.1.3.3 Arbeitnehmerdatenschutz

Im Rahmen des Arbeitsverhältnisses regelt eine vergleichsweise mickrige Vorschrift den Datenschutz, nämlich **§ 32 BDSG:**

Arbeitnehmerdatenschutz ist kaum gesetzlich geregelt

- Personenbezogene Daten eines Beschäftigten dürfen nur dann erhoben, verarbeitet oder genutzt werden, wenn diese für das Beschäftigungsverhältnis von Bedeutung sind.

- Geht es um Straftaten, so sind noch einmal zusätzliche Anforderungen zum Datenschutz einzuhalten.

Exkurs: Schutz des Rechts am eigenen Bild

Bildnisschutz: „Dulde und liquidiere"

Auch im Pflegebereich werden Fotos gemacht und dann mitunter in Prospekten oder auf Webseiten veröffentlicht. Aber auch hier verdient der Abgebildete Schutz. Der „Bildnisschutz" ist allerdings etwas anders als der normale Datenschutz geregelt. Daten werden durch *öffentlich-rechtliche Vorschriften* geschützt. Für Bilddaten gilt ein *zivilrechtliches Gesetz* mit einem etwas irreführenden Namen **„Gesetz betreffend das Urheberrecht an Werken der bildenden Künste und der Photografie" (KunstUrhG).** Darin schaltet sich Vater Staat nicht mit hoheitlichem Zwang ein, sondern es gilt der Grundsatz „Dulde und liquidere". Das heißt: Wenn eine Person in unzulässiger Weise abgebildet wird, dann muss sie das zunächst dulden, anschließend kann sie aber den Schaden ersetzt verlangen (liquideren). Ergänzend darf sie auch eine Löschung oder Unterlassungsansprüche geltend machen.

Für Aufnahme und Veröffentlichung ist Einwilligung notwendig

Das „Recht am eigenen Bild" bedeutet, dass jeder Mensch grundsätzlich selbst darüber bestimmen darf, ob und in welchem Zusammenhang Bilder von ihm aufgenommen und veröffentlicht werden. Geregelt ist dies in § 22 S. 1 KunstUrhG.

Bei der **Aufnahme** von Fotos oder Videos ist grundsätzlich immer die Einwilligung der Abgebildeten einzuholen. Dies gilt für sämtliche Situationen, insbesondere bei der Arbeit, in den Pausen, bei Ausflügen mit Pflegebedürftigen sowie anlässlich von Betriebsausflügen und -feiern. Die Voraussetzungen an die Einwilligung sind jedoch nicht besonders streng. Sie kann bereits durch eine bestimmte Pose oder auch durch ein „aufgesetztes Lächeln" erteilt werden.

Davon zu trennen ist die **Veröffentlichung** der Fotos oder Videos. Dafür ist eine *gesonderte* Einwilligung notwendig. Nicht jeder, der ein Foto von sich zulässt, möchte dies auch veröffentlicht sehen.

Nur im Ausnahmefall bedarf es **keiner Einwilligung** zur Veröffentlichung. Die wichtigsten Ausnahmen stehen in § 23 KunstUrhG. Für Pflegeunternehmen sind vor allem zwei Fälle wichtig:

- Eine abgebildete Person ist nur **„Beiwerk"**, es stehen nur Landschaften und Orte im Vordergrund, dann bedarf es keiner Einwilligung.
- **Öffentliche Vorgänge:** Handelt es sich um öffentliche Räume, dann besteht grundsätzlich kein privater Schutzbereich des Betroffenen. Das kann z. B. in einem Restaurant sein, aber auch im Park oder Eingangsbereich einer Pflegeeinrichtung. Fotos des Abgebildeten dürfen dann auch ohne dessen Einwilligung veröffentlicht werden. Anders aber, wenn z. B. eine Betriebsfeier in einem abgetrennten Bereich stattfindet. Hier ist eine Einwilligung unabdingbar.

3.1.4 Pflegeüberleitung, Schnittstellenmanagement

Auch im Pflegebereich findet Arbeitsteilung statt. Deswegen gibt es folgende Schnittstellen:

- **Externe Schnittstellen:** Sie bestehen zwischen einem Pflegeunternehmen und Externen, wie z. B. anderen Pflegeunternehmen, Ärzten, Therapeuten oder Dienstleistungsunternehmen wie Wäschereien oder Lieferanten von Gesundheitsartikeln oder Nahrungsmitteln. Auch den Kontakt zu Angehörigen und Nachbarn kann man als externe Schnittstelle verstehen.
- **Einrichtungsinterne Schnittstellen** bestehen zwischen den Abteilungen innerhalb einer Einrichtung, wie z. B. zwischen Heimleitung, Wohnbereichen, Verwaltung, Technik und Küche.
- **Bereichsinterne Schnittstellen** bestehen zwischen den Mitarbeitern in einem Arbeitsbereich, also z. B. zwischen Stationsleitung, Fachpflegekräften, sozialen Betreuungskräften und Aushilfen.

Für **externe Schnittstellen** gibt es im **SGB XI** einige recht allgemein gehaltene Regelungen. Eine immerhin recht konkrete Schnittstelle findet sich in § 114 Abs. 1 SGB XI. Danach sind vollstationäre Pflegeeinrichtungen verpflichtet, die Landesverbände der Pflegekassen darüber zu informieren, wie die ärztliche, fachärztliche und zahnärztliche Versorgung sowie die Arzneimittelversorgung in den Einrichtungen geregelt ist.

3.1.4.1 Pflegeüberleitung

Überleitung zwischen verschiedenen Versorgungssituationen

Eine der wichtigsten externen Schnittstellen für die Pflege dürfte die Pflegeüberleitung sein. Dabei geht es um die möglichst reibungslose Überleitung von Pflegebedürftigen zwischen verschiedenen Versorgungssituationen, beispielsweise:

- von zu Hause in eine stationäre Pflegeeinrichtung,
- von einem Krankenhaus oder einer Reha-/Nachsorgeeinrichtung in eine stationäre Pflegeeinrichtung (oder umgekehrt),
- Umzug in eine Palliativstation (in einem Krankenhaus) oder in ein Hospiz,
- hausinterner Umzug,
- Umzug in eine andere Einrichtung,
- Übergang zwischen Tages-, Nacht- oder Kurzzeitpflege.

Fallbeispiel

Frau Lindner kommt zurück – völlig abgemagert

In der Nachtschicht kommt es zu einem Notfall: Frau Lindner muss ganz schnell ins Krankenhaus. Zunächst geht auch alles gut. Im Krankenhaus magert Frau Lindner jedoch zusehends ab. Sie kommt deutlich unterernährt wieder in die Pflegeeinrichtung zurück. Ausgerechnet an einem der nächsten Tage findet eine Prüfung durch den MDK statt. Frau Lindner wird im Rahmen der Stichprobe untersucht. Dabei stellt sich heraus, dass die Pflegeeinrichtung es versäumt hat, dem Krankenhaus mitzuteilen, dass Frau Lindner unbedingt beim Essen beaufsichtigt werden muss. Eine Pflichtverletzung, die nicht nur schlecht für die Qualitätsprüfung ist, sondern auch haftungsrechtliche Konsequenzen haben kann.

Gesetze oder Verordnungen zur rechtlichen Regelung der Pflegeüberleitung gibt es nicht. Immerhin gibt es einen **Expertenstandard: Entlassungsmanagement in der Pflege.** Dieser richtet sich jedoch nicht an Pflegeeinrichtungen, sondern an Krankenhäuser. Allerdings finden sich in diesem Expertenstandard durchaus Kernaussagen, die sich auch auf die Entlassung aus Altenpflegeeinrichtungen übertragen lassen.

Für eine Pflegeüberleitung, insbesondere zum oder von einem Krankenhaus, sollte es in jeder Pflegeeinrichtung einen sogenannten **Überleitungsbogen** geben. Ein solcher Bogen sollte auch Auskunft darüber geben, welche persönlichen Gegenstände und sonstiges Eigentum der Pflegebedürftige mitbekommen hat (insbesondere Kleidung, Hilfs- und Arzneimittel). Fehlt später etwas, dann lässt sich damit nachweisen, dass diese Dinge auch tatsächlich mitgegeben wurden.

3.1.4.2 Exkurs: Pflegeberatung

Bei der Pflegeberatung geht es vor allem um die Schnittstelle zwischen Pflegebedürftigen auf der einen und Leistungserbringern sowie Kostenträgern auf der anderen Seite. Aber auch Pflegeunternehmen können betroffen sein, wenn sie z. B. selbst Pflegeberatung erbringen.

Pflegebedürftige sind häufig damit überfordert, sich von den jeweiligen Akteuren im Gesundheits- und Sozialwesen ihre Leistungen „abzuholen". Deswegen haben Versicherte seit 2009 einen **gesetzlichen Anspruch auf** ein Schnittstellenmanagement, nämlich auf **Pflegeberatung** (§§ 7 ff. SGB XI).

Zunächst einmal können sich Versicherte, ihre Angehörigen und Lebenspartner ganz **generell** zu allen Fragen rund um das SGB XI **beraten lassen,** insbesondere zu den dort vorgesehenen Leistungen (§ 7 Abs. 2 SGB XI).

Anspruch auf individuelle Pflegeberatung

Wurde bereits ein Antrag gestellt oder werden bereits Leistungen nach dem SGB XI bezogen, dann gibt es einen Anspruch auf individuelle Beratung und Hilfestellung durch einen Pflegeberater nach § 7a SGB XI. Danach muss der Berater über sämtliche Sozialleistungen und auch sonstige Hilfsangebote informieren.

Auf Wunsch erfolgt die Pflegeberatung **unter Einbeziehung von Dritten,** insbesondere von Angehörigen und Lebenspartnern. Eine Beratung ist auch **in der häuslichen Umgebung** oder in der Einrichtung, in der der Anspruchsberechtigte lebt, möglich.

- Beratungstermin
- Beratungsschein

Damit dies alles gewährleistet wird, hat die Pflegekasse dem Antragsteller unmittelbar nach Eingang eines erstmaligen Antrags auf Leistungen entweder

- unter Angabe einer Kontaktperson einen konkreten Beratungstermin anzubieten, der spätestens innerhalb von zwei Wochen nach Antragseingang durchzuführen ist, oder
- einen Beratungsgutschein auszustellen, in dem Beratungsstellen benannt sind, bei denen er zulasten der Pflegekasse innerhalb von zwei Wochen nach Antragseingang eingelöst werden kann.

Anlaufstellen für Pflegeberatung:
- Pflegestützpunkte
- Service- und Beratungsstellen der Bundesländer
- Pflegeunternehmen
- Unabhängige Beratungsangebote

Die Pflegeberatung wird in den meisten Fällen von Mitarbeitern der Pflegekassen durchgeführt. Dies ist insofern kritisch, als es zu **Interessenkonflikten** führen kann. Pflegeberatung wird auch in Pflegestützpunkten sowie in den Service- und Beratungsstellen der Bundesländer (§ 92c SGB XI) angeboten. Die Pflegestützpunkte werden allerdings ebenfalls von den Kranken- und Pflegekassen auf Initiative eines Bundeslandes eingerichtet. Zurzeit ist die Versorgungssituation von Bundesland zu Bundesland sehr unterschiedlich.

Auch ambulante und stationäre Pflegeunternehmen bieten Pflegeberatung an. Pflegeberatung kann aber auch durch völlig unabhängige Personen oder Stellen erbracht werden, z. B. bei den Verbraucherzentralen oder sozialen Beratungsstellen.

Beratung durch Casemanager

Häufig werden Pflegeberater auch als **Casemanager** bezeichnet. Das ist insbesondere dann berechtigt, wenn sie auch wirklich Pflegeberatung in Form des (strukturierten und methodisch sehr ausgereiften) Casemanagements betreiben.

3.1.5 Rechtliche Rahmenbedingungen altenpflegerischer Arbeit

3.1.5.1 Eine kleine Rechtsgeschäftslehre

Unser Leben ist durchzogen von Rechtsgeschäften, vor allem Verträge spielen eine große Rolle. In der Pflege sind dies z. B. Pflege- und Heimverträge oder auch Arbeitsverträge. Die Rechtsgrundlagen finden sich im BGB, dort vor allem im ersten und zweiten Buch (➤ Tab. 3.8). Außerdem gibt es ergänzende Vorschriften wie das Allgemeine Gleichbehandlungsgesetz (AGG) oder das Wohn- und Betreuungsvertragsgesetz (WBVG).

Tab. 3.8 Gliederung des BGB.

1. Buch: Allgemeiner Teil (§§ 1–240 BGB)	Gilt für alle weiteren vier Bücher des BGB; enthält Definitionen, Fristen etc.
2. Buch: Schuldrecht (§§ 241–853 BGB)	Recht der Schuldverhältnisse; regelt die rechtlichen Beziehungen zwischen Personen.
3. Buch: Sachenrecht (§§ 854–1296 BGB)	Rechtliche Beziehungen von Personen zu Sachen.
4. Buch: Familienrecht (§§ 1297–1921 BGB)	Verlöbnis, Ehe, Kinder, Unterhalt, Scheidung etc.
5. Buch: Erbrecht (§§ 1922–2385 BGB)	Rechtsfolgen des Todes einer natürlichen Person.

Rechtsgeschäfte werden unterteilt in:

- **einseitige Rechtsgeschäfte:** enthalten eine Willenserklärung nur einer Person (z. B. ein Testament, die Auslobung eines Finderlohns oder eine Kündigung);
- **mehrseitige Rechtsgeschäfte:** enthalten Willenserklärungen mehrerer Personen (z. B. alle Arten von Verträgen).

Stellvertretung

Bei Rechtsgeschäften handelt man i. d. R. für sich selbst. Manchmal besteht aber auch das Bedürfnis, dies durch einen anderen erledigen zu lassen. So kann der Leiter eines Pflegeunternehmens eine Person benennen, die für ihn die Einkäufe erledigt, oder ein Pflegebedürftiger benennt einen Bevollmächtigten, der sich für ihn um die finanziellen Angelegenheiten kümmert.

Die Möglichkeit, für einen anderen zu handeln, ist in §§ 164 ff. BGB geregelt. Danach gibt der Stellvertreter zwar die Willenserklärung ab, die rechtsgeschäftlichen Folgen treffen aber nicht ihn, sondern den Vertretenen.

Der Vertreter begründet Rechte und Pflichten für den Vertretenen

Eine Vertretung ist dort nicht möglich, wo es um **höchstpersönliche Rechtsgeschäfte** geht, z. B. bei der Niederschrift eines Testaments.

CHECKLISTE

Rechtswirksame Stellvertretung?

- Stellvertretung nicht von vornherein ausgeschlossen?
- eigene Willenserklärung?
- Handeln (für Dritten erkennbar) im fremden Namen?
- Handelnder bewegt sich innerhalb der Vertretungsmacht?

Der Vertragsschluss

Für einen Vertrag braucht es **Angebot** und **Annahme.** Sie müssen im Bezug aufeinander abgegeben werden und inhaltlich übereinstimmen – zumindest hinsichtlich der unabdingbar notwendigen Vertragsbestandteile: Vertragspartner, Leistung und Gegenleistung.

Vertrag = Angebot + Annahme

Für jeden Vertragsschluss gilt, dass Angebot und Annahme, jeweils für sich, bestimmte Voraussetzungen erfüllen müssen (➤ Abb. 3.9). Dazu sollten die Willenserklärungen zunächst mangelfrei sein.

In der Praxis am häufigsten: Man hat sich vertippt oder verschrieben (Erklärungsirrtum, § 119 Abs. 1 Fall 2 BGB), oder man wurde durch arglistige

Willensmängel können einen Vertrag verhindern oder anfechtbar machen

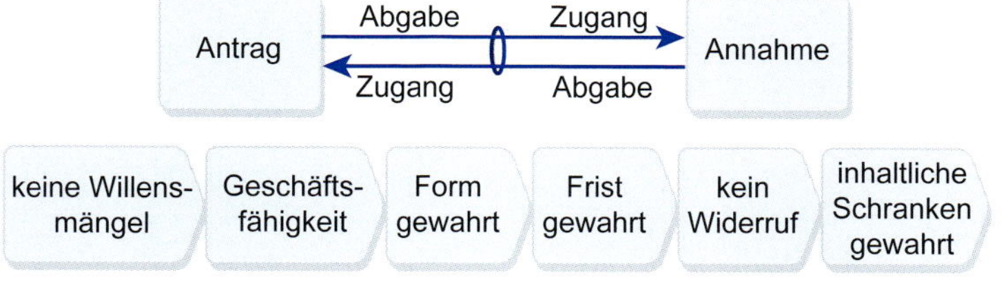

Abb. 3.9 Der Vertragsschluss.

Täuschung zu einer Willenserklärung bewegt (§ 123 BGB). *Beispiel:* Einem Pflegebedürftigen wird von allen Beteiligten vorgespiegelt, die Unterbringung im Heim sei nur vorübergehend (weil seine Tochter Urlaub habe), in Wirklichkeit handelt es sich aber um einen unbefristeten Vertrag.

Für diese (unbewussten) Willensmängel gilt: An sich hindern sie das Zustandekommen eines Vertrags nicht. Nun *kann* aber derjenige, der den unbewussten Willensmangel zu beklagen hat, seine Willenserklärung anfechten. Mit der **Anfechtung** wird das Vertragsverhältnis rückwirkend zunichte gemacht (§ 142 Abs. 1 BGB). Es wird dann so getan, als habe es nie einen Vertragsschluss gegeben. Allerdings muss der Anfechtende als Ausgleich dem anderen den sogenannten Vertrauensschaden ersetzen. Das ist der Schaden, den der andere im Vertrauen auf die Wirksamkeit des Geschäfts erlitten hat (z. B. Versandkosten, die er im Vertrauen auf die Wirksamkeit des Geschäfts aufgewandt hat). Bei einer Anfechtung wegen arglistiger Täuschung oder Drohung gilt dies allerdings nicht.

Die nächste Hürde für Angebot und Annahme ist die **Geschäftsfähigkeit** der Vertragspartner (➤ Kap. 0.9.2). Sind sie nur beschränkt geschäftsfähig, dann bedarf es der Einwilligung des Vertreters (§§ 107, 108 BGB). Die Willenserklärung Geschäftsunfähiger ist nichtig (§ 104 BGB).

Es gibt grundsätzlich keinen Formzwang

Außerdem müssen Angebot und Annahme formgerecht sein, sonst sind sie nichtig (§ 125 BGB). Allerdings gibt es keinen Zwang zu einer bestimmten **Form.** Demnach sind folgende Alternativen möglich (➤ Abb. 3.10):

- **Ausdrückliche Willenserklärung in mündlicher oder schriftlicher Form.** Ein Vertrag kann also auch mündlich abgeschlossen werden und ist voll wirksam!
- **Willenserklärungen, die sich aus den Umständen ergeben („konkludent").** *Beispiel:* Wenn jemand regelmäßig Sonntagsmorgens zum Bäcker geht und immer die gleichen zehn Brötchen kauft, dann wird womöglich kein einziges Wort gewechselt. Angebot und Annahme ergeben sich aus diesen Umständen.

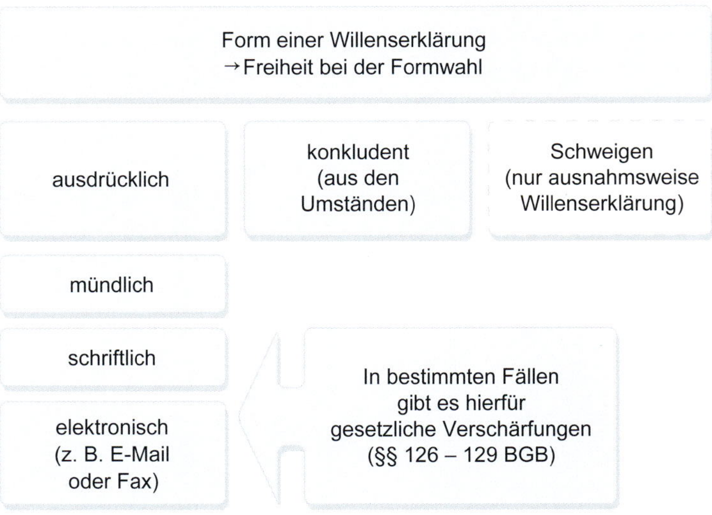

Abb. 3.10 Formen einer Willenserklärung.

Schweigen kann grundsätzlich nie als Willenserklärung gedeutet werden. *Beispiel:* Bekommt man unaufgefordert Waren zum Verkauf zugesandt, dann stellt es keine Annahme dar, wenn man dazu einfach schweigt. Etwas anderes gilt nur, wenn man die Waren verwendet. Damit hätte man das Angebot konkludent angenommen.

Trotz der Freiheit bei der Formwahl gibt es Fälle, in denen gesetzliche Regelungen bestimmte Verschärfungen vorschreiben. So müssen z. B. Kaufverträge über Grundstücke vom Notar beurkundet werden (§ 311b Abs. 1 BGB). Die verschärften Formen, z. B. auch die Anforderungen an notarielle Beurkundungen, finden sich in den §§ 126–129 BGB.

Fristen spielen kaum eine Rolle

Anders als bei der *Durchführung* eines Vertrags spielen **Fristen** beim Vertrags*schluss* meist keine Rolle.

Ein weitverbreiteter Irrglaube ist, dass jede Willenserklärung oder gleich ein ganzer Vertrag innerhalb einer bestimmten Frist, meist werden vierzehn Tage genannt, widerrufen werden kann. Es gilt jedoch: **Die Verträge sind geschlossen.** Das heißt: Man ist an sie gebunden und kann sich nicht ohne Weiteres von ihnen lösen. Schon gar nicht deswegen, weil man es sich vielleicht zwischenzeitlich anders überlegt hat.

Verträge können grundsätzlich nicht widerrufen werden

Allerdings gibt es von diesem Grundsatz Ausnahmen:

- Man kann eine **Widerrufsmöglichkeit vereinbaren.** Das passiert z. B. dann, wenn auf einem Kassenzettel steht: „Umtausch nur gegen Kassenbon". Damit räumt ein Geschäft ein Widerrufsrecht ein.
- Außerdem gibt es **gesetzlich verankerte Widerrufsrechte.** So finden sich bei bestimmten Vertragstypen Widerrufsrechte. Die wichtigsten: Fernabsatzvertrag (von Verbrauchern per E-Mail, Fax oder Internet abgeschlossener Vertrag, § 312d BGB), Verbraucherdarlehensvertrag (§ 495 BGB) und Haustürgeschäft (§ 312d BGB). Die Voraussetzungen für einen Widerruf stehen in § 355 BGB. So beträgt die Frist zum Widerruf vierzehn Tage ab Zugang der Belehrung über das Widerrufsrecht.

Schließlich werden Angebot und Annahme noch **inhaltlich geprüft.** Da im Zivilrecht Vertragsfreiheit gilt, muss sich der Gesetzgeber aber hier zurückhalten. Nur in extremen Fällen wird ein Vertrag für nichtig erklärt. Zum Beispiel bei Sittenwidrigkeit oder Wucher (§ 138 BGB).

Vertragstypen

Je nachdem, welche Hauptpflichten mit einem Vertrag begründet werden, können nun sehr unterschiedliche Schuldverhältnisse begründet werden. Diese sind im 2. Buch des BGB nach Typen sortiert zusammengestellt (➤ Tab. 3.9). Dort finden sich auch Regelungen für den Fall, dass bei der Vertragsabwicklung etwas schief geht.

Schenkungsvertrag

Das Typische bei dem Schenkungsvertrag ist, dass nur der Schenker eine Leistung erbringen muss. Da mag es verwundern, dass dazu ein **Vertrag notwendig** ist. Aber: Niemand muss sich ein Geschenk aufzwingen lassen, der Beschenkte muss mit dem Geschenk also einverstanden sein. Deswegen benötigt man auch bei der Schenkung Angebot und Annahme – und damit einen Vertrag.

Tab. 3.9 Übersicht über die wichtigsten Schuldverhältnisse.

Vertragstyp	Wesen des Schuldverhältnisses	Beispiel
Kaufvertrag (§§ 433 ff. BGB)	Übertragung von Eigentum und Besitz an einem Gegenstand gegen Kaufpreiszahlung	Chef eines ambulanten Pflegedienstes kauft einen Dienstwagen für die Mitarbeiter.
Schenkungsvertrag (§§ 516 ff. BGB)	Unentgeltliche Zuwendung	Eine ambulant versorgte Pflegebedürftige schenkt einer Pflegekraft 5.000 Euro.
Mietvertrag (§§ 535 ff. BGB)	Zeitweise Überlassung von Wohnraum gegen Mietzahlung	Ein älterer Herr mietet in einem Wohnstift eine Wohnung.
Leihvertrag (§§ 598 ff. BGB)	Zeitweise unentgeltliche Überlassung einer Sache zum Gebrauch	Eine Pflegekraft verleiht ihr Auto für ein Wochenende an eine Kollegin.
Dienstvertrag (§§ 611 ff. BGB)	Leistung von Diensten gegen eine Vergütung	„Springerin" Sonja ist selbstständig und wird nur dann von einem Pflegedienst angefordert, wenn „Not am Mann" ist.
Werkvertrag (§§ 631 ff. BGB)	Herstellung eines Werkes („Erfolg") gegen ein Entgelt	Ein Handwerker soll einen Badewannenlift reparieren. Nicht allein die Dienstleistung zählt, sondern der Erfolg (intakter Lift).

Landesheimgesetze schränken Freiheit bei Schenkungen ein

An sich gehört es zur **Privatautonomie,** dass man bei Schenkungen völlig frei ist. Dazu gibt es aber im Pflegebereich eine wichtige **Einschränkung.** So ist es der Leitung, den Beschäftigten oder sonstigen Mitarbeitern eines Heims (also nicht im ambulanten Pflegebereich) untersagt, von oder zugunsten von Bewohnern irgendwelche geldwerten Leistungen anzunehmen – also auch Schenkungen. Nur kleine Aufmerksamkeiten sind erlaubt (Daumenregel: 25 Euro pro Bewohner pro Jahr). Dieses Verbot erstreckt sich auf jede Art von Geschenken, z. B. auch auf Erbschaften oder Vermächtnisse. So steht es in sämtlichen **Landesheimgesetzen** (z. B. § 14 Brandenburgisches Pflege- und Betreuungswohngesetz). Begründet wird dieser Eingriff damit, dass ansonsten der Heimfrieden empfindlich gestört werden könne. Immerhin kann die Heimaufsicht eine Ausnahmegenehmigung erteilen. Das heimrechtliche Zuwendungsverbot kann sogar arbeitsrechtlich noch verstärkt werden. Der Arbeitgeber eines jeden Unternehmens (also auch in ambulanten Pflegediensten) kann es verbieten, überhaupt Geschenke (auch kleine Aufmerksamkeiten) anzunehmen. Gilt der TVöD, so besteht dieses Verbot bereits nach § 3 Abs. 2 TVöD.

Rückforderung von Schenkungen

Eine weitere Besonderheit ergibt sich aus dem BGB selbst. Danach darf der Schenker das **Geschenk zurückfordern,** wenn er verarmt ist (§ 528 BGB). Dazu kann er von den Trägern der Sozialhilfe sogar gezwungen werden, wenn sie für ihn Pflegekosten übernommen haben und dann feststellen, dass er sich zuvor „arm geschenkt" hat. Dem Träger der Sozialhilfe sind jedoch die Hände gebunden, wenn seit der Schenkung mindestens zehn Jahre verstrichen sind (weitere Ausnahmen stehen in § 529 BGB).

Nur nebenbei sei erwähnt, dass ein Schenker ein Geschenk auch wegen „groben Undanks" (§§ 530 ff. BGB) widerrufen kann.

Pflege- und Heimvertrag

In den vergangenen Jahrzehnten gab es eine relativ strikte Zweiteilung zwischen ambulanter und stationärer Pflege. Das hat sich auch im Zivilrecht niedergeschlagen. In der ambulanten Pflege bestimmt ein Pflegevertrag, in der stationären Pflege der Heimvertrag das Verhältnis zwischen Pflegebedürftigem und dem Träger des Pflegeunternehmens:

- Der **Pflegevertrag** ist ein reiner Dienstleistungsvertrag und umfasst die Erbringung von Pflegeleistungen gegen ein Entgelt.
- Der **Heimvertrag** hingegen ist ein Paket, das aus verschiedenen Elementen besteht. Zentral ist die Pflege (Dienstleistung). Hinzukommen vor allem mietvertragliche (Zimmermiete) und kaufvertragliche Elemente (z. B. Versorgung mit Essen).

3

Für den **Pflegevertrag** gab es keine eigene gesetzliche Regelung. Das **Dienstvertragsrecht** des BGB wurde als ausreichend angesehen (§§ 611 ff. BGB). Wird auf der Grundlage eines Pflegevertrags allerdings mit der Pflegekasse abgerechnet, dann sieht § 120 SGB XI ein paar Besonderheiten vor, die sich auch zivilrechtlich auswirken:

Pflegevertrag

- Der Pflegevertrag muss schriftlich abgeschlossen werden.
- Da man mittlerweile Leistungen nach Komplexen (z. B. Ganzkörperwäsche für 18 Euro) oder nach Zeitkontingenten (z. B. 15 Minuten Pflege für 9,25 Euro) vereinbaren kann, muss der Pflegebedürftige zuvor auf diese beiden Möglichkeiten schriftlich hingewiesen werden. Art, Inhalt und Umfang der einzelnen Leistungen müssen genau beschrieben werden. In dem Vertrag muss dann dokumentiert werden, für welche Vergütungsform der Pflegebedürftige sich entscheidet.
- Der Pflegevertrag kann von dem Pflegebedürftigen jederzeit ohne Einhaltung einer Frist gekündigt werden.

Heimvertrag

Zum **Heimvertrag:** Im Zuge der Neuordnung des Heimrechts (➤ Kap. 0.3.2) hat der Bund das Heimordnungsrecht an die Bundesländer abgegeben, das Heimzivilrecht hat er aber für sich behalten und gleich auch noch neu geregelt. Dazu trat im Juli 2009 das **Wohn- und Betreuungsvertragsgesetz (WBVG)** in Kraft. Mit diesem neuen Gesetz wollte der Gesetzgeber nicht nur die klassische Versorgung im Heim, sondern auch neue Wohn- und Betreuungsformen erfassen. Von dem Gesetz erfasst werden nach § 1 WBVG deswegen alle Verträge zwischen Unternehmern und Verbrauchern,

- durch die Wohnraum überlassen wird und
- Pflege- oder Betreuungsleistungen zumindest vorgehalten werden (sie müssen also noch nicht akut in Anspruch genommen werden).
- Außerdem muss es darum gehen, den Hilfebedarf bei Alter, Pflegebedürftigkeit und Behinderung abzudecken.

Das Gesetz ist allerdings nicht anzuwenden, wenn die Betreuung allein in der Erbringung von allgemeinen Unterstützungsleistungen besteht. Beispielhaft werden genannt: die Vermittlung von Pflege- oder Betreuungsleistungen, Leistungen der hauswirtschaftlichen Versorgung oder Notrufdienste.

Eigentlich sollte man nach dieser gesetzlichen Regelung nicht mehr vom Heimvertrag sprechen, da auch die Verträge mit ambulant betreuten Pflegebedürftigen unter das WBVG fallen können. Hier wird dennoch der Begriff des Heimvertrags, der sich nun einmal eingebürgert hat, weiterhin benutzt.

Heimvertragsrecht ist Verbraucherschutzrecht

Zentrales Anliegen des WBVG ist der **Verbraucherschutz.** Dies wird vor allem damit begründet, dass der Verbraucher vom Unternehmer in doppelter Hinsicht abhängig ist: zum einen in puncto Wohnraum und zum anderen hinsichtlich der Betreuungs- und Pflegeleistungen. Noch dazu sind die Verbraucher meist Personen mit erheblich eingeschränkten körperlichen und kognitiven Fähigkeiten und verdienen allein schon deswegen einen größtmöglichen Schutz.

Hier die **Regelungen des WBVG** im Überblick:

- § 3 WBVG: Der Unternehmer hat den Verbraucher rechtzeitig vor dem Vertragsschluss in Textform und in leicht verständlicher Sprache über sein allgemeines Leistungsangebot und über den wesentlichen Inhalt der in Betracht kommenden Leistungen zu informieren.
- § 4 WBVG: Befristungen sind nur im Ausnahmefall zulässig. Auch wenn ein Geschäftsunfähiger einen Vertrag abschließt, kann dieser wirksam sein. Die Pflicht zur Entgeltzahlung endet grundsätzlich mit dem Tod des Pflegebedürftigen.
- § 6 WBVG: Der Vertrag ist grundsätzlich schriftlich abzuschließen. Der Unternehmer hat dem Verbraucher eine Ausfertigung des Vertrags auszuhändigen. Außerdem ist der Mindestinhalt des Vertrags festgelegt.
- § 7 WBVG: Regelungen zum Entgelt in puncto Höhe, Aufschlüsselung und Anrechnung von Einsparungen (durch Abwesenheit).
- § 8 WBVG: Vertragsanpassung bei Änderung des Pflege- oder Betreuungsbedarfs.
- § 9 WBVG: Entgelterhöhung bei Änderung der Berechnungsgrundlage.
- § 10 WBVG: Nichtleistung oder Schlechtleistung (insbesondere Kürzungsmöglichkeiten für den Verbraucher).
- § 11 WBVG: Der Verbraucher kann grundsätzlich bis zum dritten Werktag eines Monats zu dessen Ende hin kündigen. Innerhalb von zwei Wochen nach Beginn des Vertragsverhältnisses kann er jederzeit ohne Einhaltung einer Frist kündigen.
- § 12 WBVG: Die Kündigung des *Unternehmers* ist erschwert. Er kann den Vertrag nur aus bestimmten (wichtigen) Gründen (schriftlich) kündigen. Die Kündigung ist zu begründen. Auch an das Verfahren werden höhere Anforderungen gestellt.
- § 13 WBVG: Der Unternehmer kann im Falle einer Kündigung verpflichtet sein, dem Verbraucher Alternativen (bei anderen Unternehmern) anzubieten. Außerdem muss er in bestimmten Fällen sogar die Umzugskosten übernehmen.

Pflege schuldet keinen „Erfolg"

Noch eine Anmerkung zum dienstvertraglichen Element des Heimvertrags, bzw. zum ausschließlich dienstvertraglich ausgerichteten Pflegevertrag: **Bei einem Dienstvertrag ist niemals ein Erfolg geschuldet, sondern allein die Dienstleistung.** Das gilt auch für die Pflege. Sie muss zwar alles dafür tun, damit der Pflegebedürftige gut versorgt ist. Allerdings gibt es Faktoren, die nicht in der Hand der Pflegekräfte liegen – nicht zuletzt körperliche Dispositionen und die Mitwirkung des Pflegebedürftigen. Deswegen schuldet die Pflege dem Pflegebedürftigen gegenüber keinen Erfolg (wie dies beim Werkvertrag zwingend ist).

3.1.5.2 Natürliche und juristische Personen

Im Zivilrecht geht es vor allem um die Beziehungen von rechtlich gleichgestellten Personen untereinander (Bürger gegen Bürger auf gleicher Ebene, ➤ Kap. 0.7).

Allerdings verbirgt sich hinter dem Begriff der „Person", bzw. des „Bürgers" zweierlei: die natürlichen und die juristischen Personen (➤ Abb. 3.11).

Natürliche Personen sind alle Menschen ab Vollendung der Geburt bis zu ihrem Tod (zur Erweiterung der Rechtsfähigkeit ➤ Kap. 0.9.1).

Definition

Juristische Person: Personenvereinigung mit eigener Rechtspersönlichkeit

Juristische Person

Eine juristische Person ist eine Personenvereinigung, die von der Rechtsordnung mit einer eigenen Rechtspersönlichkeit ausgestattet sind, also mit der Fähigkeit, Träger von Rechten und Pflichten zu sein. Auch Zweckvermögen kann mit eigener Rechtsfähigkeit ausgestattet werden und ist dann eine juristische Person (Hauptanwendungsfall: Stiftung).

Juristische Personen des Privatrechts sind z. B. eingetragene Vereine, Aktiengesellschaften oder Gesellschaften mit beschränkter Haftung.

Fallbeispiel

Pflegedienstchefs mieten eine Halle

Die Inhaber von mehreren ambulanten Pflegediensten schließen sich zusammen, um für verschiedene Feierlichkeiten, z. B. Weihnachten, eine Halle zu mieten. Nun wird ein Mietvertrag geschlossen. Wer ist Vertragspartner des Vermieters?

Da die Inhaber nur ein lockerer Zusammenschluss (wenn auch mit gemeinsamem Zweck) sind, wird jeder der Inhaber Vertragspartner des Vermieters. Die Pflegedienstchefs bilden übrigens eine Gesellschaft bürgerlichen Rechts (auch BGB-Gesellschaft genannt).

Hätten die Inhaber hingegen einen Verein gegründet, dann sähe die Sache anders aus. Damit wäre eine eigene Rechtspersönlichkeit entstanden, die Träger von Rechten und Pflichten sein kann. In diesem Fall könnte dann der Verein als solcher mit dem Vermieter den Vertrag abschließen.

Das Beispiel deutet die zwei wichtigsten **Vorteile** an, die eine juristische Person mit sich bringt:

Vorteile der juristischen Person: Erleichterung des Rechtsverkehrs, Haftungsbeschränkung

- Zum einen **erleichtert es den Rechtsverkehr.** Man stelle sich nur vor, es tun sich hunderte oder gar tausende von Menschen zusammen. Wenn diese einen Vertrag schriftlich abschließen, dann müssten sie *alle* zu Beginn des Dokuments namentlich geführt werden.
- Mindestens genauso wichtig ist die **Haftungsbeschränkung:** Bei einer juristischen Person haftet grundsätzlich nur das Vermögen der juristischen Person. Die Privatvermögen der einzelnen „Teilnehmer" bleiben außen vor. So müssen diese nicht fürchten, dass sie für Verpflichtungen, die womöglich von anderen eingegangen wurden, mit ihrem privaten Vermögen einstehen müssen. Das bedeutet bei der Hallenmiete: Auch wenn durch einen Unfall ein noch so großer Schaden entsteht, so muss grundsätzlich nur die Vereinskasse dafür herhalten.

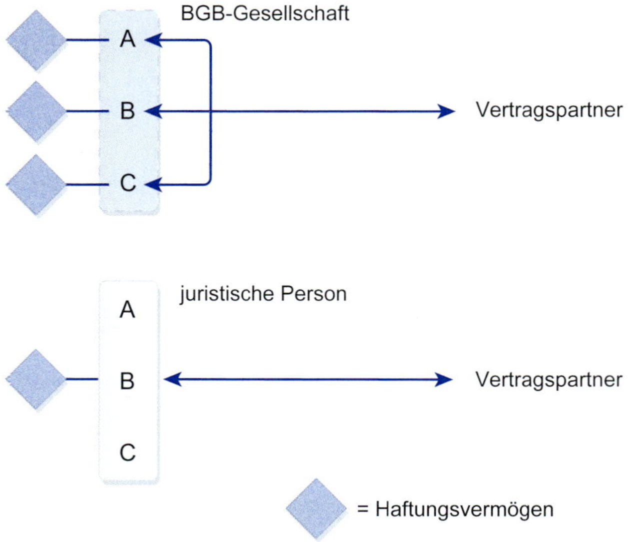

Abb. 3.11 BGB-Gesellschaft und juristische Person im Vergleich.

Juristische Personen sind also mit einer **eigenen Rechtspersönlichkeit** ausgestattet. „Geboren" werden sie durch Eintragung in ein Register. Vereine müssen z. B. in das Vereinsregister, GmbHs und Aktiengesellschaften in das Handelsregister eingetragen werden.

3.1.5.3 Individualarbeitsrecht

Definition

Arbeitsrecht

Zusammenfassung aller Normen, die sich auf die Beschäftigungsverhältnisse zwischen einem Arbeitgeber und einem im Arbeitsleben abhängig Tätigen (= Arbeitnehmer) beziehen. Dabei dienen die Normen vor allem dem Schutz des Arbeitnehmers.

Arbeitsrecht ist Arbeitnehmerschutzrecht

Arbeitsrecht ist also vor allem Arbeitnehmerschutzrecht. Es ist nicht auf Selbstständige („Honorarkräfte", „freie Mitarbeiter") anwendbar.

Definition

Individualarbeitsrecht

Der Teil des Arbeitsrechts, der unmittelbar das einzelne Arbeitsverhältnis betrifft.

Kollektives Arbeitsrecht

Der Teil des Arbeitsrechts, bei dem es um die Verbände der Arbeitnehmer oder Arbeitgeber und ihren Umgang miteinander geht.

Das **Individualarbeitsrecht** ist vor allem in den §§ 611 ff. BGB geregelt (Arbeitsvertragsrecht), aber auch in den Schutzgesetzen (wie z. B. MuSchG oder ArbZG).

Das **kollektive Arbeitsrecht** betrifft zwei Ebenen:

- **Auf betrieblicher Ebene** geht es um die **Mitbestimmung** des Betriebsrats bzw. des Personalrats (im Öffentlichen Dienst). Geregelt ist dies im Betriebsverfassungsgesetz (BetrVG), bzw. in den Personalvertretungsgesetzen des Bundes, bzw. der Länder.
- **Auf überbetrieblicher Ebene** geht es vor allem um **Tarifauseinandersetzungen** (inkl. Arbeitskampf). Dazu wurde vor allem das Tarifvertragsgesetz (TVG) verabschiedet.

Rechtsquellen im Arbeitsrecht

Im Arbeitsrecht gibt es viele Rechtsquellen. Diese stehen in einem **Rangverhältnis** zueinander (➤ Abb. 3.12). Sehr stark beeinflusst werden die Rechtsquellen vom sogenannten **Richterrecht:** Es gibt sogar Bereiche im Arbeitsrecht, die alleine von der Rechtsprechung ausgeformt wurden (was an sich gar nicht zulässig ist, da die Justiz nur Recht sprechen, nicht aber Recht schaffen darf). Bestes Beispiel ist das Recht des Arbeitskampfes.

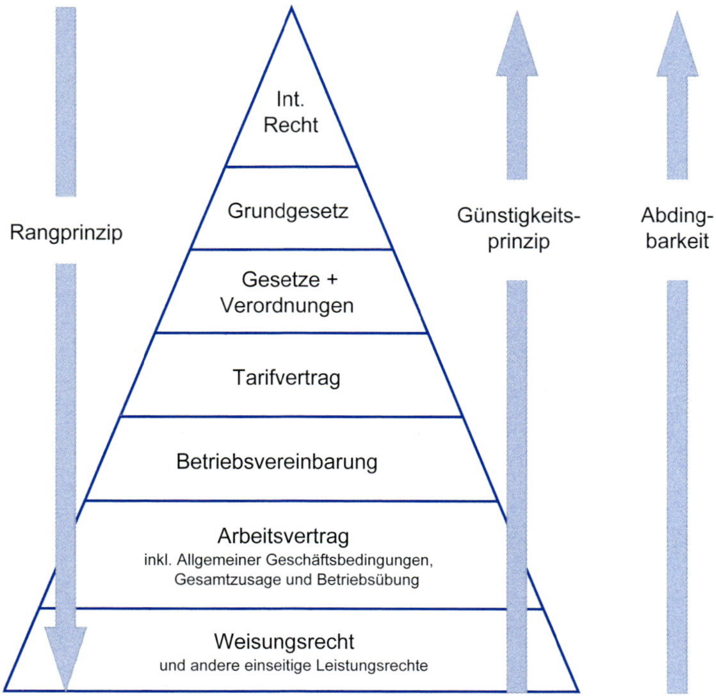

Abb. 3.12 Rechtsquellenpyramide.

Arbeitsvertrag kann mehr als nur individuelle Vereinbarungen enthalten

Zentral ist der Arbeitsvertrag: Er begründet ein Arbeitsverhältnis und ist das wichtigste Mittel zu seiner inhaltlichen Gestaltung. Nicht nur individuelle Vereinbarungen können in den Arbeitsvertrag einfließen, sondern auch Zusagen an die Gesamtheit der Mitarbeiter **(Gesamtzusage)** und die sogenannte **betriebliche Übung.** Die betriebliche Übung (umgangssprachlich auch „Gewohnheitsrecht“ genannt) spielt häufig bei Sondergratifikationen (z. B. Weihnachtsgeld) und Urlaubsregelungen eine Rolle. Wird eine Leistung vorbehaltlos gewährt und wiederholt sich dies regelmäßig (i. d. R. drei Mal), dann ist die Leistung damit Bestandteil des Arbeitsvertrags und der Arbeitnehmer hat einen Anspruch darauf. Zum Arbeitsvertrag gehören auch die **Allgemeinen Geschäftsbedingungen.** Sie werden von den Gerichten streng kontrolliert. Das Tückische für Arbeitgeber: Wenn man einen Muster-Arbeitsvertrag verwendet, dann gilt fast alles, was nicht individuell vereinbart ist, als Allgemeine Geschäftsbedingung und unterliegt damit einer strengeren Kontrolle.

Arbeitsvertragsrichtlinien

Noch ein Wort zu den in der Pflege weitverbreiteten Arbeitsvertragsrichtlinien (AVR). Sie gelten insbesondere bei der Kirche und der Kirche nahe stehenden Organisationen, wie z. B. bei der Caritas (AVR-Caritas) oder der Diakonie (AVR-Diakonie). Allerdings sind die AVR nicht im Rahmen einer gleichberechtigten Auseinandersetzung zustande gekommen (z. B. ist kein Arbeitskampf möglich). Auf der anderen Seite wurden sie immerhin in Kommissionen ausgehandelt, die paritätisch mit Arbeitgeber- und Arbeitnehmervertretern besetzt sind. Deswegen stehen die AVR zwischen Tarifvertrag und Allgemeinen Geschäftsbedingungen. Sie sind (aus Arbeitnehmersicht) schwächer als ein Tarifvertrag, aber stärker als normale AGBs.

Rangprinzip: obere Rechtsquelle geht der unteren vor

All diese Vorschriften müssen nun in eine Ordnung gebracht werden. Zunächst gilt das Rangprinzip: Die ranghöhere Norm geht der rangniederen vor (➤ Abb. 3.12). Allerdings gibt es davon zwei Ausnahmen:

- **Abdingbarkeit:** Eine ranghöhere Rechtsquelle hat bereits „eingeplant“, dass eine rangniedrigere Rechtsquelle Abweichungen regeln darf. So sehen vor allem Gesetze vor, dass Tarifverträge oder auch Betriebsvereinbarungen abweichen dürfen. *Beispiel:* § 7 ArbZG legt ausdrücklich fest, dass (rangniedere) Tarifverträge oder Betriebsvereinbarungen Abweichungen von den Vorgaben zur Arbeitszeit regeln dürfen.
- **Günstigkeitsprinzip:** Wenn die rangniedrigere Norm günstiger für den Arbeitnehmer ist, dann gilt diese. *Beispiel:* In einem Tarifvertrag ist ein Stundenlohn von 10 Euro vorgesehen, im Arbeitsvertrag sind aber 12 Euro vereinbart. Hier geht der im Rang niedrigere Arbeitsvertrag dem Tarifvertrag vor, weil er günstiger ist.

Vor einem Vertragsschluss

Fragen des Arbeitgebers müssen sich auf den Arbeitsplatz beziehen

Wird ein Bewerber zu einem **Vorstellungsgespräch** eingeladen, spielt immer wieder das **Fragerecht** des Arbeitgebers eine Rolle. Entscheidend ist: Der Arbeitgeber darf nur solche Dinge abfragen, die für den Arbeitsplatz relevant sind. Hat der Arbeitgeber kein Fragerecht, so darf der Bewerber lügen. Zulässig sind z. B. allgemeine Fragen zur Person, oder zum beruflichen Werdegang. Die Religionszugehörigkeit darf nur bei kirchlichen Einrichtungen und

Tendenzbetrieben erfragt werden. Fragen nach der Zugehörigkeit zu einer Partei oder Gewerkschaft oder nach einer Schwangerschaft bzw. Familienplanung sind unzulässig. Krankheiten dürfen nur dann abgefragt werden, wenn ein konkreter Bezug zum Arbeitsplatz erkennbar ist (wenn es im Pflegebereich also z. B. um Infektionskrankheiten oder um konkrete körperliche Einschränkungen geht).

Abschluss des Arbeitsvertrags

Freiheit der Formwahl ist eingeschränkt

Bei einem Vertragsschluss zwischen Arbeitgeber und Bewerber gelten zunächst die allgemeinen Regeln. Allerdings ist die **Freiheit der Formwahl** eingeschränkt, zum einen durch Tarifverträge, zum anderen durch gesetzliche Regelungen. Die wichtigste: Bei befristeten Arbeitsverträgen muss zumindest die Befristung (als solche) schriftlich vereinbart werden (§ 14 Abs. 4 TzBfG). Auch ein Aufhebungsvertrag muss schriftlich sein (weil auch Kündigungen schriftlich erfolgen müssen, § 623 BGB). Wird ein Arbeitsvertrag, was i. d. R. zulässig ist, mündlich abgeschlossen, dann muss der Arbeitgeber dem Arbeitnehmer aufgrund des **Nachweisgesetzes** aber eine schriftliche Bescheinigung über das Arbeitsverhältnis nachreichen. Der Mindestinhalt findet sich in § 2 NachwG.

Schutz vor Benachteiligungen nach dem Allgemeinen Gleichbehandlungsgesetz

Sowohl vor dem Abschluss eines Arbeitsvertrags als auch im laufenden Arbeitsverhältnis soll ein Arbeitnehmer vor Benachteiligung und Diskriminierungen geschützt werden. Diesen Schutz übernimmt vor allem das AGG.

AGG greift nur, wenn ein Benachteiligungsmerkmal betroffen ist

Das AGG greift immer nur dann ein, wenn eines der in § 1 AGG benannten Benachteiligungsmerkmale betroffen ist:

- Rasse oder ethnische Herkunft,
- Geschlecht,
- Religion oder Weltanschauung,
- Behinderung,
- Alter oder
- sexuelle Identität.

Bestimmte Gründe können Ungleichbehandlung rechtfertigen

Interessant sind vor allem die **Rechtfertigungsgründe.** Obwohl eine Benachteiligung vorliegt, erlauben diese Gründe dennoch, dass der Betroffene diskriminiert werden darf:

- **Die Ungleichbehandlung ist eine berufliche Anforderung** (§ 8 Abs. 1 AGG). *Beispiel:* Ein Pflegebedürftiger will sich nur von einer gleichgeschlechtlichen Pflegekraft versorgen lassen. An sich eine Diskriminierung des anderen Geschlechts. Allerdings ist es gerechtfertigt, wenn der Leiter einer stationären Pflegeeinrichtung eine Dienstanweisung ausgibt, in der genau dies gegenüber den Pflegebedürftigen sichergestellt werden soll.
- **Positive Maßnahme** (§ 5 AGG): Soll durch eine Maßnahme eine bestehende Benachteiligung ausgeglichen werden, so ist diese Ungleichbehand-

lung gerechtfertigt. *Beispiel:* Wenn in der Verwaltung einer Pflegeeinrichtung vorrangig Menschen mit einer Behinderung eingestellt werden sollen, dann geschieht dies zwangsläufig auf Kosten der Menschen ohne Behinderung. Um einen Zustand, der diskriminierend ist, zu beseitigen, ist es aber manchmal erforderlich, andere zu benachteiligen. Die Maßnahme ist letztlich positiv.

- **Kirchenklausel** (§ 9 AGG): In einer Religionsgemeinschaft oder deren Einrichtungen kann eine bestimmte Religion oder Weltanschauung nach der Art der Tätigkeit eine gerechtfertigte berufliche Anforderung darstellen. Dann sind Ungleichbehandlungen gestattet. *Beispiel:* In dem Arbeitsvertrag der Pflegeeinrichtung eines katholischen Ordens ist folgende Klausel enthalten: „Der Dienst beim Arbeitgeber erfordert von dem katholischen Mitarbeiter, dass er seine Tätigkeit entsprechend der Glaubens- und Sittenlehre der katholischen Kirche einrichtet." Wird einem Mitarbeiter nun wegen einer Scheidung gekündigt, so könnte dies gerechtfertigt sein.

Besondere Arbeitsverhältnisse

Automatisch endende Arbeitsverhältnisse

Zeit- oder Zweckbefristung, auflösende Bedingung

Arbeitsverhältnisse können automatisch enden. Entweder indem man sie zeitlich befristet, durch einen Zweck befristet oder auflösend bedingt abschließt. *Beispiel* für eine **Zweckbefristung:** Eine Pflegekraft soll nur so lange eingestellt sein, bis eine Kollegin aus der Elternzeit zurückkommt. *Beispiel* für eine **auflösende Bedingung:** Ein Arbeitsvertrag soll enden, wenn der Betriebsrat seine Zustimmung zur Einstellung nicht erteilt. Grundsätzlich gilt bei all diesen Arbeitsverhältnissen ein Kündigungsverbot, es sei denn, Arbeitnehmer und Arbeitgeber haben etwas anderes vereinbart (§ 15 Abs. 4 TzBfG). Auch alle weiteren Einschränkungen ergeben sich aus dem **Teilzeit- und Befristungsgesetz (TzBfG)**.

Befristung mit oder ohne Sachgrund

Am wichtigsten ist die Unterscheidung zwischen einer Befristung mit Sachgrund und einer solchen ohne Sachgrund. Die **Sachgründe** ergeben sich aus § 14 Abs. 1 TzBfG. So kann z. B. die Vertretung eines anderen Arbeitnehmers als Sachgrund gelten. Eine derartige Befristung ist so lange möglich, wie der Sachgrund vorliegt. Daneben gibt es auch eine Befristung ohne Sachgrund. Allerdings darf dieses grundsätzlich höchstens zwei Jahre andauern und die Befristung darf maximal dreimal verlängert werden. Auch darf der Arbeitnehmer nicht zuvor schon (innerhalb eines Zeitraums von drei Jahren) bei dem gleichen Arbeitgeber beschäftigt gewesen sein.

Ist eine Befristung unzulässig, so gilt der Arbeitsvertrag als auf unbestimmte Zeit geschlossen.

Teilzeit

Gleichbehandlung für Teilzeitbeschäftigte

Neben den befristeten Arbeitsverhältnissen gibt es noch die Teilzeitarbeitsverhältnisse. Diese sind ebenfalls im Teilzeit- und Befristungsgesetz geregelt. Grundsätzlich gilt Gleichbehandlung zu Vollzeitarbeitnehmern. Bei einer **Erkrankung** erhält also auch der Teilzeitbeschäftigte Entgeltfortzahlung, allerdings nur für die Erkrankungstage, an denen er gearbeitet hätte (§ 3 EntgFG). Außerdem muss er genauso viele **Urlaubstage** erhalten wie Vollzeitbeschäftigte. *Beispiel:* Vertraglich haben die Mitarbeiter 28 Tage Erholungsurlaub, auch die Teilzeitbeschäftigten. Allerdings umfasst der Urlaubstag der Teilzeitkräfte eben nur vier „Arbeitsstunden".

Ein Arbeitnehmer kann einen **Anspruch auf Verringerung der Arbeitszeit** haben (§ 8 TzBfG). Auch einen **Anspruch auf Verlängerung der Arbeitszeit** gibt es (§ 9 TzBfG).

Minijob ist Teilzeitbeschäftigung

Eine geringfügige entlohnte Beschäftigung (450-Euro-Minijob) ist nichts anderes als eine Teilzeitbeschäftigung. Insofern gelten für den Minijob keine Sonderregelungen (bis auf die nach dem TzBfG). Insbesondere gilt der Kündigungsschutz uneingeschränkt, ebenfalls der Anspruch auf Entgeltfortzahlung im Krankheitsfall.

Probearbeitsverhältnisse

Vier Konstellationen für Probearbeitsverhältnisse

Für Probearbeitsverhältnisse sind vier verschiedene Konstellationen möglich:

- **Unbefristetes Arbeitsverhältnis mit vorgeschalteter Probezeit:** Es wird ein ganz normales Arbeitsverhältnis begründet, wobei innerhalb der Probezeit mit einer Frist von zwei Wochen gekündigt werden kann (§ 622 Abs. 3 BGB).
- **Befristetes Arbeitsverhältnis mit dem Sachgrund „zur Erprobung":** Hier wird das Arbeitsverhältnis von vornherein befristet abgeschlossen; es läuft automatisch zum Ende der Probezeit aus. Dann kann der Arbeitgeber entscheiden, ob er den Arbeitnehmer übernimmt.
- **Gesetzliche Probezeit:** § 18 AltPflG schreibt z. B. eine Probezeit von sechs Monaten vor. Für „normale" Ausbildungsverhältnisse gelten ein bis vier Monate (§ 20 BBiG).
- **Unechte gesetzliche Probezeit:** Das Kündigungsschutzgesetz ist immer erst dann anwendbar, wenn das Arbeitsverhältnis mindestens sechs Monate bestanden hat. In der Zeit davor ist die Kündigung für den Arbeitgeber mithin leichter möglich.

Berufsausbildungsverhältnis

Altenpflegegesetz regelt Berufsausbildung von Altenpflegeschülern

Die rechtlichen Besonderheiten des Berufsausbildungsverhältnisses sind im Wesentlichen im **Berufsbildungsgesetz (BBiG)** geregelt. Im Bereich der Altenpflege gibt es allerdings ein Sondergesetz, das **Altenpflegegesetz (AltPflG).** Viele Regelungen sind im AltPflG und im BBiG weitgehend identisch:

- **Ausbildungsvertrag** (§ 11 BBiG, § 13 AltPflG): Ausbilder haben bis spätestens vor Beginn der Berufsausbildung den wesentlichen Inhalt des Vertrags schriftlich niederzulegen.
- **Vergütung** (§§ 17–19 BBiG, § 17 AltPflG): Die (angemessene!) Ausbildungsvergütung muss mindestens jährlich ansteigen; sie ist insbesondere für die Zeit der Freistellung fortzuzahlen.
- **Probezeit** (§ 20 BBiG, § 18 AltPflG): Das Berufsausbildungsverhältnis beginnt mit der Probezeit. Sie muss mindestens einen Monat und darf höchstens vier Monate betragen (§ 20 BBiG). Nach § 18 AltPflG beträgt die Probezeit für Altenpflegeschüler generell sechs Monate.

- **Beendigung** (§ 21 BBiG, § 19 AltPflG): Das Ausbildungsverhältnis von Altenpflegeschülern endet – unabhängig vom Zeitpunkt der staatlichen Prüfung – mit dem Ablauf der Ausbildungszeit. Für andere Ausbildungsverhältnisse gilt eine etwas abweichende Regelung. Eine besondere Erklärung oder gar Kündigung des Arbeitgebers ist nicht erforderlich. Bestehen Auszubildende die Abschlussprüfung nicht, so verlängert sich das Berufsausbildungsverhältnis auf ihr Verlangen bis zur nächstmöglichen Wiederholungsprüfung, höchstens um ein Jahr.
- **Kündigung** (22 BBiG, § 20 AltPflG): Während der Probezeit ist die Kündigung ohne Frist möglich. Danach kann vom Arbeitgeber nur aus einem wichtigen Grund gekündigt werden, ebenso vom Azubi/Schüler. Dieser kann zusätzlich ordentlich mit einer Frist von vier Wochen kündigen, wenn er die Ausbildung abbricht oder eine andere beginnt. Die Kündigung muss schriftlich und bei einer Kündigung nach der Probezeit unter Angabe der Kündigungsgründe erfolgen.
- **Weiterarbeit** (§ 24 BBiG, § 21 AltPflG): Werden Auszubildende im Anschluss an das Berufsausbildungsverhältnis weiterhin „mit Wissen und Wollen" des Arbeitgebers beschäftigt, so wird dadurch (gesetzlich) ein Arbeitsverhältnis auf unbestimmte Zeit begründet!

Die Pflichten des Arbeitnehmers

Die persönliche Abhängigkeit des Arbeitnehmers vom Arbeitgeber erlegt beiden Seiten ganz besondere Pflichten auf. Regelungen zur Arbeitszeit ergeben sich u. a. aus dem **Arbeitszeitgesetz (ArbZG).** Allerdings ist Vorsicht geboten, denn dieses Gesetz hält gerade für den Pflegebereich zahlreichen Ausnahmeregelungen bereit (vor allem in §§ 7, 12, 14 ArbZG). Hier die Grundregelungen: § 3ArbZG regelt die **werktägliche Arbeitszeit.** Sie darf acht Stunden (bei einer 5-Tage-Woche), bzw. 9,7 Stunden (bei einer 6-Tage-Woche) nicht überschreiten. Nach § 2 Abs. 1 ArbZG bezeichnet man als Arbeitszeit die Zeit vom Beginn bis zum Ende der Arbeit – ohne die Ruhepausen. Eine Verlängerung der Arbeitszeit auf bis zu zehn Stunden ist möglich. Allerdings darf dann in einem Zeitraum von sechs Monaten oder 24 Wochen die *durchschnittliche* werktägliche Arbeitszeit acht Stunden nicht überschreiten.

Zur Arbeitszeit gehören auch Zeiten im **Bereitschaftsdienst.** Bereitschaftsdienste und normale Arbeitszeit müssen zusammengezählt werden und dürfen die Tages- und Wochengrenzen nicht überschreiten. Anders sieht es bei der Entlohnung des Bereitschaftsdienstes aus. Hier darf der Arbeitgeber differenzieren und muss für Bereitschaftsdienst nicht den gleichen Lohn zahlen wie für die normale Arbeitszeit.

Die **Rufbereitschaft** ist von der Arbeitszeit im Sinne des ArbZG ausgenommen. Bei der Rufbereitschaft darf sich der Arbeitnehmer aufhalten, wo er will. Er muss dort lediglich erreichbar sein und bei Bedarf seine Arbeit unverzüglich antreten können. Die Rufbereitschaft zählt also nicht zur Arbeitszeit. Allerdings: Hier muss ausnahmsweise die Wegezeit (vom Aufenthaltsort zum Einsatzort) zur Arbeitszeit hinzugerechnet werden.

Um **Ruhepausen** geht es in § 4 ArbZG. Während der Pause muss der Arbeitnehmer seinen Arbeitsplatz und auch das Betriebsgelände verlassen dürfen. Ruhepausen müssen im Voraus feststehen, ein Zeitfenster genügt allerdings. Die Dauer hat jedoch von vornherein klar zu sein. Bei einer Arbeitszeit von mehr als sechs bis zu neun Stunden sind 30 Minuten die unterste Grenze für Pausenzeiten. 45 Minuten werden fällig bei einer Arbeitszeit von mehr als neun Stunden. Die Ruhepausen können in Zeitabschnitte von jeweils mindestens 15 Minuten aufgeteilt werden. Länger als sechs Stunden hintereinander dürfen Arbeitnehmer nicht ohne Ruhepause beschäftigt werden.

Bei **Teildiensten** (geteilter Schicht, Doppelschicht, o. Ä.), wird eine lange Ruhepause zwischen zwei Dienstzeiten eingeschoben. Das ArbZG zieht dazu keine Grenzen. Es regelt in § 4 ArbZG nämlich nur die *minimalen* Pausen. Doch es gilt: Bei der Vereinbarung einer wöchentlichen Arbeitszeit ist davon auszugehen, dass diese so aufgeteilt wird, dass vom Arbeitnehmer pro Arbeitstag nur eine zusammenhängende Anzahl von Stunden geleistet werden muss. Ein geteilter Dienst ist ohne anderweitige Vereinbarung also nicht zulässig.

Zu den **Ruhezeiten** schreibt § 5 ArbZG vor, dass die Arbeitnehmer eine ununterbrochene Ruhezeit von mindestens elf Stunden haben müssen. Allerdings kann diese im Pflegebereich um bis zu eine Stunde verkürzt werden. Dann muss jede Verkürzung aber innerhalb eines Kalendermonats oder innerhalb von vier Wochen durch Verlängerung einer anderen Ruhezeit auf mindestens zwölf Stunden ausgeglichen werden.

Nachtarbeit (§ 6 ArbZG): Die werktägliche Arbeitszeit der Nachtarbeitnehmer darf acht Stunden nicht überschreiten – wie beim „Tagarbeiter". Sie kann ebenso auf bis zu zehn Stunden verlängert werden. Bei Nachtarbeitnehmern beträgt der Zeitraum, innerhalb dessen eine durchschnittliche werktägliche Arbeitszeit von acht Stunden nicht überschritten werden darf, jedoch nur einen Monat (statt normalerweise sechs Monate) oder vier Wochen (statt normalerweise 24 Wochen). Nachtarbeiter müssen außerdem einen Lohnzuschlag oder zusätzlich freie Tage erhalten. Als Nachtarbeitnehmer im Sinne des ArbZG gelten Arbeitnehmer, die aufgrund ihrer Arbeitszeitgestaltung normalerweise Nachtarbeit in Wechselschicht zu leisten haben oder die Nachtarbeit an mindestens 48 Tagen im Kalenderjahr leisten (§ 2 Abs. 5 ArbZG).

Auch die **Sonn- und Feiertagsruhe** ist im ArbZG vorgeschrieben (§§ 9 ff. ArbZG). Grundsätzlich gilt: Arbeitnehmer dürfen an Sonn- und gesetzlichen Feiertagen von 0:00 Uhr bis 24:00 Uhr nicht beschäftigt werden. Im Pflegebereich dürfen Arbeitnehmer auch an Sonn- und Feiertagen arbeiten (§ 10 Abs. 1 Nr. 3 ArbZG). Mindestens 15 Sonntage im Jahr müssen jedoch beschäftigungsfrei bleiben. Wiederum für *alle* Arbeitnehmer gilt: Werden sie an einem Sonntag beschäftigt, so müssen sie einen Ersatzruhetag haben. Dieser muss innerhalb eines den Beschäftigungstag einschließenden Zeitraums von zwei Wochen gewährt werden. Werden Arbeitnehmer an einem Feiertag beschäftigt, der auf einen Werktag fällt, dann beträgt der Zeitraum für den Ersatzruhetag acht Wochen.

Für **Überstunden** gilt: Sie fallen an, wenn die individuell vereinbarte tägliche Arbeitszeit überschritten wird. Der Arbeitnehmer ist grundsätzlich nur dann zu Überstunden verpflichtet, wenn es dafür eine Rechtsgrundlage gibt (auch eine mündliche Vereinbarung kann ausreichen) – oder im Notfall. Überstundenklauseln im Arbeitsvertrag müssen klar und transparent sein. So muss z. B. die Anzahl der im Höchstfall zu leistenden Überstunden festgelegt sein, damit der Arbeitnehmer weiß, was auf ihn zukommen kann. Unwirksam sind deswegen Klauseln, nach denen „übliche Überstunden" mit dem Gehalt abgegolten sein sollen. Wenn Überstunden geleistet werden, so sind sie zu vergüten. Statt in Geld können sie auch durch bezahlte Freizeit ausgeglichen werden, aber nur, wenn es zwischen Arbeitgeber und Arbeitnehmer vereinbart ist. Für einen darüber hinausgehenden Zuschlag (Überstundenzuschlag) bedarf es erneut einer Anspruchsgrundlage (z. B. im Arbeits- oder Tarifvertrag oder in einer Betriebsvereinbarung).

PRAXISTIPP

Vor Gericht muss der Arbeitnehmer genauestens nachweisen, zu welchen Zeiten die Überstunden in welchem Umfang geleistet worden sind. Der Arbeitgeber muss ihm dazu keine Auskunft geben (Arbeitnehmer sollten also selbst Buch führen). Außerdem hat der Arbeitnehmer zu belegen, ob die Überstunden angeordnet oder geduldet waren. Nur wenn sie angeordnet wurden, besteht ein Entlohnungsanspruch.

Abschließend noch ein paar Anmerkungen zum **Dienstplan:**

- Der **Zeitraum,** für den ein Dienstplan zu erstellen ist, wird gesetzlich nicht vorgegeben. Hierzu bietet sich eine Betriebsvereinbarung an. Meistens werden Dienstpläne für Kalendermonate, Vier- oder Acht-Wochen-Zeiträume erstellt.
- Ist der Dienstplan abgesegnet und kundgetan, dann ist er **verbindlich.** Einen Dienstplan „unter Vorbehalt" gibt es nicht. Er kann kurzfristig nur noch im beiderseitigen Einvernehmen geändert werden. Ein Arbeitnehmer ist also nicht verpflichtet, einzuspringen. Nur ganz ausnahmsweise ist eine **einseitige Änderung** zulässig bzw. ein Einspringen des Arbeitnehmers Pflicht: wenn dringende dienstliche Belange dies erfordern. Dies muss der Arbeitgeber begründen und belegen können. Ein bloß struktureller Personalmangel reicht als Begründung nicht aus. Es muss eine akute und nicht ständig auftauchende Notlage sein.
- Die meisten tariflichen Regelungen sehen eine **Ankündigungsfrist** von mindestens einer Woche vor. Gilt kein Tarifvertrag, dann kann die Frist (durch eine einvernehmliche Regelung, z. B. im Arbeitsvertrag) auf vier Tage herabgesetzt werden.

Die Pflichten des Arbeitgebers

Mindestlohn

Die Leistungspflicht des Arbeitgebers ist vor allem die Zahlung von Lohn (inkl. Zuschlägen). Dabei muss er den für die Pflegebranche geltenden Mindestlohn gem. Pflegearbeitsbedingungenverordnung (PflArbbV) beachten. Er beträgt seit dem 1.1.2015 9,40 Euro in West- und 8,65 Euro in Ostdeutschland. Weitere Anhebungen sind geplant.

Die Folgen unverschuldeter Arbeitsausfälle

Grundsatz: Ohne Arbeit kein Lohn

Wenn der Arbeitnehmer nicht arbeitet, so verliert er grundsätzlich seinen Lohnanspruch (ohne Arbeit kein Lohn). Allerdings sieht das anders aus, wenn der Arbeitsausfall unverschuldet ist. Insbesondere gelten andere Regelungen, wenn der Arbeitnehmer krank oder vorübergehend persönlich verhindert ist oder wenn er sich erholen möchte und deswegen Urlaub beantragt.

Entgeltfortzahlung

Erst Entgeltfortzahlung, dann Krankengeld

Wird der Arbeitnehmer krank, so erhält er vom Arbeitgeber nach dem Entgeltfortzahlungsgesetz weiterhin Lohn, und zwar in der Höhe, in der er auch ohne Krankheit zu zahlen gewesen wäre. Das schließt Zuschläge für Nacht-, Sonntags- oder Feiertagsarbeit mit ein, soweit diese regelmäßig anfallen, nicht aber Überstunden. Die Entgeltfortzahlung greift erst dann, wenn das Arbeitsverhältnis mindestens vier Wochen lang ununterbrochen bestanden hat. Außerdem muss der Arbeitnehmer seine Arbeitsunfähigkeit durch eine entsprechende Bescheinigung eines Arztes nachweisen (**Arbeitsunfähigkeitsbescheinigung,** „gelber Zettel"). Nach sechs Wochen löst die Krankenkasse den Arbeitgeber ab und zahlt ein **Krankengeld** (§§ 44 ff. SGB V).

Muss ein Arbeitnehmer zuhause bleiben, um sein **krankes Kind** zu pflegen, so hat der Arbeitnehmer einen Anspruch auf (unbezahlte!) Freistellung. Und zwar in jedem Kalenderjahr für jedes Kind längstens für zehn Arbeitstage, für alleinerziehende Versicherte längstens für 20 Arbeitstage. Die Krankenkasse zahlt während dieser Zeit als Ersatz immerhin ein Krankengeld (§ 45 Abs. 2 und 3 SGB V).

Urlaub

Auch der Urlaub ist ein „unverschuldeter Arbeitsausfall". Hier das Wichtigste im Überblick:

Der **Urlaubsanspruch** entsteht regelmäßig auf Grundlage des Arbeitsvertrags. Auch die Tarifverträge enthalten Regelungen. Auf gesetzlicher Ebene ist in § 3 BUrlG lediglich der Mindesturlaub geregelt: 24 Werktage bei einer 6-Tage-Woche, 20 Werktage bei einer 5-Tage-Woche.

Durch ärztliches Zeugnis nachgewiesene **Krankheitstage** werden nicht auf den Urlaub angerechnet (§ 9 BUrlG). Für die Dauer der Krankheit erhält der Arbeitnehmer Entgeltfortzahlung (§ 3 EntgFG).

Um den Erholungszweck zu gewährleisten, muss der Urlaub im laufenden Kalenderjahr gewährt und genommen werden. Es gibt aber Möglichkeiten, diesen auf das nächste Jahr zu **übertragen** (§ 7 Abs. 3 BUrlG)

Der volle Urlaubsanspruch wird erst nach sechsmonatigem Bestehen des Arbeitsverhältnisses erworben (§ 4 BUrlG). Der Arbeitgeber kann aber auch schon vorher Urlaub gewähren.

Der Urlaub wird grundsätzlich durch den Arbeitgeber festgelegt. Allerdings sind **Wünsche des Arbeitnehmers** zu berücksichtigen. Das gilt nur dann nicht, wenn der Berücksichtigung dieser Wünsche *dringende* betriebliche Belange oder Urlaubswünsche anderer Arbeitnehmer, die unter sozialen Gesichtspunkten den Vorrang verdienen, entgegenstehen (§ 7 BUrlG). Gewährt der Arbeitgeber pflichtwidrig keinen Urlaub, so darf der Arbeitnehmer sich aber nicht einfach selbst beurlauben. Vielmehr muss er klagen, notfalls per einstweiligem Rechtsschutz.

Urlaub muss **am Stück** genommen werden.

Der Erholungszweck verbietet es dem Arbeitgeber grundsätzlich, einen **Arbeitnehmer aus dem Urlaub zurückzurufen.** Eine Ausnahme gilt bei gravierendem Notfall – Personalmangel reicht nicht!

Die Beendigung von Arbeitsverhältnissen

Ein Arbeitsverhältnis kann zunächst durch eine einseitige Erklärung beendet werden. An erster Stelle steht sicherlich die Kündigung, aber auch eine Anfechtung beendet das Arbeitsverhältnis (und zwar unmittelbar mit Zugang der Anfechtungserklärung).

Die Anfechtung

Anfechtung beendet Arbeitsverhältnis sofort

Der Vorteil bei einer Anfechtung ist für den Arbeitgeber, dass er keine Kündigungsschutzvorschriften beachten muss. Auf der anderen Seite kommt eine Anfechtung nur in ganz besonderen Fällen infrage. Nämlich in bestimmten **Irrtumsfällen** (§ 119 BGB) oder bei **arglistiger Täuschung** (oder Drohung) nach § 123 BGB. *Beispiel:* Der Bewerber hat auf dem Einstellungsbogen wahrheitswidrig angegeben, dass er für die Stelle als Pflegekraft körperlich geeignet sei, in Wahrheit hat er aber mehrere Bandscheibenvorfälle. Auch eine Täuschung über eine nicht vorhandene Qualifikation berechtigt zur Anfechtung.

Die einvernehmliche Beendigung

Einvernehmliche Beendigung durch Aufhebungsvertrag

Auch eine einvernehmliche Vereinbarung kann ein Arbeitsverhältnis beenden. So schließt man z. B. einen Aufhebungsvertrag, wenn man sich „geräuschlos" voneinander trennen will. Allerdings müssen insbesondere Arbeitnehmer die Risiken im Blick behalten (z. B. mögliche Sperrfristen beim Arbeitslosengeld). Wichtig ist: Der Aufhebungsvertrag muss schriftlich abgeschlossen werden (§ 623 BGB). Außerdem kommt man von einem einmal abgeschlossenen Aufhebungsvertrag grundsätzlich nicht mehr los.

Die Kündigung

Außerordentliche Kündigung: Abwarten der Kündigungsfrist ist unzumutbar

Die Kündigung ist eine **einseitige empfangsbedürftige Willenserklärung.** Durch sie wird das Arbeitsverhältnis unmittelbar beendet – entweder mit oder ohne Frist. Für die **außerordentliche Kündigung** bedürfen Arbeitnehmer oder Arbeitgeber eines wichtigen Grundes, der ein Abwarten bis zum Ende der Kündigungsfrist unzumutbar macht. Die **ordentliche Kündigung** hingegen bedarf nur eines „normalen" Grundes (für den Arbeitgeber) oder gar keines Grundes (für den Arbeitnehmer). Eine außerordentliche Kündigung ist also keine Bestrafung für die Vergangenheit. Vielmehr geht es darum, ob der Vertragspartei, die kündigen möchte, ein Abwarten der ordentlichen Kündigungsfrist zuzumuten ist oder nicht. Da mag die vergangene Pflichtverletzung durchaus eine Rolle spielen. Entscheidend ist aber, wie das Arbeitsverhältnis zwischen Arbeitgeber und Arbeitnehmer für die Zukunft zu bewerten ist (➤ Abb. 3.13).

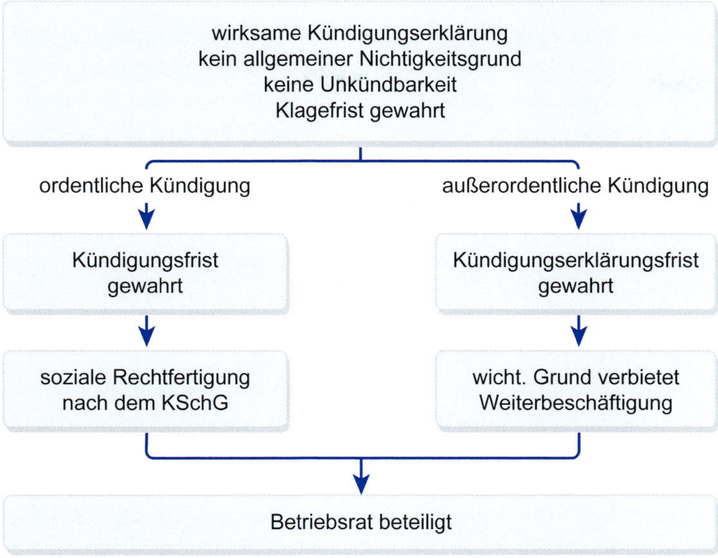

Abb. 3.13 Prüfung der ordentlichen und außerordentlichen Kündigung.

Voraussetzungen für die Kündigung durch den Arbeitgeber
Folgende Voraussetzungen müssen für beide Kündigungsarten erfüllt sein:

- **Wirksame Kündigungserklärung:** Es muss für den Arbeitnehmer deutlich und zweifelsfrei erkennbar sein, dass eine Kündigung gemeint ist. Die Kündigung muss durch einen zur Kündigung berechtigten Vorgesetzten erfolgen und muss schriftlich sein (§ 623 BGB). Außerdem ist die Kündigung empfangsbedürftig, das heißt, sie muss dem Gekündigten zugehen. Ist der Arbeitnehmer im Urlaub, so verhindert das den Zugang nicht.
- **Kein allgemeiner Nichtigkeitsgrund:** Die Kündigung darf nicht gegen Grundrechte, Gesetze und den Grundsatz von Treu und Glauben verstoßen; sie darf auch nicht sittenwidrig sein. *Beispiel:* Eine Kündigung wegen Kirchenaustritts ist ein Verstoß gegen Grundrechte (es sei denn, der Arbeitgeber ist eine kirchliche oder kirchennahe Einrichtung).
- **Keine Unkündbarkeit:** Ein Kündigungsverbot kann sich aus dem Arbeitsvertrag selbst ergeben. Häufiger sind die gesetzlich geregelten Fälle (➤ Tab. 3.10).

Tab. 3.10 Kündigungsverbote und -einschränkungen.

	ordentliche Kündigung ist …	außerordentliche Kündigung ist …
Schwerbehinderte	zustimmungsbedürftig (Integrationsamt)	
Schwangere und Mütter (bis zu vier Monate nach Entbindung)	verboten, ausnahmsweise Erlaubnis möglich (aber selten)	
Arbeitnehmer in der Elternzeit	grundsätzlich verboten, ausnahmsweise Erlaubnis möglich (aber selten)	
Azubis/Schüler	nur in der Probezeit erlaubt	erlaubt
Arbeitnehmervertreter	grundsätzlich verboten	erlaubt, aber z. T. zustimmungsbedürftig
Datenschutzbeauftragte	verboten	erlaubt

- **Klagefrist** gewahrt (dazu unten mehr).
- **Betriebsrat beteiligt:** Der Arbeitgeber muss den Betriebsrat umfassend informieren und eine Woche zuwarten. Der Betriebsrat kann daraufhin schweigen, zustimmen, Bedenken äußern oder widersprechen. Auswirkungen hat der form- und fristgerechte **Widerspruch** vor allem im Kündigungsschutzprozess. Außerdem ist der Arbeitgeber im Falle eines Widerspruchs grundsätzlich verpflichtet, den Arbeitnehmer bei Erhebung der Kündigungsschutzklage auf dessen Verlangen hin zu unveränderten Arbeitsbedingungen vorläufig weiterzubeschäftigen (§ 102 Abs. 5 BetrVG).

Besonderheiten bei der ordentlichen Kündigung

Die ordentliche Kündigung muss zwei weitere **Voraussetzungen** erfüllen:

- Wahrung der **Kündigungsfrist:** Gibt es keine vertragliche Regelung, dann gilt die gesetzliche Grundkündigungsfrist aus § 622 Abs. 1 BGB: Diese beträgt (gerechnet ab Zugang der Kündigung!) vier Wochen zum 15. oder zum Ende eines Kalendermonats. Außerdem gibt es bei längerer Betriebszugehörigkeit eine gestaffelte Verlängerung der Kündigungsfrist (§ 622 Abs. 2 BGB).
- Die Kündigung muss **nach dem KSchG sozial gerechtfertigt** sein.

Der letzte Prüfungspunkt ist der wichtigste, wenn der Arbeitnehmer gegen eine ordentliche Kündigung klagen möchte. Dazu muss zunächst geklärt werden, ob das Kündigungsschutzgesetz behauptet anwendbar ist. Dabei hilft die **10×6×3-Formel:**

10×6×3-Formel

- Der Betrieb muss mehr als zehn (rechnerische) Vollzeitarbeitnehmer beschäftigen.
- Das Arbeitsverhältnis muss mindestens sechs Monate bestanden haben.
- Die Kündigungsschutzklage muss innerhalb von drei Wochen ab Zugang der Kündigung bei Gericht eingegangen sein. Ausnahme: Man konnte die Frist unverschuldet nicht einhalten, z. B. weil man aufgrund eines Unfalls im Krankenhaus lag. Urlaub reicht nicht als Grund.

Gerade aus dem letzten Punkt wird deutlich: Ein „Widerspruchsschreiben" gegenüber dem Arbeitgeber hilft nichts, es muss innerhalb einer Frist von drei Wochen Kündigungsschutzklage erhoben werden.

Nur eine Kündigungsschutzklage kann gegen Kündigung helfen

Ist diese Formel erfüllt, so prüft das Gericht die **soziale Rechtfertigung einer Kündigung.** Dazu werden drei Kündigungsarten unterschieden:

Unterscheidung von personen-, verhaltens- und betriebsbedingter Kündigung

- **Personenbedingte Kündigung:** Wegen eines in der Person liegenden Umstands, der von dieser aber nicht steuerbar ist, kann diese ihre Vertragspflichten nicht mehr ausreichend erfüllen. *Beispiele:* Krankheit, Alkoholismus und Drogensucht (ist auch eine Krankheit!), krankheits- oder altersbedingter Leistungsabfall, fehlende Arbeitserlaubnis, Ungeschicklichkeit.
- **Verhaltensbedingte Kündigung:** Ein von der Person steuerbarer Umstand führt zu einer Pflichtverletzung. *Beispiele:* wiederholtes unentschuldigtes Fehlen, Verletzung pflegerischer Pflichten sowie Beleidigungen gegenüber Arbeitgeber oder Kollegen.
- **Betriebsbedingte Kündigung:** Dringende betriebliche Erfordernisse führen zu einer Entscheidung des Unternehmers, dass die bisherige Beschäftigungsmöglichkeit dauerhaft entfällt. *Beispiel:* Der Leiter eines ambulan-

ten Pflegedienstes will seinen Versorgungsbereich einschränken. Deswegen entscheidet er sich, den Mitarbeitern des von der Einschränkung betroffenen Teams zu kündigen.

In jedem der drei Fälle muss nun geprüft werden, ob die Kündigung **verhältnismäßig** ist. Das ist je nach Kündigungsart unterschiedlich.

Personenbedingte Kündigung: Kurz- und Langzeiterkrankungen

Bei personenbedingten Kündigungen sind Krankheiten der häufigste Fall. Der Arbeitgeber muss in diesem Fall eine Prognose anstellen. Fällt diese negativ aus, dann ist eine krankheitsbedingte Kündigung verhältnismäßig. Die Rechtsprechung unterscheidet bei der Prognose vor allem zwei Fälle:

- **Häufige Kurzerkrankungen:** Der Arbeitgeber muss befürchten, dass der Arbeitnehmer in erheblichem Umfang wiedererkrankt. Unterste Grenze für den voraussichtlichen Arbeitsausfall sind sechs Wochen im Jahr.
- **Bei Langzeiterkrankungen:** Der Arbeitgeber darf keine Aussicht auf Wiederherstellung der Arbeitsfähigkeit in absehbarer Zeit haben.

3

Verhaltensbedingte Kündigung: Abmahnung

Im Falle der **verhaltensbedingten Kündigung** spielt die Abmahnung eine zentrale Rolle. Sie dient vor allem dazu, die Kündigung anzudrohen. Das unterscheidet sie von der bloßen Ermahnung. Diese weist den Mitarbeiter lediglich auf ein bestimmtes Fehlverhalten hin und fordert ihn auf, sich zukünftig zu bessern. Die Abmahnung ist meist Voraussetzung für eine verhaltensbedingte Kündigung. Es muss aber *nicht unbedingt* eine Abmahnung ausgesprochen werden. Schon gar nicht gibt es eine Regel, nach der immer drei Mal abgemahnt werden müsse, bevor eine Kündigung zulässig ist. Entscheidend ist die Schwere des Pflichtverstoßes.

Betriebsbedingte Kündigung: Sozialauswahl

Bei einer **betriebsbedingten Kündigung** steht vor allem die Sozialauswahl im Mittelpunkt. Der Arbeitgeber muss prüfen, wer am sozial schwächsten, wer am stärksten dasteht. Den Stärkeren muss er vorrangig kündigen.

Besonderheiten bei der außerordentlichen Kündigung

Bei der außerordentlichen Kündigung sind folgende zwei Prüfungspunkte entscheidend:

- Wurde die **Kündigungserklärungsfrist** gewahrt?
- Verbietet ein wichtiger Grund die **Weiterbeschäftigung?** Häufig sind Gründe wie z. B. Diebstahl, sexuelle Belästigung, Gewalt gegenüber Kollegen oder Pflegebedürftigen oder besonders gravierende Pflegefehler („gefährliche Pflege").

Die **Kündigungserklärungsfrist** (➤ Abb. 3.14) beträgt zwei Wochen und beginnt dann zu laufen, wenn der Arbeitgeber vollständige und sichere Kenntnis von den Kündigungsumständen hat (§ 626 Abs. 2 BGB).

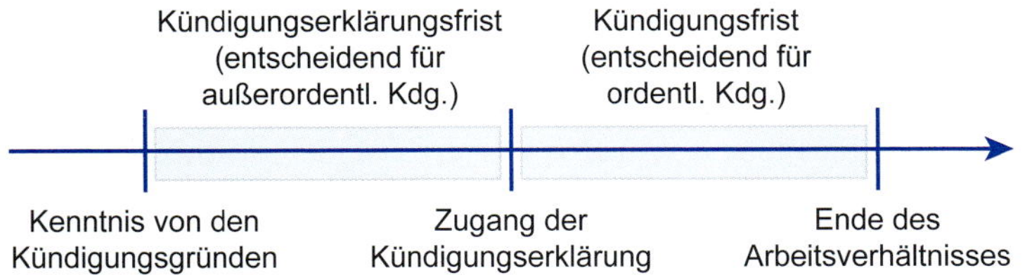

Abb. 3.14 Kündigungserklärungsfrist und Kündigungsfrist.

Die Änderungskündigung
Eine Änderungskündigung wird ein Arbeitgeber dann aussprechen, wenn er den Arbeitnehmer zwar halten will, dies aber zu geänderten Bedingungen.

Definition

Änderungskündigung

Kündigung, die mit dem Angebot zur Fortsetzung des Arbeitsverhältnisses zu geänderten Bedingungen verknüpft ist (§ 2 KSchG).

Arbeitnehmer kann neues Angebot annehmen, ablehnen oder unter Vorbehalt annehmen

Ist die Änderungskündigung dem Arbeitnehmer zugegangen, dann hat er drei Möglichkeiten: Er kann das Änderungsangebot
- annehmen,
- ablehnen oder
- unter dem Vorbehalt annehmen, dass die Kündigung nicht sozial ungerechtfertigt ist.

Die letzte Alternative ist recht geschickt für ihn: Das Arbeitsverhältnis kommt vorläufig zu den geänderten Bedingungen zustande. Den Kündigungsteil kann der Arbeitnehmer gerichtlich prüfen lassen. Scheitert er mit der Kündigungsschutzklage, dann läuft das Arbeitsverhältnis immerhin zu den geänderten Bedingungen weiter. Hat er jedoch Erfolg, dann wandelt sich das vorläufig geänderte Arbeitsverhältnis wieder in sein altes (mit den für ihn besseren Bedingungen) um.

Pflichten anlässlich der Beendigung des Arbeitsverhältnisses

Qualifiziertes Zeugnis muss man eigens einfordern

Am Ende eines Arbeitsverhältnisses muss der Arbeitgeber steuer- und sozialversicherungsrechtliche Papiere sowie arbeitsrechtliche Papiere herausgeben. Zu Letzteren gehört auch das Zeugnis. Zu unterscheiden sind das einfache und das qualifizierte Zeugnis. Jeder Arbeitnehmer hat einen Anspruch sowohl auf ein einfaches als auch auf ein qualifiziertes Zeugnis. Letzteres muss er allerdings ausdrücklich einfordern. Das **einfache Zeugnis** umfasst:
- Art des Arbeitsverhältnisses,
- Dauer des Arbeitsverhältnisses.

Das **qualifizierte Zeugnis** enthält zusätzlich:
- Leistung des Arbeitnehmers,
- Verhalten des Arbeitnehmers.

Anforderung an Zeugnis im Pflegebereich

Gerade im Pflegebereich wird eine Pflegekraft vor allem auf Angaben zur Fort- und Weiterbildung Wert legen. Auch zum Sozialverhalten des Mitarbeiters darf sich das Zeugnis nicht ausschweigen – weil die Pflege ein Beruf „nah am Menschen“ ist. Insbesondere das Verhalten gegenüber den Pflegebedürftigen muss der Arbeitgeber würdigen. Und da Pflege häufig im Team geschieht, kommt es auf eine Beurteilung der Teamfähigkeit ganz besonders an. Grundsätzlich gilt: Unterschiedliche Tätigkeiten erfordern unterschiedliche Fähigkeiten. Daran muss sich dann auch das Zeugnis orientieren. Eine Pflegekraft muss anders beurteilt werden als ein Mitarbeiter in der Verwaltung, eine Pflegedienstleitung anders als ein Pflegeassistent.

Außerdem kann man ein **Zwischenzeugnis** vom Arbeitgeber verlangen. Man braucht allerdings einen triftigen Grund, zum Beispiel eine Versetzung oder eine Bewerbung in einem anderen Unternehmen.

Das Zeugnis muss **schriftlich** sein. Da es als Empfehlungsschreiben dient, muss es **wahrheitsgemäß, aber wohlwollend** formuliert sein. Dazu hat sich die typische „Zeugnissprache" eingebürgert. Das Zeugnis muss **vollständig** sein und sich über den gesamten Zeitraum der Beschäftigung erstrecken. Es muss außerdem **einheitlich** sein, darf also grundsätzlich nicht auf bestimmte Zeitabschnitte oder unterschiedliche Tätigkeiten aufgeteilt werden.

Ist das Zeugnis fehlerhaft und will der Arbeitgeber es nicht verbessern, dann kann der Arbeitnehmer ein korrektes Zeugnis einklagen.

3.1.5.4 Betriebliche Mitbestimmung

Das kollektive Arbeitsrecht regelt die Mitbestimmung auf überbetrieblicher und betrieblicher Ebene. Überbetrieblich geht es vor allem um Tarifauseinandersetzungen. Ziel bei der betrieblichen Mitbestimmung ist es vor allem, die Interessenkonflikte zwischen Arbeitgeber und Betriebsrat durch **Betriebsvereinbarungen** zu lösen (➤ Abb. 3.15). Geregelt ist die betriebliche Mitbestimmung im **Betriebsverfassungsgesetz (BetrVG),** für den Öffentlichen Dienst in den Personalvertretungsgesetzen und im Bereich der Kirchen in den Regelungen zur Mitarbeitervertretung.

Bei Tendenzbetrieben eingeschränkte Mitbestimmung

In sog. **Tendenzbetrieben** ist die Anwendung des BetrVG eingeschränkt. Bei diesen Unternehmen steht nicht die Absicht, Gewinn zu erzielen im Vordergrund. Es geht mehr um bestimmte ideelle oder weltanschauliche Ziele. Im Pflegebereich gelten die von den Wohlfahrtsverbänden betriebenen Pflegeeinrichtungen als Tendenzbetriebe. Dazu zählen an prominenter Stelle die Pflegebetriebe der Arbeiterwohlfahrt oder des Deutschen Roten Kreuzes.

Tendenzbetriebe werden bei der Verfolgung ihrer besonderen Ziele im Arbeitsrecht privilegiert. Begründet wird dies damit, dass diese Betriebe vor allem Zwecke verfolgen, die durch das Grundgesetz besonders geschützt sind.

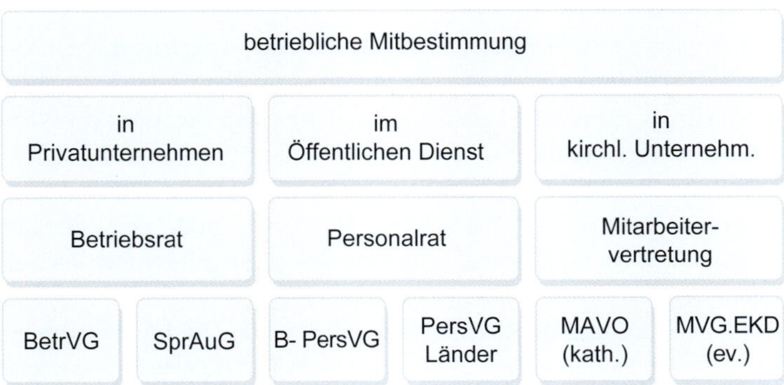

Abb. 3.15 Bereiche der betrieblichen Mitbestimmung.

Am wichtigsten: Bei personellen Einzelmaßnahmen hat der Betriebsrat kein Vetorecht. Das gilt allerdings nur dann, wenn ein Arbeitnehmer betroffen ist, der auf die Tendenzverwirklichung maßgeblichen Einfluss hat („Tendenzträger"). *Beispiel:* Bei der Einstellung von Reinigungskräften, Küchenkräften und Pflegekräften darf der Betriebsrat – wie gesetzlich vorgesehen – mitreden, nicht aber bei der Einstellung eines Einrichtungsleiters.

Auf **leitende Angestellte** sind die Mitbestimmungsgesetze generell nicht anwendbar, denn sie stehen (auch) im Lager der Arbeitgeber. Eine Definition des Begriffs „leitender Angestellter" findet sich in § 5 Abs. 3 und 4 BetrVG.

Der Betriebsrat

Betriebsrat ist Repräsentant der Belegschaft

Auf Arbeitnehmerseite ist der Betriebsrat das entscheidende Gremium. Er ist Repräsentant der Belegschaft, hat aber keine direkten Rechte und Pflichten gegenüber den Arbeitnehmern. Er darf nicht behindert oder benachteiligt werden. Um dem vorzubeugen, genießen Arbeitnehmervertreter einen **besonderen Kündigungsschutz** (sogar bis zu einem Jahr nach dem Ausscheiden aus dem Betriebsrat, § 15 Abs. 1 S. 1 KSchG).

Die **Aufgaben** des Betriebsrats sind sehr vielfältig. Die vornehmste Aufgabe ist es, darüber zu wachen, dass die zugunsten der Arbeitnehmer geltenden Gesetze, Verordnungen, Unfallverhütungsvorschriften, Tarifverträge und Betriebsvereinbarungen durchgeführt werden (§ 80 BetrVG). Die **Kosten** für die Betriebsratsarbeit muss, in angemessenem Umfang, der Arbeitgeber tragen.

Ein Betriebsrat kann dann gewählt werden, wenn es in dem Betrieb in der Regel mindestens fünf ständige wahlberechtigte Arbeitnehmer gibt, von denen drei wählbar sein müssen (§ 1 Abs. 1 BetrVG). Im Normalfall finden **Betriebsratswahlen,** einheitlich für alle Betriebe in Deutschland, alle vier Jahre statt (§ 13 BetrVG).

Die Beteiligungsrechte des Betriebsrats

Die Beteiligungsrechte des Betriebsrats sind unterschiedlich stark ausgestaltet (s. §§ 74–113 BetrVG):

- Der Einfluss des Betriebsrats bei **wirtschaftlichen Angelegenheiten** beschränkt sich auf ein Beratungsrecht (§§ 106–110 BetrVG). In Betrieben mit mehr als 100 ständig beschäftigten Mitarbeitern wird dazu ein Wirtschaftsausschuss gebildet.
- In **personellen Angelegenheiten** hat der Betriebsrat schon ein Wörtchen mehr mitzureden (§§ 92–104 BetrVG). Dort hat er zusätzlich zu den Beratungsrechten ein Widerspruchs- und ein Vetorecht, gelegentlich auch ein (eingeschränktes) Mitbestimmungsrecht.
- Bei der **Gestaltung von Arbeitsplatz, Arbeitsablauf und Arbeitsumgebung** hat der Gesetzgeber dem Betriebsrat ein Beratungsrecht sowie eine abgeschwächte Mitbestimmung zugestanden (§§ 90, 91 BetrVG).
- Am stärksten ist die Beteiligung des Betriebsrats in **sozialen Angelegenheiten** (§§ 87 ff., 112 ff. BetrVG). Hier gibt es eine starke Mitbestimmung. Der Betriebsrat kann Entscheidungen maßgeblich mitgestalten.

3.1.5.5 Überblick über das Haftungsrecht

Eines Tages passiert es: Man hilft einem Pflegebedürftigen aus dem Bett, doch dieser entgleitet, fällt und bricht sich den Oberschenkelhals. Jetzt stürzen viele Fragen auf die Pflegekraft ein: Habe ich etwas falsch gemacht? Was kann ich noch tun, wie verhalte ich mich jetzt richtig? Hilft eine Versicherung?

Diese Fragen werden im Folgenden beantwortet, nicht zuletzt auch, um zu zeigen, dass Furcht vor der Haftung ein schlechter Ratgeber ist. Sie führt nicht selten zu einer „Sicherheitsideologie", die verkennt, dass Risiken nun einmal zum Leben dazugehören. Deswegen geht es hier vor allem darum, ein Gespür für haftungsträchtige Situationen zu entwickeln, sich darauf einzustellen und sich professionell zu verhalten. So kann eine Pflegekraft einerseits Risiken minimieren, andererseits aber auch einmal – dann aber bewusst – bestimmte Risiken eingehen.

Wer kann überhaupt haftbar gemacht werden?

Die Grundkonstellation im Haftungsrecht sieht so aus: Ein Pflegebedürftiger wurde geschädigt. Für eine Haftung kommen in Betracht (➤ Abb. 3.16):

Haftungsgegner: Pflegekräfte und Träger

- Die handelnde Pflegekraft: Sie hat den (vermeintlichen) Fehler begangen.
- Ein Vorgesetzter: Das kann eine Pflegekraft sein, die ein Zweier-Team leitet, eine PDL oder auch ein Einrichtungsleiter.
- Der Träger eines Pflegeunternehmens.

In welchen Rechtsbereichen kann man haftbar gemacht werden?

Die wichtigsten haftungsrechtlichen Bereiche sind das Zivil-, das Straf- und das Arbeitsrecht (➤ Tab. 3.11).

Zentrale Bereiche des Haftungsrechts: Straf-, Zivil- und Arbeitsrecht

Im Zivilrecht geht es um den Anspruch eines Geschädigten auf finanziellen Ausgleich (Schadensersatz oder Schmerzensgeld). Anders im Strafrecht: Hier verfolgt der Staat den (möglichen) Täter und ahndet dessen Tat mit einer Geld- oder Freiheitsstrafe. Auf der arbeitsrechtlichen Ebene ist das Verhältnis der Pflegekraft zum Arbeitgeber betroffen. Der Arbeitgeber kann auf einen Vorfall hin mit Weisung, Ermahnung, Abmahnung oder gar mit einer Kündigung reagieren.

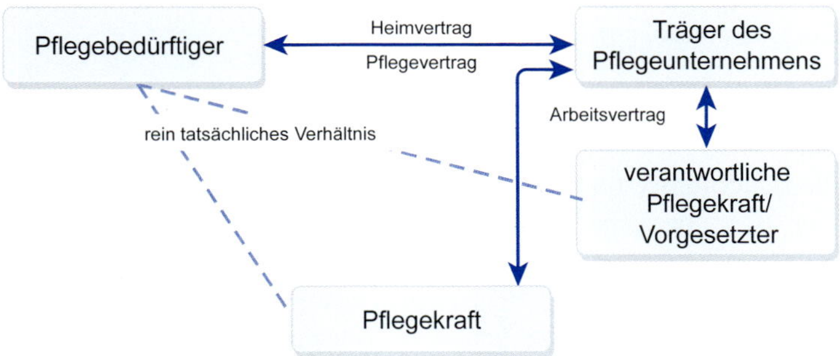

Abb. 3.16 Akteure im Pflegeprozess.

Tab. 3.11 Wichtige haftungsrelevante Rechtsgebiete.

	Rechtsgrundlage	Rechtsfolge	Sorgfaltsmaßstab
Strafrecht	Strafgesetz	Strafe, Maßregel	subjektiv
Zivilrecht	Vertrag, Gesetz	Schadensersatz, Schmerzensgeld	objektiv
Arbeitsrecht	§§ 611 ff. BGB i. V. m. Arbeitsvertrag	Weisung, Ermahnung, Abmahnung, Kündigung	objektiv

Sorgfaltsmaßstab im Straf- und Zivilrecht

Ein wichtiger Unterschied zwischen Zivil- und Strafrecht ist in haftungsrechtlicher Hinsicht der Sorgfaltsmaßstab. Im Strafrecht wird *individuell* geprüft, ob die Pflegekraft zur Verantwortung gezogen werden kann. Im Zivilrecht hingegen wird nur ein *objektiver* Maßstab angelegt. Entscheidend ist die Frage, was von einer *durchschnittlichen* Pflegekraft erwartet werden kann. Die Unterscheidung wird damit begründet, dass bei der zivilrechtlichen Haftung letztlich bloß „Geld verschoben" wird, im Strafrecht geht es immerhin um Geld- oder Freiheitsstrafe.

Diese Unterscheidung zeigt sich sehr deutlich beim **Verschulden:** Im Strafrecht muss man einer Pflegekraft ganz persönlich einen Vorwurf machen können. Dieser Gedanke ist im Zivilrecht kaum noch vorhanden. Hier wird allein gefragt, ob das Geschehnis dem Handelnden zugerechnet werden kann.

Insgesamt: Da es in der zivilrechtlichen Haftung lediglich auf einen objektiven Maßstab ankommt, ist man hier schneller in der Haftung „drin". Beim Strafrecht hingegen können individuelle Umstände vor einer Haftung bewahren.

Zivilrechtlich ist Yvonne haftbar, weil von einer durchschnittlichen Pflegekraft erwartet werden kann, dass sie aufpasst. In strafrechtlicher Hinsicht muss sie womöglich nicht oder nur eingeschränkt haften – wenn man ihr die Schocksituation zugutehält.

Fallbeispiel

Yvonne ist geschockt!

Pflegekraft Yvonne wird bei der Arbeit telefonisch über den Tod eines nahen Familienangehörigen informiert. Daraufhin steht sie völlig „neben sich". Deswegen passiert es ihr, dass sie heißen Tee über einem Pflegebedürftigen verschüttet. Dieser zieht sich dadurch heftige Verbrühungen zu. Muss Yvonne für die Schädigung des Pflegebedürftigen haften?

Neben den bereits genannten gibt es noch weitere haftungsrelevante Rechtsgebiete:

- **Versicherungsrecht:** Hier geht es vor allem darum, ob und unter welchen Voraussetzungen eine Betriebshaftpflichtversicherung für Schäden aufkommt.
- **Heimordnungsrecht:** Die Heimaufsicht kann nach Vorfällen z. B. ein Beschäftigungsverbot aussprechen, einen Aufnahmestopp verhängen oder ein Heim auch komplett schließen (➤ Kap. 3.2.3.2).

- **Sozialrecht:** Wenn sich Haftungsfälle häufen, kann der Versorgungsvertrag (➤ Kap. 3.1.2) des Pflegeunternehmens gekündigt werden.
- **Berufsrecht:** Dieses Rechtsgebiet ist betroffen, wenn die zuständige Behörde gegenüber einer Pflegekraft die Erlaubnis zum Tragen des Titels „staatlich anerkannte Altenpflegerin" widerruft (➤ Kap. 4.1.3.2).

Was bedeuten Vorsatz und Fahrlässigkeit?

Im Strafrecht entscheidend: Abgrenzung Vorsatz – Fahrlässigkeit

Ob dem Schädiger etwas zugerechnet werden kann – Juristen nennen dieses Etwas den „Erfolg" – entscheidet sich u. a. daran, ob er die Tat vorsätzlich oder fahrlässig begangen hat. Der Unterschied zwischen beiden ist letztlich ein gradueller: Beim Vorsatz weiß der Täter, was sein Tun bewirkt, und er will dies auch erreichen. Bei der Fahrlässigkeit sind **Wissen** und **Wollen** schwächer ausgeprägt.

Zivil- und Strafrecht unterscheiden **verschiedene Arten von Vorsatz und Fahrlässigkeit.** Das passiert aus verschiedenen Gründen:

- Im **Strafrecht** sind Fahrlässigkeitsdelikte nur dann mit Strafe bedroht, wenn das Gesetz dies ausdrücklich anordnet (§ 15 StGB). Ist dies nicht der Fall, dann bleibt die fahrlässig begangene Tat straflos. Es kann also entscheidend auf die Abgrenzung Vorsatz – Fahrlässigkeit ankommen.
- Im **Zivilrecht** hingegen ist der Handelnde grundsätzlich immer für Vorsatz und Fahrlässigkeit haftbar. Noch dazu haftet er in vollem Umfang, es gibt keine Abstufungen wie im Strafrecht. Allerdings gibt es in bestimmten Fällen (nicht generell!) Haftungserleichterungen. *Beispiel:* Die Ehefrau eines zu Hause versorgten Pflegebedürftigen kollabiert. Wenn die Pflegekraft ihr in einer solchen Notsituation hilft und dabei einen fachlichen Fehler macht, dann haftet sie nur bei Vorsatz und *grober* Fahrlässigkeit (§ 680 BGB), nicht aber bei normaler Fahrlässigkeit. Hier kommt es also darauf an, wie grobe Fahrlässigkeit definiert wird und was sie von normaler Fahrlässigkeit unterscheidet.

Im Strafrecht entscheidend: Abgrenzung der Vorsatzformen

Im **Strafrecht** schichtet man drei Vorsatzformen ab:

- **Absicht:** Zielgerichteter Wille, den tatbestandlichen Erfolg herbeizuführen. Das Wissenselement tritt dahinter etwas zurück, der Täter hält es zumindest für möglich, dass sein Handeln zum Erfolgseintritt führt. *Beispiel:* Eine Angehörige, die ihren dementen, schwerkranken Vater zu Hause pflegt, möchte diesen von seinem Leiden „erlösen". Sie verabreicht ihm daher den gesamten Vorrat des Sedativums, das er gegen seine Angst- und Unruhezustände verordnet bekommen hat. Sie ist sich aber nicht sicher, ob die Dosis ausreicht.
- **Direkter Vorsatz:** Der Täter muss den Erfolg durch wissentliches Handeln herbeiführen. Dabei ist es nicht notwendig, dass der Erfolg das angestrebte Ziel darstellt. *Beispiel:* Ein Pflegebedürftiger schlägt die Scheibe eines Medizinschrankes ein. Er tut das jedoch nur, um an das begehrte Medikament zu kommen.
- **Eventualvorsatz:** Der Täter hält den Taterfolg ernstlich für möglich und nimmt ihn billigend in Kauf, findet sich also damit ab („ist mir egal"). *Beispiel:* Einer Pflegekraft fällt auf, dass für einen Pflegebedürftigen vom Arzt irrigerweise ein schlafförderndes Medikament in einer zu hohen Dosis verordnet wurde. Da sie aber möchte, dass der Pflegebedürftige während der Nacht „Ruhe gibt", lässt sie den Dingen ihren Lauf.

Wichtig ist nun, wie im Strafrecht die schwächste Vorsatzform, der Eventualvorsatz, zur bewussten Fahrlässigkeit abgegrenzt wird (➤ Abb. 3.17). Die Rechtsprechung bedient sich zunächst einer Vorschrift aus dem Zivilrecht.

§§

§ 276 Abs. 2 BGB

Fahrlässig handelt, wer die im Verkehr erforderliche Sorgfalt außer Acht lässt.

Dementsprechend wird als **bewusste Fahrlässigkeit** definiert: Der Handelnde muss mit dem möglichen Eintritt des Taterfolgs rechnen, vertraut aber pflichtwidrig und vorwerfbar darauf, dass der Schaden nicht eintreten wird. Der Täter lässt also die erforderliche Sorgfalt vermissen und geht davon aus, dass es „schon gut gehen" wird.

Nun zum **Zivilrecht.** Hier interessiert weniger die Form des Vorsatzes (auch Eventualvorsatz reicht aus), vielmehr wird die Fahrlässigkeit näher ausdifferenziert.

Im Zivilrecht entscheidend: Abgrenzung der Fahrlässigkeitsformen

- **(Einfache/normale) Fahrlässigkeit** liegt nach § 276 Abs. 2 BGB dann vor, wenn die im Verkehr erforderliche Sorgfalt nicht beachtet wird. *Beispiel:* Eine Pflegekraft überprüft die Temperatur des Badewassers nur mit einem Thermometer, nicht auch noch per Hand.
- Um **grobe Fahrlässigkeit** handelt es sich hingegen, wenn die erforderliche Sorgfalt in besonders hohem Maße außer Acht gelassen wird. Die einfachsten und nächstliegenden Überlegungen werden nicht angestellt. *Beispiel:* Eine Pflegekraft überprüft überhaupt nicht, welche Temperatur das Badewasser nach dem Einlassen hat.

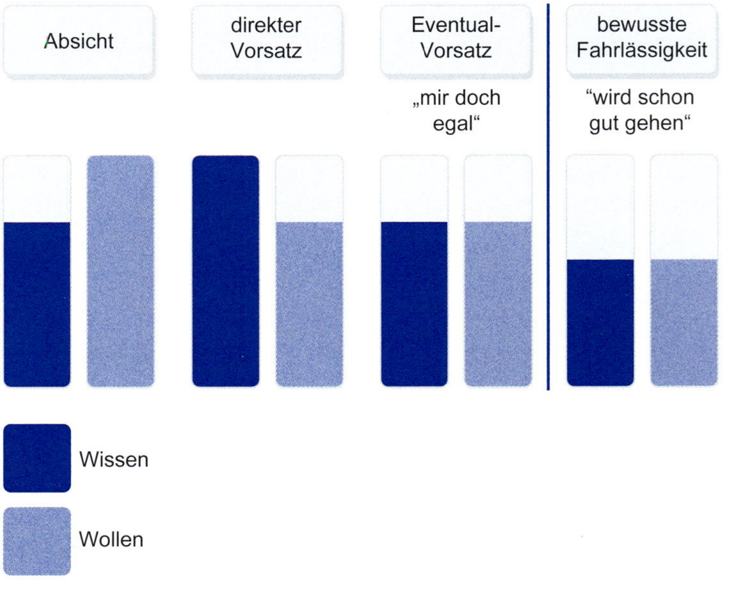

Abb. 3.17 Abgrenzung Vorsatz – Fahrlässigkeit im Strafrecht.

- Schließlich gibt es im Arbeitsrecht eine Haftungsbefreiung für Arbeitnehmer, wenn sie **leicht fahrlässig** gehandelt haben. *Beispiel:* Eine Pflegekraft überprüft die Temperatur des Badewassers zwar per Hand, taucht diese allerdings zu kurz ein.

Welche Rolle spielen (pflegerische) Pflichten im Haftungsrecht?

Um Vorsatz und Fahrlässigkeit beurteilen zu können, kommt es ganz entscheidend auf die Pflichten des Handelnden an, insbesondere bei der Fahrlässigkeit. Pflichten spielen aber auch noch eine andere Rolle, nämlich für die Frage, ob man für eine **Unterlassung** haftbar gemacht werden kann.

Pflichten entscheiden auch über Haftung bei einer Unterlassung

Beispiel: Setzt die Pflegekraft eine Injektion zu schnell, dann ist das eine Pflichtverletzung durch aktives Tun. Wie sieht es aber aus, wenn sie bei einer Injektion die Einstichstelle nicht ausreichend desinfiziert und es deswegen zu einem Injektionsabszess kommt? Hier hat sie etwas unterlassen. Für Unterlassungen kann man zunächst einmal nicht haftbar gemacht werden. Das ändert sich aber dann, wenn eine Pflicht besteht, die zu einem bestimmten Tun zwingt, wenn man also hätte handeln *müssen.* Pflichten entscheiden also darüber, ob aus einem bloßen Nichtstun ein Unterlassen wird, für das man haftungsrechtlich einstehen muss. Bei der mangelnden Desinfektion kommt diese Pflicht übrigens aus den hygienerechtlichen Vorschriften der Bundesländer. Diese schreiben häufig eine Desinfektion ausdrücklich vor.

Auf die Garantenstellung kommt es an

Ob eine Pflicht zum Handeln besteht, ergibt sich v. a. daraus, ob der Handelnde eine Garantenstellung hat. Zwei Arten werden unterschieden:

- **Überwachergarant:** Hier gibt es eine Gefahrenquelle, vor der der Garant eine andere Person schützen muss. Die Gefahrenquelle kann er entweder selbst geschaffen haben oder er kann sie zumindest beherrschen. *Beispiel:* Eine Pflegekraft hat etwas verschüttet und wischt es auf; sie muss dafür sorgen, dass niemand darauf ausrutschen kann. Selbst wenn sie entdeckt, dass im Speisesaal von einem anderen etwas verschüttet wurde, muss sie sich darum kümmern.
- **Beschützergarant:** Hier muss der Garant aufgrund seiner besonderen Stellung zum Schutz anderer handeln. Diese Stellung kann sich durch familiäre oder freundschaftliche Verbundenheit ergeben, aber auch, weil man freiwillig Beistandspflichten übernommen hat. Letzteres spielt im Pflegebereich eine Rolle, da sich eine Pflegekraft durch ihren Arbeitsvertrag (verstärkt durch berufsrechtliche Regelungen) verpflichtet hat, besondere Sorge für die Pflegebedürftigen zu tragen. *Beispiel:* Eine Pflegekraft muss bei einem bettlägerigen dekubitusgefährdeten Pflegebedürftigen prophylaktische Maßnahmen ergreifen.

Woraus ergeben sich die in der Pflege geltenden Sorgfaltspflichten?

Weil Pflichten, so sie denn verletzt wurden, über die Haftung mitentscheiden, ist es für Pflegekräfte wichtig zu wissen, welche Pflichten es überhaupt gibt, wo sie herkommen und wo man sie womöglich nachlesen kann. Dazu gibt es eine ganze Fülle an Quellen. Hier eine Liste, geordnet nach ihrer Allgemeingültigkeit und dem Grad der Verbindlichkeit:

Quellen für pflegerische Pflichten

- Gesetze und Verordnungen (z. B. IfSG oder MPBetreibV)
- Unfallverhütungsvorschriften der Berufsgenossenschaften
- Technische Regeln (z. B. TRBA oder TRBS)
- Sonstige Regelwerke von Dritten (z. B. DIN-Normen)
- Verträge (z. B. Arbeitsvertrag)
- Expertenstandards
- Hauseigene Standards
- Dienstanweisungen

Gerade die Expertenstandards (➤ Kap. 3.2.3.1) haben in der Pflege eine besondere Bedeutung. In haftungsrechtlicher Hinsicht haben sie den Charakter eines vorweggenommenen Sachverständigengutachtens. Das bedeutet: Ein Expertenstandard trägt die Vermutung der Richtigkeit in sich. Zwar kann man durchaus davon abweichen. Das muss man dann aber (gut) begründen können. Im Haftungsprozess bedeutet das: Die Pflege ist in einer beweisrechtlich ungünstigeren Situation, da sie sich entlasten muss.

Können Pflichtverletzungen gerechtfertigt sein und die Haftung ausschließen?

Dass Pflichtverletzungen zur Haftung führen können, ist nun hinreichend geklärt. Allerdings kann es Konstellationen geben, in denen eine Pflegekraft trotz Pflichtverletzung nicht für ihr Handeln haften muss – weil es eine Rechtfertigung gibt und die Tat deswegen nicht **rechtswidrig** ist.

Notwehr und Nothilfe

Eine solche Rechtfertigung liegt bei einer Notwehrsituation vor. *Beispiel:* Eine Pflegekraft wird von einem Bewohner bedroht, der eine Flasche in der Hand hält und damit auf sie einschlagen will. Wenn die Pflegekraft nun auf den Unterarm des Pflegebedürftigen schlägt, damit die Flasche zu Boden fallen kann, dann verletzt sie den Pflegebedürftigen und macht sich haftbar. Allerdings befindet sie sich in einer Notwehrsituation. Dazu sagt das Gesetz: **Wer eine Tat begeht, die durch Notwehr geboten ist, handelt nicht rechtswidrig** (§ 32 StGB, ähnlich § 227 BGB). Mit anderen Worten: Die Handlung der Pflegekraft ist hier trotz einer Verletzung des Pflegebedürftigen gerechtfertigt.

Notwehr: Abwehr eines gegenwärtigen, rechtswidrigen Angriffs

Allerdings gilt dies nur dann, wenn die Notwehr *geboten* ist. Das ist dann der Fall, wenn die Verteidigung erforderlich ist, um einen **gegenwärtigen rechtswidrigen** Angriff von sich abzuwehren. Ist der Angriff also vorbei, dann ist er nicht mehr „gegenwärtig". Man darf dem Täter z. B. nicht mehr nachsetzen oder ihm gar „eine Lektion erteilen". Außerdem muss die Notwehr **erforderlich** sein, der sich Wehrende muss also das mildeste Mittel wählen. Gerade im Pflegebereich gelten besondere Anforderungen. Hier sollte man zunächst versuchen, der Situation auszuweichen. Insbesondere gegenüber psychisch Kranken muss das Pflegepersonal sogar – in Grenzen – Angriffe gegen sich in Kauf nehmen. Keine erforderliche Verteidigungshandlung wäre es in dem Eingangsbeispiel, wenn die Pflegekraft dem Bewohner einen derart brutalen Schlag versetzen würde, dass dieser bewusstlos zu Boden ginge **(Notwehrexzess).** Überschreitet man die Grenzen der Notwehr allerdings aus Verwirrung, Furcht oder Schrecken, so muss man ausnahmsweise nicht haften (§ 33 StGB).

Eilt man einem anderen, der einem Angriff ausgesetzt, zu Hilfe, dann spricht man nicht von Notwehr, sondern von **Nothilfe.**

Rechtfertigender Notstand

Rechtfertigender Notstand: Gefahrenlage für schützenswerte Interessen

Eine andere Situation liegt beim rechtfertigenden Notstand vor (§ 228 BGB, § 34 StGB): Hier sind rechtlich geschützte Interessen in Gefahr, wobei diese nur auf Kosten fremder Interessen abgewehrt werden können. Anders als bei der Notwehr bedarf es also keines Angriffs, sondern lediglich einer Gefahrenlage. Diese muss außerdem gegenwärtig sein, d. h. sie muss jederzeit in einen Schaden umschlagen können. *Beispiel:* Ein Heimbewohner ist zeitlich desorientiert, hat das Heim verlassen und kommt auch nach Stunden nicht wieder zurück. Er benötigt dringend Insulin, andernfalls drohen ernste Gesundheitsgefahren. Das Heim benachrichtigt aus diesem Grunde die Polizei. Damit ist eigentlich die Schweigepflicht verletzt. Aufgrund der stärker zu gewichtenden Lebensgefahr ist dies aber gerechtfertigt.

Hier findet also eine **Abwägung** zwischen dem Interesse auf Datenschutz und dem Interesse am Lebenserhalt statt. Eine weitere Voraussetzung: Die Gefahrenlage darf **nicht anders abwendbar** sein. Ähnlich wie bei der Notwehr muss das mildeste Mittel gewählt werden. So darf man in dem Eingangsbeispiel nicht gleich die Polizei verständigen, sondern muss erst einmal versuchen, den Pflegebedürftigen selbst zu finden.

Sonderfall: rechtfertigende Pflichtenkollision

Ein Sonderfall des rechtfertigenden Notstands ist die rechtfertigende Pflichtenkollision. Sie stellt dann eine Rechtfertigung dar, wenn jemand eine ihm obliegende Pflicht nur auf Kosten einer anderen Pflicht erfüllen kann. *Beispiel:* Eine Pflegekraft ist bei einer Nachtwache allein auf einer Station. Nun kommen aus zwei Zimmern fast gleichzeitig Klingelzeichen. Je nachdem, für wen sich die Pflegekraft entscheidet: Sie begeht bei dem anderen womöglich eine Pflichtverletzung durch Unterlassen. Ihr Handeln ist aber wegen einer Pflichtenkollision gerechtfertigt.

Selbsthilfe

Selbsthilfe: Recht braucht dem Unrecht nicht zu weichen

Schließlich gibt es noch die Selbsthilfe. *Beispiel:* Bei einem Spaziergang mit ihrer Wohngruppe sieht eine Pflegekraft, wie sich ein Dieb aus ihrem Rucksack „bedient". Packt sie den Dieb beim Kragen und nimmt ihm das Diebesgut ab, dann ist dies an sich Freiheitsberaubung, aber gerechtfertigt. Denn: **Das Recht braucht dem Unrecht nicht zu weichen.** Man darf zupacken, weil staatliche Hilfe nicht oder nicht rechtzeitig erreichbar ist und die begründete Gefahr besteht, dass der Anspruch ansonsten vereitelt wird. Ein Sonderfall der Selbsthilfe ist das **Recht zur vorläufigen Festnahme.** Es ist jedermann (also nicht nur der Polizei!) erlaubt, einen Übeltäter vorläufig festzunehmen, wenn man diesen auf frischer Tat ertappt und er seine Identität nicht preisgibt oder zu fliehen droht (§ 127 Abs. 1 StPO, § 229 BGB).

Einwilligung

Fallbeispiel

Herr Wendling wird zur Wäsche „überredet"

Herr Wendling verweigert bereits seit zwei Wochen die Körperwäsche. Mittlerweile riecht es nicht nur im Zimmer von Herrn Wendling recht streng. Mitbewohner beschweren sich bereits. Daraufhin greift sich Stationsleiterin Vera eine Kollegin und nimmt sie mit zu Herrn Wendling. Nachdem ein Zureden nichts hilft, packen beide schließlich tatkräftig zu. Herr Wendling wehrt sich anfangs noch, lässt die Wäsche dann jedoch über sich ergehen. Durften Vera und ihre Kollegin so handeln? Immerhin musste man hygienische Probleme befürchten, und auch Mitbewohner fühlten sich bereits beeinträchtigt.

Der bei weitem wichtigste Rechtfertigungsgrund in der Pflege ist die Einwilligung.

Das deutsche Rechtssystem geht davon aus, dass eine medizinisch-pflegerische Maßnahme, und sei sie auch so harmlos wie die Wäsche im Fallbeispiel, zu einem Eingriff in die körperliche Integrität führt und deswegen einen „Haftungsfall" darstellt. Allerdings ist die Rechtsgutverletzung meist dadurch gerechtfertigt, dass der Pflegebedürftige darin einwilligt. Die Einwilligung ist also *der* Rechtfertigungsgrund für die Pflege schlechthin.

Voraussetzungen einer wirksamen Einwilligung

Damit eine Einwilligung wirksam ist, müssen folgende Voraussetzungen erfüllt sein:

- **Verfügungsbefugnis:** Das Rechtsgut muss der Verfügung des Pflegebedürftigen unterliegen. Beim Waschen, aber auch bei einer Injektion oder gar einer Operation ist dies unproblematisch.
- **Einwilligungsfähigkeit:** Der Einwilligende muss die natürliche Einsichts- und Urteilsfähigkeit besitzen, um die Maßnahme und den Rechtsverzicht erfassen zu können (➤ Kap. 0.9.6).
- **Rechtzeitigkeit:** Die Einwilligung muss *vor* dem Eingriff erteilt werden.
- **Aufklärung:** Nur eine „aufgeklärte Einwilligung" ist wirksam. Es muss gewährleistet sein, dass der Pflegebedürftige alles versteht, worin er einwilligen soll. Entscheidet ein Betreuer oder Bevollmächtigter, dann muss dieser aufgeklärt werden. Wenn es um schwere Entscheidungen geht, dann ist ausreichend Bedenkzeit einzuräumen.
- **Erkennbarkeit:** Die Einwilligung muss zwar nicht unbedingt mündlich oder schriftlich erklärt werden, sie muss aber nach außen erkennbar sein. *Beispiel:* Ein Pflegebedürftiger kooperiert bei der Wäsche oder Essenseingabe – damit gibt er konkludent sein Einverständnis ab. Eine bloß innere Zustimmung reicht nicht. Notfalls muss der mutmaßliche Wille ermittelt werden: Wie würde der Pflegebedürftige bei objektiver Würdigung aller Umstände in der vorliegenden Situation entscheiden, wenn er dies könnte? Dabei darf nicht danach geforscht werden, was objektiv vernünftig ist, sondern was für den Pflegebedürftigen subjektiv entscheidend ist. Erst wenn sich trotz sorgfältiger Prüfung keine individuellen Anhaltspunkte finden lassen, erst dann darf auf allgemeine Wertvorstellungen zurückge-

griffen werden. *Beispiel:* Erleidet ein Pflegebedürftiger einen hypoglykämischen Schock, dann wird man im Normalfall davon ausgehen dürfen, dass er Gegenmaßnahmen wie etwa eine Glukose-Injektion will.

- **Freiwilligkeit und Ernstlichkeit:** Die Willenserklärung hat schließlich ernstlich und frei von Willensmängeln zu sein. Kommt die Einwilligung aufgrund einer Täuschung zustande, so ist sie unwirksam.

Liegen alle Voraussetzungen für eine wirksame Einwilligung vor, dann rechtfertigt dies die anstehende medizinisch-pflegerische Maßnahme. Das bedeutet aber auch: Wird die **Einwilligung entzogen** (was jederzeit möglich ist!), dann muss die Maßnahme sofort beendet werden, und sei der Wille des Pflegebedürftigen auch noch so unverständlich. Schon gar nicht darf man tricksen. *Beispiel:* Eine Pflegekraft behauptet gegenüber einer Pflegebedürftigen, der bereitgestellte Tee diene der Beruhigung; in Wirklichkeit wirkt dieser jedoch abführend. Zwangsmaßnahmen sind überhaupt nur möglich im Rahmen von gerichtlich zu genehmigenden freiheitseinschränkenden Maßnahmen (➤ Abb. 1.3).

Wichtig außerdem: **Ehe-/Lebenspartner oder Angehörige** sind nur dann anstelle des Pflegebedürftigen zur Einwilligung befugt, wenn sie dessen Vertreter sind. Alleine die Stellung als Familienmitglied reicht nicht aus. Vielmehr müssen sie (z. B. über eine Vorsorgevollmacht) ermächtigt oder vom Gericht als Betreuer bestellt worden sein.

Im Fallbeispiel: Herr Wendling hat keine Einwilligung erteilt, denn seine, wenn auch schwache, körperliche Abwehr bedeutete genau das Gegenteil: „Ich will nicht!". Die Wäsche durch Vera und ihre Kollegin war also nicht gerechtfertigt, sie haben sich aufgrund der „Zwangswaschung" haftbar gemacht.

Wer muss was beweisen?

Geht es um die Beweisbarkeit eines Vorwurfs in einem Strafprozess, so kann sich ein Angeklagter an sich bequem zurücklehnen: Der Staat trägt die Beweislast, er muss alle Voraussetzungen der Strafbarkeit unter Beweis stellen.

Im Zivilprozess muss der Kläger das beweisen, was für ihn günstig ist

Anders sieht dies im Zivilprozess aus, wenn es also um Schadensersatz und/oder Schmerzensgeld geht. Dort gilt: Wer Zivilklage erhebt, muss all das beweisen, was für ihn selbst günstig ist **(Günstigkeitsprinzip).** Im Haftungsfall muss also der Pflegebedürftige alle Voraussetzungen für seinen Anspruch beweisen können. Gelingt ihm das nicht, dann verliert er allein deswegen den Prozess. Um der Beweislast überhaupt nachkommen zu können, hat er das Recht, die Dokumentation einzusehen und auszuwerten (für die medizinische Behandlung mittlerweile in § 630 g BGB geregelt). Von der Auswertung hängt es dann ab, ob er den Beweis gegen eine Pflegekraft oder gegen ein Pflegeunternehmen führen kann oder nicht.

Beweiserleichterung durch Anscheinsbeweis

Eine Beweiserleichterung bietet dem Pflegebedürftigen der Anscheinsbeweis: Wenn er Tatsachen vorgetragen kann, die typischerweise ein bestimmtes Geschehen belegen, dann muss er nicht mehr das Geschehen im Einzelnen unter Beweis stellen. Es reichen die „Anknüpfungstatsachen". *Beispiel:*

Tab. 3.12 Fallgruppen für eine Beweislastumkehr.

Fallgruppe	Beispiele
offensichtlicher und grober Behandlungsfehler	Verstoß gegen die Grundregel eines Expertenstandards.
völlig beherrschbarer Risikobereich	Sturz eines extrem sturzgefährdeten Pflegebedürftigen beim Toilettengang. Mobilisierungsmaßnahme, bei der eine Pflegekraft ständig anwesend ist.
Dokumentation ist mangelhaft oder fehlt völlig	Dokumentation ist schon rein sprachlich unverständlich.
Handelnder war nicht befähigt	Pflegekraft war nicht ausgebildet, um intravenöse Injektionen zu setzen.

3

Ein Pflegebedürftiger wird völlig dehydriert in ein Krankenhaus eingeliefert; das alleine kann reichen, um einen Pflegefehler und die dadurch verursachte Schädigung zu beweisen (insbesondere wenn die Flüssigkeitszu- und -abfuhr nicht dokumentiert ist).

Beweislastumkehr

Noch gravierender ist es für die Pflege, wenn sich die Beweislast von vornherein umdreht (Beweislastumkehr). Das heißt konkret: Nicht der Pflegebedürftige muss die Voraussetzungen seines Haftungsanspruchs beweisen, vielmehr muss sich die Pflege entlasten. Und das kann dann mitunter schwierig werden! Unter welchen Voraussetzungen eine Beweislastumkehr greift, ist in ➢ Tab. 3.12 zusammengefasst.

Wie verhält man sich im Schadensfall richtig?

PRAXISTIPP

Erste interne Maßnahmen

- Ein **Bericht** für den eigenen Gebrauch kann dem Gedächtnis später auf die Sprünge helfen. Hinzukommt der **offizielle Schadensbericht** (z. B. auch ein Sturzprotokoll). Wichtig: sachlich bleiben, Schuldzuweisungen und ein voreiliges Schuldeingeständnis vermeiden.
- **Beweise** sichern: Zeugen suchen, evtl. Pflegedokumentation kopieren/ausdrucken und Fotos machen (jeweils Erlaubnis dazu einholen).
- Evtl. einen **Rechtsanwalt** und die eigene **(Berufshaftpflicht-)Versicherung** einschalten.
- Den direkten **Kontakt zum geschädigten Pflegebedürftigen,** wenn möglich, einschränken oder gar völlig beenden (was selbstverständlich nur in Absprache mit Vorgesetzten möglich ist), um eine weitere Eskalation und einen unbeabsichtigten „Datenfluss" zu vermeiden.

Maßnahmen bei strafrechtlichen Ermittlungen

Vorab: Alle Informationen, die man der Polizei oder Staatsanwaltschaft gibt, können gegen die eigene Person verwendet werden. Deswegen grundsätzlich vorsichtig sein!

- Bei der Befragung vor Ort sollte man keine **Angaben zur Sache** machen und sich auch nicht zu Spontanäußerungen hinreißen lassen. Man ist nur zu **Angaben zur Person** verpflichtet.
- Zu Vernehmungen bei der Polizei muss ein **Beschuldigter** nicht erscheinen.
- Das Erscheinen vor dem Staatsanwalt oder Richter ist zwingend. Aber auch dort muss der Beschuldigte sich nicht zur Sache äußern.

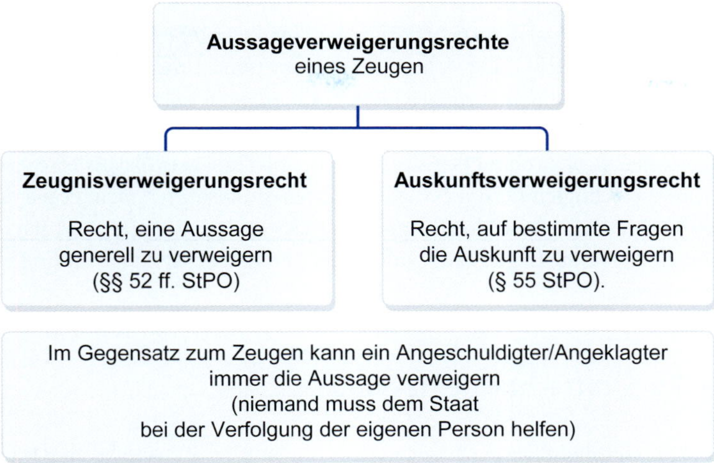

Abb. 3.18 Aussageverweigerungsrechte eines Zeugen im Strafverfahren.

Wird man ausdrücklich als **Zeuge** zur Polizei, zur Staatsanwaltschaft oder zu einem Richter vorgeladen, so ist man grundsätzlich zum Erscheinen verpflichtet. Aber auch hier ist Vorsicht geboten: Schneller als man denkt, kann man vom Zeugen zum Beschuldigten werden. Wer vorgeladen wird, muss immer über seine Rechte belehrt werden, insbesondere über Aussageverweigerungsrechte (➤ Abb. 3.18).

Zeugnisverweigerungsrecht

Zur **Verweigerung des Zeugnisses** sind nach § 52 StPO berechtigt:

- der Verlobte (sowohl bei Ehe als auch bei Lebenspartnerschaft),
- der Ehegatte, bzw. Lebenspartner (auch nach Scheidung),
- Verwandte oder Verschwägerte in gerader Linie, Verwandte in der Seitenlinie bis zum dritten Grad, Verschwägerte in der Seitenlinie bis zum zweiten Grad (auch bei ehemaligen Verschwägerungen).

Ein Zeugnisverweigerungsrecht haben außerdem **bestimmte Berufsgruppen (§ 53 StPO),** z. B. Geistliche, Psychotherapeuten oder auch Ärzte. Für Pflegekräfte gilt § 53a StPO: Sie sind als „Hilfsberuf" ebenfalls zur Zeugnisverweigerung berechtigt, allerdings nur insoweit, als es um medizinische Sachverhalte geht. Der Arzt entscheidet darüber, ob man aussagen darf oder nicht (also nicht die Pflegekraft!). Außerdem kann der Betroffene, also z. B. der Pflegebedürftige, die Pflegekraft von der Schweigepflicht entbinden.

Das Recht, auf bestimmte Fragen die **Auskunft zu verweigern,** hat ein Zeuge dann, wenn die Beantwortung von Fragen ihn selbst oder einen der oben genannten Angehörigen in Gefahr brächte, wegen einer Straftat oder einer Ordnungswidrigkeit verfolgt zu werden (§ 55 StPO).

Durchsuchung und Beschlagnahme

Schließlich kann neben einer Befragung auch noch eine **Durchsuchung** oder gar eine **Beschlagnahme** drohen. In diesem Fall ist zu beachten:

- Zunächst sollt man sich den richterlichen Durchsuchungsbefehl zeigen lassen. Ist er nicht vorhanden, ist eine Durchsuchung nur bei „Gefahr im Verzug" möglich. Dabei auf Zweck, Ziel und Ausmaß der Durchsuchung achten. Wird z. B. eine Tasche in den Geschäftsräumen gesucht, dann darf nicht auch der PC „durchsucht" werden.

- Man hat das Recht, bei der Durchsuchung anwesend zu sein und einen Anwalt oder Zeugen hinzuzuziehen.
- Durch gezielte Hilfe lässt sich die Maßnahme unter Umständen abkürzen.
- Bei der Beschlagnahme von wichtigen Dokumenten sollte man verlangen, Kopien machen zu dürfen. Unterlagen, die Mitteilungen zwischen einem Betroffenen, etwa dem Pflegebedürftigen, und einer zeugnisverweigerungsberechtigten Person enthalten, dürfen grundsätzlich nicht gegen den Willen des Betroffenen beschlagnahmt (oder auch nur kopiert) werden. Beschlagnahmte Gegenstände unbedingt und möglichst detailliert quittieren lassen.

3.1.5.6 Strafrechtliche Haftung

Werden schlechte Pflegeleistungen erbracht, dann reicht womöglich der (zivilrechtliche) Ausgleich über Schadensersatz. Das Strafrecht hat erst einmal nichts zu melden. Kommen allerdings die Interessen Dritter ins Spiel, dann kann sich das ändern. Erst wenn Rechtsgüter massiv verletzt werden oder Interessen der Allgemeinheit auf dem Spiel stehen, erst dann wird das Strafrecht aktiv. **Strafrecht ist also immer nur das letzte Mittel!**

Grundsätze im Strafrecht

- Unschuldsvermutung
- Im Zweifel für den Angeklagten
- Keine Strafe ohne Gesetz

Da eine Bestrafung zu einem massiven Eingriff in das Vermögen oder in die Freiheitsrechte führen kann, gehen die Behörden auf dem Weg zu einer Verurteilung besonders umsichtig vor. Das ist nicht zuletzt auch deswegen wichtig, weil jeder bis zu einer rechtskräftigen Verurteilung als unschuldig gilt. Die Unschuldsvermutung ist einer der wichtigsten Grundsätze im Strafrecht. Ebenso wie das Prinzip „Im Zweifel für den Angeklagten". Für die (pflegerische) Praxis wohl aber am wichtigsten: Keine Strafe ohne (Straf-)Gesetz (Art. 103 Abs. 2 GG, § 1 StGB).

Fallbeispiel

Datum von Medizinprodukt abgelaufen

In § 4 Abs. 1 Nr. 2 MPG steht, dass es verboten ist, Medizinprodukte zu betreiben oder anzuwenden, wenn das Datum abgelaufen ist (bis zu dem eine gefahrlose Anwendung nachweislich möglich ist). Nun verwendet Pflegekraft Rainer eine Trachealkanüle, deren Haltbarkeitsdatum abgelaufen ist. Weiter passiert ist nichts. Macht Rainer sich trotzdem strafbar?

Rainer kann nur dann strafbar sein, wenn er gegen ein Strafgesetz verstoßen hat. In der Vorschrift aus dem MPG ist aber nur die Pflicht geregelt, kein Medizinprodukt zu verwenden, dessen Datum abgelaufen ist. Wendet man das Produkt dennoch an, dann kann dies zwar Ärger geben, aber keinen strafrechtlichen. Denn das ist nur dann möglich, wenn ein bestimmtes Verhalten ausdrücklich mit Strafe bedroht ist. Und diese Drohung fehlt. Rainer hat also gegen das MPG verstoßen, strafbar gemacht hat er sich jedoch nicht.

Anders wäre dies, wenn man z. B. gegen Nr. 1 von § 4 Abs. 1 MPG verstößt. Diese Vorschrift regelt zunächst einmal ebenfalls nur eine bestimmte Pflicht, nämlich die, Medizinprodukte so zu betreiben, dass niemand unmittelbar oder mittelbar gefährdet wird. § 40 Abs. 1 Nr. 1 MPG ergänzt dann aber: Mit Freiheitsstrafe bis zu drei Jahren oder mit Geldstrafe wird bestraft, wer entgegen § 4 Abs. 1 Nr. 1 MPG ein Medizinprodukt in den Verkehr bringt, errichtet, in Betrieb nimmt, betreibt oder anwendet.

So geschieht es übrigens immer in Gesetzen, die an sich keine Strafgesetze sind: Es werden zunächst etliche Pflichten hineingeschrieben und am Ende finden sich dann Paragrafen, die die Strafbarkeit regeln. Dazu pickt sich der Gesetzgeber von den zuvor geregelt Pflichten solche heraus, die besonders schützenswerte Rechtsgüter berühren und deren Missachtung ihm deshalb strafenswert erscheint (➤ Abb. 3.19). So hat er es auch im MPG geregelt: In § 4 MPG stehen mehrere Pflichten, aber nur der Verstoß gegen eine bestimmte Pflicht wird am Ende (in § 40 MPG) unter Strafe gestellt. Sieht der Gesetzgeber bestimmte Pflichtverletzungen als nicht so gravierend an, dann kann er sie als Ordnungswidrigkeit (➤ Kap. 0.7) behandeln und lediglich mit einer Geldbuße belegen.

Zweigleisigkeit des Strafrechts

Wenig überraschend: Im Strafrecht gibt es als Rechtsfolgen (➤ Abb. 3.20) vor allem **Strafen** (§§ 38 ff. StGB):

Strafen

- Hauptstrafe (Freiheitsstrafe und Geldstrafe)

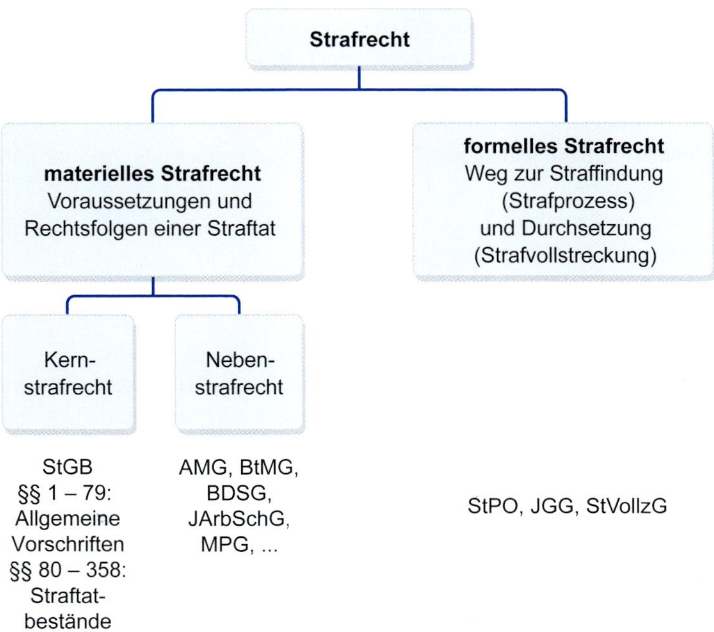

Abb. 3.19 Rechtsquellen im Strafrecht.

Abb. 3.20 Rechtsfolgen im Erwachsenen- und im Jugendstrafrecht.

- Nebenstrafe (z. B. Fahrverbot)
- Nebenfolgen (z. B. Verlust des Wahlrechts)

Freiheitsstrafen von bis zu zwei Jahren können zur **Bewährung** ausgesetzt werden. „Bewährung" bedeutet also keine eigene Strafe, es wird lediglich der Vollzug der Freiheitsstrafe ausgesetzt. Der Verurteilte muss dann nicht hinter Schloss und Riegel und kann zeigen, dass er auch ohne die Einwirkung des Strafvollzugs keine Straftaten mehr begehen wird.

Maßregeln der Sicherung und Besserung

Neben Strafen gibt es noch die Maßregeln der Sicherung und Besserung. Diese sind – im Gegensatz zur Strafe – von der Schuld unabhängig. Sie werden zum Schutz vor gefährlichen Straftätern (auch wenn diese schuldunfähig sind) oder zu deren Besserung angeordnet. Es können mehrere Maßregeln nebeneinander angeordnet werden.

Maßregeln der Besserung und Sicherung sind nach §§ 61 ff. StGB:

- Unterbringung in einem psychiatrischen Krankenhaus oder in einer Entziehungsanstalt
- Sicherungsverwahrung
- Berufsverbot
- Entziehung der Fahrerlaubnis
- Führungsaufsicht

Strafen und Maßregeln können nebeneinander verhängt werden.

Jugendstrafrecht: Sanktionsmöglichkeiten für Jugendliche und Heranwachsende

Ein Sonderfall ist das – im Jugendgerichtsgesetz (JGG) geregelte – Jugendstrafrecht. Hier steht der Erziehungsgedanke im Vordergrund. Deswegen gibt es auch eine größere Palette an Sanktionsmöglichkeiten, z. B. Erziehungsmaßregeln wie die Verpflichtung zu „Sozialstunden". Alle Sanktionsmöglichkeiten kommen zunächst nur für Jugendliche, also 14- bis 17-Jährige, infrage. Aber auch Heranwachsende, 18- bis 20-Jährige, können nach Jugendstrafrecht verurteilt werden, und zwar dann, wenn sie von ihrer Entwicklung her noch als Jugendlicher gelten oder wenn es sich um eine Jugendverfehlung handelt.

Strafbarkeitsprüfung

Nun geht es darum, zu **prüfen, ob ein Verhalten tatsächlich strafbar ist.** Das passiert immer in drei Schritten:

Prüfungsreihenfolge: Tatbestand, Rechtswidrigkeit, Verschulden

1. Tatbestand
   a. Objektiver Tatbestand: Sind durch die Handlung sämtliche Tatbestandsmerkmale einer strafrechtlichen Norm erfüllt?
   b. Subjektiver Tatbestand: Kannte der Täter alle Umstände des objektiven Tatbestands (Vorsatz)?
2. Rechtswidrigkeit: Liegen Gründe vor, die die Tat rechtfertigen?
3. Schuld: Ist die Tat dem Täter persönlich vorzuwerfen?

Fallbeispiel

Wie Gerd eine Pflegebedürftige vor sich selbst schützen will

Gerd hat Nachtdienst. Aus vorangegangenen Nächten weiß er, dass Frau Broder immer wieder einmal herumirrt. Mitunter war es dann sehr schwer, sie zu finden und zurückzubringen. Deswegen schließt Gerd das Zimmer von Frau Broder eines Nachts ab. Es ist schließlich zum Besten von Frau Broder. Außerdem hat Frau Broder eine Klingel und kann auf sich aufmerksam machen. Hat sich Gerd strafbar gemacht?

Infrage kommt hier eine Strafbarkeit nach § 239 Abs. 1 StGB: Wer einen Menschen einsperrt oder auf andere Weise der Freiheit beraubt, wird mit Freiheitsstrafe bis zu fünf Jahren oder mit Geldstrafe bestraft.

Im Fallbeispiel:

1. Tatbestand
   a. Der objektive Tatbestand ist erfüllt, denn Gerd hat „einen Menschen eingesperrt".
   b. Auch der subjektive Tatbestand liegt vor, denn Gerd wollte Frau Broder die Möglichkeit nehmen, aus dem Zimmer zu gehen (Vorsatz in Form der Absicht).
2. Rechtswidrigkeit: Hier geht es darum, ob Gerd einen Rechtfertigungsgrund hat. Ein solcher ist aber nicht erkennbar. Eine Einwilligung von Frau Broder liegt nicht vor. Außerdem kann er sich nicht mit „Notstand" oder etwas Ähnlichem rechtfertigen. Dass er die Tür „zum Besten" von Frau Broder abgeschlossen hat, reicht jedenfalls nicht.
3. Verschulden: Das Verhalten muss man Gerd auch persönlich vorwerfen. Entschuldigungsgründe sind nicht erkennbar.

Gerd hat sich also der Freiheitsberaubung strafbar gemacht.

Ein Reflex ist keine Handlung im strafrechtlichen Sinn

Mitunter taucht zu Beginn der Strafbarkeitsprüfung die Frage auf, ob überhaupt eine Handlung im strafrechtlichen Sinn vorliegt. *Beispiel:* Eine Pflegekraft setzt gerade eine Injektion, als sie von einem Insekt gestochen wird. Sie zuckt daraufhin so heftig zusammen, dass die Injektion „verrutscht". Um überhaupt an eine Strafbarkeit zu denken, muss die Pflegekraft *willentlich* gehandelt haben. Dies ist nicht der Fall, wenn man im Koma liegt, schlafwandelt, unter Hypnose „handelt“ oder sich reflexartig bewegt. Letzteres ist hier der Fall. Die Pflegekraft kann für ihren Reflex nicht strafrechtlich belangt werden.

Rechtfertigungsgründe

Ist man mit dem objektiven Tatbestand durch, dann müssen weiterhin sämtliche Tatumstände vom Vorsatz des Täters umfasst gewesen sein (subjektiver Tatbestand). Anschließend sind mögliche **Rechtfertigungsgründe** an der Reihe (wie z. B. Einwilligung oder rechtfertigender Notstand).

Täter kann entschuldigt sein

Schließlich kommt das Verschulden:
- Zunächst muss der Täter überhaupt schuldfähig sein. Ist der Täter nur eingeschränkt schuldfähig, dann kann die Strafe gemildert werden (§§ 20, 21 StGB ➤ Kap. 0.9.5).
- Außerdem kann ein **Entschuldigungsgrund** greifen. Zum Beispiel entschuldigender Notstand (§ 35 StGB) oder übergesetzlicher entschuldigender Notstand (sehr umstritten).
- Ist der Täter sich gar keiner Schuld bewusst ist, weil er das Verbotensein seiner Tat gar nicht kennt, dann bleibt er wegen eines **Verbotsirrtums** schuldlos (§ 17 StGB). *Beispiel:* Eine ausländische Pflegekraft begeht Handlungen, die in ihrer Heimat straflos, in Deutschland hingegen strafbar sind. Allerdings ist man bei einem Verbotsirrtum nur dann schuldlos, wenn der Verbotsirrtum wirklich unvermeidbar war – was sehr selten ist.

Insgesamt: Auf Entschuldigungsgründe kann man sich kaum verlassen. Die oben erläuterten Rechtfertigungsgründe sind bei weitem relevanter.

Strafbarkeit bei Unterlassen

Echte und unechte Unterlassungsdelikte

Grundsätzlich kommt eine Strafbarkeit nur bei aktivem Tun infrage. In besonderen Fällen kann aber auch eine Nichthandlung, ein Unterlassen die Strafbarkeit begründen.

Nämlich dann, wenn der Täter zwar nicht gehandelt hat, er dazu aber eigentlich verpflichtet gewesen wäre **(Garantenstellung).** In diesen Fällen wird das Unterlassen dem aktiven Tun gleichgestellt und führt zu einer Strafbarkeit (§ 13 StGB). Das wurde bereits oben näher erläutert. Delikte, die im Rahmen der Garantenstellung begangen werden, nennt man auch unechte Unterlassungsdelikte. Daneben gibt es noch echte Unterlassungsdelikte. Das prominenteste Beispiel ist § 323c StGB.

§§

§ 323c StGB

Wer bei Unglücksfällen oder gemeiner Gefahr oder Not nicht Hilfe leistet, obwohl dies erforderlich und ihm den Umständen nach zuzumuten, insbesondere ohne erhebliche eigene Gefahr und ohne Verletzung anderer wichtiger Pflichten möglich ist, wird mit Freiheitsstrafe bis zu einem Jahr oder mit Geldstrafe bestraft.

Der Unterschied zum unechten Unterlassungsdelikt besteht darin, dass das Handlungsgebot bereits im Gesetz ausformuliert ist: Jeder muss bei Unglücksfällen oder gemeiner Gefahr Hilfe leisten. *Beispiel:* Wer an einem Unfall im Straßenverkehr vorbeigeht oder -fährt, obwohl er erkennt, dass Verletzte

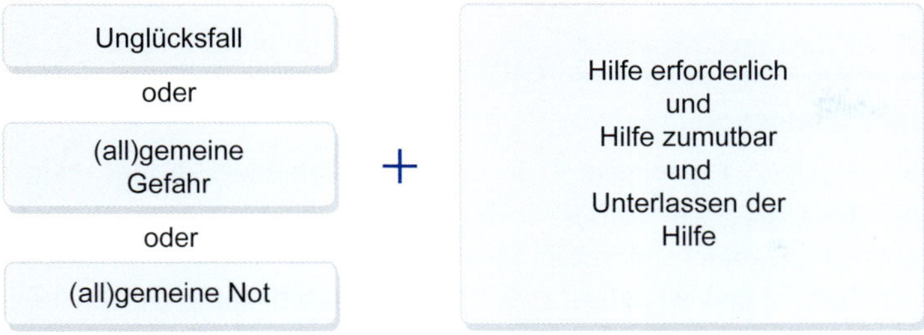

Abb. 3.21 Struktur von § 323c StGB: Unterlassene Hilfeleistung.

seine Hilfe brauchen, der macht sich wegen unterlassener Hilfeleistung nach § 323c StGB strafbar (➤ Abb. 3.21).

Strafbarkeit bei fahrlässigem Handeln

Fahrlässigkeit nur strafbar, wenn gesetzlich ausdrücklich vorgesehen

Bislang war nur von vorsätzlich begangenen Taten die Rede. Auch fahrlässig begangenes Unrecht ist strafbar. Allerdings nur dann, wenn das Gesetz für diesen Fall ausdrücklich eine Strafe androht (§ 15 StGB). Hintergrund hierfür ist, dass ein fahrlässig Handelnder nicht bewusst gegen die Rechtsordnung verstoßen will. Deswegen hat sich der Gesetzgeber vorbehalten, nur ganz gravierende Straftaten bei fahrlässiger Begehung mit Strafe zu bedrohen. Das sind z. B. fahrlässige Tötung (§ 222 StGB), fahrlässige Körperverletzung (§ 226 StGB) oder fahrlässige Gefährdung des Straßenverkehrs (§ 315c Abs. 3 StGB). Hingegen wurden z. B. folgende Delikte bei fahrlässiger Begehung *nicht* mit Strafe bedroht: Beleidigung, Freiheitsberaubung, Diebstahl, Betrug oder Sachbeschädigung.

Bei einem Fahrlässigkeitsdelikt wandelt sich das Prüfungsschema von oben etwas ab:

1. Tatbestand
   a. Der objektive Tatbestand ist erfüllt.
   b. Aufgrund einer Sorgfaltspflichtverletzung tritt der Erfolg ein, wobei dieser objektiv vorhersehbar war.
2. Rechtswidrigkeit
3. Verschulden

Fallbeispiel

„Fast maximal sturzgefährdet"

Eine Pflegekraft lässt eine Pflegebedürftige, die „fast maximal sturzgefährdet" ist, am Waschbecken stehen, um einen Toilettenstuhl bereitzustellen. In der kurzen Zeitspanne bis zur Herbeischaffung des Toilettenstuhls stürzt die Pflegebedürftige. Hat sich die Pflegekraft schuldig gemacht?

In der Tat kann die Pflegekraft wegen fahrlässig begangener Körperverletzung haftbar gemacht werden. Sie hat eine Sorgfaltspflicht verletzt. Es war für die Pflegekraft objektiv vorhersehbar, dass eine in so hohem Maße sturzgefährdete Pflegebedürftige, wenn man sie alleine stehen lässt, stürzen kann.

Strafbarkeit des Versuchs

Fallbeispiel

Herr Zentner wehrt sich

Pflegekraft Michael will bei Herrn Zentner ein Bettgitter anbringen. An sich darf er das nicht, da Herr Zentner es nicht gestattet hat. Als Michael das Bettgitter dann anbringen will, wehrt sich Herr Zentner mit Händen und Füßen – und hat damit Erfolg: Er sträubt sich so heftig, dass Michael davon ablässt. Ist Michael strafbar?

3

Versuchte Verbrechen sind stets strafbar, versuchte Vergehen nicht immer

Ähnlich wie bei der Fahrlässigkeitstat ist auch bei lediglich versuchten Delikten die Strafbarkeit eingeschränkt. Nach § 23 StGB ist der Versuch eines Verbrechens stets, der eines Vergehens nur dann strafbar, wenn dies im Gesetz ausdrücklich angeordnet wird. Verbrechen sind nach § 12 Abs. 1 StGB all solche Delikte, die im Mindestmaß mit Freiheitsstrafe von einem Jahr oder darüber bedroht sind. Die übrigen Delikte sind Vergehen. Da viele Vergehen im Gesetz ausdrücklich mit Strafe bedroht sind, gibt es im Ergebnis nur wenige Delikte, deren Versuch nicht strafbar ist (z. B. Hausfriedensbruch, Beleidigung oder Untreue).

Eine Strafe ist bei einem Versuch durchaus gerechtfertigt, denn immerhin hat der Täter einen **rechtsfeindlichen Willen** zum Ausdruck gebracht und meist das **Opfer** auch **gefährdet.**

Da die Tat nicht vollendet wurde, sieht das Prüfungsschema auch hier wieder etwas anders aus als das Grundschema von oben:

1. Tatbestand
   a. Tatentschluss (umfasst den auf alle objektiven Tatbestandsmerkmale gerichteten Vorsatz und die sonstigen subjektiven Tatbestandsmerkmale)
   b. Unmittelbares Ansetzen („jetzt geht's los!") (§ 22 StGB)
2. Rechtswidrigkeit
3. Verschulden

Schließlich gibt es noch einen zusätzlichen Prüfungspunkt am Ende:

4. Rücktritt (§ 24 StGB): Wenn der Täter noch nicht alles getan zu haben glaubt, was nach seiner Vorstellung von der Tat zu ihrer Vollendung notwendig ist, dann reicht es, wenn er einfach aufhört. Andernfalls muss der Täter grundsätzlich die Vollendung der Tat verhindern. In jedem Fall muss der Rücktritt freiwillig passieren.

Im Fallbeispiel: Michael hatte seinen Tatentschluss gefasst und zweifelsohne unmittelbar angesetzt. Er hat nämlich versucht, das Bettgitter anzubringen.

Allerdings ließ er schließlich davon ab. Das könnte ein Rücktritt sein und Michael von der Strafandrohung befreien. Allerdings steht dagegen, dass Michael den Entschluss nicht freiwillig gefasst hat, z. B. weil er eingesehen hätte, dass eine freiheitsentziehende Maßnahme gegen den Willen des Betroffenen rechtswidrig ist. Hier hat er sich aber nur deswegen abbringen lassen, weil

Herr Zentner sich so massiv gewehrt hat. Das war nicht freiwillig. Also: Michael ist wegen versuchter Freiheitsberaubung strafbar.

Täterschaft und Teilnahme

Schließlich noch eine weitere Variante im Tatgeschehen. Es kann passieren, dass mehrere Personen beteiligt sind.
Zunächst kann man als **Täter** handeln. Folgende Formen gibt es:

Formen der Täterschaft

- **unmittelbare Täterschaft** (§ 25 Abs. 1 Alt. 1 StGB): Der Täter begeht die Tat selbst. *Beispiel:* Eine Pflegekraft plaudert gegenüber Freunden intimste Dinge über einen Pflegebedürftigen aus.
- **mittelbare Täterschaft** (§ 25 Abs. 1 Alt. 2 StGB): Der Täter begeht die Tat durch einen anderen. *Beispiel:* Ein Betreuer besorgt eine tödliche Menge eines Medikaments, um einen Pflegebedürftigen von seinem Leiden zu „erlösen". Er verabreicht das Medikament jedoch nicht selbst, sondern veranlasst einen Angehörigen, dies zu tun.
- **Mittäterschaft** (§ 25 Abs. 2 StGB): Mehrere Täter handeln gemeinschaftlich. *Beispiel:* In einem ambulanten Pflegedienst tragen eine Vorgesetzte und eine Mitarbeiterin nach gemeinschaftlicher Absprache regelmäßig Leistungen, die sie gar nicht erbracht haben, im Leistungsnachweis ein.

Außerdem kann man auch als **Teilnehmer** zur Verantwortung gezogen werden:

Formen der Teilnahme

- **Anstiftung** (§ 26 StGB): Der Teilnehmer bestimmt einen anderen zur Tat. *Beispiel:* Eine Pflegekraft bedrängt einen Arzt über lange Zeit, einem Pflegebedürftigen doch endlich die „erlösende" Spritze zu geben. Der Arzt kommt dem schließlich nach.
- **Beihilfe** (§ 27 StGB): Der Teilnehmer hilft einem anderen bei der Tat. *Beispiel:* Eine Pflegeschülerin hilft einer Pflegekraft bei dem Anbringen eines Bettgitters, was ganz offensichtlich gegen den Willen des Pflegebedürftigen und auch ansonsten rechtswidrig ist.

Für die Gruppe der Täter gilt: Mittelbare Täter und Mittäter werden wie ein Täter bestraft. Gleiches gilt grundsätzlich auch für den Anstifter. Die Strafe für den Gehilfen muss hingegen gemildert werden.

Mitunter ist es schwierig, Täterschaft und Teilnahme abzugrenzen, z. B. die Mittäterschaft gegenüber der Beihilfe. Entscheidend: Täter begehen eine eigene Straftat, ein Teilnehmer wirkt nur an der Begehung einer fremden Tat mit.

Wichtig: Weil die Teilnahme an die Täterschaft „angehängt" ist, bleibt der Teilnehmer immer straflos, wenn keine strafbare (Vor-)Tat vorliegt. *Beispiel:* Wer Beihilfe zu einem Suizid leistet (indem er z. B. eine tödlich wirkende Dosis an Medikamenten an den Sterbewilligen übergibt), der bleibt straflos. Denn eine Selbsttötung ist nicht strafbar, deswegen kann auch die Beihilfe dazu nicht strafbar sein.

Ausgewählte Straftatbestände

Das Strafgesetzbuch kennt aktuell über 200 verschiedene Delikte, von denen einige für den Pflegebereich besonders relevant sind (➤ Tab. 3.13). Von diesen Vorschriften werden nun einige etwas näher dargestellt.

Tab. 3.13 Die wichtigsten (für den Pflegebereich relevanten) Delikte aus dem StGB.

Deliktgruppen nach geschützten Rechtsgütern	Ausgewählte Einzeldelikte
Straftaten gegen die Öffentliche Ordnung	§ 123 Hausfriedensbruch* § 145 Missbrauch von Notrufen § 145c Verstoß gegen das Berufsverbot
Falsche uneidliche Aussage und Meineid	§ 153 Falsche uneidliche Aussage § 154 Meineid
Straftaten gegen die sexuelle Selbstbestimmung	§ 174 Sexueller Missbrauch von Schutzbefohlenen § 177 Sexuelle Nötigung; Vergewaltigung
Beleidigung	§ 185 Beleidigung* § 186 Üble Nachrede* § 187 Verleumdung*
Verletzung des persönlichen Lebens- und Geheimbereichs	§ 202 Verletzung des Briefgeheimnisses* § 203 Verletzung von Privatgeheimnissen*
Straftaten gegen das Leben	§ 211 Mord § 212 Totschlag § 216 Tötung auf Verlangen § 221 Aussetzung § 222 Fahrlässige Tötung
Straftaten gegen die körperliche Unversehrtheit	§ 223 Körperverletzung** § 224 Gefährliche Körperverletzung § 225 Misshandlung von Schutzbefohlenen § 226 Schwere Körperverletzung § 229 Fahrlässige Körperverletzung*
Straftaten gegen die persönliche Freiheit	§ 239 Freiheitsberaubung § 240 Nötigung § 241 Bedrohung
Diebstahl und Unterschlagung	§ 242 Diebstahl § 246 Unterschlagung
Betrug und Untreue	§ 263 Betrug § 266 Untreue § 266a Vorenthalten und Veruntreuen von Arbeitsentgelt
Urkundenfälschung	§ 267 Urkundenfälschung § 277 Fälschung von Gesundheitszeugnissen
Sachbeschädigung	§ 303 Sachbeschädigung**
Gemeingefährliche Straftaten	§ 306 Brandstiftung § 315c Gefährdung des Straßenverkehrs § 316 Trunkenheit im Verkehr § 323c Unterlassene Hilfeleistung

* Antragsdelikt (wird nur dann verfolgt, wenn das Opfer einen Strafantrag stellt)

** Antragsdelikt, das auch dann verfolgt werden kann, wenn ein besonderes öffentliches Interesse an der Strafverfolgung besteht

Verletzung des persönlichen Lebens- und Geheimnisbereichs

Verletzung von Privatgeheimnissen (§ 203 StGB)

Pflegekräfte erfahren so manches Geheimnis von Pflegebedürftigen. Wenn sie dieses unbefugt offenbaren, dann machen sie sich als „Angehöriger eines anderen Heilberufs“ nach § 203 Abs. 1 StGB strafbar (➤ Abb. 3.22).

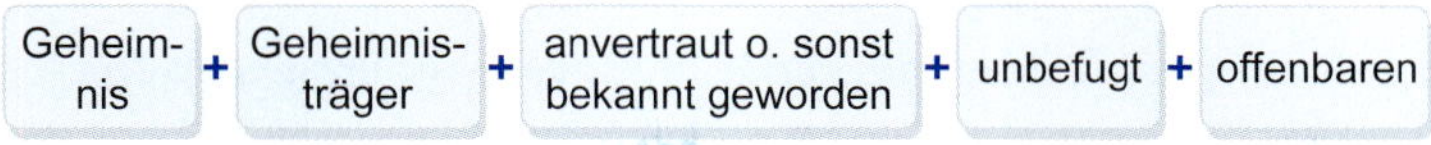

Abb. 3.22 Struktur von § 203 Abs. 1 StGB: Verletzung von Privatgeheimnissen.

Geheimnis

Mit einem **Geheimnis** sind nicht nur medizinische oder mit der Pflege im Zusammenhang stehende Tatsachen gemeint, sondern auch außermedizinische (wie z. B. alleine die Tatsache, dass sich jemand in einem Pflegeheim befindet). Unerheblich ist, ob der Geheimnisträger das Geheimnis in seiner Freizeit oder während der Berufsausübung erfährt. Ausreichend ist es, wenn dem Geheimnisträger das Geheimnis zwar nicht anvertraut wird, der Geheimnisträger es jedoch im inneren Zusammenhang mit der Berufsausübung mitbekommt (z. B. die Wohnverhältnisse bei einem Hausbesuch).

Die Schweigepflicht gilt gegenüber jedem, also z. B. auch gegenüber Ehepartnern und Angehörigen eines Pflegebedürftigen, gegenüber den Familienangehörigen und Freunden der Pflegekraft sowie gegenüber den Medien. Ist eine Mitteilung jedoch anonym, so liegt darin meist kein **Offenbaren.**

Einige Befugnisse können Strafbarkeit ausschließen

Mögliche Konstellationen, in denen es eine **(strafausschließende) Befugnis** gibt:

- **Einwilligung des Betroffenen** (Entbindung von der Schweigepflicht).
- **Notstand:** Die Verletzung der Geheimhaltungspflicht ist notwendig, um ernstliche Gefahren für Leib und Leben abzuwenden. *Beispiel:* Eine Pflegekraft weist den Besucher eines Pflegebedürftigen ab, weil Ansteckungsgefahr besteht. Damit wird ein Geheimnis verraten, allerdings um eine weitere Ansteckung zu verhindern.
- **Gesetzliche Vorschriften:** Zum Beispiel verpflichten §§ 6, 7 IfSG bei meldepflichtigen Krankheiten und Krankheitserregern zur Weitergabe bestimmter Daten. Nach § 138 StGB muss man geplante Straftaten anzeigen, allerdings nur wenn es sich um schwere Verbrechen handelt. Außerdem muss man als Zeuge vor Gericht aussagen (wenn nicht ein Aussageverweigerungsrecht greift).
- **Wahrung eigener Interessen:** Eine Pflegekraft darf z. B. vor Gericht die Pflegedokumentation offenbaren, wenn sie dadurch dem Vorwurf eines Pflegefehlers entgegentreten kann.

Nach dem Tod gilt die Schweigepflicht fort. Allerdings kann man sich dann fragen, ob unter Umständen eine mutmaßliche Einwilligung vorliegt.

Verletzung des Briefgeheimnisses (§ 202 StGB)

Ergänzt wird die vorherige Vorschrift durch § 202 StGB, der die Verletzung von Briefgeheimnissen unter Strafe stellt.

Briefumschläge oder ein verschlossenes Tagebuch darf man weder einfach **öffnen** noch mittels technischer Tricks zur Kenntnis nehmen. Auch wenn die Schriftstücke in einer Schublade liegen, darf man diese nicht einfach öffnen. Es kommt nicht darauf an, ob der Inhalt der Post gelesen wird.

Ist ein Brief an ein Heim gerichtet, so kann die Poststelle berechtigt sein, diesen zu öffnen. Allerdings dann nicht, wenn außerdem ein Name aufgebracht ist, und gar zusätzlich noch Bestimmungen wie „persönlich“, „vertraulich“ oder „zu Händen von“ vermerkt wurden.

Geschützte Gegenstände sind nicht nur Briefe, sondern auch:

- sonstige Schriftstücke, wie z. B. ein Testament oder Notizen,
- Datenträger sowie
- Abbildungen (vor allem Fotos und Zeichnungen).

Straftaten gegen das Leben

Totschlag und Mord (§§ 211 ff. StGB)

3

Mord = Totschlag + Mordmerkmal

„Mord ist nichts anderes als ein geplanter Totschlag“: Ein weitverbreiteter Irrtum! Sowohl Totschlag (§ 212 StGB) als auch Mord (§ 211 StGB) sind nur dann strafbar, wenn sie geplant (also vorsätzlich) begangen wurden. Der Unterschied liegt in etwas anderem, in den Mordmerkmalen. Kurz: Mord = Totschlag + mindestens ein Mordmerkmal.

Das Gesetz teilt die Mordmerkmale in drei Gruppen ein:

- **besonders verwerflicher Beweggrund:** Mordlust, zur Befriedigung des Geschlechtstriebs, aus Habgier oder sonst aus niedrigen Beweggründen
- **besonders verwerfliche Art und Weise:** heimtückisch, grausam oder mit gemeingefährlichen Mitteln
- **besonders verwerflicher Zweck:** um eine andere Straftat zu ermöglichen oder zu verdecken

Beispiel: Injiziert der Täter dem Opfer im Schlaf eine tödliche Spritze, so hat er dieses heimtückisch getan, er hat die Arg- und Wehrlosigkeit des Opfers ausgenutzt. Tritt der Täter dem Opfer jedoch offen gegenüber, um es umzubringen, dann handelt es sich lediglich um Totschlag.

Außerdem ist auch die **fahrlässige Tötung** (§ 222 StGB) strafbar. *Beispiel:* Eine Pflegekraft ist hoffnungslos übermüdet und kann sich kaum auf den Beinen halten. Als sie einem Pflegebedürftigen unter die Arme greifen will, ist sie dazu nicht mehr in der Lage. Beide stürzen zu Boden. Der Pflegebedürftige verletzt sich dabei und verstirbt wenige Tage später. Die Pflegekraft, die den Unfall hätte voraussehen können, hat sich damit eines fahrlässigen Handelns schuldig gemacht, das zum Tod des Pflegebedürftigen führte.

Tötung auf Verlangen (§ 216 Abs. 1 StGB) betrifft die aktive Sterbehilfe. Sie ist in Deutschland verboten, wird aber weniger streng bestraft als ein „normaler“ Totschlag. Zur Sterbehilfe, insbesondere zur Abgrenzung strafloser Formen ➤ Kap. 1.3.3.2.

Aussetzung (§ 221 StGB)

Wer einen Menschen in eine hilflose Lage versetzt oder in einer hilflosen Lage im Stich lässt, kann sich wegen Aussetzung strafbar machen (➤ Abb. 3.23).

Beispiel: Eine Sitzwache schläft ein. Es muss nicht zu einem Zwischenfall kommen, ausreichend ist allein die Gefahrenlage!

Straftaten gegen die körperliche Unversehrtheit (§§ 223 ff. StGB)

Wer eine andere Person körperlich misshandelt oder an der Gesundheit schädigt, wird nach § 223 StGB bestraft. Grundsätzlich sind die meisten medizinisch-pflegerischen Maßnahmen Körper- oder Gesundheitsverletzungen (die i. d. R. durch die Einwilligung des Pflegebedürftigen gerechtfertigt sind).

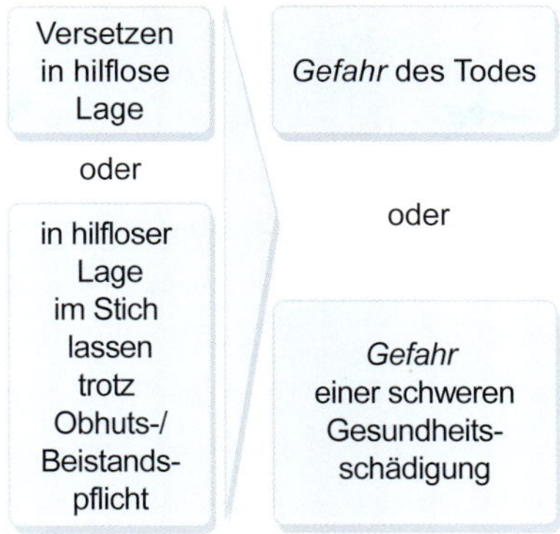

Abb. 3.23 Struktur von § 221 Abs. 1 StGB: Aussetzung.

Körperliche Misshandlung

Körperliche Misshandlung ist jede üble, unangemessene Behandlung, durch die das Opfer in seinem körperlichen Wohlempfinden nicht unerheblich beeinträchtigt wird. Es ist nicht erforderlich, dass Schmerzen erregt werden. *Beispiel:* Eine Pflegekraft meint, dass die langen Haare einer Pflegebedürftigen unhygienisch seien. Deswegen schneidet sie die Haare (ohne Einwilligung) einfach ab. Die Beeinträchtigung kann auch psychischer Natur sein. Auch Verunstaltungen des Körpers können Misshandlungen sein.

Gesundheitsschädigung

Durch eine Gesundheitsschädigung wird ein krankhafter Zustand (physisch oder psychisch) hervorgerufen oder gesteigert. *Beispiel:* Eine Pflegekraft stört es, dass die Tochter einer Pflegebedürftigen andauernd zu Besuch kommt. Deswegen sagt sie der Tochter eines Tages (wahrheitswidrig), dass ihre Mutter gestorben sei. Die Tochter erleidet daraufhin einen Schock. Oder: Eine Pflegekraft besorgt einem Pflegebedürftigen medizinisch nicht indizierte Medikamente, damit dieser seine Tablettensucht aufrechterhalten kann.

Gefährliche/schwere Körperverletzung

Gravierendere Fälle der Körperverletzung (mit erhöhtem Strafrahmen) sind in § 224 (gefährliche Körperverletzung) und § 226 StGB (schwere Körperverletzung) geregelt.

Misshandlung von Schutzbefohlenen

Einen eigenen Tatbestand stellt die Misshandlung von Schutzbefohlenen nach § 225 StGB dar (➤ Abb. 3.24).

Beispiel: Eine Pflegekraft beobachtet, ohne dass sie etwas unternimmt, wie im Winter ein verwirrter Pflegebedürftiger völlig unzureichend bekleidet die Pflegeeinrichtung verlässt.

Straftaten gegen die persönliche Freiheit (§§ 232 ff. StGB)

Freiheitsberaubung kann gerechtfertigt sein

Nach § 239 Abs. 1 StGB ist wegen Freiheitsberaubung strafbar, wer einen Menschen einsperrt oder auf andere Weise der Freiheit beraubt. Diese Vorschrift erfasst jedes Mittel, das geeignet ist, einem anderen die Fortbewegungsfreiheit zu nehmen. Das Einsperren ist nur ein Beispiel. Bei dem einen oder anderen Pflegebedürftigen kann schon allein eine Drohung ausreichen. Auch kurzfristige Freiheitsberaubungen werden erfasst. Das Alter und die Zurechnungsfähigkeit sind nicht entscheidend.

Rechtfertigungsgründe für eine Freiheitsberaubung können sein:

- **(Mutmaßliche) Einwilligung** des Pflegebedürftigen oder eines Vertreters (z. B. Betreuer oder Bevollmächtigter).

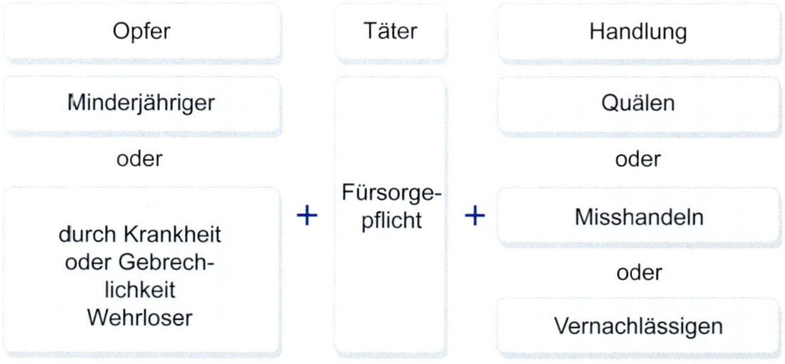

Abb. 3.24 Struktur von § 225 Abs. 1 StGB: Misshandlung von Schutzbefohlenen.

- **Notstand** aufgrund akuter Selbst- oder Fremdgefährdung (*Beispiel:* Will sich ein verwirrter Pflegebedürftiger den lebensnotwendigen Infusionsschlauch entreißen, so kann er zu seinem eigenen Schutz fixiert werden.)
- **Notwehr** (*Beispiel:* Ein Pflegebedürftiger greift eine Pflegekraft an; diese wehrt sich, indem sie den Pflegebedürftigen so lange festhält, bis sich dieser beruhigt hat.)
- **Besondere gesetzliche Befugnisse:** Hierunter fallen z. B. die Unterbringung nach den entsprechenden Landesgesetzen oder Zwangsmaßnahmen nach dem Infektionsschutzgesetz.

Zu weiteren Details ➤ Abb. 1.3 (Unterbringung und freiheitsentziehende Maßnahmen).

Nötigung

Wer einen Menschen rechtswidrig mit Gewalt oder durch Drohung mit einem empfindlichen Übel zu einer Handlung, Duldung oder Unterlassung nötigt, begeht eine Nötigung nach § 240 Abs. 1 StGB (➤ Abb. 3.25). Ebenso wichtig wie problematisch ist das dazu notwendige Merkmal nach Absatz 2 der Vorschrift: Die Drohung (oder auch die Anwendung von Gewalt) muss als verwerflich anzusehen sein.

Beispiel: Die Leiterin eines Pflegeheims droht einem Pflegebedürftigen, dass man ihm das Taschengeld entziehen werde, wenn er sich weiterhin weigert, die Unkostenbeteiligung für einen Ausflug zu bezahlen.

Urkundenfälschung (§§ 267 ff. StGB)

Beispiele: Wer mit dem Namenskürzel eines Kollegen abzeichnet, der **stellt eine unechte Urkunde her.** Eine Pflegekraft **verfälscht eine echte Urkunde,** wenn sie die Dokumentation so manipuliert, dass man dies später nicht mehr erkennen kann. Oder es werden, nachdem ein Pflegebedürftiger sein Einsichtsrecht geltend gemacht hat, noch Änderungen vorgenommen. Weiß derjenige, der die Leistungsabrechnung vornimmt, dass die Urkunde vom Mitarbeiter gefälscht wurde, dann **gebraucht er eine verfälschte Urkunde** (➤ Abb. 3.26).

Pflegedokumentation stellt immer Urkunde dar

Die Pflegedokumentation stellt immer eine Urkunde dar. Aber auch sonstige Notizen können eine Urkunde darstellen, insbesondere wenn sie später zu Beweiszwecken herangezogen werden, damit also in den „Rechtsverkehr“ kommen.

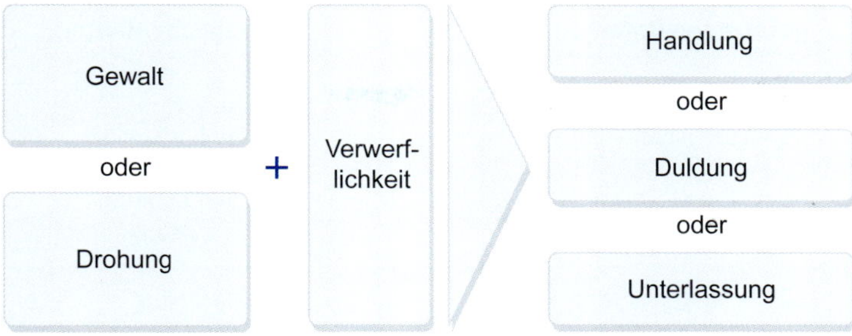

Abb. 3.25 Struktur von § 240 Abs. 1 und 2 StGB: Nötigung.

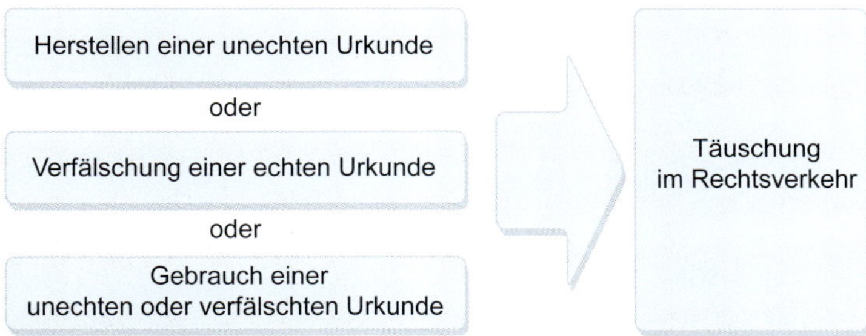

Abb. 3.26 Struktur von § 267 Abs. 1 StGB: Urkundenfälschung.

Unterdrücken von echten Urkunden

Das Unterdrücken von echten Urkunden, um dadurch einem anderen einen Nachteil zuzufügen, ist in § 274 Abs. 1 StGB geregelt. *Beispiel:* Ergänzungsblätter zur Dokumentation werden vernichtet. Oder: Man händigt einem Heimbewohner die Post nicht aus (das wäre aber gerechtfertigt, wenn das Betreuungsgericht die Weiterleitung an den Betreuer nach § 1896 Abs. 4 BGB genehmigt hat).

3.1.5.7 Zivilrechtliche Haftung

Der zivilrechtlichen Haftung (➤ Abb. 3.27) geht es – anders als im Strafrecht – nicht darum, eine persönliche Schuld zu sanktionieren. Vielmehr soll hier dem Geschädigten nach objektiven Maßstäben ein finanzieller Ausgleich zufließen.

Die vertragliche Haftung auf Schadensersatz

Vertragliche Haftung bei Verletzung vertraglicher Pflichten

Bei dieser Art der Haftung müssen vertragliche Pflichten verletzt worden sein („Schlechterfüllung"). Anspruchsgrundlage ist der Vertrag in Verbindung mit § 280 Abs. 1 BGB.

Abb. 3.27 Voraussetzungen der vertraglichen und gesetzlichen Haftung.

§§

§ 280 Abs. 1 BGB

Verletzt der Schuldner eine Pflicht aus dem Schuldverhältnis, so kann der Gläubiger Ersatz des hierdurch entstehenden Schadens verlangen. Dies gilt nicht, wenn der Schuldner die Pflichtverletzung nicht zu vertreten hat.

Fallbeispiel

Zerstörtes Handy – Variante 1

Chayenne betreibt einen ambulanten Pflegedienst. Im Eifer des Gefechts fegt sie das Mobiltelefon von Frau Franke, ihrer Kundin, vom Tisch herunter. Nach der Landung auf dem Boden geht ein Riss durch die Front. Muss sie dafür Schadensersatz bezahlen?

Chayenne ist schadensersatzpflichtig. Rechtsgrundlage für die Prüfung ist der Pflegevertrag i. V. m. § 280 Abs. 1 BGB:

1. Chayenne hat einen Pflegevertrag mit Frau Franke abgeschlossen. Der beinhaltet u. a., dass man mit dem Inventar eines Pflegekunden sorgsam umgeht. Diese Pflicht hat Chayenne verletzt.
2. Das war auch rechtswidrig, denn es sind keine Rechtfertigungsgründe erkennbar.
3. Sie hat zumindest fahrlässig gehandelt.
4. Durch ihr forsches Tun ist auch ein Schaden entstanden.

Die gesetzliche Haftung auf Schadensersatz nach § 823 Abs. 1 BGB

Gesetzlich Haftung bei Verletzung absolut geschützter Rechtsgüter

Unser Rechtssystem kennt sogenannte absolut geschützte Rechtsgüter. Diese sind gegenüber jedermann geschützt. Beispiele sind das Eigentum und die körperliche Unversehrtheit. Passiert diesen Rechtsgütern etwas, dann müssen Gesetze für die Sanktionierung sorgen. Denn: Der Geschädigte hat mit dem Schädiger womöglich gar keine rechtliche Beziehung, auf deren Grundlage er einen Ersatz fordern könnte (z. B. fehlt ein Vertrag). Die Gesetze springen deswegen ein.

Fallbeispiel

Zerstörtes Handy – Variante 2

Chayenne hilft einer pflegebedürftigen Bekannten auf privater Ebene ein bisschen im Haushalt aus. Auch hier passiert es, dass sie das Mobiltelefon vom Tisch fegt und dadurch beschädigt. Kann die Besitzerin von Chayenne Schadensersatz verlangen?

Vertraglich kann die Bekannte Chayenne nicht in Anspruch nehmen, denn die beiden haben keinen Vertrag abgeschlossen. Nur ein Gesetz kann helfen.

Ein eigenes Gesetz zur Haftung im Pflegebereich gibt es nicht. Vielmehr gelten die allgemeinen Gesetze. Die zentrale Anspruchsgrundlage ist § 823 Abs. 1 BGB.

§§

§ 823 Abs. 1 BGB

Wer vorsätzlich oder fahrlässig das Leben, den Körper, die Gesundheit, die Freiheit, das Eigentum oder ein sonstiges Recht eines anderen widerrechtlich verletzt, ist dem anderen zum Ersatz des daraus entstehenden Schadens verpflichtet.

Im Bereich der gesetzlichen Haftung muss zunächst geprüft werden, ob eine **Verletzungshandlung** vorliegt. Das ist meist unproblematisch (➤ Abb. 3.27).

Rechtsgutverletzung

Die nun geforderte Rechtsgutverletzung ergibt sich direkt aus § 823 Abs. 1 BGB: Verletzung von Leben, Körper, Gesundheit, Freiheit, Eigentum oder einem sonstigen Recht. *Beispiel:* Verabreicht eine Pflegekraft ein falsches Medikament, dann handelt es sich um eine Verletzung der Gesundheit. Im Fall von Chayenne wurde Eigentum verletzt.

Allein das „sonstige Recht" erschließt sich nicht sofort. Eingangs wurde bereits dargestellt, dass § 823 Abs. 1 BGB einen Schutz absoluter Rechtsgüter garantiert. Dazu werden einige Rechtsgüter ganz ausdrücklich erwähnt. Bei den sonstigen handelt es sich um vergleichbare Rechtspositionen. Dazu zählen z. B. das allgemeine Persönlichkeitsrecht (inkl. dem Recht auf Geheimhaltung und Datenschutz) und das Recht auf Achtung und Wahrung der Ehre. Alle diese Rechte sind absolut, also gegenüber jedermann geschützt.

Rechtswidrigkeit

Nächste Voraussetzung für einen Haftungsanspruch ist die Rechtswidrigkeit. Sie liegt immer dann vor, wenn ein Rechtsgut verletzt wurde – es sei denn, es gibt einen Rechtfertigungsgrund, wie z. B. Einwilligung, Notwehr, etc.

Vertretenmüssen

Beim Vertretenmüssen geht es darum, ob der Schädiger vorsätzlich oder zumindest fahrlässig gehandelt hat. Auch dazu kann auf die Ausführungen von oben verwiesen werden. An dieser Stelle wichtig: Unabhängig davon, ob jemand fahrlässig oder vorsätzlich gehandelt hat, muss er in jedem Fall grundsätzlich haften, also auch bei leichtester Fahrlässigkeit. Allerdings kann es Haftungserleichterungen geben (dazu unten mehr).

Schaden

Ein weiterer Prüfungspunkt: **Ohne Schaden kein Schadensersatz.** Dabei darf man den Schaden nicht mit der Rechtsgutverletzung verwechseln. Bricht sich ein Pflegebedürftiger bei einem Sturz den Oberschenkelhals, dann liegt die Rechtsgutverletzung in der Verletzung des Körpers. Der Schaden hingegen sind die finanziellen Folgen, also z. B. Arztkosten, Kosten für Heil- und Hilfsmittel oder auch für einen notwendig gewordenen Umbau des Wohnraums. Grundsätzlich gilt: Der Geschädigte soll seinen gesamten Schaden ersetzt erhalten. Es gibt keine Haftungsgrenzen **(Totalrestitution).**

Wichtig zum Schaden ist schließlich noch, dass sich dieser vermindern kann, wenn der Geschädigte ihn **mitverschuldet** hat (§§ 254, 846 BGB). *Beispiel:* Missachtet der Pflegebedürftige nach einem Unfall die (vernünftigen) „Empfehlungen" von Ärzten oder Pflegekräften, so haftet er anteilsmäßig mit. Sein Schadensersatzanspruch wird in dem Umfang reduziert, wie es seinem Verschulden entspricht.

Kausalität

Schließlich muss noch ein **Verursachungszusammenhang** bestehen (Kausalität): Die Pflichtverletzung muss die Rechtsgutverletzung und diese dann den Schaden verursacht haben. *Beispiel:* Eine Pflegekraft trägt während der Arbeit ungeeignete Schuhe, stürzt deswegen und reißt einen Pflegebedürftigen mit. Hier hat ihr Tun zu einem Schaden geführt. Die Kausalität liegt zweifelsfrei vor. Hätte allerdings ein unvorhersehbares Hindernis im Weg gelegen, dann hätten nicht die „gefährlichen Schuhe" zu den Folgen geführt, sondern das nicht erkennbare Hindernis. In diesem Fall: Keine Kausalität!

Weitere gesetzliche Haftungsgrundlagen

In den §§ 823 ff. BGB gibt es noch einige Vorschriften, die eine Haftung begründen können, zum Beispiel wegen der Verletzung eines Schutzgesetzes (§ 823 Abs. 2 BGB), wegen sexuellen Missbrauchs (§ 825 BGB) oder wegen eines Verstoßes gegen die guten Sitten (§ 826 BGB).

Außerdem gibt es die sogenannte Billigkeitshaftung (§ 829 BGB). „Billigkeit" ist hier nicht im Sinne von „günstig" oder „preiswert" gemeint, sondern im Sinne von „billigenswert": Es muss eine gerechte Abwägung aller Interessen stattfinden.

Fallbeispiel

Katja schaut weg

Die Pflegerin Katja beobachtet aus dem Augenwinkel, dass der pflegebedürftige Herr Kirner die Pflegeeinrichtung verlässt und auf eine direkt vor den Türen der Pflegeeinrichtung gelegene vierspurige und stark befahrene Straße zusteuert. Sie gefahrlos zu überqueren, dazu ist Herr Kirner nur schwerlich in der Lage. Aber Katja unternimmt nichts, und so passiert das Unglück. Herr Kirner verursacht einen Unfall, durch den auch ein anderer Fußgänger verletzt wird.

An sich muss Herr Kirner nicht haften, wenn er z.B. deliktsunfähig ist (➤ Kap. 0.9.5). Anders kann dies aussehen, wenn Herr Kirner sehr wohlhabend, der Fußgänger hingegen bettelarm und womöglich durch den Unfall auch noch schwer getroffen ist. Dann muss Herr Kirner auch bei Deliktsunfähigkeit Schadensersatz zahlen – einfach weil es gerecht ist. Das regelt § 829 BGB.

Interessant ist, dass § 829 BGB Herrn Kirner nicht haften lassen würde, wenn ein anderer haften müsste. Dann hätte der geschädigte Fußgänger nämlich einen „Zahler". Das könnte, um das Beispiel fortzuspinnen, eine Pflegekraft sein, die den Pflegebedürftigen nicht ausreichend beaufsichtigt hat.

Haftung bei einer Aufsichtspflichtverletzung

§§

§ 832 BGB

(1) Wer kraft Gesetzes zur Führung der Aufsicht über eine Person verpflichtet ist, die wegen Minderjährigkeit oder wegen ihres geistigen oder körperlichen Zustands der Beaufsichtigung bedarf, ist zum Ersatz des Schadens verpflichtet, den diese Person einem Dritten widerrechtlich zufügt. Die Ersatzpflicht tritt nicht ein, wenn er seiner Aufsichtspflicht genügt oder wenn der Schaden auch bei gehöriger Aufsichtsführung entstanden sein würde.
(2) Die gleiche Verantwortlichkeit trifft denjenigen, welcher die Führung der Aufsicht durch Vertrag übernimmt.

Fallbeispiel

Katja schaut weg (Fortsetzung)

Pflegekraft Katja hat Herrn Kirner beobachtet, wie dieser die Pflegeeinrichtung verlassen hat. Doch sie hat sich nicht weiter um Herrn Kirner gekümmert. Sie ist nämlich der Ansicht, dass er selbst bestimmen darf, die Einrichtung zu verlassen. Sie habe im Übrigen auch keine Zwangsbefugnisse. Stimmt das?

Katja könnte nach § 823 Abs. 1 BGB *gegenüber Herrn Kirner* haftbar sein, wenn sie ihre Aufsichtspflicht verletzt hat (und Herr Kirner deswegen in einen Unfall gerät).

Sie könnte darüber hinaus auch nach § 832 Abs. 1 BGB für Schäden haften. Allerdings geht es dann um *Schäden bei Dritten*, also hier bei dem geschädigten Fußgänger.

In beiden Haftungskonstellationen stellt sich die Frage nach einer **Aufsichtspflichtverletzung**. Folgende Kriterien sind entscheidend:

- Wie gefährlich ist das Verhalten des Pflegebedürftigen in der jeweiligen Situation?
- In welchem körperlichen und seelischen Zustand befindet er sich?
- Welche Schäden drohen für den Pflegebedürftigen oder andere?

Hier spricht einiges für eine Verletzung der Aufsichtspflicht. Katja wäre im Notfall wohl sogar berechtigt gewesen, freiheitsentziehende Maßnahmen anzuwenden (➤ Abb. 1.5). Sie hätte Herrn Kirner also z. B. gewaltsam von der Fahrbahn zurückziehen dürfen. Also müsste sie nach § 823 Abs. 1 BGB für Schäden bei Herrn Kirner und nach § 832 Abs. 1 BGB für Schäden bei dem Fußgänger haften.

PRAXISTIPP

Weglauftendenz

Folgenden Prüfpunkte helfen, die Aufsichtspflicht bei einer Weglauftendenz in den Griff zu bekommen:

- Wird die Weglauftendenz rechtzeitig **erkannt,** insbesondere bei der Anamnese? Gibt es ein Instrument, mit dem man den Grad der Gefährdung einschätzen kann? Werden Vorfälle ausreichend analysiert und Maßnahmen ergriffen?
- Sind die **Maßnahmen der Prophylaxe beim Pflegebedürftigen ausreichend?** Lässt sich z. B. eine Bezugsperson finden, die den Pflegebedürftigen möglichst lange im Blick hat? Werden tagesstrukturierende Maßnahmen angeboten? Wird das Verhalten beim Spaziergang, in der Stadt oder im Straßenverkehr trainiert?
- Hat die **Pflegeeinrichtung selbst ausreichende Maßnahmen ergriffen?** Ist z. B. die Einrichtung so gestaltet, dass der Pflegebedürftige gerne vor Ort bleibt? Gibt es einen Beaufsichtigungsplan (der evtl. auch gefährliche von weniger gefährlichen Zeiten unterscheidet)? Kann man „psychologische Hürden", Patientensicherungs- oder andere Kontrollsysteme einrichten?

Haftung bei Geschäftsführung ohne Auftrag

Handeln im mutmaßlichen Interesse des anderen oder im öffentlichen Interesse

Die Rechtsfigur der „Geschäftsführung ohne Auftrag" ist in den §§ 677 ff. BGB geregelt. Sie liegt vor, wenn jemand ohne eine irgendwie geartete Bindung zu einem anderen dessen Interessen wahrnimmt. Der Klassiker: Man bricht in die Wohnung eines Pflegebedürftigen ein, weil dort Feuer vermutet wird. Dabei führt man die Geschäfte für den Pflegebedürftigen „ohne Auftrag", denn der Pflegebedürftige hat dazu nicht ausdrücklich aufgefordert. Wenn man dies tut, so muss es aber zumindest **im mutmaßlichen Interesse des anderen,** also des Pflegebedürftigen geschehen (§ 677 BGB) oder **im öffentlichen Interesse** (§ 679 BGB). In diesen Fällen hat der Geschäftsherr dann die Konsequenzen zu tragen. Wurde in dem Beispiel die Wohnungstür beschädigt, weil man diese gewaltsam öffnen musste, so muss der Pflegebedürftige den Schaden tragen. Auch wenn eine Pflegekraft diesen „Einbruch" zumindest mitzuverantworten hat, so muss sie nicht für die Folgen aufkommen.

In haftungsrechtlicher Hinsicht ist nun interessant: Wer in einer solchen Konstellation erkennen musste, dass er *gegen* den Willen des Geschäftsherrn verstößt, der muss Schadensersatz leisten (§ 678 BGB).

Die Haftung auf Schmerzensgeld

Bei immateriellen Schäden gibt es Schmerzensgeld

Bislang ging es ausschließlich um Schadensersatz. Immaterielle Schäden wie bei körperlichen Schmerzen, seelischen Beeinträchtigungen oder Ehrverletzungen waren dabei nicht erfasst. Aber auch für diese Fälle gibt es mit § 253 Abs. 2 BGB eine Anspruchsgrundlage.

§§
§ 253 Abs. 2 BGB

Ist wegen einer Verletzung des Körpers, der Gesundheit, der Freiheit oder der sexuellen Selbstbestimmung Schadensersatz zu leisten, kann auch wegen des Schadens, der nicht Vermögensschaden ist, eine billige Entschädigung in Geld gefordert werden.

Eine **„billige Entschädigung"** meint hier eine angemessene Entschädigung. Was das genau bedeutet, hat die Rechtsprechung in den letzten Jahrzehnten für Zigtausende unterschiedlichster Fälle herausgearbeitet.

Zusätzlich sieht § 253 BGB in seinem ersten Absatz einen Anspruch auf Schmerzensgeld vor, wenn es irgendwo eine gesetzliche Grundlage dafür gibt. Das ist z. B. bei Benachteiligungen nach dem Allgemeinen Gleichbehandlungsgesetz der Fall (§ 15 Abs. 2 AGG).

§§
§ 253 Abs. 1 BGB

Wegen eines Schadens, der nicht Vermögensschaden ist, kann Entschädigung in Geld nur in den durch das Gesetz bestimmten Fällen gefordert werden.

Die Haftung der Pflegekräfte, der Vorgesetzten und des Trägers

Jetzt sind alle Fakten zusammen, damit die Haftung von Pflegekräften, Vorgesetzten und Trägern zusammengefasst dargestellt werden kann (➤ Abb. 3.28).

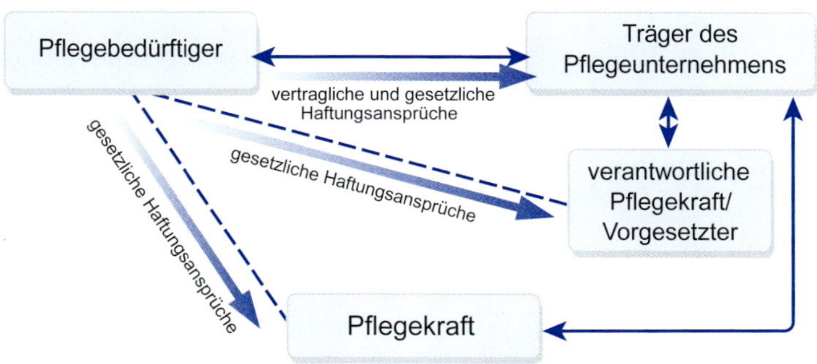

Abb. 3.28 Haftung gegenüber dem Pflegebedürftigen.

Fallbeispiel

Mit Flipflops zur Pflege

Melanie ist Pflegeschülerin. Das hält sie aber nicht davon ab, insbesondere im Sommer immer wieder mal mit Flipflops zum Dienst zu erscheinen. Das ist ihrer Wohnbereichsleiterin Gerda schon mehrfach aufgestoßen. Immer wieder hat sie Melanie daraufhin angesprochen und sie ein-

3

dringlich aufgefordert, sich „richtige Schuhe" anzuziehen. Eines Tages ist Melanie erneut mit Flipflops unterwegs. Noch dazu mit einer Pflegebedürftigen, Frau Grimm, „am Arm". Auf der Treppe kommt Frau Grimm ins Straucheln. Melanie gelingt es nicht, sie ausreichend zu stützen. Wegen ihrer Flipflops verliert sie selbst den Halt. Beide fliegen die Treppe herunter. Melanie ist zum Glück nichts passiert, aber Frau Grimm hat sich Brüche zugezogen. Muss Melanie aufgrund ihrer falschen Schuhe jetzt tatsächlich haften, obwohl sie noch Schülerin ist?

Pflegekräfte haften nur auf gesetzlicher Grundlage

Pflegekräfte haften nur auf gesetzlicher Grundlage und für eigenes Tun

Eine Pflegekraft kann gegenüber dem Pflegebedürftigen niemals auf vertraglicher Grundlage haften, denn sie hat mit diesem keinen Vertrag abgeschlossen. Bleibt die gesetzliche Haftung, insbesondere § 823 Abs. 1 BGB. Deren Voraussetzungen wurden oben erläutert.

Im Fallbeispiel: Melanie müsste nach § 823 Abs. 1 BGB eine Rechtsgutverletzung in rechtswidriger und schuldhafter Weise herbeigeführt haben. Dadurch muss dann ein Schaden entstanden sein. Diese Voraussetzungen liegen hier alle vor. Melanie hatte definitiv die falschen Schuhe an. Das war eine Pflichtverletzung. Sie kann sich auch nicht darauf herausreden, dass sie noch Schülerin ist. Denn sie wusste, spätestens nach der Aufklärung durch ihre Wohnbereichsleiterin, was unter „richtigen Schuhen" zu verstehen ist. Deswegen war ihr Verhalten zumindest fahrlässig.

Vorgesetzte haften auf gesetzlicher Grundlage für fremdes und für eigenes Tun

Die gesetzliche Haftung von Vorgesetzten für ihre Mitarbeiter (Verrichtungsgehilfen) ist in einer eigenen Vorschrift geregelt.

Fallbeispiel

Mit Flipflops zur Pflege (Fortsetzung)

Gerda hat Melanie zwar über richtige Schuhe aufgeklärt. Allerdings hat sie es dann nach einer weiteren „Ansprache" aufgegeben, bei Melanie weiter nachzuhaken. Soll doch die Praxisanleiterin Melanie erneut ins Gebet nehmen, dachte sich Gerda. Muss Gerda wegen dieser Nachlässigkeit nun auch für den von Melanie verursachten Sturz haften?

§§

§ 831 BGB

(1) Wer einen anderen zu einer Verrichtung bestellt, ist zum Ersatz des Schadens verpflichtet, den der andere in Ausführung der Verrichtung einem Dritten widerrechtlich zufügt. Die Ersatzpflicht tritt nicht ein, wenn der Geschäftsherr bei der Auswahl

der bestellten Person und, sofern er Vorrichtungen oder Gerätschaften zu beschaffen oder die Ausführung der Verrichtung zu leiten hat, bei der Beschaffung oder der Leitung die im Verkehr erforderliche Sorgfalt beobachtet oder wenn der Schaden auch bei Anwendung dieser Sorgfalt entstanden sein würde.
(2) Die gleiche Verantwortlichkeit trifft denjenigen, welcher für den Geschäftsherrn die Besorgung eines der im Absatz 1 Satz 2 bezeichneten Geschäfte durch Vertrag übernimmt.

Das ist ein recht sperriger Paragraf. Die eigentliche Anspruchsgrundlage steht in § 831 Abs. 1 Satz 1 BGB. Übersetzt formuliert: Ist ein Mitarbeiter im Einflussbereich des Vorgesetzten („Geschäftsherr") tätig, so haftet der Vorgesetzte für alle Pflichtverletzungen des Mitarbeiters. Und zwar ohne dass der Vorgesetzte anwesend sein müsste. Das Vertretenmüssen des Vorgesetzten wird unterstellt.

Entlastungsmöglichkeit für Vorgesetzte

Diese Haftung ist also sehr weitgehend. Immerhin steht in § 831 Abs. 1 Satz 2 BGB eine wichtige Ausnahme. Auch hier die Übersetzung: Wenn der Vorgesetzte bei der **A**uswahl, **L**eitung und **Ü**berwachung alles richtig macht, dann kommt er von der Haftung frei **(„ALÜ-Entlastungsbeweis").**

Im Ergebnis kann man also sagen: Ein Vorgesetzter haftet grundsätzlich für einen Mitarbeiter. Kann der Vorgesetzte aber beweisen, dass bei Auswahl, Leitung und Überwachung alles richtig gelaufen ist, so entfällt die Haftung.

Viele Aufgaben bei der Personalführung haben auch eine haftungsrechtlich entlastende Funktion für den Vorgesetzten. So z. B. eine **Teambesprechung.** Was dort besprochen wird, kann für einen Vorgesetzten bedeuten, dass er damit seine Leitungsaufgabe ordentlich wahrgenommen hat. Deswegen ist es auch so wichtig, dass ein Vorgesetzter den nicht anwesenden Mitarbeitern das Protokoll nachweisbar zur Kenntnis bringt. Ein anderes Beispiel: das **Einarbeitungsmanagement.** Dieses ist für den Schadensfall ein Instrument, damit Vorgesetzte belegen können, dass sie bei der Leitung, in diesem Fall bei der Einarbeitung, alles richtig gemacht haben und somit von der Haftung befreit sind.

Im Fallbeispiel: Gerda hat in Bezug auf Melanie ihre Überwachungsaufgaben verletzt. Sie hätte weiter darauf drängen müssen, dass die Schülerin passende Schuhe anzieht. Notfalls hätte sie Vorgesetzte informieren und ggf. auf eine Abmahnung drängen müssen. Jedenfalls durfte sie nicht einfach auf die Überredungskünste der Praxisanleiterin hoffen. Damit kann Gerda nicht den „ALÜ-Entlastungsbeweis" führen und muss nach § 831 Abs. 1 BGB (neben Melanie) haften.

Vorgesetzte haften auch für eigenes Tun

Ergänzend sei noch erwähnt, dass ein Vorgesetzter auch dann für das Handeln seiner Mitarbeiter haften muss, wenn er selbst einen Fehler gemacht hat (Anspruchsgrundlage ist dann § 823 Abs. 1 BGB). Der Anwendungsbereich hierfür sind **Organisationsfehler** des Vorgesetzten. *Beispiel:* Eine Pflegedienstleitung schafft es nicht, einen ausgewogenen Dienstplan zu erstellen, obwohl dies durchaus möglich wäre. In diesem Fall haftet sie für Schäden, die aufgrund einer Überlastung der Pflegekräfte eintreten.

Der Träger haftet auf gesetzlicher und vertraglicher Grundlage

Schließlich noch zur Haftung des Trägers. Dieser haftet genauso wie ein Vorgesetzter: nach § 831 Abs. 1 BGB für das Handeln der Pflegekräfte (Verrichtungsgehilfen) und nach § 823 Abs. 1 BGB für eigene Organisationsfehler.

Ein **Organisationsfehler** kann vorliegen, wenn der Träger nicht für ausreichend Sachmittel sorgt oder wenn er zu wenig oder nur mangelhaft qualifiziertes Personal vorhält. *Beispiel:* Ein Arbeitgeber gibt Pflegekräften, die im Rahmen einer ambulanten Rund-um-die-Uhr-Pflege tätig sind, nicht die Möglichkeit, Pausen zu machen. Wenn eine Pflegekraft aber nun einmal zur Toilette muss und es passiert dabei etwas, dann haftet der Arbeitgeber aufgrund dieses Organisationsfehlers.

3

Überlastungsanzeige entlastet Mitarbeiter

In diesem Zusammenhang spielt die Überlastungsanzeige der Mitarbeiter eine wichtige Rolle. Diese Anzeige (von Mitarbeitern an die Führungsebene) ist immer dann begründet, wenn sich der Mitarbeiter überfordert fühlt oder wenn Gefahren für die Sicherheit und Gesundheit bestehen – sei es in Bezug auf seine Person, auf Pflegebedürftige oder Dritte. Der Mitarbeiter ist zur Anzeige dieser Gefahren nach §§ 15 Abs. 1, 16 Abs. 1 ArbSchG sogar verpflichtet! Haftungsrechtlich hat eine Überlastungsanzeige vor allem zwei Auswirkungen:

- **Vorgesetzte und Träger** sind nach einer Überlastungsanzeige zu Schutzmaßnahmen verpflichtet (§ 618 Abs. 1 BGB). Unternehmen sie nichts oder reagieren nur unzureichend, dann gehen sie das Risiko ein, wegen eines Organisationsfehlers haften zu müssen.
- Für den **Mitarbeiter** bedeutet die Überlastungsanzeige eine **haftungsrechtliche Entlastung.** Aber: Er kann sich nicht völlig aus der Verantwortung stehlen. Er muss weiterhin alle Möglichkeiten nutzen, mit der Situation bestmöglich umzugehen.

Eine besondere Form ist für die Überlastungsanzeige nicht notwendig. Sie sollte aber inhaltlich möglichst detailliert und präzise abgefasst sein und außerdem möglichst zeitnah erstellt werden.

Verkehrssicherungspflichten

Ein weiterer großer Bereich von Organisationsfehlern ist es, wenn der Arbeitgeber sogenannte **Verkehrssicherungspflichten** verletzt. Solche Pflichten treffen denjenigen, der eine Gefahrenquelle schafft oder unterhält, z. B. den Betrieb einer Pflegeeinrichtung. Er hat dann die Pflicht, die notwendigen und zumutbaren Vorkehrungen zu treffen, um Schäden anderer zu verhindern. *Beispiele:* Pflicht zum Schneeräumen, Beseitigung baulicher Mängel, Durchführung sicherer Reinigungsarbeiten oder Absicherung von Treppen.

Vertragliche Haftung

Nun zur vertraglichen Haftung: Der Träger ist der einzige der am Pflegeprozess beteiligten Akteure, der einen Vertrag mit dem Pflegebedürftigen abgeschlossen hat. Nur er haftet deswegen auch auf vertraglicher Grundlage. Schwierig ist zunächst, dass der Träger selbst aber gar nicht gehandelt hat. Doch § 278 BGB schließt die Lücke.

§§

§ 278 Satz 1 BGB

Der Schuldner hat ein Verschulden seines gesetzlichen Vertreters und der Personen, deren er sich zur Erfüllung seiner Verbindlichkeit bedient, in gleichem Umfang zu vertreten wie eigenes Verschulden.

Zwar liegt kein direktes Verschulden des Trägers vor, nach § 278 BGB wird aber so getan, also ob der Träger die Pflichtverletzung verschuldet hätte. Das Verschulden des Mitarbeiters wird dem Träger also zugerechnet. Man spricht hier von der Haftung für den **Erfüllungsgehilfen.** Das hat eine gewisse Ähnlichkeit zu § 831 Abs. 1 BGB, wo der Geschäftsherr für den **Verrichtungsgehilfen** haftet. Wichtigster Unterschied: Beim Verrichtungsgehilfen kann sich der Träger von der Haftung befreien, wenn er hinsichtlich richtiger Auswahl, Leitung und Überwachung den Entlastungsbeweis führt. Im Rahmen der vertraglichen Haftung ist dies nicht möglich! Die vertragliche Haftung ist also strenger als die gesetzliche.

Verschulden der Pflegekraft wird dem Träger zugerechnet

Nun sind alle Haftungsgrundlagen für sämtliche Beteiligten zusammen (➤ Tab. 3.14). Alle können nebeneinander geltend gemacht werden und greifen durch, wenn deren Voraussetzungen vorliegen. Beide Systeme ergänzen sich also.

3

Der Pflegebedürftige kann seine Ansprüche gegenüber Pflegekraft, Vorgesetztem und/oder dem Träger des Pflegeunternehmens gemeinsam geltend machen. Wenn es an die Zahlung geht, dann kann er sich einen der drei aussuchen. Das nennt man **Gesamtschuldnerschaft** (§ 421 BGB).

Pflegekraft, Vorgesetzter und Träger haften als Gesamtschuldner

Meist wird sich der Pflegebedürftige im Schadensfall den Träger des Pflegeunternehmens aussuchen, da er am „flüssigsten" ist. Nun kann der Träger im Innenverhältnis **Regress** nehmen, und zwar aufgrund des mit dem Arbeitnehmer geschlossenen Arbeitsvertrags. Denn nach diesem Arbeitsvertrag schuldet der Arbeitnehmer eine ordentliche Arbeit. Macht er dabei Fehler, dann kann er dafür vom Arbeitgeber zur Verantwortung gezogen werden.

Arbeitnehmer können vom Träger in Regress genommen werden

Exkurs: Haftung bei Sturz und Dekubitus

Zunächst zu Stürzen. Die Gerichte stellen zu Recht fest, dass sich der Grundkonflikt immer zwischen zwei Polen abspielt: Auf der einen Seite muss die Pflege den Pflegebedürftigen vor Stürzen beschützen. Auf der anderen Seite darf der Pflegebedürftige aber auch nicht überbehütet werden. Er hat ein Recht auf ein menschenwürdiges Leben und auf freie Entfaltung seiner Persönlichkeit sowie auf Fortbewegungsfreiheit. In diesem **Spannungsfeld** ist jeder Fall anders gelagert, die Gerichte schauen sich deswegen jeden Fall gesondert an. Um dabei bestehen zu können, ist vor allem wichtig, dass der **„Expertenstandard Sturzprophylaxe in der Pflege"** umgesetzt ist. Dementsprechend sollte man am besten Schritt für Schritt vorgehen:

Sturz

Tab. 3.14 Haftung von Pflegekraft, Vorgesetztem und Träger im Überblick.

	Haftung einer Pflegekraft	Haftung eines Vorgesetzten	Haftung des Trägers
vertraglich	–	–	Pflege-/Heimvertrag i. V. m. § 278 BGB
gesetzlich (für eigenes Tun)	§§ 823 ff. BGB § 678 BGB (Geschäftsführung ohne Auftrag)	§ 823 Abs. 1 BGB (bei Organisationsfehlern)	§ 823 Abs. 1 BGB (bei Organisationsfehlern)
gesetzlich (für fremdes Tun)	–	§ 831 Abs. 1 BGB (Entlastungsbeweis möglich)	§ 831 Abs. 1 BGB (Entlastungsbeweis möglich)

1. Das **Sturzrisiko** wird für jeden Pflegebedürftigen gewissenhaft **ermittelt** (inkl. umgebungsspezifischer und personenspezifischer Risikofaktoren).
2. Anschließend **prüft** man für jeden Pflegebedürftigen – unter Beteiligung seiner Angehörigen, von Betreuer/Bevollmächtigten und Ärzten – mögliche **Maßnahmen.** Dabei dürfen Kosten und Personalressourcen durchaus Berücksichtigung finden. So muss z. B. eine Pforte nicht ständig besetzt sein, nur um kontrollieren zu können, ob ein Pflegebedürftiger zum gefahrlosen Verlassen der Pflegeeinrichtung in der Lage ist. Für freiheitsentziehende Maßnahmen gilt: Nur bei konkreten Anhaltspunkten für eine Gefährdung sind Pflegeunternehmen verpflichtet, diese in die Wege zu leiten (inkl. Beschluss und Betreuerentscheidung). Kam es bereits zu Stürzen, so macht dies allein Maßnahmen noch nicht gleich automatisch notwendig, schon gar nicht freiheitsentziehende Maßnahmen. Aber es bedarf dann einer noch sorgsameren Prüfung.
3. Anschließend ist umfassend, verständlich und nachdrücklich **aufzuklären** (Information und Beratung). Der BGH hat sogar gefordert, dass man einem Pflegebedürftigen notfalls auch schon einmal „vormachen" muss, was ein Sturz bedeutet. Auch über die geplanten Maßnahmen zur Vermeidung eines Sturzes ist aufzuklären.
4. Schließlich kann der Pflegebedürftige bzw. dessen Betreuer/Bevollmächtigter eine (aufgeklärte) **Entscheidung** treffen.
5. Der so konsentierte **Maßnahmenplan** wird **umgesetzt** und muss im Laufe der Zeit ggf. immer wieder angepasst werden.

Hält man diese Vorgehensweise ein und passiert dann doch etwas, insbesondere wenn sich ein Pflegebedürftiger oder dessen Vertreter gegen eine von der Pflege vorgeschlagene Maßnahme entscheidet, so ist die Pflege haftungsrechtlich entlastet. Diese Entlastung tritt auch dann ein, wenn es trotz bester Anstrengungen dann doch einmal zu einem Sturz kommt. Es verbleibt eben ein **allgemeines Lebensrisiko,** das nicht der Pflege angelastet werden kann.

Zur haftungsrechtlichen Absicherung ist es wichtig, gerade bei einer diagnostizierten Sturzgefahr jeden der zuvor dargestellten Schritte gut zu **dokumentieren.** Insbesondere wenn es zu einem Sturz gekommen ist, bedarf es eines ausreichenden Sturzprotokolls. Ansonsten droht eine Beweislastumkehr.

Dekubitus

Nun zum zweiten Haftungskomplex: dem Dekubitus. Etliche Gerichte scheinen bis heute noch davon auszugehen, dass dieser *immer* vermeidbar ist. Andere halten ihn *nicht immer* für vermeidbar. Der Streit muss hier aber nicht entschieden werden, denn letztlich kommt es in jedem Fall darauf an, ob die prophylaktischen und therapeutischen Maßnahmen fachgerecht (insbesondere auf Grundlage des „Expertenstandards Dekubitusprophylaxe in der Pflege") durchgeführt wurden. Und ob sich das auch in der Dokumentation widerspiegelt. Wichtig ist insbesondere, dass die Dokumentation vor der Überleitung des Pflegebedürftigen in ein Krankenhaus ein möglichst exaktes Bild vom Zustand des Pflegebedürftigen belegt und dass die notwendigen Informationen an das Krankenhaus weitergegeben wurden. Denn nur so kann, wenn der Pflegebedürftige mit einem Dekubitus zurückkommt, überhaupt der Beweis gelingen, dass dafür nicht die Altenpflegeeinrichtung, sondern das Krankenhaus die Verantwortung trägt.

Haftungserleichterungen und -befreiungen

Mitverschulden des Arbeitgebers

Organisationsfehler kann für Träger zu Mitverschulden führen

Pflegekräfte und deren Vorgesetzte können (teilweise) von der Haftung befreit sein, wenn der Arbeitgeber aufgrund eines **Organisationsfehlers** einen Vorfall mitverschuldet hat.

Fallbeispiel

Der unsichere Medikamentenschrank

Die Wohnbereichsleitung moniert gegenüber der Einrichtungsleitung, dass endlich ein diebstahlsicherer Schrank für Medikamente angeschafft wird. Doch nichts geschieht. Auch nach mehrmaliger Wiederholung sieht sich die Einrichtungsleitung nicht in der Lage, Abhilfe zu schaffen. So kommt es dann dazu, dass sich ein Pflegebedürftiger an den Medikamenten „bedient" und diese auch einnimmt.

Kommt es in einem solchen Fall zu Komplikationen, dann muss die pflegerische Seite unter Umständen haften (womöglich bei einem Mitverschulden des Pflegebedürftigen). Die Wohnbereichsleitung kann aber ganz außen vor sein, denn der Träger hat es versäumt, auf ihre Anforderung hin einen sicheren Schrank zu installieren. Aufgrund dieses Organisationsfehlers muss vor allem *er* für den Schaden geradestehen.

Haftungserleichterung aufgrund des Arbeitsvertrags

Außerdem können Pflegekräfte von einer Haftung befreit sein, weil es in ihrem Arbeitsvertrag steht. So findet sich, insbesondere in älteren Verträgen, mitunter der Passus, dass der **Arbeitnehmer in Fällen leichter Fahrlässigkeit von der Haftung befreit** ist. Dann muss der Arbeitgeber *allein* für derart verursachte Schäden aufkommen.

Innerbetrieblicher Schadensausgleich

Selbst wenn der Arbeitsvertrag nichts Derartiges hergibt, so greifen i. d. R. die Grundsätze des innerbetrieblichen Schadensausgleichs.

Danach trifft den Arbeitnehmer bei **leichter Fahrlässigkeit** überhaupt keine Haftung. Sie liegt bei Pflichtverletzungen vor, die jedem passieren können und nur ein kleines Versehen sind. Bei **normaler bzw. mittlerer Fahrlässigkeit** wird eine Schadensaufteilung nach Quoten vorgenommen. Arbeitgeber und Arbeitnehmer haften also anteilig. Dabei werden die Gesamtumstände von Schadensanlass und Schadensfolgen gegeneinander abgewogen und so der jeweilige Haftungsanteil ermittelt. Kriterien sind:

- Versicherbarkeit des Risikos
- Einkommen des Arbeitnehmers im Verhältnis zum Schaden
- mit der Tätigkeit verbundenes Schadensrisiko
- Vorhersehbarkeit
- Dauer der Betriebszugehörigkeit
- Stellung des Arbeitnehmers im Betrieb

Bei **grober Fahrlässigkeit** haftet der Arbeitnehmer uneingeschränkt. In bestimmten Fällen kann aber auch hier die Haftung nach Quoten aufgeteilt werden, insbesondere wenn der Verdienst des Arbeitnehmers in deutlichem Missverhältnis zum Schadensrisiko steht. Als Grenze wird vom Bundesarbeitsgericht ein Jahresgehalt angesehen. Selbst ein grob fahrlässig handelnder Arbeitnehmer kann also vor höheren Haftungssummen bewahrt sein. Bei **Vorsatz** haftet der Arbeitnehmer allerdings uneingeschränkt.

Haftungserleichterung bei „Geschäftsführung ohne Auftrag"

Schließlich gibt es noch eine Haftungserleichterung, die gar nichts mit einem Arbeitsverhältnis zu tun hat.

Fallbeispiel

Hündchen haut ab!

Robert ist Mitarbeiter in einem ambulanten Pflegedienst. Er betreut eine ältere Dame in einer Senioren-WG. Als er wieder dort vorbeischaut, stellt sich heraus, dass eine andere Pflegebedürftige, Frau Hellwig, offenbar alleine in ihrem Zimmer ist und nicht mehr auf Klopfen reagiert. Ein Schlüssel lässt sich nicht auftreiben, also bricht man die Tür auf. Frau Hellwig wird am Boden liegend vorgefunden. Sofort wird der Krankenwagen gerufen. Die Sanitäter eilen herbei. Alles ist sehr hektisch. Als Frau Hellwig im Krankenhaus wieder Worte findet, erkundigt sie sich sofort nach ihrem Hündchen. Doch das Hündchen wurde nicht mehr aufgefunden. Es muss im Eifer des Gefechts ausgebüxt sein.

Hier handelt es sich um eine „Geschäftsführung ohne Auftrag". Diese Rechtsfigur ist in den §§ 677 ff. BGB geregelt. Bereits oben wurde erläutert, dass man in einer solchen Konstellation haften muss, wenn man gegen den Willen des Geschäftsherrn handelt. Aber es gibt eine sehr wichtige **haftungsentlastende Vorschrift in § 680 BGB.**

Haftungsbegründung und Haftungsentlastung

§§

§ 680 BGB

Bezweckt die Geschäftsführung die Abwendung einer dem Geschäftsherrn drohenden dringenden Gefahr, so hat der Geschäftsführer nur Vorsatz und grobe Fahrlässigkeit zu vertreten.

Geht es also um eine „Geschäftsführung ohne Auftrag" **in einer Notlage,** so muss der Handelnde nicht für leichte und mittlere Fahrlässigkeit einstehen.

Im Fallbeispiel: Gerade für ältere Menschen ist es ein großes Unglück, wenn deren Haustier verschwindet. Gleichwohl muss Robert an Frau Hellwig keinen Schadensersatz zahlen. Es lag eine Geschäftsführung ohne Auftrag, noch dazu eine Notlage vor. In einer derartigen Konstellation muss man nur für Vorsatz und grobe Fahrlässigkeit einstehen (➤ Abb. 3.29). Dass Robert das Hündchen übersehen hat, dürfte aber allenfalls leicht fahrlässig passiert sein.

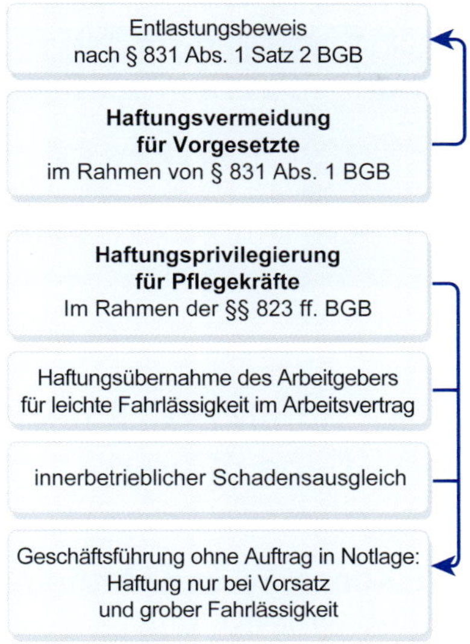

Abb. 3.29 Haftungserleichterungen.

Exkurs: Versicherung zahlt

Schließlich noch zu einer Haftungserleichterung, die eigentlich gar keine ist: wenn nämlich eine private Berufshaftpflicht- oder eine Betriebshaftpflicht-Versicherung (des Trägers) den Schaden trägt. Zwar müssen dann Pflegekräfte den Schaden nicht aus eigener Tasche bezahlen. Aber: **Eine Haftpflichtversicherung zahlt grundsätzlich nur dann, wenn derjenige, den sie versichert, auch für den Schaden verantwortlich ist!** Kann sich z. B. ein Vorgesetzter mit dem „ALÜ-Entlastungsbeweis" aus der Haftung befreien, dann muss auch *keine* Versicherung für ihn zahlen. Die Schadensregulierung durch eine Versicherung ist deswegen eigentlich keine „Flucht" aus der Haftung. Man bleibt haftbar, lässt aber einen anderen, nämlich die Versicherung, zahlen.

Versicherung „folgt" der Verantwortlichkeit des Schädigers

Haftung im Arbeitsverhältnis

Die Haftung im Arbeitsverhältnis kann hier kurz ausfallen. Es geht vor allem um drei Aspekte (➤ Tab. 3.15):

1. Die Rechtsfolgen eines Haftungsfalls im Arbeitsrecht sind **Ermahnung, Versetzung, Abmahnung oder Kündigung.** Darum ging es im bereits in ➤ Kap. 3.1.5.3.
2. Das Arbeitsverhältnis hat Auswirkungen auf die zivilrechtliche Haftung des Arbeitnehmers. Wenn es um **Sachschäden bei Pflegebedürftigen, Kollegen oder dem Träger** geht, dann kommen dem Arbeitnehmer nach den Grundsätzen des innerbetrieblichen Schadensausgleichs Haftungserleichterung zugute. Das wurde im Abschnitt zuvor erläutert. Geht es um Personenschäden bei Pflegebedürftigen, dann gilt das Gleiche.
3. Bei **Personenschäden gegenüber Kollegen** tritt zusätzlich die gesetzliche Unfallversicherung ein. Sie ersetzt nach § 105 Abs. 1 SGB VII den Schaden komplett (außer bei Wegeunfällen). Sie leistet jedoch nicht, wenn Vorsatz im Spiel war. Schmerzensgeld zahlt sie in keinem Fall.

Tab. 3.15 Haftungsverteilung im Arbeitsverhältnis.

Arbeitnehmer verletzt …	… Arbeitgeber	… Kollegen	… Pflegebedürftigen
Sachschaden	Haftung zwischen Arbeitnehmer und Arbeitgeber verteilt (in Abhängigkeit vom Grad des jeweiligen Vertretenmüssens)		
Personenschaden	Unfallversicherung tritt ein (außer bei Vorsatz und Wegeunfällen, nicht auf Schmerzensgeld)		wie bei Sachschäden

3.2 An qualitätssichernden Maßnahmen in der Altenpflege mitwirken

3.2.1 Konzepte und Methoden der Qualitätsentwicklung

Qualitätssicherung

Begrifflich muss man die Qualitätssicherung vom Qualitätsmanagement trennen. Die Qualitätssicherung meint zunächst nur die Tätigkeiten, die entfaltet werden, um eine den vorgegebenen Ansprüchen genügende Versorgung zu genügen (s. DIN EN ISO 8402, 1995–08, Ziffer 3.5). Dabei werden **drei Ebenen** unterschieden:

- **Strukturqualität:** Organisationsform, Arbeitsmittel, Qualifikation der Mitarbeiter, Konzepte, Technik etc.
- **Prozessqualität:** Art der Durchführung
- **Ergebnisqualität:** Zustand des Pflegebedürftigen, dessen Zufriedenheit

Qualitätsmanagement

Qualitätsmanagement hingegen ist umfassender zu verstehen. Damit sind alle aufeinander abgestimmten Maßnahmen gemeint, die geeignet sind, eine kontinuierliche Verbesserung zu erzielen. Umfasst sind alle Tätigkeiten zur Planung, Lenkung, Sicherung und Verbesserung. Qualitätsmanagement beschreibt also eine komplexe Führungsaufgabe, die Qualitätssicherung hingegen einzelne Tätigkeiten (die im Rahmen des Qualitätsmanagements geplant werden).

Die bekanntesten Qualitätsmanagementmodelle sind das EFQM-Modell sowie die ISO 9001.

Qualitätssicherung findet an **zwei Schnittstellen** statt:

Interne und externe Maßnahmen

- **Extern:** Darunter fallen im Pflegebereich z. B. die Heimaufsicht, Prüfungen durch den MDK, Brandschutzkontrolle oder TÜV-Prüfungen.
- **Intern:** Damit sind vor allem innerbetriebliche Tätigkeiten gemeint wie Entwicklung eines Leitbilds, Schaffung von Pflegestandards, Qualitätszirkel, Pflegevisiten und interne Audits, Beschwerdemanagement, aber auch Fort- und Weiterbildungsmaßnahmen.

3.2.2 Fachaufsicht

Pflegedienstleitung führt die Fachaufsicht

Für die interne Qualitätssicherung ist vor allem die verantwortliche Pflegefachkraft, die **Pflegedienstleitung,** zuständig. Rechtliche Regelungen für die

Pflegedienstleitungen finden sich zum einen im **Heimrecht** der Bundesländer. Zum anderen sieht **§ 71 SGB XI** vor, dass ambulante sowie stationäre Einrichtungen „unter ständiger Verantwortung einer ausgebildeten Pflegefachkraft", stehen müssen. Für die Anerkennung als verantwortliche Pflegefachkraft ist erforderlich:

- eine abgeschlossene Ausbildung als Gesundheits- und Krankenpfleger, Gesundheits- und Kinderkrankenpfleger oder Altenpfleger,
- eine praktische Berufserfahrung in dem erlernten Ausbildungsberuf von zwei Jahren innerhalb der letzten acht Jahre und
- eine Weiterbildungsmaßnahme für leitende Funktionen mit einer Mindeststundenzahl von 460 Stunden.

3.2.3 Rechtliche Grundlagen

Die externe Qualitätssicherung findet im Pflegebereich vor allem durch die Heimaufsicht und durch den MDK statt.

3.2.3.1 Die Prüfkriterien – insbesondere Expertenstandards

Heimaufsicht und MDK greifen bei ihrer Kontrolle auf eine Vielzahl von **Pflegestandards** zurück. Diese finden sich in Gesetzen und Verordnungen, Unfallverhütungsvorschriften, Richtlinien, Technischen Regeln (z. B. TRBA und TRBS) oder auch Expertenstandards.

Expertenstandards sind wichtige Quelle für Prüfkriterien

Eine wichtige Quelle für Prüfkriterien sind die **Expertenstandards** (➤ Tab. 3.16). Deren Entwicklung wurde Ende der 1990er-Jahre durch die Bundesregierung gefördert. Dazu beauftragte man das **Deutsche Netzwerk für Qualitätssicherung in der Pflege (DNQP).** Mit dieser Initiative wollte man einem „Wildwuchs" begegnen, denn eine enorme Vielzahl an mehr oder weniger brauchbaren Pflegestandards überschwemmte damals den Markt.

Expertenstandards sind evidenzbasiert

Seit dem Inkrafttreten des **Pflege-Weiterentwicklungsgesetzes** sind die Expertenstandards in **§ 113a SGB XI** geregelt. Neu hinzukommende müssen nunmehr im Bundesanzeiger veröffentlich werden. Nur Pflegeunternehmen, die alle Expertenstandards umgesetzt haben, bekommen einen Versorgungsvertrag von den Kassen (§ 72 Abs. 3 Nr. 4 SGB XI). Umgekehrt: Wer die Expertenstandards nicht sämtlich umgesetzt hat, dem kann der Versorgungsvertrag gekündigt werden (§ 74 SGB XI).

Charakteristisch für Expertenstandards ist:

- Sie müssen **evidenzbasiert** sein, d. h. auf der Grundlage von nachgewiesener Wirksamkeit. Dazu werden sie anhand von Literaturstudien erarbeitet und überprüft.
- Es darf nur ein **klar abgesteckter Themenbereich** behandelt werden.
- Sie sollen innerhalb dieses Bereichs den allgemein anerkannten medizinisch-pflegerischen Stand **konkretisieren.**

Zuständig für die Schaffung von Expertenstandards sind vor allem die „Vertragspartner", das sind die Verbände der Leistungsträger (Kassen, Sozialhil-

3

Tab. 3.16 DNQP-Expertenstandards.

Entstehung (Aktualisierung)	Expertenstandard
2004 (2010)	Dekubitusprophylaxe in der Pflege
2004 (2009)	Entlassungsmanagement in der Pflege
2005 (2011)	Schmerzmanagement in der Pflege bei akuten Schmerzen
2006 (2013)	Sturzprophylaxe in der Pflege
2007	Förderung der Harnkontinenz in der Pflege
2009	Pflege von Menschen mit chronischen Wunden
2010	Ernährungsmanagement in der Pflege
2014	Schmerzmanagement in der Pflege bei chronischen Schmerzen

feträger) wie auch die der Leistungserbringer (Pflegeunternehmen). Wenn sie keine Einigung erzielen, dann müssen Schiedsstellen entscheiden (§ 113b SGB XI).

Verfahren zur Schaffung von Expertenstandards

Das Verfahren auf dem Weg zu einem Expertenstandard:

1. Themenfindung durch die Vertragspartner (andere dürfen Vorschläge machen, z. B. der MDK, Berufsverbände und Patienenorganisationen)
2. Bildung einer unabhängigen Expertenarbeitsgruppe (die aus Vertretern möglichst vieler Pflegeberufe, Praxisfelder und der Pflegewissenschaft besteht)
3. Erarbeitung des Entwurfs
4. Konsensuskonferenz (Vorstellung an die Fachöffentlichkeit, Diskussion) und Einarbeitung der Ergebnisse
5. Modellhafte Implementierung unter wissenschaftlicher Begleitung
6. Vertragspartner entscheiden über Art der Einführung (insbesondere Veröffentlichung des Expertenstandards)
7. Aktualisierung nach spätestens fünf Jahren

Wichtig: Ein Expertenstandard kann in Pflegeunternehmen nicht direkt eingesetzt werden, schon allein deshalb, weil er keine konkreten Verfahrensanweisungen formuliert. Vielmehr ist ein Expertenstandard die Grundlage zu deren Entwicklung.

3.2.3.2 Kontrolle durch die Heimaufsicht

Rechtsgrundlage: Landesheimgesetze

Die externe Kontrolle von Pflegeunternehmen ist seit 2006 in jedem Bundesland anders geregelt. Denn seit 2006 sind die **Bundesländer für das Heimordnungsrecht zuständig** (➤ Kap. 0.3). Die meisten Gesetze werden durch Verordnungen begleitet, die die Anforderungen an Pflegeunternehmen näher ausgestalten.

Zweck aller Gesetze: Schutz des Pflegebedürftigen

Allen Gesetzen gemein ist, dass sie vor allem dem Schutz der Pflegebedürftigen dienen. Außerdem wollen sie die **Würde und Selbstbestimmung der Pflegebedürftigen** wahren und fördern. Nicht zuletzt soll eine **qualitativ hochwertige Pflege** gewährleistet werden.

Heimrechtliche Vorschriften regeln die Anforderungen, die die Pflegeunternehmen einhalten müssen. Dazu gehören z. B. bauliche Mindestanforderungen (auch Größe von Wohngruppen, Mindestwohnfläche und Bettenanzahl pro Zimmer), Qualitätsmanagement, Mindestanforderungen an Pflegekräfte (u. a. auch Fachkraftquote) Anforderungen an Träger und Leitungskräfte (insbesondere Heimleiter und Pflegedienstleitung) oder die Mitwirkung der Pflegebedürftigen.

Hauptaufgaben der Heimaufsicht: Beratung und Kontrolle

Außerdem werden in den Landesheimgesetzen die zuständigen Behörden („Heimaufsichten") mit Befugnissen ausgestattet. Zum einen, um die Pflegeunternehmen zu beraten, zum anderen um sie zu kontrollieren. Die Heimaufsicht ist je nach Bundesland bei sehr unterschiedlichen Behörden angesiedelt, in Bayern z. B. bei den Landratsämtern, in Rheinland-Pfalz zentral bei einer Landesoberbehörde.

Prüfung finden jährlich statt oder anlassbezogen

Jedes Pflegeunternehmen, das unter das jeweilige Landesgesetz fällt, wird grundsätzlich einmal im Jahr von der Heimaufsicht geprüft. Neben den **wiederkehrenden** gibt es auch **anlassbezogene** Prüfungen. Sämtliche Prüfungen können jederzeit sowohl angemeldet als auch unangemeldet erfolgen. Zur besseren Koordinierung sprechen sich Heimaufsicht, MDK, Pflegekassen und Sozialhilfeträger untereinander ab.

Heimaufsicht kann zum Abstellen von Mängeln Anordnungen erlassen

Werden Mängel festgestellt, dann kann angeordnet werden, diese abzustellen. Meist wird dazu eine Frist gesetzt. Bei Verstößen können in bestimmten Fällen auch **Geldbußen** verhängt werden. Daneben können die Behörden **Beschäftigungsverbote** aussprechen, einen **Aufnahmestopp** verhängen oder den **Betrieb** eines Pflegeunternehmens gar völlig **untersagen.**

3.2.3.3 Kontrolle durch den Medizinischen Dienst der Krankenversicherung

Zwei Gesetze installieren neue Qualitätssicherungsinstrumente

Deutlich verstärkt wurde die Qualitätssicherung im Jahr 2002 durch Inkrafttreten des **Pflege-Qualitätssicherungsgesetzes.** Darin wurden erstmals alle ambulanten, teilstationären und stationären Pflegeeinrichtungen verpflichtet, bis spätestens Ende 2003 ein einrichtungsinternes Qualitätsmanagement einzuführen. Mit dem **Pflege-Weiterentwicklungsgesetz** aus dem Jahr 2008 wurde außerdem der durch den MDK vorzunehmende „Pflege-TÜV" eingeführt. Wie die Kontrolle durch die Heimaufsicht ist dies ein Instrument der externen Qualitätssicherung.

Hier ein kurzer Überblick über die **Regelungen zu Qualitätssicherung und -management im SGB XI:**

- **Verantwortlichkeit** (§ 112 SGB XI): Die Träger der Pflegeeinrichtungen sind für die Qualität der Leistungen ihrer Einrichtungen einschließlich der Sicherung und Weiterentwicklung der Pflegequalität verantwortlich. Die Pflegeeinrichtungen sind verpflichtet, Maßnahmen der Qualitätssicherung sowie ein Qualitätsmanagement durchzuführen, Expertenstandards anzuwenden sowie bei Qualitätsprüfungen mitzuwirken. Der MDK berät dabei.

- **Maßstäbe:**
  - § 113 SGB XI: Die Qualität in Pflegeeinrichtungen bemisst sich an den **„Maßstäben und Grundsätzen zur Sicherung und Weiterentwicklung der Pflegequalität" (MuG).** Diese wurden von den Leistungsträgern und den Leistungserbringern gemeinsam erarbeitet. Sie sind im Bundesgesetzblatt veröffentlicht.
  - § 113a SGB XI: Auch **Expertenstandards** legen Maßstäbe für die Sicherung und Weiterentwicklung der Qualität fest. Sie sind im Bundesanzeiger zu veröffentlichen.

Regel-, Wiederholungs- und Anlassprüfungen

§ 114 SGB XI regelt die **MDK-Prüfungen.** Neben der (alljährlichen) Regelprüfung gibt es Wiederholungsprüfungen. Diese dienen dazu, festzustellen, ob beanstandete Mängel behoben wurden. Anlassprüfungen werden z. B. bei einer Beschwerde durchgeführt. Grundlage der MDK-Qualitätsprüfungen bilden die Qualitätsprüfungsrichtlinien (QPR).
Die Durchführung der Prüfungen ist in § 114a SGB XI geregelt.

Welche Kriterien anzulegen sind und wie man mit den Ergebnissen umgeht, steht in § 115 SGB XI. Diese Vorschrift wird konkretisiert durch die Pflege-Transparenzvereinbarungen ambulant und stationär (PTVA und PTVS).
In der PTVS sind folgende fünf **Qualitätsbereiche** zur Überprüfung vorgesehen:

- Pflege und medizinische Versorgung (35 Bewertungskriterien)
- Umgang mit demenzkranken Bewohnern (10 Bewertungskriterien)
- Soziale Betreuung und Alltagsgestaltung (10 Bewertungskriterien)
- Wohnen, Verpflegung, Hauswirtschaft und Hygiene (9 Bewertungskriterien)
- Befragung der Bewohner (18 Bewertungskriterien)

Für den **ambulanten Bereich** sind in der PTVA vier **Qualitätsbereiche** angeführt:

- Pflegerische Leistungen (17 Bewertungskriterien)
- Ärztlich verordnete pflegerische Leistungen (10 Bewertungskriterien)
- Dienstleistung und Organisation (10 Bewertungskriterien)
- Befragung der Kunden (12 Bewertungskriterien)

Für jeden Qualitätsbereich wird eine Gesamtnote von sehr gut (1,0) bis mangelhaft (5,0) ermittelt. Aus den jeweiligen Gesamtnoten für die Qualitätsbereiche wird das Gesamtergebnis ermittelt. Diesem wird der Vergleichswert im jeweiligen Bundesland gegenübergestellt. Die Ergebnisse der Bewohnerbefragung werden gesondert dargestellt und fließen nicht in die Gesamtnote ein.

Am Ende steht ein **„Pflegetransparenzbericht"**, der über das Internet zu veröffentlichen ist. Eine einseitige Übersicht mit den Pflegenoten muss ausgehängt werden.

Kritik an den MDK-Prüfungen

Bis heute werden diese Prüfungen massiv kritisiert, weil es bislang keine allgemein anerkannten Indikatoren für die Ergebnis- und Lebensqualität der pflegerischen Versorgung gibt. Außerdem liegen die Noten in allen Bundesländern im Schnitt zwischen 1,0 und 1,5 und sind somit für Pflegebedürftige und ihre Angehörigen (auf der Suche nach einer Pflegeeinrichtung) weitgehend wertlos.

Der MDK und seine Aufgaben

Abschließend noch zum MDK (Medizinischer Dienst der Krankenversicherung) selbst. Er ist der medizinische, zahnmedizinische und pflegerische Beratungs- und Begutachtungsdienst der GKV und der GPV.
Seine hauptsächlichen **Aufgaben für die GKV** (§ 275 SGB V):

- Sozialmedizinische Begutachtung oder Beratung von Personen, die eine Leistung der GKV beantragt haben (z. B. bei Antrag auf häusliche Krankenpflege)
- Beratung der Krankenkassen und ihrer Verbände

Seine **Aufgaben für die GPV** (§ 18, §§ 114 ff. SGB XI):

- Begutachtung von Personen, die eine Leistung der GPV beantragt haben:
  - Prüfung der Pflegebedürftigkeit (z. B. bei Antrag auf Pflegegeld) oder einer erheblichen Einschränkung der Alltagskompetenz (z. B. bei Antrag auf zusätzliche Betreuungsleistungen)
  - Vorschlag zu Maßnahmen zur Prävention und Rehabilitation sowie für Wohnumfeldverbesserungen
  - Hinweise zu einem individuellen Pflegeplan
- Qualitätsprüfungen von Pflegeeinrichtungen („Pflege-TÜV“, s. o.)
- Beratung der Landesverbände der Pflegekassen

Organisation und Finanzierung des MDK

Der MDK ist meist landesweit, manchmal auch über die Landesgrenzen hinaus als Arbeitsgemeinschaft organisiert. Er hat in den westlichen Bundesländern den Status einer Körperschaft des öffentlichen Rechts, in den östlichen sind es eingetragene Vereine. Auf jeden Fall unterliegt er aber der **staatlichen Aufsicht** (§ 281 Abs. 3 SGB V). Seine Ärzte sind jedoch bei der Wahrnehmung ihrer medizinischen Aufgaben nur ihrem ärztlichen Gewissen unterworfen (§ 275 Abs. 5 SGB V). Der MDK wird durch eine Umlage aller Krankenkassen im Land finanziert. Die Spitzenorganisation auf Bundesebene ist der Medizinische Dienst des Spitzenverbands Bund der Krankenkassen (MDS). Dieser Verband hat vor allem koordinierende Aufgaben und berät die Bundesorganisationen der Kassenverbände.

KAPITEL

4 Altenpflege als Beruf

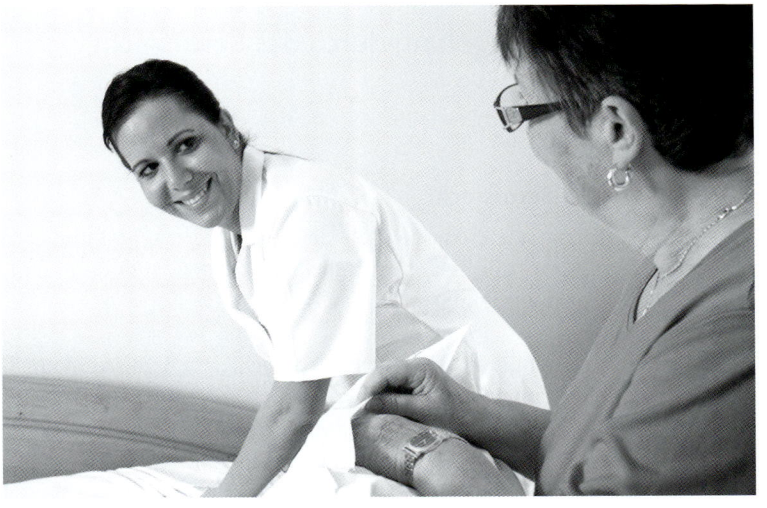

4.1 Berufliches Selbstverständnis entwickeln

Das Berufsbild der Altenpflege hat sich erst allmählich entwickelt. Lange war es von der Krankenpflege bestimmt – trotz gravierender Unterschiede. Wichtige Meilensteine waren das 1975 in Kraft getretene Heimgesetz und das 1995 in Kraft getretene Pflegeversicherungsgesetz. Schließlich wurde im Jahre 2003 das Altenpflegegesetz eingeführt, auf das in diesem Kapitel näher eingegangen wird.

4.1.1 Regelung durch das Berufsrecht

Definition

Berufsrecht

Umfasst alle Normen, die den Zweck haben, bestimmte Berufsgruppen zu steuern, und zwar hinsichtlich des Zugangs zum Beruf und hinsichtlich der Berufsausübung.

Die Definition macht deutlich: Es geht dem Berufsrecht um die **staatliche Regulierung** bestimmter Berufsgruppen. Das hat nichts mit Arbeitsrecht zu tun, welches die Beziehung von Arbeitnehmer und Arbeitgeber ausgestaltet.

Weil im Berufsrecht der Staat also Hauptakteur ist, gehört das Berufsrecht deswegen auch zum Öffentlichen Recht, insbesondere zum **Verwaltungsrecht.** Geregelt ist es zunächst auf staatlicher Ebene. Allerdings hat der Staat Kompetenzen abgegeben, und zwar an die einzelnen Berufsstände selbst. Diese können, innerhalb staatlich gezogener Grenzen, ihre Angelegenheiten selbst regeln **(berufsständische Selbstverwaltung).** Das zentrale Organ der berufsständischen Selbstverwaltung sind meist die sogenannten **Kammern** (z. B. Landesärztekammern).

In der Pflege ist bislang allein der Staat für die Berufsordnung zuständig. Allerdings gibt es momentan in etlichen Bundesländern Initiativen, dies auf eine berufsständische Selbstverwaltung zu verlagern und damit auch Pflegekammern zu installieren.

4.1.2 Schutz durch das Grundrecht auf Berufsfreiheit

Ob nun der Staat oder die Selbstverwaltung der Berufsstände die Berufsordnung reguliert: In jedem Fall setzt das Grundrecht auf Berufsfreiheit Grenzen (➤ Abb. 4.1).

§§

Art. 12 Abs. 1 GG

Alle Deutschen haben das Recht, Beruf, Arbeitsplatz und Ausbildungsstätte frei zu wählen. Die Berufsausübung kann durch Gesetz oder auf Grund eines Gesetzes geregelt werden.

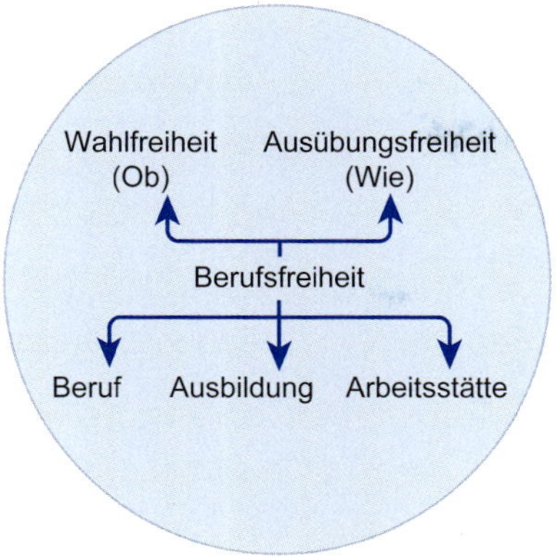

Abb. 4.1 Schutzbereich der Berufsfreiheit.

Staat greift auch bei Pflege in die Berufsfreiheit ein

Art. 12 Abs. 1 GG besagt, dass der **Schutzbereich** der Berufsfreiheit **„geregelt" werden kann.** Diese Formulierung soll zum Ausdruck bringen: Die Regelung darf nur ganz behutsam geschehen. Aber immerhin: sie darf! *Beispiel:* Die Ausbildung zum Altenpfleger ist im Anschluss an einen Abschluss der Hauptschule nach dem 9. Schuljahr nicht direkt möglich. Der Ausbildungswillige bräuchte zusätzlich eine in der Regel mindestens zweijährige Berufsausbildung oder eine Erlaubnis als Krankenpflegehelfer. Das ist ein Eingriff in die Berufsausbildungsfreiheit (durch § 6 Nr. 2 AltPflG). *Ein anderes Beispiel:* Für die Anerkennung als verantwortliche Pflegefachkraft muss man eine (zumindest 460-stündige) Weiterbildungsmaßnahme für leitende Funktionen erfolgreich durchgeführt haben (§ 71 Abs. 3 SGB XI). Auch dies ist ein Eingriff in die Berufsfreiheit.

4.1.3 Berufsrecht der Altenpflege

Das Berufsrecht der Altenpflege ist weder einheitlich noch umfassend normiert. So gibt es keine (bundeseinheitliche) **Berufsordnung.** Immerhin haben einige Bundesländer für ihr Land (auf dem Verordnungsweg) Berufsordnungen geschaffen. Außerdem sind Fragen der Berufsbezeichnung und der Ausbildung bundeseinheitlich geregelt, und zwar im **Altenpflegegesetz (AltPflG)** und in der **Altenpflege-Ausbildungs- und Prüfungsverordnung (AltPflAPrV)** (➤ Abb. 4.2).

Für die **Altenpflegehelfer** sind die Bundesländer zuständig. Sie treffen deswegen ihre eigenen Regelungen.

Keinen besonderen berufsrechtlichen Status haben die **Betreuungsassistenten** nach § 87b SGB XI. Diese sind nicht für die Pflege zuständig, sondern sollen die Heimbewohner ausschließlich betreuen und aktivieren. Sie zählen also nicht zu den Altenpflegehelfern und schon gar nicht zu den Altenpflegern. Besondere berufsrechtliche Regelungen gibt es für sie nicht.

4

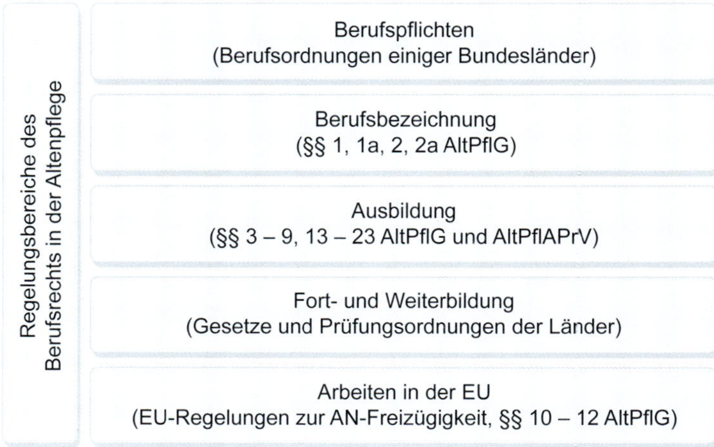

Abb. 4.2 Regelungsbereiche des pflegerischen Berufsrechts.

4.1.3.1 Allgemeine Berufsordnung

In einigen Bundesländern gibt es eine Berufsordnung

Wie bereits erläutert: Es gibt keine Berufsordnung für die Altenpflege auf Bundesebene. Nur folgende Länder haben bislang auf dem ministeriellen Verordnungsweg eine Berufsordnung verabschiedet: Berlin, Brandenburg, Bremen, Hamburg, Saarland und Sachsen. In Baden-Württemberg, Niedersachsen und Rheinland-Pfalz gibt es immerhin Empfehlungen des jeweiligen Landespflegerats.

Richtungsweisend: Rahmen-Berufsordnung des Deutschen Pflegerats

Sämtliche Berufsordnungen sind sehr ähnlich ausgestaltet. Sie orientieren sich dabei an einer **„Rahmen-Berufsordnung für professionell Pflegende“** (Rahmen-BO), die der Deutsche Pflegerat e. V. 2004 verabschiedet hat. In dieser wird zunächst definiert, was unter Pflege zu verstehen ist.

Definition

Pflege (i. S. d. Rahmen-BO)

Pflege heißt den Menschen in seiner aktuellen Situation und Befindlichkeit wahrnehmen, vorhandene Ressourcen fördern und unterstützen, die Familie und das soziale, kulturelle und traditionelle Umfeld des Menschen berücksichtigen und in die Pflege einbeziehen sowie ggf. den Menschen auf seinem Weg zum Tod begleiten.

Im Anschluss an diese Definition legt die Rahmen-BO die **Aufgaben** der professionell Pflegenden fest. Diese erschöpfen sich nicht nur in der „reinen Pflegearbeit“. Pflege ist eine gesamtgesellschaftliche Aufgabe. Im Einzelnen:

Aufgaben der Pflegekräfte

- Die Pflegekräfte leisten ihren berufsspezifischen Beitrag zum gesellschaftlichen Auftrag der Gesundheitsfürsorge und Krankheitsverhütung, zur Wiederherstellung von Gesundheit, zur Unterstützung und Hilfeleistung bei chronischen Erkrankungen, Behinderungen, Gebrechlichkeit und im Sterbeprozess.

- Sie ermitteln den Pflegebedarf, führen die Maßnahmen des Pflegeplans durch und überprüfen die Effektivität des pflegerischen Handelns.
- Sie erhalten und unterstützen die Lebensaktivitäten und eigenständige Lebensführung des Menschen.
- Sie kommunizieren und kooperieren mit allen am Pflege- und Betreuungsprozess Beteiligten.
- Sie fördern durch ihr Handeln das Ansehen des Berufsstands und durch Beteiligung an Pflegeforschungsprojekten die Pflegewissenschaft.
- Sie stärken die berufliche Interessenvertretung indem sie sich in einem Berufsverband organisieren.
- Sie arbeiten an den Lösungen der gesellschaftlichen Probleme mit, die sich auf die Pflege auswirken, und informieren die Gesellschaft über Gesundheitsfragen.

Diese Aufgaben werden in § 2 Abs. 3 Rahmen-BO konkretisiert:

- Feststellung des Pflegebedarfs, Planung, Organisation, Durchführung und Dokumentation der Pflege,
- Evaluation der Pflege, Sicherung und Entwicklung der Qualität der Pflege,
- Beratung, Anleitung und Unterstützung von Leistungsempfängern und ihrer Bezugspersonen sowie
- Einleitung lebenserhaltender Sofortmaßnahmen (bis zum Eintreffen des Arztes).

Die **Berufspflichten** werden in § 3 Rahmen-BO definiert:

Berufspflichten der Pflegekräfte

- Schweigepflicht
- Auskunftspflicht
- Beratungspflicht
- Dokumentationspflicht
- Pflicht zur Versicherung gegen berufliche Risiken
- Pflicht zur Fortbildung
- Pflicht, keine geldwerten Leistungen oder sonstige Vorteile anzunehmen.

Diese Pflichten werden für freiberuflich tätige Pflegekräfte in § 4 Rahmen-BO um besondere Pflichten ergänzt (z. B. Untersagung berufsunwürdiger Werbung).

4.1.3.2 Berufsbezeichnung

Erlaubnis notwendig

Das Recht der Berufsbezeichnung kann man in den §§ 1, 1a, 2 und 2a AltPflG nachlesen. Die Berufsbezeichnungen „Altenpflegerin“ oder „Altenpfleger“ darf nur führen, wem dazu die Erlaubnis erteilt worden ist.

CHECKLISTE

Anspruch auf Erlaubnis, die Berufsbezeichnung „Altenpfleger" führen zu dürfen (§ 2 Abs. 1 AltPflG)?

- Antrag gestellt?
- Wurde die vorgeschriebene Ausbildung abgeleistet und die staatliche Prüfung bestanden?
- Ist der Antragsteller in gesundheitlicher Hinsicht zur Ausübung des Berufs geeignet?

4

- Ist er nicht unzuverlässig?
- Verfügt der Antragsteller über die zur Ausübung des Berufs erforderlichen deutschen Sprachkenntnisse?

Mit der erfolgreich bestandenen Prüfung hat man also nicht automatisch die Erlaubnis zum Tragen der Berufsbezeichnung „Altenpfleger". Es ist ein eigener Antrag notwendig, der allerdings an **keine Frist** gebunden ist. Zuständig für die Erteilung ist die vom jeweiligen Bundesland dazu auserkorene Behörde.

Entscheidende Regelungsmacht hat in diesem Bereich die EU. Sie hat dazu die **Berufsanerkennungsrichtlinie** erlassen. Diese Richtlinie wurde im deutschen Berufsqualifikationsfeststellungsgesetz (BQFG) und in den §§ 2, 2a AltPflG umgesetzt (➤ Abb. 4.3). Es kommt entscheidend darauf an, ob eine im Ausland erworbene Qualifikation keine wesentlichen Unterschiede gegenüber der im AltPflG geregelten Ausbildung aufweist **(Gleichwertigkeitsprüfung).**

Erlaubnis kann widerrufen werden

Wurde die Erlaubnis zum Tragen der Berufsbezeichnung „Altenpfleger" bzw. „Altenpflegerin" einmal erteilt, dann kann sie auch (nach § 2 Abs. 2 AltPflG) **widerrufen** werden. Der wohl häufigste Anwendungsfall: Es stellt sich nachträglich heraus, dass sich die Pflegekraft eines Verhaltens schuldig gemacht hat, aus dem sich die Unzuverlässigkeit zur Ausübung des Berufs ergibt.

4.1.3.3 Ausbildung

Erst zum 1.8.2003 trat das AltPflG in Kraft mit der Zielsetzung, bundesweit ein einheitliches Ausbildungsniveau für die Altenpflege zu gewährleisten. So ganz nebenbei wollte man auch noch die Attraktivität des Berufsbilds steigern. Die **Grundzüge der Ausbildung** im Bereich der Altenpflege sind nunmehr in §§ 3–9 AltPflG geregelt (➤ Abb. 4.4). Das **Ausbildungsverhältnis** wird in den §§ 13–23 AltPflG näher ausgestaltet (dies wurde bereits zuvor erläutert, ➤ Kap. 3.1.5.3). Das Gesetz gilt allerdings nicht für die **Altenpflegehelfer.**

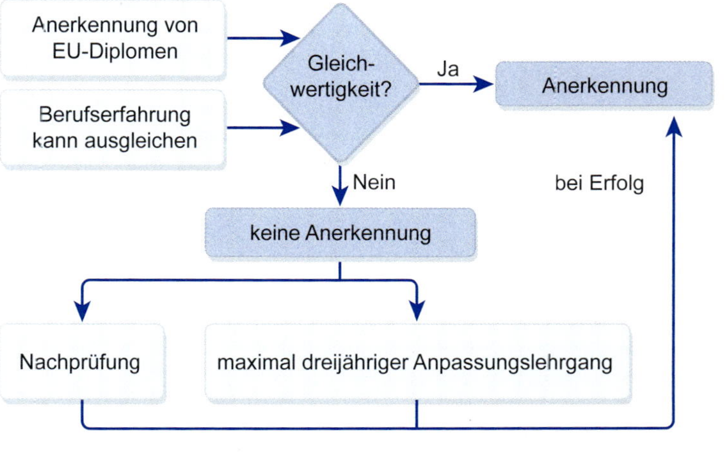

Abb. 4.3 Prüfung auf Anerkennung ausländischer Berufsabschlüsse.

AltPflG: Grundzüge der Ausbildung und Ausbildungsverhältnis

Die Ausbildung dauert in der Regel drei Jahre. Verkürzungen der Ausbildungszeit sind möglich. Außerdem können bestimmte Zeiten auf die Ausbildungszeit angerechnet werden. Die Ausbildung besteht aus theoretischem und praktischem Unterricht und einer praktischen Ausbildung. Der Anteil der praktischen Ausbildung überwiegt. Die **praktische Ausbildung** erfolgt grundsätzlich in stationären Pflegeeinrichtungen und in ambulanten Diensten. Es gibt aber noch weitere Möglichkeiten wie z. B. in geriatrischen Rehabilitationseinrichtungen. Die **Gesamtverantwortung** für die Ausbildung trägt grundsätzlich die **Altenpflegeschule** (➤ Abb. 4.5). Die Ausbildung kann auch in Teilzeitform durchgeführt werden und darf in diesem Fall bis zu fünf Jahre dauern. **Zugangsvoraussetzung** zur Ausbildung ist grundsätzlich der

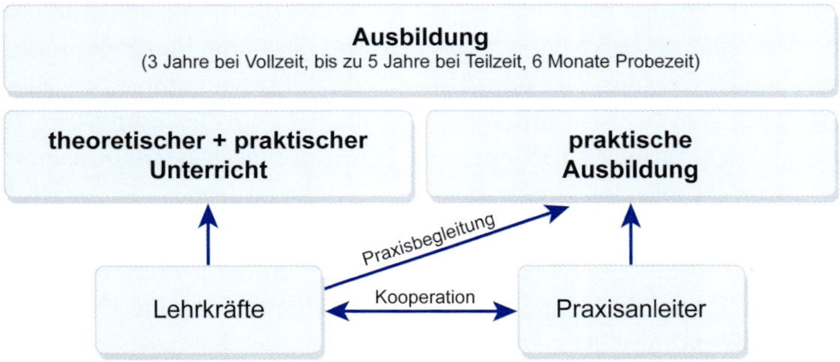

Abb. 4.4 Inhalt der Altenpflegeausbildung.

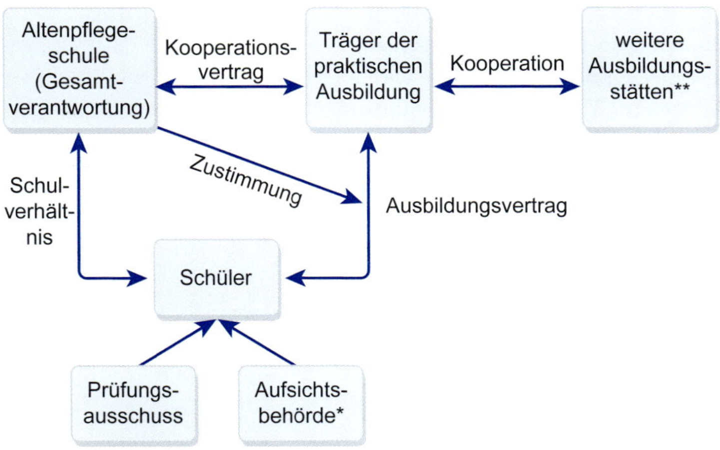

* Behörde zur Erteilung der Erlaubnis zur Führung der Berufsbezeichnung „staatlich anerkannter Altenpfleger"

** Weitere Ausbildungsstätten sind:
- psychiatrische Kliniken mit gerontopsychiatrischer Abteilung
- Allgemeinkrankenhäuser oder geriatrische Fachkliniken
- geriatrische Rehabilitationseinrichtungen
- Einrichtungen der offenen Altenhilfe

Abb. 4.5 Akteure bei der Altenpflegeausbildung.

Realschulabschluss oder ein als gleichwertig anerkannter Bildungsabschluss. Ausnahmen sind gesetzlich vorgesehen.

AltPflAPrV: Grundzüge des Unterrichts und Prüfung

Der schulische Teil der Ausbildung ist Sache der Bundesländer. Die Grundzüge sind aber in der bundesweit geltenden AltPflAPrV festgelegt.

Zunächst zur Struktur des Unterrichts: Der Unterricht umfasst 2.100 Stunden, die praktische Ausbildung 2.500 Stunden. Es ist ein **Ausbildungsplan** zu erstellen. Die ausbildende Einrichtung muss die **Praxisanleitung** für die Schüler sicherstellen. Die **Altenpflegeschule** stellt durch Lehrkräfte für die Zeit der praktischen Ausbildung die Praxisbegleitung der Schüler in den Einrichtungen sicher. Zum Ende eines jeden Ausbildungsjahres erteilt die Altenpflegeschule dem Schüler ein Zeugnis über die Leistungen im Unterricht und in der praktischen Ausbildung.

Vorschriften zur Prüfung

Die Prüfung wird vom Staat organisiert und umfasst einen schriftlichen, einen mündlichen und einen praktischen Teil. Zuständig für die Prüfung ist ein Prüfungsausschuss. Der **schriftliche Teil** der Prüfung umfasst jeweils eine 120-Minuten-Aufsichtsarbeit aus drei Lernfeldern. Der **mündliche Teil** der Prüfung (maximal 10 Minuten pro Lernfeld; Einzel- oder Gruppenprüfung ist möglich) erstreckt sich ebenfalls auf drei Lernfelder. Der **praktische Teil** der Prüfung besteht aus einer Aufgabe zur umfassenden und geplanten Pflege einschließlich der Beratung, Betreuung und Begleitung eines alten Menschen. Er bezieht sich auf die Lernbereiche „Aufgaben und Konzepte in der Altenpflege" und „Unterstützung alter Menschen bei der Lebensgestaltung". Die Prüfungsaufgabe besteht aus:

- der schriftlichen Ausarbeitung der Pflegeplanung,
- aus der Durchführung der Pflege einschließlich Beratung, Betreuung und Begleitung eines alten Menschen und
- aus einer abschließenden Reflexion.

Für jeden der drei Prüfungsteile wird eine Note ermittelt (diese Noten werden dann auch im Zeugnis getrennt ausgewiesen). Dabei muss auch jeweils eine Vornote (zu 25 Prozent) einfließen. Die Vornote ergibt sich aus den Jahreszeugnissen.

Die Prüfung ist bestanden, wenn jeder der drei vorgesehenen Prüfungsteile mindestens mit der Note „ausreichend" bewertet worden ist. Jeder der Prüfungsteile kann einmal wiederholt werden, wenn er mit der Note „mangelhaft" oder „ungenügend" abgeschlossen wurde.

4.1.3.4 Fort- und Weiterbildung

Wie bereits erläutert: Die Fort- und Weiterbildung ist in den Bundesländern unterschiedlich geregelt. So hat z. B. Nordrhein-Westfalen im Altenpflegebereich das „Weiterbildungsgesetz Alten- und Gesundheits- und Krankenpflege" verabschiedet.

Fortbildung

Wichtig: Fortbildung ist etwas anderes als Weiterbildung! Die **Fortbildung** zielt auf jene Qualifikationen, die bereits in einem Ausbildungsberuf erworben wurden. Diese sollen erhalten, erweitert oder der technischen Entwicklung angepasst werden. In der Regel gibt es hier keinen qualifizierten Abschluss. Meist wird nur die Teilnahme an einer Fortbildungsmaßnahme bescheinigt. Beispiele sind Fortbildungen zum Wund- oder Schmerzmanagement, zu Palliative Care oder zur außerklinischen Beatmung.

Weiterbildung

Die **Weiterbildung** hingegen endet mit einer anerkannten Prüfung. Es kann sich insbesondere um eine staatliche Prüfung handeln (dann gibt es auch entsprechende Weiterbildungs- und Prüfungsverordnungen, z. B. die „Weiterbildungs- und Prüfungsverordnung für Pflegefachkräfte in der Psychiatrie" in Berlin). Die Weiterbildung dient vor allem dazu, durch neue Qualifizierungen neue Tätigkeiten ergreifen zu können. Meist berechtigt die Weiterbildung auch dazu, eine bestimmte Berufsbezeichnung zu tragen, z. B. nach einer Weiterbildung zur Hygienefachkraft oder zum Fachwirt in der Alten- und Krankenpflege.

4.2 Lernen lernen

Sich juristische Themen zu erschließen, ist es für Laien ein „Buch mit sieben Siegeln". Deswegen hier einige Tipps.

Passende Lehrbücher finden

Will man sich Grundstrukturen erarbeiten, dann bieten sich vor allem **Lehrbücher** (wie das vorliegende) an. Am besten, man besucht eine juristische Fachbuchhandlung und stöbert dort im Sortiment. Recherchiert man Bücher über das Internet, so findet man dort auf manchen Portalen auch einen „Einblick ins Buch". Über die Deutsche Nationalbibliothek (www.dnb.de) kommt man immerhin an das komplette Inhaltsverzeichnis von jedem in Deutschland erschienen Buch.

Kommentare sind nur zur Vertiefung geeignet

Neben Lehrbüchern gibt es die sogenannten Kommentare. Diese erläutern die Gesetze – Paragraf für Paragraf. Die **Kommentare** sind nur für vertiefte Recherchen geeignet. Zudem sind sie für juristische Laien mitunter schwer verständlich (wie auch die Entscheidungen der Gerichte, um die es gleich im Anschluss geht). Kommentare dienen vor allem als Nachschlagewerk.

An Rechtsprechung kommt man häufig kostenlos

Eine wichtige Erkenntnisquelle ist die **Rechtsprechung.** Mittlerweile gibt es Datenbanken, über die man enorm viele Entscheidungen kostenlos beziehen kann, z. B. unter www.dejure.org. Aber auch in Fachzeitschriften finden sich Gerichtsentscheidungen. Wenn es um aktuelle Entscheidungen geht, dann veröffentlichen die Gerichte auf ihren Internetseiten mitunter auch Pressemitteilungen, die eine gute Zusammenfassung bieten.

Grundsätzlich sind gerichtliche Entscheidungen immer folgendermaßen aufgebaut:

1. Rubrum: Bei einem Urteil z. B. die Eingangsformel („Im Namen des Volkes"), Gericht, Aktenzeichen, Parteien, Prozessbevollmächtigte, Adressen etc.
2. Tenor: Gibt den Grundgehalt einer Entscheidung wieder, insbesondere die Rechtsfolge. *Beispiel:* Der Beklagte wird verurteilt, an die Klägerin 5.000 Euro zu zahlen.
3. Tatbestand: Stellt die Fakten dar, also den Lebenssachverhalt.
4. Entscheidungsgründe.

Manchmal kommen auch noch Leitsätze hinzu. Darin wird die Essenz einer Entscheidung vom Gericht zusammengefasst. Leitsätze entfalten aber keine rechtliche Wirkung. Wird die Kurzfassung nicht vom Gericht selbst, sondern z. B. von der Redaktion einer Fachzeitschrift formuliert, dann spricht man von Orientierungssätzen.

Nicht zuletzt benötigt man immer wieder **Gesetze und Verordnungen.** Diese kann man in gedruckter Form kaufen. Für die gängigen Regelungen gibt es günstige Paperback-Bücher. Mancher Verlag bündelt auch eine Auswahl an Vorschriften, abgestimmt auf einen bestimmten Bereich. Gerade zum Pflegerecht gibt es solche Vorschriftensammlungen. Allerdings sind dort teilweise nur Auszüge von Gesetzen und Verordnungen enthalten. Man muss also genau schauen, ob die jeweilige Auswahl den eigenen Wünschen entspricht. Außerdem gibt es einmal mehr Internetquellen. Hier zwei Empfehlungen:

Gesetze und Verordnungen am kostengünstigsten im Internet

LESETIPP

- www.gesetze-im-internet.de: Dieses Portal ist gewissermaßen der „Bürgerzugang" zu einer enormen Fülle an Gesetzen und Verordnungen auf Bundesebene. Er ist topaktuell und man kann jede einzelne Rechtsquelle (kostenlos) als PDF-Datei herunterladen.
- www.dejure.org: Auch dieser Auftritt im Netz bietet die Möglichkeit, sämtliche Gesetze und Verordnungen auf Bundesebene zu recherchieren. Er hat den Vorteil, dass er deutlich benutzerfreundlicher ist als das zuvor empfohlene Portal. Und: Gibt man Suchbegriffe ein, dann erhält man nicht nur Gesetzestexte, sondern auch Urteile, Wikipedia-Einträge und vieles andere mehr. Deswegen kann man über dieses Portal recht gut recherchieren. Und zwar besser als mit Google, da es gezieltere Informationen liefert.

Für landesrechtliche Vorschriften bieten die Bundesländer jeweils eigene Internetdatenbanken an. So z. B. unter www.gesetze-bayern.de oder unter recht.nrw.de.

Wie man Gesetz und Verordnungen anwendet, wurde bereits in ➤ Kap. 0.4 erläutert. Hier zwei Tipps, wie man sich diese Vorschriften erschließt:

- Gedruckte Vorschriftensammlungen haben häufig ein Inhalts- und ein Stichwortverzeichnis. Mit Ersterem kann man den Aufbau gut erfassen, mit Letzterem lässt sich gezielt nach Begriffen suchen. Internetquellen sind da mitunter noch komfortabler, da sie neben einem verlinkten Inhaltsverzeichnis zusätzlich noch eine Volltextsuche bieten.
- Gerade die ersten Paragrafen einer Vorschrift sollte man immer lesen: Diese geben Auskunft über Ziel und Zweck der Regelung sowie den Anwendungsbereich. Danach folgen: Allgemeine Vorschriften, Besondere Vorschriften, Übergangsvorschriften, Inkrafttreten und Anhänge.

„Recht lernen" heißt Strukturen lernen

Noch ein Tipp zum Schluss: **„Recht" zu lernen** heißt nie, irgendwelche Vorschriften auswendig zu lernen. Die kann man nämlich nachlesen. An erster Stelle steht vielmehr die Aufgabe, die Strukturen zu erfassen, die hinter den Gesetzen und Verordnungen stehen. Je nach Lerntyp können da unterschiedliche Mittel helfen, z. B. Karteikarten oder Visualisierungsmethoden wie etwa Mindmaps („Landkarten des Geistes"). Außerdem prägen sich Zusammenhänge gerade in Rechtsfragen viel besser ein, wenn man (Rechts-)Fälle selbstständig erarbeitet oder sich eine bestimmte Aufgabe stellt. *Beispiel:* Welche Voraussetzungen müssen erfüllt sein, dass Frau Hagen Pflegestufe III bekommt?

4.3 Mit Krisen und schwierigen Situationen umgehen

4.3.1 Gewalt in der Pflege

Wenn Pflegekräfte gegenüber Pflegebedürftigen gewalttätig werden, dann wird dies von der Boulevardpresse begierig aufgegriffen. Reißerische Schlagzeilen sind die Folge. Doch Vorsicht ist allein schon deshalb geboten, weil es kaum Untersuchungen über Gewalthandlungen in deutschen Pflegeunternehmen gibt. Fakt ist jedenfalls: Es gibt „Gewalt in der Pflege".

Pflegebedürftige und Pflegekräfte können sowohl Opfer als auch Täter sein

Gewalt wird nicht nur von Pflegekräften gegenüber Pflegebedürftigen ausgeübt, sondern auch umgekehrt. Auch Angehörige agieren gegenüber ihren pflegebedürftigen Angehörigen mitunter recht gewaltsam – und können ihrerseits tätlichen Angriffen durch die Pflegebedürftigen ausgesetzt sein. Pflegebedürftige und Pflegekräfte können also „Opfer" oder „Täter" sein.

Definition und Differenzierung des Gewaltbegriffs

Auch bei der Frage danach, was Gewalt eigentlich ist, muss genau hingeschaut werden. Sie kann bereits auf der sprachlichen Ebene beginnen – und in Handgreiflichkeiten enden. *Beispiele:*

- **Körperliche Gewalt:** Zu schnelle Eingabe von Essen, nächtliches Waschen, unangemessener Einsatz sedierender Medikamente, unnötiges Fixieren, Schlagen.
- **Psychische Gewalt:** Verletzung des Schamgefühls, respektlose Anrede, Nichtbeachten, Einschüchtern, Beleidigen.
- **Soziale Gewalt:** Vorgeben des Tagesablaufs, Außenkontakte werden nicht gefördert, Teilnahme an Feiern wird verweigert oder es besteht „Feierzwang", Missachtung der Religiosität, Verweigern von Taschengeld.

Wichtig ist es, dabei zwischen struktureller und personaler Gewalt zu unterscheiden. Bei der **personalen Gewalt** geht es um eine direkte und beabsichtigte physische oder psychische Schädigung von Menschen, Lebewesen oder Sachen. **Strukturelle Gewalt** hingegen erfasst alles, was Individuen daran hindert, ihre Anlagen und Möglichkeiten voll zu entfalten. Im Pflegebereich kann dies z. B. eine überstürzte Heimunterbringung sein, unzureichende Diagnostik und Behandlung oder eine Betreuung, die den Willen des Betreuten missachtet. Mitunter wird auch noch **kulturelle Gewalt** abgegrenzt, wenn z. B. ein bestimmtes Maß an Gewalt gesellschaftlich akzeptiert oder professionelle Pflege als stark hierarchisch geprägt verstanden wird.

Die **Ursachen** von Gewalt sind sehr vielfältig. Im Verhältnis des Pflegebedürftigen zur (professionellen) Pflegekraft spielt zudem eine Rolle, dass ein wesentlich jüngerer Mensch auf einen älteren trifft. Hinzu kommen berufstypische Belastungen wie z. B.:

- Personalnotstand (zu wenig Personal, viele Überstunden),
- körperliche und psychische Belastungen (insbesondere aufgrund des Schichtdienstes),
- starre Strukturen, fehlende Möglichkeit zur Mitgestaltung,
- ständige Konfrontation mit Alter, Verfall und Tod.

Gewalt von Pflegekräften

Wer als Pflegekraft gewalttätig wird, der macht sich vor allem arbeits-, zivil- und strafrechtlich haftbar. Insoweit kann auf die einzelnen Abschnitte dazu im

Haftungsrecht verwiesen werden (Kap. ➤ 3.1.5.5). Dort wird auch besprochen, unter welchen Umständen Gewalt auch einmal gerechtfertigt sein kann:

- **Notwehr und Notstand:** Eine Pflegekraft wehrt sich z. B. gegen den Angriff eines Pflegebedürftigen durch eine gewaltsame Aktion oder hilft einem Kollegen in einer Gefahrenlage.
- **Selbst- und Fremdgefährdung:** Der Pflegebedürftige zeigt ein Verhalten, das ihn selbst oder andere akut gefährdet. In derartigen Fällen kann z. B. eine freiheitsentziehende Maßnahme gerechtfertigt sein.

Gewalt von Pflegebedürftigen

Geht die Gewalt vom Pflegebedürftigen aus, so gilt es, **nicht so sehr nach dem Schuldigen, sondern nach Ursachen zu suchen.** Erst wenn die Gewalt auslösenden Faktoren identifiziert sind, können darauf abgestimmte Interventionen geplant werden. Gleichwohl darf man die rechtliche Haftung nicht aus den Augen verlieren. Sie entscheidet mit darüber, wie man angemessen (und rechtlich abgesichert) auf Vorfälle reagieren kann. So kann es wichtig sein, gegenüber aggressiven Pflegebedürftigen Grenzen zu setzen, um das Gewaltrisiko zu vermindern. Notfalls muss von pflegerischer Seite auch eine Anzeige in Erwägung gezogen werden. In jedem Fall aber ist der offene Umgang mit dem Thema wichtig.

4.3.2 Mobbing am Arbeitsplatz

Die Rechtsprechung hat folgende Merkmale für das Mobbing am Arbeitsplatz herausgearbeitet:

Merkmale von Mobbing

- zielgerichtetes
- systematisches
- Anfeinden, Schikanieren oder Diskriminieren (schwerwiegende Eingriffe in das Persönlichkeitsrecht)
- von Arbeitnehmern untereinander oder durch Vorgesetzte
- gegen eine Einzelperson oder mehrere Personen
- unter Fortsetzungszusammenhang.

Eine der schwierigsten Fragen beim Umgang mit Mobbing: Handelt es sich womöglich noch um normales – wenn auch unangemessenes – Sozialverhalten? Anders formuliert: **Wann wird die Grenze zum rechtlich sanktionierten Mobbing überschritten?** Wenn der Vorgesetzte den Mitarbeiter häufig anschreit, dann lässt dies zunächst auf mangelhafte Führungsqualitäten schließen. Ist das aber schon Mobbing (insbesondere wenn der Vorgesetzte nur noch auf diese Weise kommunizieren kann)?

Entscheidend für die Bewertung: Fortsetzungszusammenhang

Die Rechtsprechung greift bei der Beantwortung dieser Frage vor allem auf den soeben erwähnten Fortsetzungszusammenhang zurück. Nur wenn ein Mitarbeiter systematisch und fortlaufend schikaniert wird, nur dann ist er wirklich ein Mobbingopfer. Erst in der **Gesamtschau** lässt sich also ein Mobbingvorwurf erhärten.

Rückgriff auf allgemeine Rechtsgrundlagen

Steht einigermaßen fest, dass Mobbing vorliegt, so stellt sich die Frage nach den rechtlichen Konsequenzen. Eine gesonderte Rechtsgrundlage bei Mobbing, gar ein Anti-Mobbing-Gesetz, gibt es nicht. Vielmehr greift die Rechtsprechung auf altbekannte Rechtsgrundlagen zurück. Dabei sind drei Ebenen zu unterscheiden:

- **Straf-, ordnungs-, bzw. polizeirechtliche Ebene:** Das Mobbingopfer kann eine Anzeige machen und sich dabei auf Ehrverletzungs- und Körperverletzungsdelikte stützen. Das kann zu einer Verurteilung des Täters führen. Wird die Polizei informiert, so kann diese vorbeugend tätig werden, also vermittelnd eingreifen, aber ggf. auch einen Platzverweis oder ein Aufenthaltsverbot erteilen. Schließlich gibt es die Möglichkeit, Aufsichtsbehörden, z. B. das Gewerbeaufsichtsamt oder die Heimaufsicht, einzuschalten. Diese können z. B. auch dann tätig werden, wenn der Arbeitgeber Maßnahmen zum Schutz des Arbeitnehmers (die ihn insbesondere vor Mobbing bewahren sollen) unterlässt.
- **Zivilrechtliche Ebene:** Mobbingopfer haben gegenüber dem Täter Ansprüche auf Unterlassung (§§ 823, 1004 BGB) oder Widerruf (§ 1004 BGB), aber auch Schadensersatzansprüche (nach § 823 BGB) oder einen Anspruch auf Schmerzensgeld (§ 253 Abs. 2 BGB). In gravierenden Fällen hat der Gemobbte ein (zivilrechtliches) Notwehrrecht (§ 227 BGB). Das deckt sogar eine „Gegenintrige". § 226 BGB schließlich spricht ein allgemeines Schikaneverbot aus. In jedem Fall muss der Gemobbte alle Anspruchsvoraussetzungen exakt darlegen und auch beweisen können. Das ist mitunter schwierig, ein Mobbingtagebuch kann jedoch helfen.
- **Arbeitsrechtlichen Ebene:** Hier ist vor allem der Arbeitgeber in der Pflicht. Aber auch der Betriebsrat spielt eine wichtige Rolle (➤ Abb. 4.6).

Zunächst muss der **Arbeitgeber** alles unternehmen, um Mobbing-Aktionen möglichst zu verhindern (§ 4 Nr. 1 ArbSchG). Sollte es dennoch zu Mobbing-Vorfällen kommen, muss er alles Notwendige tun, um sie zu verfolgen und weiteres Mobbing zu unterbinden (➤ Abb. 4.7). Auch der Betriebsrat kann helfen, wenn man z. B. eine Beschwerde – am besten schriftlich – an ihn richtet (§ 85 Abs. 1 BetrVG). Hält der Betriebsrat die Beschwerde für berechtigt, dann muss er beim Arbeitgeber auf Abhilfe hinwirken.

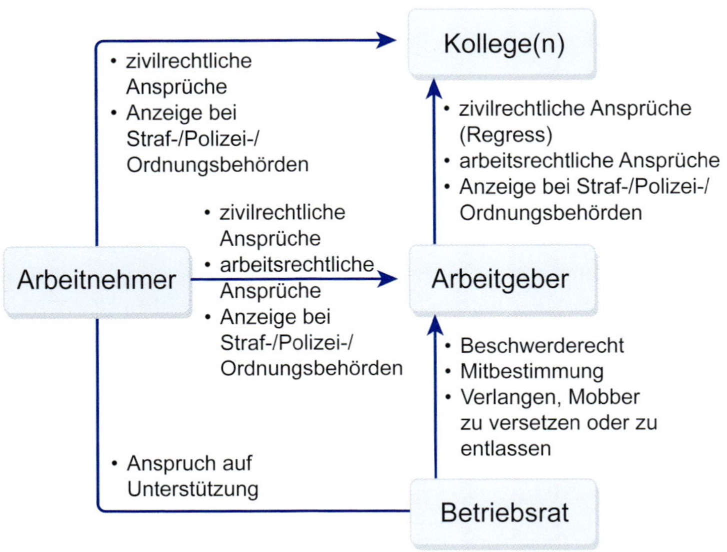

Abb. 4.6 Mobbing: Akteure und ihre „Ansprüche" untereinander.

Abb. 4.7 Aufgaben des Arbeitgebers im Falle von Mobbing.

Darf der Arbeitnehmer im Falle von Mobbing die Arbeit verweigern?

4

Aus der Sicht des **Arbeitnehmers** stellt sich noch die Frage, ob er die **Arbeit verweigern** darf (Zurückbehaltungsrecht, § 273 BGB), z.B. wenn der mobbende Arbeitgeber eine unrechtmäßige Arbeitsanweisung gibt. Grundsätzlich gilt: Der Arbeitnehmer hat ein Leistungsverweigerungsrecht, wenn der Arbeitgeber seine Fürsorgepflicht verletzt. Dies regelt z.B. § 14 AGG ganz ausdrücklich bei bestimmten Benachteiligungen. Verweigert der Mitarbeiter jedoch die Arbeit, so setzt er sich der Gefahr einer außerordentlichen Kündigung aus. Es ist meist nämlich nicht einfach, nachzuweisen, dass der Arbeitgeber seine Fürsorgepflicht tatsächlich verletzt und Schikanehandlungen nicht unterbunden hat. Ähnlich schwierig ist die Lage, wenn der Arbeitnehmer die Arbeitsleistung wegen Unzumutbarkeit nach § 242 BGB (Treu und Glauben) verweigert.

Ein letztes Mittel für den Arbeitnehmer kann die **Eigenkündigung** sein. Diese zieht aber womöglich Sperrzeiten bei der Gewährung von Arbeitslosengeld nach sich. Nichtsdestotrotz ist sie nach § 626 Abs. 1 BGB auch als „fristlose Kündigung aus einem wichtigen Grund" möglich, wenn dem Arbeitnehmer nicht mehr zugemutet werden kann, das Ende der Frist für eine ordentliche Kündigung abzuwarten. Dies dürfte z.B. bei sexuellen Belästigungen infrage kommen.

4.4 Die eigene Gesundheit erhalten und fördern

Arbeitsschutz: Schutz vor körperlichen und psychischen Überbelastungen

Pflegende schleppen mehr als Bauarbeiter. Das hat eine repräsentative Erwerbstätigenbefragung aus den Jahren 2005 und 2006 ergeben.[1] Zu den körperlichen treten dann noch die psychischen Belastungen hinzu. Pflegekräfte werden in ihrem Beruf also ganz besonders gefordert – deswegen müssen sie auch ganz besonders geschützt werden! Dieses Ziel verfolgt vor allem das **Arbeitsschutzrecht** (➤ Abb. 4.8).

[1] Bundesinstitut für Berufsbildung (BIBB), Bundesanstalt für Arbeitsschutz und Arbeitsmedizin (BAuA): BIBB/BAuA-Erwerbstätigenbefragung 2005/2006. Ergebnisse abrufbar unter www.bava.de/de/Publikationen/Fachbeitraege/Gd58.html (letzter Zugriff: 19.1.2015)

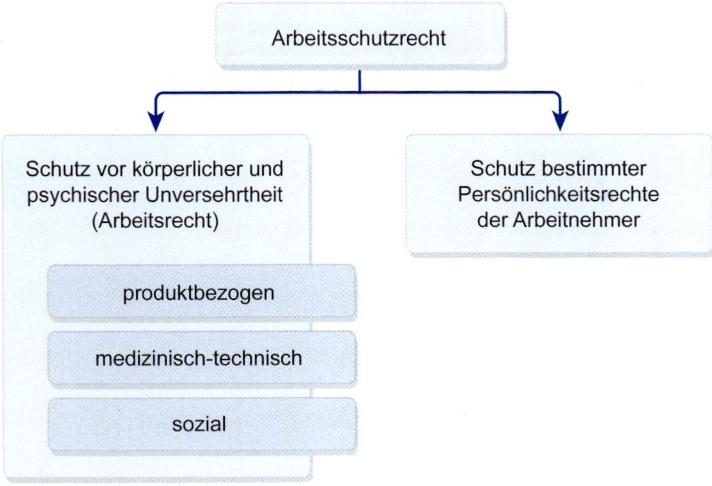

Abb. 4.8 Überblick über das Arbeitsschutzrecht.

Definition

Arbeitsschutzrecht

Alle Vorschriften, die dem Arbeitgeber aufgeben, die körperliche und psychische Unversehrtheit und bestimmte Persönlichkeitsrechte der Arbeitnehmer zu schützen.

Arbeitsschutz ist in erster Linie Prävention

An der Definition erkennt man, dass nicht nur die körperliche, sondern auch die psychische Unversehrtheit geschützt wird. Eine Sichtweise, die sich erst im Laufe der letzten Jahre durchgesetzt hat. Und noch etwas ist wichtig: Die **Prävention** steht beim Arbeitsschutz an erster Stelle. Durch eine vorausschauende Gestaltung der Arbeitsbedingungen soll der Arbeitnehmer gegen eine Verletzung seiner Gesundheit geschützt werden.

Arbeitssicherheit und Schutz von Persönlichkeitsrechten

Unterteilen lässt sich das Arbeitsschutzrecht grob in zwei Bereiche: Bei der **Arbeitssicherheit** geht es vor allem um den Schutz der körperlichen und psychischen Unversehrtheit. Der andere Bereich, der in anderen Abschnitten dieses Buches behandelt wird, beschäftigt sich mit dem **Schutz bestimmter Persönlichkeitsrechte der Arbeitnehmer (**➤ Abb. 4.8**).** Themen sind hier vor allem der Datenschutz (➤ Kap. 3.1.3.3), der Schutz des Rechts am eigenen Bild (➤ Kap. 3.1.3.3, Exurs) und der Schutz vor Benachteiligungen bzw. Diskriminierungen (➤ Kap. 3.1.5.3).

4.4.1 Arbeitssicherheit

Das Recht der Arbeitssicherheit unterscheidet drei Arten von Arbeitssicherheit, denen jeweils verschiedene Regelungen zuzuordnen sind (➤ Tab. 4.1).

Tab. 4.1 Untergliederung des Rechts der Arbeitssicherheit.

Art	Regelungsbereich	wichtige Regelungen
produktbezogene	Herstellung und Inverkehrbringen von Produkten	ProdSG, MPG
medizinisch-technische	Gestaltung von Arbeitsprozessen	ArbSchG, ASiG, ArbStättV, BildschArbV, PSA-BV, LärmVibrationsArbSchV, LasthandhabV, GefStoffV, BiostoffV, StrlSchV, RöV, ArbMedVV
soziale	Schutz besonderer Berufsgruppen, Arbeitszeiten	MuSchG, JArbSchG, SGB IX, ArbZG, BUrlG, BBiG/AltPflG

4.4.1.1 Akteure im Recht der Arbeitssicherheit

4

Duales System der Arbeitssicherheit

Wichtige Akteure im Rahmen der Arbeitssicherheit sind zum einen der **Staat** und zum anderen die **Träger der Unfallversicherung.** Sie beide setzen den rechtlichen Rahmen. Deswegen spricht man auch von einem dualen System (➤ Abb. 4.9). Da die (Pflege-)Unternehmen diese Regeln umsetzen müssen, stellen auch sie einen wichtigen Akteur in puncto Arbeitssicherheit dar.

Bund und Länder haben einen Teil ihrer Aufgaben auf eine andere Organisation übertragen, nämlich auf die Träger der gesetzlichen Unfallversicherung (➤ Abb. 4.10). Das sind vor allem die Berufsgenossenschaften. Für Pflegeunternehmen zuständig ist die **Berufsgenossenschaft für Gesundheitsdienst und Wohlfahrtspflege (BGW).**

Auf betrieblicher Ebene hat primär der **Arbeitgeber** die Arbeitssicherheit zu verantworten (§§ 3, 13 ArbSchG). Aber auch die **Arbeitnehmer** haben **Pflichten:**

- Sie haben Weisungen des Arbeitgebers zum Gesundheitsschutz einzuhalten.
- Ihnen anvertraute Maschinen, Geräte, Werkzeuge, Arbeitsstoffe, Transport- und sonstige Arbeitsmittel sind bestimmungsgemäß zu verwenden.
- Sie tragen Sorge für diejenigen Personen, die von ihren Handlungen oder Unterlassungen bei der Arbeit betroffen sind (§ 15 Abs. 1 ArbSchG), also insbesondere für die Pflegebedürftigen.
- Arbeitnehmer haben sich bei Vorliegen einer unmittelbaren und erheblichen Gefahr zu entfernen.
- Vorhandene Schutzvorrichtungen und persönliche Schutzausrüstungen sind tatsächlich zu benutzen (§ 15 Abs. 2 ArbSchG).
- Festgestellte unmittelbare erhebliche Gefahren müssen gemeldet werden.

Mindestens genauso wichtig sind die **Rechte der Arbeitnehmer:**

- Sie dürfen bei besonderer Anfälligkeit gegen bestimmte Schadstoffe besondere Schutzmaßnahmen verlangen.
- Sie können sich mit sicherheitsspezifischen Vorschlägen an den Arbeitgeber (§ 17 Abs. 1 ArbSchG) oder den Betriebsrat (§ 86a BetrVG) wenden.
- Weist ein Arbeitnehmer den Arbeitgeber auf Mängel bei der Arbeitssicherheit hin und hilft dieser nicht ab, so kann sich der Arbeitnehmer dazu

direkt an die zuständige Behörde wenden. Nachteile dürfen dem Arbeitnehmer dadurch nicht entstehen (§ 17 Abs. 2 ArbSchG).

- Arbeitnehmer können die Erfüllung einer arbeitsschutzrechtlichen Vorschrift verlangen. Unternimmt der Arbeitgeber daraufhin nichts, so dürfen sie (unter bestimmten Umständen) die Arbeit sogar verweigern. Außerdem können sie die Herstellung eines arbeitsschutzkonformen Zustands vor den Arbeitsgerichten einklagen.

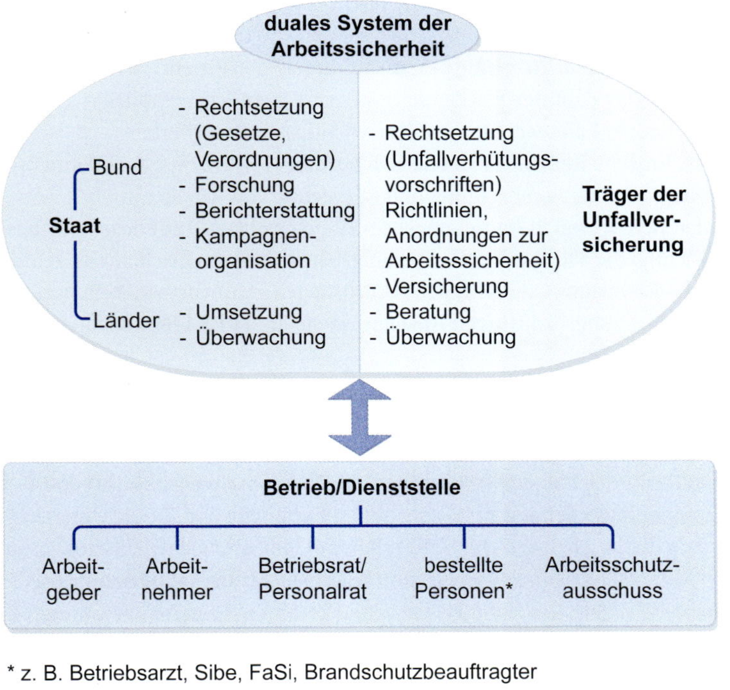

Abb. 4.9 Das duale System der Arbeitssicherheit.

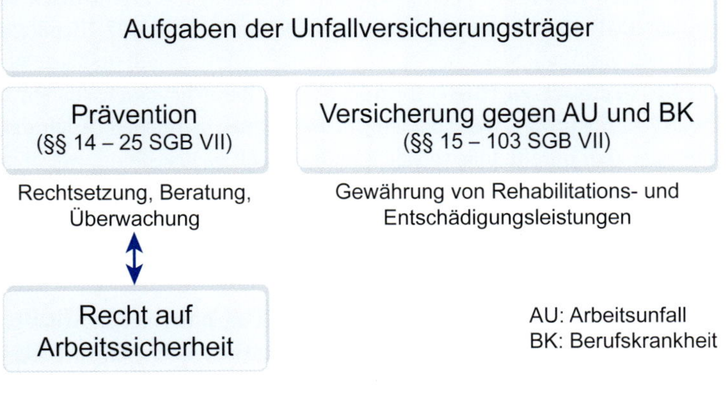

Abb. 4.10 Aufgaben der Unfallversicherungsträger.

- Im Falle einer Verletzung steht ihnen ein Schadensersatzanspruch zu. Dieser richtet sich aber meistens gegen den Träger der Unfallversicherung (§§ 104 ff. SGB VII).

4.4.1.2 Überblick über die Regelungen

Große Vielfalt an Regelungen

Schon aus ➤ Tab. 4.1 wurde deutlich: Es gibt enorm viele **staatliche Regelungen** zur Arbeitssicherheit. Die wichtigsten muss der Arbeitgeber sogar aushängen.

Doch damit nicht genug. Hinzu kommen die Regeln technischer Ausschüsse. Das dahinter steckende System ist ziemlich kompliziert (➤ Tab. 4.2). Hier sind die zwei für die Pflege wichtigsten Regelwerke:

- **Technische Regeln für Betriebssicherheit (TRBS):** Sie geben Empfehlungen für die Bereitstellung und Benutzung von Arbeitsmitteln sowie den Betrieb von überwachungsbedürftigen Anlagen. Im Pflegebereich wichtig: die TRBS 1111 (Gefährdungsbeurteilung und sicherheitstechnische Bewertung), die TRBS 1201 (Prüfungen von Arbeitsmitteln und überwachungsbedürftigen Anlagen) sowie die TRBS 1203 (befähigte Personen).
- **Technische Regeln für Biologische Arbeitsstoffe (TRBA):** Diese Regeln sprechen Empfehlungen für Tätigkeiten mit biologischen Arbeitsstoffen aus. Für die Pflege vor allem interessant: TRBA 250 (Biologische Arbeitsstoffe im Gesundheitswesen und in der Wohlfahrtspflege), TRBA 400 (Handlungsanleitung zur Gefährdungsbeurteilung und für die Unterrichtung der Beschäftigten bei Tätigkeiten mit biologischen Arbeitsstoffen) und TRBA 500 (Allgemeine Hygienemaßnahmen: Mindestanforderungen).

Von den Trägern der Unfallversicherung kommen die bereits erwähnten Unfallverhütungsvorschriften, auch **berufsgenossenschaftliche Vorschriften (BGV)** genannt. Zum Beispiel die BGV A1 (Grundsätze der Prävention) oder die BGV A3 (Elektrische Anlagen und Betriebsmittel).

Neben den BGV gibt es noch die **BG-Regeln (BGR).** Mit diesen setzen die Berufsgenossenschaften kein eigenes Recht, sondern fassen bereits vorhandene Normen zusammen (und reichern diese um eigene Erfahrungen an). *Beispiele:* BGR 189 (Benutzung von Schutzkleidung); BGR 197 (Benutzung von Hautschutz).

In **BG-Grundsätzen (BGG)** formulieren die Berufsgenossenschaften die Grundsätze für präventives Handeln in bestimmten Bereichen. Auch darin findet sich kein unmittelbar verpflichtendes Recht, ebenso wenig wie in den **BG-Informationen (BGI).** Diese sind nichts anderes als Informationsbroschüren.

Es fehlen schließlich noch die **Regelwerke privater Verbände,** z. B. des Deutschen Instituts für Normung (DIN).

Zur Arbeitssicherheit gehört im Pflegebereich auch der Schutz vor Übergriffen durch Pflegebedürftige. Die Pflicht des Arbeitgebers, entsprechende Schutzmaßnahmen zu ergreifen, ergibt sich aus § 618 BGB.

Tab. 4.2 Regelungen zur Arbeitssicherheit und ihre Verbindlichkeit.

Zuständige Instanz	Regelungen	Verbindlichkeit?
Legislative	nationale Gesetze	ja
	EU-Recht	ja
	internationale Übereinkommen	ja*
Exekutive (Ministerien, Anstalten)	nationale Verordnungen	ja
	Technische Regeln (TRBA, TRBS)	möglich**
Träger der Unfallversicherung	UVV/BGV (inkl. Durchführungsanweisungen)	ja
	BG-Regeln, BG-Grundsätze, BG-Informationen	nein
Private Verbände (meist Vereine)	sonstige Regelwerke (ISO-, EN-, DIN-Normen, VDE-Bestimmungen, VDI-Richtlinien)	möglich**

Erläuterung

* muss teilweise in nationales Recht umgesetzt werden
** kann durch Inbezugnahme verbindlich werden

Fallbeispiel

Stalking im Pflegeheim

In einer stationären Pflegeeinrichtung kommt es immer wieder zu heftigen Übergriffen gegenüber Pflegekräften. Ein Bewohner hat es auf Pflegekraft Sarah abgesehen. Er läuft ständig hinter ihr her, versperrt ihr den Weg, hält sie fest und attackiert sie mitunter sogar. Die Wohnbereichsleitung weigert sich aber, die Pflegekraft umzusetzen. Eine erfahrene Pflegekraft müsse mit so etwas umgehen können. Außerdem sei man personell „eng". Muss Sarah sich mit der Situation abfinden?

Die Argumentation der Wohnbereichsleitung ist kritisch. Sollten weder Ursachenforschung noch Gespräche dazu führen, dass die Belästigungen unterbleiben, dann ist die Wohnbereichsleitung bzw. der Arbeitgeber nach § 618 Abs. 1 BGB zu Schutzmaßnahmen verpflichtet. Der Arbeitgeber muss dafür sorgen, dass Sarah von dem Bewohner geschützt oder gar aus dem Wohnbereich abgezogen wird. Er kann sich nicht unter Verweis auf personelle Engpässe herausreden. Er *muss* Sarah schützen.

4.4.1.3 Produktbezogene Arbeitssicherheit

In dem **„Gesetz über die Bereitstellung von Produkten auf dem Markt" (ProdSG)** geht es vor allem um Pflichten für diejenigen, die ein Produkt oder eine Anlage auf dem Markt bereitstellen oder es ausstellen wollen. Interessant sind für die Pflege vor allem das in dem ProdSG geregelte CE-Zeichen

Tab. 4.3 Vergleich zwischen CE- und GS-Zeichen

	CE-Zeichen	GS-Zeichen
Grundaussage	Erklärung des Herstellers, dass das Produkt den grundlegenden Sicherheitsanforderungen entspricht	Bestätigung durch eine vom Hersteller unabhängige Stelle, dass das Produkt die Vorschriften zu Sicherheit und Gesundheit erfüllt
Zwingende Verwendung?	ja	nein
Vergabe	durch Hersteller in eigener Verantwortung	durch zertifizierte GS-Stelle
Prüfung durch unabhängige Stelle?	i. d. R. nicht	ja
Kontrollmaßnahmen durch unabhängige Stelle?	nein	ja

(ursprünglich Abkürzung für „Communauté Européenne" = Europäische Gemeinschaft) und das GS-Zeichen (Geprüfte Sicherheit). In jedem Pflegeunternehmen sollte die Regel gelten, dass technische und medizinische Geräte nur dann angeschafft werden, wenn sie das CE- und möglichst zusätzlich noch das GS-Siegel haben. Das **GS-Zeichen** ist zwar kein umfassendes Qualitätssiegel, aber im Gegensatz zum **CE-Kennzeichen** immerhin ein echtes Sicherheitszertifikat (➤ Tab. 4.3).

Im Zentrum der Produktsicherheit stehen in Pflegeunternehmen allerdings Medizinprodukte und damit das MPG (➤ Kap. 1.3.1.5)

4.4.1.4 Medizinisch-technische Arbeitssicherheit

Bei der medizinisch-technischen Arbeitssicherheit geht es um **sichere Arbeitsabläufe.** Das „Grundgesetz" dazu ist das Arbeitsschutzgesetz. Es wird begleitet durch das Arbeitssicherheitsgesetz. Auf dem Arbeitsschutzgesetz bauen etliche Verordnungen auf.

Arbeitsschutzgesetz (ArbSchG)

Das ArbSchG gilt grundsätzlich in allen Tätigkeitsbereichen und für alle Arbeitnehmer (auch für Azubis/Schüler). Es verpflichtet den Arbeitgeber zu allen erforderlichen Maßnahmen von der Vorbereitung bis hin zur Kostentragung. Die allgemeinen Grundsätze stehen in § 4 ArbSchG.

Pflichten der Arbeitgeber

§§

§ 4 ArbSchG

Der Arbeitgeber hat bei Maßnahmen des Arbeitsschutzes von folgenden allgemeinen Grundsätzen auszugehen:

1. Die Arbeit ist so zu gestalten, daß eine Gefährdung für das Leben sowie die physische und die psychische Gesundheit möglichst vermieden und die verbleibende Gefährdung möglichst gering gehalten wird;
2. Gefahren sind an ihrer Quelle zu bekämpfen;

3. bei den Maßnahmen sind der Stand von Technik, Arbeitsmedizin und Hygiene sowie sonstige gesicherte arbeitswissenschaftliche Erkenntnisse zu berücksichtigen;
4. Maßnahmen sind mit dem Ziel zu planen, Technik, Arbeitsorganisation, sonstige Arbeitsbedingungen, soziale Beziehungen und Einfluss der Umwelt auf den Arbeitsplatz sachgerecht zu verknüpfen;
5. individuelle Schutzmaßnahmen sind nachrangig zu anderen Maßnahmen;
6. spezielle Gefahren für besonders schutzbedürftige Beschäftigtengruppen sind zu berücksichtigen;
7. den Beschäftigten sind geeignete Anweisungen zu erteilen;
8. mittelbar oder unmittelbar geschlechtsspezifisch wirkende Regelungen sind nur zulässig, wenn dies aus biologischen Gründen zwingend geboten ist.

In den auf § 4 ArbSchG folgenden Paragrafen wird es handfest. Zentral: die **Gefährdungsbeurteilung** (§ 5 ArbSchG). Sie zieht sich durch viele Sondervorschriften im Bereich der Arbeitssicherheit und des sonstigen Arbeitsschutzes. Sie kann vom Arbeitnehmer sogar eingeklagt werden. Inhaltlich ist sie eine „Beurteilung der Arbeitsbedingungen“ und nicht eine „Beurteilung der einzelnen Mitarbeiter“. So muss z. B. im Rahmen des Mutterschutzes für jede Tätigkeit beurteilt werden, inwieweit von ihr für werdende Mütter eine Gefährdung ausgeht.

4

Fallbeispiel

Welche Schuhe sind richtig?

Maja ist Pflegeschülerin. Sie hat bislang kein größeres Interesse für den Arbeitsschutz gezeigt – bis ihr eines Tages im Sommer, als sie nur Flipflops trägt, ein Essenswagen über den rechten Fuß fährt. Nach dieser schmerzhaften Erfahrung möchte sie wissen, worauf bei Schuhen zu achten ist.

Eine konkrete Vorschrift zu Arbeitsschuhen gibt es nicht, schon gar kein Gesetz. § 15 Abs. 1 ArbSchG besagt immerhin, dass der Arbeitnehmer auf die Weisungen des Arbeitgebers achten muss. Was aber, wenn es eine solche Weisung nicht gibt? Dann hilft die Berufsgenossenschaft. Entsprechend dem Stand von Technik, Arbeitsmedizin und Hygiene sowie sonstigen gesicherten arbeitswissenschaftlichen Erkenntnissen hat sie folgende Grundsätze zusammengetragen: Sichere Arbeitsschuhe in Pflegeberufen sind vorn geschlossen, mit einer geschlossenen, festen Fersenkappe versehen, haben eine gut profilierte, großflächige Auftrittsohle und lassen sich in der Spannweite regulieren. Außerdem haben sie eine leichte Dämpfung im Fersenbereich, ein bequemes Fußbett, einen flachen Absatz und bestehen aus wasserabweisendem, strapazierfähigem und pflegeleichtem Material. Jetzt weiß Maja Bescheid!

LESETIPP

Detaillierte Tipps zur Auswahl geeigneter Arbeitsschuhe hat die BGW in einem Informationsblatt zusammengestellt. Auch arbeitsschutzrechtliche Aspekte des Themas werden hier noch einmal beleuchtet. Unter dem Titel **„Gut zu Fuß im Pflegeberuf – Kriterien für sichere Arbeitsschuhe"** ist das BGW-Info abrufbar unter www.bgw-online.de/SharedDocs/Downloads/DE/Branchenartikel/Info-sichere-Arbeitsschuhe.pdf (letzter Zugriff: 19.1.2015).

Pflichten der Arbeitnehmer

Die Mitarbeit bei der Arbeitssicherheit umfasst auch, dass die Beschäftigten von ihnen beobachtete **Defekte unverzüglich zu melden** haben. Außerdem sollen sie bei der Arbeitssicherheit **aktiv mitdenken und mitarbeiten.** Sie sind also gehalten, ihre Erkenntnisse oder Verbesserungsvorschläge dem Arbeitgeber mitzuteilen. Sie dürfen dies sogar direkt gegenüber einer Fachkraft für Arbeitssicherheit, dem Betriebsarzt oder dem Sicherheitsbeauftragten erledigen (§ 16 ArbSchG).

Auf keinen Fall dürfen den Arbeitnehmern durch aktive Mitarbeit und Meldungen **Nachteile** erwachsen. Das gilt insbesondere auch dann, wenn der Arbeitgeber einer Beschwerde nicht abhilft und der Arbeitnehmer sich dann an die zuständige Behörde wendet (was laut § 17 Abs. 2 ArbSchG ausdrücklich gestattet ist). Allerdings darf sich der Arbeitnehmer nicht direkt an die Behörde wenden, er muss es zunächst mit einer Meldung an den Arbeitgeber versuchen.

Arbeitssicherheitsgesetz (ASiG)

In diesem zweiten wichtigen Gesetz im Rahmen der medizinisch-technischen Arbeitssicherheit geht es interessanterweise gar nicht so sehr um Arbeitssicherheit. Das ASiG regelt vielmehr, unter welchen Voraussetzungen der Arbeitgeber **„Sicherheitskräfte"**, nämlich Betriebsärzte (§§ 2–4 ASiG) und Fachkräfte für Arbeitssicherheit (§§ 5–7 ASiG) zu bestellen hat. Außerdem sind hier noch die **Arbeitsschutzausschüsse** geregelt (§ 11 ASiG). Diese sind in Betrieben ab 20 Mitarbeitern Pflicht.

Arbeitsstättenverordnung (ArbStättV)

In der ArbStättV werden die grundsätzlichen Anforderungen an Arbeitsstätten festgelegt. Dazu gehören z. B. **Mindeststandards** für die Abmessungen von Räumen oder Verkehrswegen, Maßnahmen zum Schutz vor besonderen Gefahren (z. B. Fluchtwege und Notausgänge), Arbeitsbedingungen wie Raumtemperatur oder Lüftung oder Regelung zu Räumen wie Sanitärräumen oder Pausen- und Bereitschaftsräumen. Die Arbeitsstättenregeln (AStR) ergänzen die ArbStättV.

Bildschirmarbeitsverordnung (BildscharbV)

In dieser Verordnung werden vor allem **Anforderungen an Bildschirmarbeitsplätze** festgelegt. In regelmäßigen Zeitabständen müssen nach § 6 BildscharbV Untersuchungen der Augen und des Sehvermögens angeboten werden. Sind nach deren Einschätzung spezielle Sehhilfen nötig, so muss der Arbeitgeber diese bezahlen. Außerdem hat er die Tätigkeit der Beschäftigten so zu organisieren, dass die tägliche Arbeit an Bildschirmgeräten regelmäßig durch andere Tätigkeiten oder durch Pausen unterbrochen werden kann. In einem Anhang zur BildscharbV werden konkrete Vorgaben für Bildschirmarbeitsplätze gemacht; sie reichen von flimmerfreien Bildschirmen über reflexionsarme Tastatur, ergonomische Arbeitsstühle und Strahlungsarmut bis hin zu angepasster Software.

PSA-Benutzungsverordnung (PSA-BV)

In dieser Verordnung wird
- zum einen die **Bereitstellung persönlicher Schutzausrüstungen (PSA)** durch den Arbeitgeber geregelt und
- zum anderen deren **Benutzung durch die Beschäftigten.**

Als persönliche Schutzausrüstung gilt jede Ausrüstung, die dazu bestimmt ist, von den Beschäftigten benutzt oder getragen zu werden, um sich gegen eine Gefährdung ihrer Sicherheit oder Gesundheit zu schützen.
Abzugrenzen sind:
- **Arbeits-, Dienst-, Berufskleidung:** Das ist die Oberbekleidung, die von der Pflegekraft bei der Arbeit über der Privatkleidung zu tragen ist. Nur in Bereichen mit niedrigen hygienischen Anforderungen sollte auf Arbeitskleidung verzichtet werden. Wenn Arbeitskleidung vorhanden ist, dann wird sie ausschließlich bei der Arbeit getragen, also zu deren Beginn angelegt und zum Ende der Arbeitszeit abgelegt. Getrennte Aufbewahrung ist Pflicht, möglichst auch getrennte Wäsche. Die Arbeitskleidung muss die Privatkleidung vollständig überdecken. Sie kann vom Arbeitgeber gestellt werden oder der Mitarbeiter bringt sie privat mit. Das hängt von der arbeitsvertraglichen, tarifvertraglichen oder von einer Betriebsvereinbarung ab. Rechtsgrundlage für den Umgang mit Arbeitskleidung ist vor allem die BGR 250/TRBA 250 („Biologische Arbeitsstoffe im Gesundheitswesen und in der Wohlfahrtspflege").
- **Schutzkleidung („Hygienekleidung"):** Dies ist eine besondere Arbeitskleidung, die über der Privat- oder Arbeitskleidung getragen wird. Sie ist meist bei besonderen hygienischen Anforderungen erforderlich. Bei Kontaminationsgefahr reicht unsterile Schutzkleidung. Bei bestimmten invasiven Maßnahmen ist sterile Schutzkleidung notwendig. Auch hier gilt die BGR 250/TRBA 250.
- **Persönliche Schutzausrüstung:** Die PSA umfasst in aller Regel nicht die Arbeits- und auch nicht die Schutzkleidung. Vielmehr zählen zur PSA weitere Ausrüstungsgegenstände, die gegen Gefährdungen von Sicherheit und Gesundheit schützen, wie z. B. Kopfhaube, Handschuhe, Augenschutz, Mund-Nasenschutz, Atemschutz oder spezielle Schutzschuhe. Der Einsatzbereich für die PSA unterscheidet sich z. B. danach, ob es um ambulante oder stationäre Pflege geht. Die Kosten für die Beschaffung der PSA muss immer der Arbeitgeber tragen.

Lärm- und Vibrations-Arbeitsschutzverordnung (LärmVibrationsArbSchV)

Diese Verordnung enthält Grundvorschriften zum Schutz der Beschäftigten vor Lärm- und Vibrationsbelastungen bei der Arbeit. Im Pflegebereich hat dies vor allem im **hauswirtschaftlichen Bereich** Bedeutung, wenn es z. B. um das Mähen des Rasens im Garten der Einrichtung geht oder um die Arbeit im Küchenbetrieb. Hier kann z. B. die Lärmbelastung an Spüleinrichtungen enorm sein.

Lastenhandhabungsverordnung (LasthandhabV)

Lasten zu heben kann für die Beschäftigten erhebliche Gefährdungen mit sich bringen, insbesondere für die Lendenwirbelsäule. Doch nicht nur das Heben kann gefährlich sein. Auch das Absetzen, Schieben, Ziehen, Tragen oder Bewegen einer Last. All diese **„Lastenhandhabungen"** sind von der LasthandhabV erfasst.

Der Arbeitgeber muss die Lasthandhabung möglichst vollständig ausschließen, z. B. durch Bereitstellung mechanischer Hilfsmittel, oder zumindest Gefährdungen minimieren. Außerdem hat der Arbeitgeber die Beschäftigten zu unterweisen. Ein besonderes Augenmerk sollte er auf die Handhabung von Pflegebedürftigen legen:

- Welche besonderen Risiken gibt es bei der Handhabung von Pflegebedürftigen (Patiententransfer)?
- Welche Techniken gibt es (manueller Transfer, Transfer mit kleinen oder großen Hilfsmitteln)?

Biostoffverordnung (BiostoffV)

Diese Verordnung regelt den **(berufsbedingten) Umgang mit biologischen Arbeitsstoffen.** Das sind (im weitesten Sinne) Mikroorganismen und Krankheitserreger. Im Pflegebereich spielt die BiostoffV eine wichtige Rolle. Denn durch den (teils sehr engen) Umgang mit Pflegebedürftigen gibt es immer wieder Kontakt mit Mikroorganismen, die Infektionen auslösen können.

Die BiostoffV fordert (zusammen mit der TRBA/BGR 250) vom Arbeitgeber eine sehr komplexe **Gefährdungsbeurteilung.**

Beispiele für Schutzmaßnahmen: Mindestanforderungen an die Qualifikation einer Pflegekraft, Händedesinfektion, PSA-Verwendung, Abfallentsorgung oder Wäsche von infiziertem Material.

Gefahrstoffverordnung (GefStoffV) und Technische Regeln für Gefahrstoffe (TRGS)

Das Gefahrstoffrecht wird vor allem durch die Gefahrstoffverordnung und die Technischen Regeln für Gefahrstoffe (TRGS) bestimmt. Während die GefStoffV den allgemeinen Rahmen absteckt, konkretisieren die TRGS einzelne Bereiche. Sie beschreiben außerdem, wie man die Vorgaben in der Praxis umsetzen kann. Im Pflegebereich können vor allem **Desinfektionsmittel** als Gefahrstoffe infrage kommen.

Fallbeispiel

Darf ein Hand-Desinfektionsmittel umgefüllt werden?

Svetlana „erwischt" ihren Kollegen Roman, wie dieser gerade ein Mittel zur Händedesinfektion umfüllt. Eine Flasche ließ sich nicht mehr richtig verschließen, so hat er den Rest in eine andere Flasche mit dem gleichen Mittel umgefüllt. Svetlana rüffelt Roman freundschaftlich und weist darauf hin, dass Desinfektionsmittel nie umgefüllt werden dürfen. Hat sie damit Recht?

Svetlanas Hinweis ist nur zum Teil richtig. Ihre Aussage stimmt auf jeden Fall, wenn es sich um ein Arzneimittel handelt. Das ist nach § 2 Abs. 1 AMG bei Hände-Desinfektionsmitteln der Fall. Konsequenz: Wenn man diese umfüllt, dann stellt man damit ein neues Arzneimittel her. Und dafür sieht das AMG äußerst strenge Zulässigkeitshürden vor – die im Pflegebereich nicht einzuhalten sind. Deswegen ist es noch nicht einmal erlaubt, aus einer großen Flasche eine kleinere Menge für eine Kittelflasche abzufüllen. Nebenbei: Für Desinfektionsmittel, die am Menschen angewendet werden, gelten auch die Umgangsvorschriften der Gefahrstoffverordnung (3. und 4. Abschnitt). Hierzu gehören z. B. Vorschriften zur Gefährdungsbeurteilung, zu Schutzmaßnahmen und zu Lagerung sowie zur Unterweisung.

Widersprechen muss man Svetlana allerdings, wenn es sich bei dem Desinfektionsmittel nicht um ein Arzneimittel handelt. Geht es z. B. um Mittel zur Desinfektion von medizinischen Instrumenten, für Bettgestelle oder Laborzubehör, dann handelt es sich um ein Medizinprodukt, bzw. um Zubehör dazu. Solche Mittel dürfen umgefüllt werden, ebenso wie Mittel zur Desinfektion von Flächen. Sie gelten als Biozidprodukte im Sinne des Chemikalienrechts und werden ebenfalls nicht so streng gehandhabt wie Arzneimittel. Ein Umfüllen ist möglich. Allerdings gilt für Biozide die GefstoffV. Es ist eine Gefährdungsbeurteilung durchzuführen und sie sind in einem Gefahrstoffverzeichnis zu erfassen.

Strahlenschutzverordnung (StrlSchV) und Röntgenschutzverordnung (RöV)

Zweck dieser Verordnungen ist es, Mensch und Umwelt vor der schädlichen Wirkung ionisierender Strahlung zu schützen. Dazu legt die StrlSchV fest, wie hoch die **Strahlenbelastung** durch künstliche Strahlenquellen maximal sein darf. Bedeutung erlangt diese Verordnung in der Altenpflege kaum.

Ähnlich sieht es für die Röntgenverordnung aus. In diesem Regelungswerk geht es vor allem um den **Umgang mit Röntgengeräten für die medizinische Diagnostik.** In der Heilkunde oder Zahnheilkunde dürfen nur approbierte Ärzte (oder Personen, denen die Ausübung des ärztlichen Berufs erlaubt ist) mit der entsprechenden Fachkunde Röntgenstrahlung am Menschen anwenden (§ 24 Abs. 1 RöV). Die technische Durchführung kann auch auf speziell ausgebildete Personen übertragen werden (§ 24 Abs. 2 RöV).

Fallbeispiel

Frank will beim Röntgen nicht assistieren

Bei Frau Hammen besteht ein Verdacht auf eine Lungenentzündung. Sie muss sich daher einer Röntgenuntersuchung unterziehen, die im Stehen durchgeführt werden muss. Da Frau Hammen recht „schwach auf den Beinen“ ist, soll Pflegekraft Frank sie begleiten und während des Röntgenvorgangs stützen. Frank verweigert sich jedoch mit dem Hinweis, dass ihm dies nach der RöV verboten sei. Richtig?

Frank irrt sich mit seiner Annahme. § 22 Abs. 1 Nr. 2b RöV erlaubt den Zutritt zum Kontrollbereich ausdrücklich, wenn die Pflegekraft als „helfende Person" erforderlich ist. Allerdings muss ein Arzt, der die erforderliche Fachkunde im Strahlenschutz besitzt, zugestimmt haben. Bei der Pflegekraft ist die Strahlendosis mit einem Dosimeter zu ermitteln (§ 35 RöV). So soll sichergestellt werden, dass die jährliche Strahlenbelastung bestimmte Grenzwerte nicht überschreitet. Zudem sind die im Einzelfall gebotenen Schutzmaßnahmen zu treffen (z. B. Vermeidung unnötiger Strahlenbelastung, § 2c RöV), insbesondere ist Schutzkleidung bereitzustellen (§ 21 Abs. 1 RöV).

Verordnung zur arbeitsmedizinischen Vorsorge (ArbMedVV)

Die ArbMedVV will helfen, durch Maßnahmen der arbeitsmedizinischen Vorsorge arbeitsbedingte Erkrankungen (einschließlich Berufskrankheiten) frühzeitig zu erkennen und zu verhüten. Dazu sieht sie Vorsorgeuntersuchungen vor (➤ Abb. 4.11):

Pflicht- und Angebotsuntersuchungen

- **Pflichtuntersuchungen:** Der Arbeitgeber hat bei bestimmten Tätigkeiten Vorsorgeuntersuchungen zu veranlassen. Solange kein positives Untersuchungsergebnis vorliegt, also keine Unbedenklichkeit bescheinigt wird, darf der Arbeitgeber den Arbeitnehmer nicht auf dem (einschlägig belasteten) Arbeitsplatz beschäftigen.
- **Angebotsuntersuchungen:** Für andere Tätigkeiten muss der Arbeitgeber den Beschäftigten Vorsorgeuntersuchungen anbieten. Für die Mitarbeiter ist die Teilnahme jedoch freiwillig. Die ärztliche Bescheinigung ist nicht Voraussetzung für die Tätigkeit.

Wunschuntersuchungen

Schließlich muss dem Beschäftigten die Möglichkeit geboten werden, gesundheitliche Belastungen bei der Arbeit auf eigenen Wunsch fachärztlich untersuchen zu lassen (Wunschuntersuchungen).

Eignungsuntersuchungen

Eignungsuntersuchungen hingegen sind keine Vorsorgeuntersuchungen. Bei ihnen geht es nicht um die Vorbeugung bzw. Früherkennung von Gesundheitsstörungen. Vielmehr soll die Eignung für bestimmte Tätigkeiten festgestellt werden. Die **Kosten** für arbeitsmedizinische Vorsorgeuntersuchungen trägt der Arbeitgeber.

Auf jeden Fall ist die **ärztliche Schweigepflicht** zu beachten. Der Arzt darf dem Arbeitgeber nach der Untersuchung nur mitteilen, ob gesundheitliche Bedenken vorliegen (evtl. befristet) oder ob bestimmte Auflagen bei der Tätigkeit zu beachten sind. Der Untersuchte kann die Weitergabe selbst dieser Informationen untersagen. Dann teilt der Arzt dem Arbeitgeber nur mit, dass die Untersuchung stattgefunden hat. Dies wird dann meist dazu führen, dass

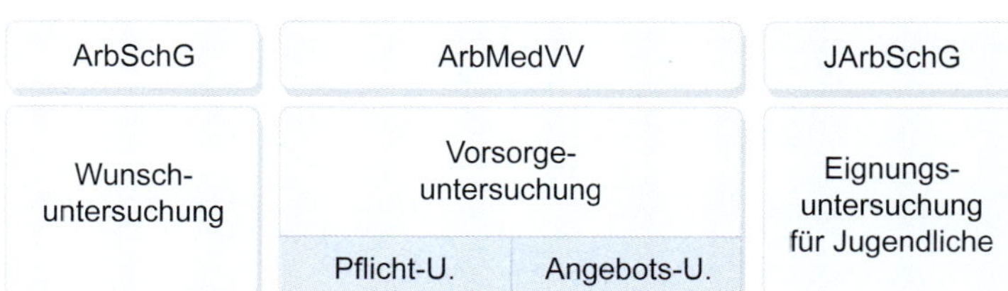

Abb. 4.11 Untersuchungen nach ArbSchG, ArbMedVV und JArbSchG.

der Arbeitgeber den Arbeitnehmer nicht auf dem Arbeitsplatz einsetzen kann, für den die Untersuchung gedacht war.

4.4.1.5 Soziale Arbeitssicherheit

Bei der sozialen Arbeitssicherheit geht es um Regelungen, die besondere Personengruppen betreffen, sowie um Fragen der Arbeitszeit (➤ Kap. 3.1.5.3).

Arbeitssicherheit für Mütter

Mütter werden in unserem Rechtssystem **auf zwei Ebenen geschützt.** Im **Zivilrecht** sorgen das BGB und das AGG dafür, dass sie nicht diskriminiert werden. Im **Öffentlichen Recht** übernimmt diese Aufgabe das Mutterschutzgesetz (MuSchG, ➤ Abb. 4.12). Flankierend tritt noch das Bundeselterngeld- und Erziehungszeitgesetz (BEEG) hinzu. Die Grundpflichten für den Arbeitgeber stehen in § 2 MuSchG.

§§

§ 2 Abs. 1–3 MuSchG

(1) Wer eine werdende oder stillende Mutter beschäftigt, hat bei der Einrichtung und der Unterhaltung des Arbeitsplatzes einschließlich der Maschinen, Werkzeuge und Geräte und bei der Regelung der Beschäftigung die erforderlichen Vorkehrungen und Maßnahmen zum Schutze von Leben und Gesundheit der werdenden oder stillenden Mutter zu treffen.
(2) Wer eine werdende oder stillende Mutter mit Arbeiten beschäftigt, bei denen sie ständig stehen oder gehen muss, hat für sie eine Sitzgelegenheit zum kurzen Ausruhen bereitzustellen.
(3) Wer eine werdende oder stillende Mutter mit Arbeiten beschäftigt, bei denen sie ständig sitzen muss, hat ihr Gelegenheit zu kurzen Unterbrechungen ihrer Arbeit zu geben.

Weitere **Pflichten des Arbeitgebers:**

- Meldepflichten gegenüber Aufsichtsbehörden
- Duldung der Kontrolle durch die Aufsichtsbehörden
- Aushangpflicht (wenn mehr als drei Frauen beschäftigt werden, muss das MuSchG zur Einsicht ausgelegt oder ausgehängt werden)

In der Mutterschutzarbeitsverordnung (MuSchArbV) wird es dann noch konkreter (➤ Abb. 4.13). Der Gefahrenschutz nach dieser Vorschrift setzt also an zwei Punkten an:

- bei Beschäftigungsverboten und
- bei Schutzmaßnahmen am Arbeitsplatz

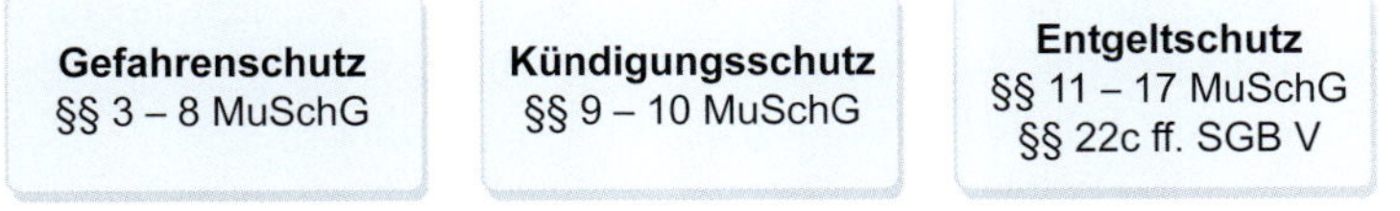

Abb. 4.12 Mutterschutz im Öffentlichen Recht.

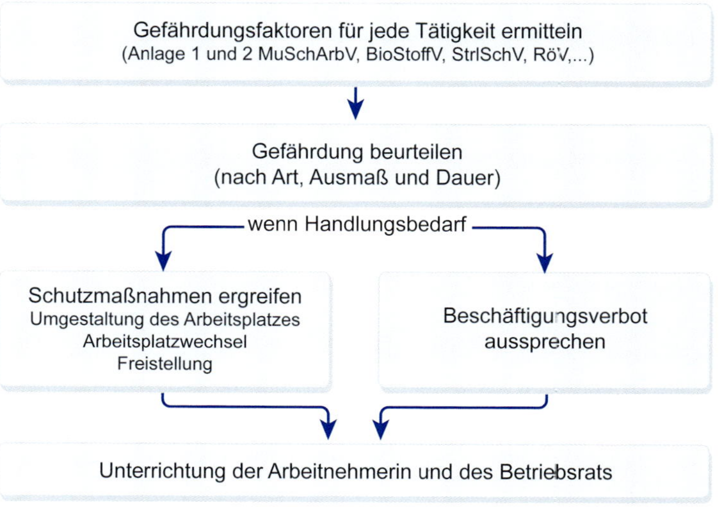

Abb. 4.13 Pflichten des Arbeitgebers gegenüber (werdenden und stillenden) Müttern (nach der MuSchArbV).

Das bedeutet konkret: Zunächst muss der Arbeitgeber prüfen, ob Schutzmaßnahmen möglich sind oder ob den Gefahren durch einen Wechsel des Arbeitsplatzes begegnet werden kann. Kommt nichts dergleichen infrage, dann muss er die (werdende) Mutter freistellen. Das Gleiche kann auch dann gelten, wenn das Gesetz ein generelles Beschäftigungsverbot anordnet. Schließlich kann auch ein Arzt ein (individuelles) Beschäftigungsverbot aussprechen und so die Freistellung herbeiführen. In jeder Konstellation erhält die (werdende) Mutter im Falle der Freistellung das Arbeitsentgelt nach § 11 MuSchG weiter ausbezahlt (Mutterschutzlohn). Die Arbeitgeber bekommen das Geld über ein Umlageverfahren erstattet, haben also keine finanziellen Einbußen.
Zunächst zu den Beschäftigungsverboten, zwei Arten gibt es:

- Bei einem **individuellen Beschäftigungsverbot** wird einer (werdenden) Mutter die Beschäftigung aufgrund ihrer besonderen Dispositionen untersagt.
- Ein **generelles Beschäftigungsverbot** hingegen wird unabhängig von ihrer jeweiligen Situation ausgesprochen. Es kann einzelne Tätigkeiten betreffen oder auch alle.

Individuelle Beschäftigungsverbote

Das **individuelle Beschäftigungsverbot** ist in § 3 Abs. 1 MuSchG geregelt. Es kann sowohl für die schwangere Frau als auch für eine Mutter bis zu einer Zeit von sechs Monaten nach der Entbindung ausgesprochen werden. Entscheidend: Ein Arzt muss prüfen, ob Leben oder Gesundheit von Mutter oder Kind bei Fortdauer der Beschäftigung gefährdet sind.

Generelle Beschäftigungsverbote

Die **generellen Beschäftigungsverbote** (➤ Abb. 4.14) gelten nur für bestimmte Phasen der Mutterschaft:

- Schwangerschaft (teilweise mit zeitlichen Eingrenzungen)
- Zeit nach der Entbindung (immer mit zeitlichen Eingrenzungen)
- Zeit nach der Entbindung, in der die Mutter ihr Kind stillt

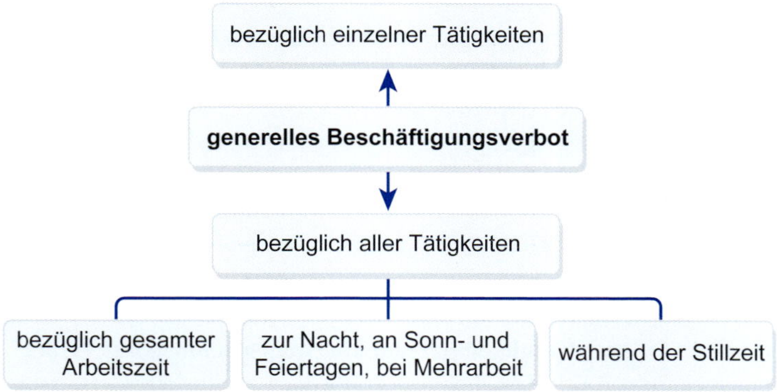

Abb. 4.14 Überblick über die generellen Beschäftigungsverbote.

Generelle Beschäftigungsverbote für alle Tätigkeiten und für die gesamte Arbeitszeit

Am weitreichendsten unter den generellen Beschäftigungsverboten sind diejenigen, welche für alle Tätigkeiten und für die gesamte Arbeitszeit gelten. Dies ist zum einen die Schutzfrist nach § 3 Abs. 2 MuSchG während der letzten **sechs Wochen vor der voraussichtlichen Entbindung.** Über den voraussichtlichen Entbindungstermin und damit den Beginn des Beschäftigungsverbots muss ein Arzt oder eine Hebamme ein Zeugnis abgeben. Auf eigenen Wunsch dürfen die werdenden Mütter in dieser Zeit arbeiten. Sie müssen dies nur ausdrücklich erklären.

Zum anderen beträgt die Schutzfrist für die Zeit **nach der Entbindung grundsätzlich acht Wochen** (§ 6 Abs. 1 MuSchG). Auf diesen Schutz darf die Mutter nicht verzichten, selbst wenn sie sich ausreichend fit für die Arbeit fühlt.

Generelle Beschäftigungsverbote für Nacht-, Sonn-, Feiertags- und Mehrarbeit

Ein speziellerer Fall ist das Beschäftigungsverbot, das nur zur Nacht, an Sonn- und Feiertagen und für Mehrarbeit gilt (§ 8 MuSchG). Sonderregelungen gibt es auch während der Stillzeit. Details dazu stehen in § 7 MuSchG.

Generelle Beschäftigungsverbote bezüglich einzelner Tätigkeiten

Beim generellen Beschäftigungsverbot sind werdende Mütter nach § 4 Abs. 1 MuSchG von einzelnen Tätigkeiten zu befreien, wenn schwere körperliche Arbeiten zu erbringen sind oder bei schädlichen Einwirkungen während der Arbeit (z. B. von gesundheitsgefährdenden Stoffen oder Strahlen sowie Erschütterungen). Konkretisiert werden diese Vorgaben durch einen umfangreichen Katalog in § 4 Abs. 2 MuSchG. Hier die für die Pflege wichtigsten Konstellationen:

- Verbot von Arbeiten, bei denen regelmäßig **Lasten** von mehr als fünf Kilogramm Gewicht oder gelegentlich Lasten von mehr als zehn Kilogramm Gewicht ohne mechanische Hilfsmittel von Hand gehoben, bewegt oder befördert werden. Und: Verbot von Arbeiten, bei denen sich die Pflegekräfte häufig erheblich strecken oder beugen müssen. *Beispiele:* Lagern und Baden von Pflegebedürftigen, Bettenmachen, Rollstuhl- oder Bettenschieben.
- Verbot von Arbeiten, bei denen die Pflegekraft **erhöhten Unfallgefahren** ausgesetzt ist, insbesondere der Gefahr auszugleiten. *Beispiele:* Hilfestellungen im Bad oder beim Toilettengang (Rutschgefahr), Begleitung gangunsicherer Patienten, Pflege von besonders aggressiven Pflegebedürftigen.

- Verbot der Beschäftigung mit (sehr) giftigen, gesundheitsschädlichen oder in sonstiger Weise den Menschen **chronisch schädigenden Gefahrstoffen** (z. B. Formaldehyd), wenn die jeweiligen Arbeitsplatzgrenzwerte überschritten werden (stehen in der TRGS 900).
- Verbot des Umgangs mit **krebserzeugenden, fruchtschädigenden oder erbgutverändernden Gefahrstoffen** für werdende Mütter. Stillende Mütter dürfen mit diesen Stoffen dann umgehen, wenn die Arbeitsplatzgrenzwerte (stehen in der TRGS 905) eingehalten werden. Beispiele für Gefahrstoffe: Desinfektions- und Reinigungsmittel oder Quecksilber.
- Verbot der Beschäftigung mit Stoffen, Zubereitungen oder Erzeugnissen, die ihrer Art nach **Krankheitserreger übertragen** können. Das Verbot gilt auch für den Fall, dass die Pflegekräfte den Krankheitserregern selbst ausgesetzt sind. *Beispiel:* Werdende oder stillende Mütter dürfen grundsätzlich keine MRSA tragenden Pflegebedürftigen versorgen. Werden sämtliche Schutzmaßnahmen eingehalten, so können bestimmte Tätigkeiten aber durchaus ausgeübt werden, z. B. Grundpflegetätigkeiten. Entscheidend ist die Gefährdungsbeurteilung durch den Arbeitgeber.

Die MuSchArbV beinhaltet für besondere Fälle **ergänzende Beschäftigungsverbote** und -beschränkungen (§§ 4, 5 MuSchArbV).

Arbeitnehmerin muss Arbeitgeber Schwangerschaft mitteilen

Abschließend noch zu einer **Pflicht der Arbeitnehmerin:** Sie soll dem Arbeitgeber mitteilen, wenn sie von der Schwangerschaft weiß. Denn erst wenn der Arbeitgeber von der Schwangerschaft Kenntnis hat, kann er Schutzmaßnahmen ergreifen (und auch die zuständigen Behörden informieren). Informiert die Schwangere den Arbeitgeber nicht, so gilt das MuSchG erst ab dem Zeitpunkt, zu dem sie den Arbeitgeber informiert (Ausnahme: Kündigungsschutz ist auch rückwirkend möglich). Außerdem kann sich die Arbeitnehmerin schadensersatzpflichtig machen, wenn der Arbeitgeber nachweisen kann, dass die verspätete oder ausgebliebene Mitteilung zu einem Schaden bei ihm geführt hat, weil er z. B. nicht rechtzeitig eine Ersatzkraft einstellen kann.

Arbeitssicherheit für Jugendliche

Der Jugendarbeitsschutz ist allein im **Jugendarbeitsschutzgesetz (JArbSchG)** geregelt. Dieses Gesetz kommt von der Bundesebene und wird von den Bundesländern durch Verordnungen ergänzt (sogenannte Durchführungsverordnungen). Außerdem gibt es noch die **Jugendarbeitsschutzuntersuchungsverordnung (JArbSchV)** und die hier nicht weiter erläuterte **Kinderarbeitsschutzverordnung (KindArbSchV).** Als Kind im Rechtssinn gilt man bis zum Alter von 14 Jahren, Jugendliche sind 15 bis 17 Jahre alt.

Wichtig: Hier geht es nur um den *Arbeits*schutz für Jugendliche. Zum weiter gefassten Jugendschutz gehören auch Regelungen zum Schutz vor jugendgefährdenden Medien, zum Umgang mit Jugendlichen in der Öffentlichkeit und zur Jugendhilfe im Rahmen des Sozialrechts.

Zentral im Jugendarbeitsschutz sind die Beschäftigungsverbote und -beschränkungen sowie die Vorschriften zur gesundheitlichen Betreuung.

Beschäftigungsverbote nach JArbSchG

Zunächst zu den **Beschäftigungsverboten:** Jugendliche dürfen nach § 22 Abs. 1 JArbSchG u. a. dann nicht beschäftigt werden,

- wenn die Arbeit ihre **physische oder psychische Leistungsfähigkeit** übersteigt (Nr. 1),
- wenn es sich um Arbeiten handelt, die mit **Unfallgefahren** verbunden sind, von denen anzunehmen ist, dass Jugendliche sie wegen mangelnden Sicherheitsbewusstseins oder mangelnder Erfahrung nicht erkennen oder nicht abwenden können (Nr. 3) oder
- wenn sie mit **schädlichen Einwirkungen** von Lärm, Erschütterungen oder Strahlen verbunden ist oder mit schädlichen Einwirkungen von Gefahrstoffen im Sinne des Chemikaliengesetzes oder mit Einwirkungen von biologischen Arbeitsstoffen (Nr. 5 und 6).

Beispiele: Bettenmachen über einen ganzen Vormittag hinweg ist ein Verstoß gegen Nr. 1. Der Umgang mit sehr aggressiven Pflegebedürftigen sowie das Betten und Tragen von Pflegebedürftigen ohne Hilfsmittel verstößt gegen Nr. 3.

Beschäftigungsbeschränkungen nach JArbSchG

4

Neben den Verboten sind die **Beschäftigungsbeschränkungen** sehr wichtig:

Arbeitszeit (§ 8 JArbSchG): Jugendliche dürfen nicht mehr als 8 Stunden täglich und nicht mehr als 40 Stunden wöchentlich beschäftigt werden. Dazu gibt es Ausnahmen – aber auch in diesen Fällen dürfen 8,5 Stunden bzw. 9 Stunden nicht überschritten werden.

Ruhepausen (§ 11 JArbSchG): Jugendlichen müssen im Voraus feststehende Ruhepausen von angemessener Dauer gewährt werden. Die Ruhepausen müssen

- mindestens 30 Minuten bei einer Arbeitszeit von mehr als 4,5 Stunden bis zu 6 Stunden betragen,
- mindestens 60 Minuten bei einer Arbeitszeit von mehr als 6 Stunden.

Als Ruhepause gilt nur eine Arbeitsunterbrechung von mindestens 15 Minuten. Beginn der Ruhepause kann frühestens eine Stunde nach Beginn der Arbeit sein. Spätestens nach 4,5 Stunden Arbeit muss eine Pause eingelegt werden. Die letzte Pause darf maximal eine Stunde vor Ende der Arbeitszeit liegen.

Schichtzeit (§ 12 JArbSchG): Bei der Beschäftigung Jugendlicher darf die Schichtzeit (Arbeitszeit plus Pausen) 10 Stunden nicht überschreiten.

Freizeit, Nachtruhe (§§ 13, 14 JArbSchG): Nach Beendigung der täglichen Arbeitszeit dürfen Jugendliche nicht vor Ablauf einer ununterbrochenen Freizeit von mindestens zwölf Stunden beschäftigt werden. Jugendliche dürfen nur in der Zeit von 6:00 Uhr bis 20:00 Uhr beschäftigt werden. Ausnahme: In mehrschichtigen Betrieben geht es auch bis 23:00 Uhr. An dem Tag, der einem Berufsschultag unmittelbar vorangeht, dürfen Jugendliche aber auf keinen Fall nach 20:00 Uhr beschäftigt werden.

Ruhetage (§§ 15–18 JArbSchG): Jugendliche dürfen nur an fünf Tagen in der Woche beschäftigt werden. Die beiden wöchentlichen Ruhetage sollen nach Möglichkeit aufeinanderfolgen. An Samstagen dürfen Jugendliche nicht beschäftigt werden. Ausnahmsweise ist dies aber zulässig in Krankenanstalten sowie in Alten-, Pflege- und Kinderheimen. Gleiches gilt für den Sonntag und die Feiertage.

Urlaub (§ 19 JArbSchG): Der Arbeitgeber hat den Jugendlichen für jedes Kalenderjahr einen bezahlten Erholungsurlaub zu gewähren. Der gesetzliche

Mindesturlaub ist je nach Altersstufe – im Vergleich zu Erwachsenen – auf 25, 27 bzw. 30 Tage erhöht.

Berufsschule (§§ 9, 10 JArbSchG): Der Arbeitgeber muss Azubis/Schüler für Berufsschule, Prüfungen und außerbetriebliche Ausbildungsmaßnahmen freistellen. Für die davor liegenden Zeiträume gibt es besondere Regelungen. Die Schulzeit ist auf die Arbeitszeit anzurechnen (8 Stunden je Schultag).

Vorgaben zum Gesundheitsschutz nach JArbSchG

Schließlich zum dritten Regelungsbereich: Weil Jugendliche hinsichtlich ihrer Gesundheit ganz besonders gefährdet sind, hat der Gesetzgeber einige Vorgaben zum Gesundheitsschutz gemacht (§§ 32–46 JArbSchG). Grundsätzlich gilt: Ohne eine ärztliche Untersuchung (freie Arztwahl des Jugendlichen!) darf der Arbeitgeber einen Jugendlichen nicht beschäftigen.

- Der Jugendliche muss innerhalb der letzten 14 Monate vor Berufseintritt untersucht worden sein **(Erstuntersuchung).**
- Die **erste Nachuntersuchung** muss innerhalb eines Jahres nach Aufnahme der ersten Beschäftigung erfolgen.
- Nach Ablauf jedes weiteren Jahres nach der ersten Nachuntersuchung kann sich der Jugendliche erneut nachuntersuchen lassen **(weitere Nachuntersuchung).**

Mit den Untersuchungen soll die allgemeine Arbeitstauglichkeit festgestellt werden (und nicht die spezifische Tauglichkeit für den späteren Beruf). Abschließend wird eine Untersuchungsbescheinigung ausgestellt. Ein Exemplar der Untersuchungsbescheinigung verbleibt beim Arzt, eines geht an den Personensorgeberechtigten und eines erhält der Arbeitgeber.

4.4.2 Der Schutz durch die gesetzliche Unfallversicherung

Bislang ging es vor allem um die Prävention. Also darum, wie eine Pflegekraft durch unser Rechtssystem vor berufsbedingten Gesundheitsschäden geschützt wird. Trotz aller Vorbeugung kann es dann aber doch einmal zu einem Arbeitsunfall oder einer Berufskrankheit kommen. Auch in diesem Fall bleibt man nicht schutzlos. Jetzt geht es vor allem darum, wie man wieder fit für den Beruf wird. Hier springt die gesetzliche Unfallversicherung (GUV) ein. Ergänzend hilft sie nicht nur bei der **Wiedereingliederung,** sondern zahlt auch eine **Entschädigung,** z. B. eine Rente wegen verminderter Erwerbsfähigkeit. Geregelt ist die GUV im VII. Buch des SGB.

Damit die GUV eine Leistung erbringt, muss einer der folgenden drei Versicherungsfälle eingetreten sein (§ 7 Abs. 1 SGB VII):

- **Arbeitsunfall** (§ 8 Abs. 1 SGB VII): Unfall, der (wesentlich) durch eine versicherte Tätigkeit verursacht und nicht absichtlich herbeigeführt ist.
- **Wegeunfall** (§ 8 Abs. 2 SGB VII): Unfall auf dem Weg von oder zu der Arbeit.
- **Berufskrankheit** (§ 9 SGB VII): Krankheit, die durch eine berufliche Tätigkeit verursacht worden ist.

In allen drei Konstellationen sieht man, dass es einen **Bezug zur beruflichen Tätigkeit** geben muss, „private Geschäfte" sind nicht unfallversichert.

Fallbeispiel

Auf dem Weg in die Raucherpause

Eine Pflegerin stieß auf dem Weg in die Raucherpause mit einem Kollegen zusammen. Dieser trug einen Eimer Wasser, der sich daraufhin in die Eingangshalle eines Seniorenheims ergoss. Die Pflegerin rutschte aus und brach sich den rechten Arm. Doch die Berufsgenossenschaft als Träger der Unfallversicherung wollte nicht zahlen. Zu Recht, entschied das Sozialgericht. Das Rauchen sei eine rein private Angelegenheit.[2]

Berufskrankheit

Bei einer **Berufskrankheit** kann die Abgrenzung schon schwieriger sein: Handelt es sich nur um eine Krankheit, die jeden treffen kann? Oder hängt sie wirklich mit der beruflichen Tätigkeit zusammen? Um die Abgrenzung zu erleichtern, gibt es (in der Berufskrankheiten-Verordnung) einen Katalog von Berufskrankheiten. Nur wenn eine Krankheit in diesem Verzeichnis aufgeführt ist, kann sie als Berufskrankheit anerkannt werden (§ 9 Abs. 1 SGB VII). Außerdem gibt es aber noch die sogenannten Wie-Krankheiten. Das sind Krankheiten, die (noch) nicht in den Katalog aufgenommen sind, die aber nach neuesten medizinischen Erkenntnissen sämtliche Kriterien dafür erfüllen.

Wegeunfall

Zum **Wegeunfall** ist noch anzumerken, dass nicht nur der direkte Weg zwischen Wohnung und Arbeitsstätte vom Schutz durch die GUV umfasst ist (das kann der zeitlich *oder* der geografisch kürzeste Weg sein, mit einem Verkehrsmittel der eigenen Wahl). Folgende Sonderkonstellationen gibt es:

- Ein **abweichender Weg** ist nicht mitversichert (schon gar nicht, wenn er privat veranlasst ist); aber es gibt Ausnahmen, wenn z. B. Kinder in fremde Obhut gebracht werden oder eine Fahrgemeinschaft betrieben wird.
- **Unterbrechungen** sind grundsätzlich nicht mitversichert.

Versicherter Personenkreis und Leistungen der GUV

Vom Versicherungsschutz der GUV sind nicht nur Arbeitnehmer erfasst. Darüber hinaus gibt es noch viele weitere Personen, z. B. Praktikanten oder sogar private Pflegepersonen. Wer zur **Gruppe der Versicherten** zählt, ist außerdem *automatisch* gesetzlich unfallversichert. Noch dazu muss er nichts dafür bezahlen. Die Beiträge zur gesetzlichen Unfallversicherung zahlt alleine der Arbeitgeber. Bei privaten Pflegepersonen werden gar keine Beiträge zur GUV erhoben.

Abschließend noch zu den **Leistungen,** die von der GUV gewährt werden. Dies sind vor allem:

- medizinische und berufsfördernde Leistungen zur Rehabilitation sowie
- Lohnersatz- bzw. Entschädigungsleistungen in Geld (insbesondere Verletztengeld, Verletztenrente oder Hinterbliebenenrente).

Leistungen zur sozialen Rehabilitation und ergänzende Leistungen können z. B. Kraftfahrzeughilfe, Wohnungshilfe, Haushaltshilfe oder Leistungen zur Kinderbetreuung sein. Renten an Verletzte und Hinterbliebene werden nur bei mindestens 20-prozentiger Minderung der Erwerbsfähigkeit bezahlt. Außerdem muss die Minderung der Erwerbsfähigkeit zeitlich über die 26. Woche nach dem Versicherungsfall hinausreichen.

[2] SG Berlin, 31.2.2013, Az. S 68 U 577/12

Register